D1699052

Wortschätze

INSTITUT FÜR
DEUTSCHE SPRACHE

Jahrbuch 2017

Redaktion
Melanie Steinle

Wortschätze

Dynamik, Muster, Komplexität

Herausgegeben von
Stefan Engelberg, Henning Lobin,
Kathrin Steyer und Sascha Wolfer

DE GRUYTER

ISBN 978-3-11-057761-7
e-ISBN [PDF] 978-3-11-057996-3
e-ISBN [EPUB] 978-3-11-057798-3
ISSN 0537-7900

Library of Congress Cataloging-in-Publication Data
A CIP catalog record for this book has been applied for at the Library of Congress.

Bibliografische Information der Deutschen Nationalbibliothek
Die Deutsche Nationalbibliothek verzeichnet diese Publikation in der Deutschen
Nationalbibliografie; detaillierte bibliografische Daten sind im Internet über http://dnb.dnb.de
abrufbar.

© 2018 Walter de Gruyter GmbH, Berlin/Boston
Druck und Bindung: Hubert & Co. GmbH & Co. KG, Göttingen
♾ Gedruckt auf säurefreiem Papier
Printed in Germany

www.degruyter.com

Vorwort

Bei der diesjährigen, der dreiundfünfzigsten Jahrestagung des Instituts für Deutsche Sprache (IDS), deren Beiträge in diesem Band dokumentiert sind, ging es um „Wortschätze. Dynamik, Muster, Komplexität".

Dieses Thema lässt sich in dreierlei Weise an die Aufgaben und Grundlinien der Folge unserer Jahrestagungen integrieren. Man kann das auch an den Akzenten festmachen, die von den im zweiten Teil des Themas gewählten Schlagworten gesetzt werden.

Mit dem letzten, der Komplexität, beginnend kann man darauf verweisen, dass die Jahrestagungen – in unterschiedlichem Ausmaße – die Funktion haben, aus der aktuellen Forschung am IDS zu berichten und an sie heranzuführen. Die Komplexität der sprachlichen und interaktionellen Verhältnisse lässt sich in immer größerer empirischer Breite und Tiefe erfassen, was auch methodisch und theoretisch neue Herausforderungen bietet, die komplexe Menge der Erscheinungen wissenschaftlich beschreibend zu reduzieren. Noch dazu, wenn bei solchen Untersuchungen viel dafür spricht, dass ein gewisses Maß an Variation den zu beschreibenden Normalfall darstellt. So stand im letzten Jahr die variationsbezogene Forschung in der Abteilung Grammatik im Fokus, im Jahr davor die der Abteilung Pragmatik mit ihren Untersuchungen zu den sprachlichen und kommunikativen Praktiken, also der wechselnden Verknüpfung der verschiedenen medialen Möglichkeiten der Interaktion. Dieses Mal berührt das Thema zentrale Fragen der Forschung in der Abteilung Lexik, und das in einer ganzen Reihe der dort bearbeiteten Projekte, in denen es manchmal so augenfällig wie im Projekt „Neuer Wortschatz" und bei den Forschungen zu Kontaktphänomenen, manchmal aber abstrakter, wie im Bereich der Entwicklung empirischer Methoden darum geht, gebrauchsbasierte Modellierungen zu liefern.

Muster, um damit zum zweiten Stichwort des Untertitels zu kommen, kann man als Strukturmodelle verstehen, in denen einerseits die Üblichkeiten des Gebrauchs einen bestimmten Rahmen liefern, der aber gerade in dieser wegweisenden Festigkeit Raum für Abwandlung und Ausweitung bietet. Auch was diese Betrachtungsebene angeht, reiht sich die Tagung in eine Reihe von Vorgängern ein, die sich auf ihre Weise mit der Wirkung von Mustern in Verwendung und Ausbau der Sprache beschäftigt haben. Schon die Tagung im Jahr 2003 beschäftigte sich – unter dem Titel: „Wortverbindungen – mehr oder weniger fest" – mit der Ausweitung der Bedeutung der „Musterprägung" von Seiten der Phraseologie her, eine Frage, die auch im vorliegenden Band wieder behandelt wird, und im Jahr 2010 wurde – ebenfalls von der Abteilung Lexik – die Jahrestagung über „Sprachliches Wissen zwischen Lexikon und Grammatik" organisiert, bei der es

DOI 10.1515/9783110579963-202

um Aspekte der Frage ging, wie weit Regeln oder etwas wie Konstruktionen die bessere Erklärung für bestimmte Phänomene im Übergang zwischen Lexikon und Grammatik lieferten. Muster, über deren Geltung relativ zu jener der Regeln schon Hermann Paul in den Prinzipien der Sprachgeschichte räsoniert, wo er über Analogie und die Wirkung und Fundierung von Proportionalgruppen nachdenkt, spielen auch in den Überlegungen zur Theorie des Lexikons, um die es in diesem Jahr geht, eine Rolle. Was dieses Jahr behandelt wird, das sind nun auch Fragen, die mit Hilfe der Korpusuntersuchung – und anderer methodischer Überlegungen – mit größerer empirischer Tiefe behandelt werden können. Gerade dieser methodische Teil hat seinen vertiefenden Platz in dem nunmehr schon bewährten Teil einer „Methodenmesse" gefunden.

Das dritte der Stichworte, die Dynamik, war bei der bisherigen Einführung schon kaum zu vermeiden. Denn wenn es darum geht, einerseits die Regularitäten des Gebrauchs in ihrer Vielfalt, Variabilität und Verschiebung – ihrer Komplexität – zu erfassen, zu sehen, welche vorgeformten und dem Wandel Raum wie Halt gebenden Strukturen – Muster – sich hier finden lassen, und zu sehen, welche Beschreibungen dieser Beziehung von Vorgabe und variabler Realisierung angemessen ist, dann werden dynamische Verhältnisse beschrieben. In welcher Weise die einzelnen Beiträge sich auf das Thema und seine Aspekte beziehen, wird in der folgenden Einleitung ausgeführt. Stefan Engelberg, Leiter der Abteilung Lexik, hat gemeinsam mit Kathrin Steyer und Sascha Wolfer aus dem Haus und Henning Lobin aus dem Wissenschaftlichen Beirat die Tagung organisiert und diesen Band herausgegeben, wofür hier noch einmal gedankt werden soll.

Gedankt sei auch der Stadt Mannheim, die ihre Verbundenheit mit dem IDS durch das Grußwort von Frau Bürgermeisterin Ulrike Freundlieb und durch einen für die Teilnehmer ausgerichteten Empfang zum Ausdruck brachte.

Schließlich ist dem Verein der Freunde des IDS dafür zu danken, dass wir dieses Jahr zum ersten Mal – und von nun an alle drei Jahre – einen Preis für eine im Umfeld des IDS entstandene hervorragende Dissertation verleihen können. Der Preis trägt im Andenken an den verstorbenen langjährigen Vorsitzenden des Vereins den Namen Peter-Roschy-Preis und er ist mit 1.500 € dotiert. Die Ausrichtung des Preises entspricht dem Engagement von Peter Roschy für den wissenschaftlichen Nachwuchs. Die erste Preisträgerin ist Julia Kaiser; ihre Dissertation behandelt das Thema „‚Absolute' Modalverben im gesprochenen Deutsch. Eine interaktionslinguistische Untersuchung".

Ludwig M. Eichinger
Institut für Deutsche Sprache
Der Direktor

Inhalt

Komplexität und Dynamik

Wortschatz und Lexikografie

Stefan Engelberg/Henning Lobin/Kathrin Steyer/Sascha Wolfer
Muster, Dynamik, Komplexität – eine Einführung in den Gegenstand des Bandes

1 Einleitung

In der Geschichte der Sprachwissenschaft hat das Lexikon in unterschiedlichem Maße Aufmerksamkeit erfahren. In jüngerer Zeit ist es vor allem durch die Verfügbarkeit sprachlicher Massendaten und die Entwicklung von Methoden zu ihrer Analyse wieder stärker ins Zentrum des Interesses gerückt. Dies hat aber nicht nur unseren Blick für lexikalische Phänomene geschärft, sondern hat gegenwärtig auch einen profunden Einfluss auf die Entstehung neuer Sprachtheorien, beginnend bei Fragen nach der Natur lexikalischen Wissens bis hin zur Auflösung der Lexikon-Grammatik-Dichotomie. Das Institut für Deutsche Sprache hat diese Entwicklungen zum Anlass genommen, sein aktuelles Jahrbuch in Anknüpfung an die Jahrestagung 2017 – „Wortschätze: Dynamik, Muster, Komplexität" – der Theorie des Lexikons und den Methoden seiner Erforschung zu widmen.

2 Phänomene und Theorien

Eine Sprachbeschreibung – so lehrt uns der Blick in jede gut sortierte Buchhandlung – besteht üblicherweise aus einem „Grammatik" genannten Handbuch und einem „Wörterbuch" genannten lexikalischen Inventar. Die Grammatik beschreibt vor allem die syntaktischen und morphologischen Regularitäten der Sprache, der Schwerpunkt des Wörterbuchs liegt auf den Bedeutungen von Wörtern. Diese Zweiteilung wird auch in der Theoriebildung der Sprachwissenschaft in der Unterscheidung von Grammatik und Lexikon vollzogen, wobei es einen wesentlichen Unterschied zwischen den beiden Komponenten gibt. Zur Grammatik hat die Sprachwissenschaft eine große Zahl von Theorien hervorgebracht, zum Lexikon nicht.

Wirft man einen Blick zurück in die 1950er und 1960er Jahre, so findet man eine Fülle von Grammatiktheorien (bzw. zum Teil im engeren Sinne eher Syntaxtheorien), zum Beispiel die Phrasenstrukturgrammatik, die Transformationsgrammatik, die Dependenzgrammatik, die Kategorialgrammatik, die Stratifikati-

DOI 10.1515/9783110579963-001

onsgrammatik, die Systemisch-funktionale Grammatik etc. (vgl. zu lexikalischen Aspekten verschiedener Grammatiktheorien **Müller**). Eine ähnliche Auflistung für Lexikontheorien lässt sich nicht erstellen. Die starke Fokussierung auf Grammatik bzw. Syntax ist wissenschaftshistorisch wohl nachzuvollziehen. Dennoch muss es etwas verwundern, wie wenig Aufmerksamkeit das Lexikon in vielen Perioden der modernen Sprachwissenschaft gefunden hat. Dabei hat das Lexikon viel zu leisten: Es konstituiert ein großes, aber kognitiv beherrschbares System von formgebundenen Bedeutungen, über die der Konnex zwischen Sprache und Welt hergestellt wird. Das System beinhaltet eine immens große Anzahl an internen formalen und semantischen Beziehungen zwischen lexikalischen Einheiten. Es verfügt über Mechanismen, die ein komplexes Wechselspiel zwischen lexikalischen Idiosynkrasien, Musterhaftigkeiten und Regeln garantiert, und es ist in hohem Maße durch Verfahren semantischer Anpassung und Flexibilität im Bestand gekennzeichnet.

Das alles war nur sehr eingeschränkt im Blickfeld der Linguistik der 1950er und 1960er Jahre. Einzelne lexikalische Aspekte wurden bearbeitet, etwa die Schnittstelle zwischen Wortbedeutungen und Syntax in der Theorie thematischer Rollen und in der generativen Semantik, das Verhältnis von Grammatik und lexikalischen Idiosynkrasien in der Valenztheorie oder semantische Strukturierungen im Wortschatz in der Prototypentheorie und der strukturalistischen Merkmals- und Wortfeldtheorie. Von einer umfassenden Lexikontheorie war die Linguistik aber noch weit entfernt. Am ehesten deuteten sich Ansätze dazu in der Valenztheorie mit ihrer zunehmenden Berücksichtigung semantischer Aspekte an.

Die Beobachtung, dass die empirische Adäquatheit formaler Grammatik- und insbesondere Syntaxtheorien nur allzu oft an den vermeintlichen Idiosynkrasien der in die Strukturen einzusetzenden Wörter scheiterte, führte dann ab den 1970er Jahren zu einer zunehmenden Beschäftigung mit dem Lexikon und den Eigenschaften von Wörtern. Eine wichtige Rolle spielte dabei die Hinwendung der formalen Semantik zum Lexikon. Vor allem Arbeiten zu Aspekt und Aktionsarten, die in den 1980er/90er Jahren dann unter anderem in ereignisstrukturelle Theorien der lexikalischen Semantik mündeten, wiesen hier den Weg zu einer expliziteren Darstellung lexikalischer Bedeutung. Davon profitierten auch dekompositionelle Ansätze, die unter anderem die Schnittstelle zwischen Grammatik und Lexikon modellierten, etwa die Konzeptuelle Semantik oder die Zwei-Ebenen-Semantik. In den 1970er Jahren formulierte Richard Carter (1978 [1988]), was Gegenstand einer Theorie des Lexikons sein müsse: lexikalische Inferenzen, semantische Relationen, das Wortkonzept, Lexikalisierungsprinzipien, das Argumentlinking, der Ablauf des Lexikonerwerbs und universelle Lexikalisierungstendenzen. Diese Ideen wurden in der Folgezeit unter anderem vom MIT-Lexikonprojekt aufgegriffen. Das Bedürfnis nach einer „Theorie des Lexikons" drückte sich dann Anfang der 1990er Jahre in der Gründung des gleichnamigen Sonderforschungsbereichs (Düsseldorf, Köln, Wuppertal) aus. Themen wie die Schnittstelle zur Grammatik und das Argumentlinking, das mentale Lexikon und lexikalische Verarbeitungsprozesse, aber auch Fragen der Repräsentation und der Regelhaftigkeit im Lexikon standen hier im Mittelpunkt (vgl. etwa Wunderlich (Hg.) 2006).

Mit der empirischen Wende, die im Übergang zum 21. Jahrhundert durch die Verfügbarkeit immer größerer und varietätenreicherer Korpora eingeleitet wurde, wird für die Lexikonforschung ein neues Kapitel aufgeschlagen. Dabei soll der Ausdruck „empirische Wende" nicht vergessen machen, dass auch in den Dekaden zuvor vor allem im Bereich der Psycholinguistik viel empirisch anspruchsvolle und erkenntnisstiftende Arbeit insbesondere zu lexikalischen Verarbeitungsprozessen geleistet wurde. Dennoch dürfte es einleuchten, dass ein Bereich wie das Lexikon, das theoretische Linguisten über Jahrzehnte schon durch seinen schieren Umfang erschreckt hat, durch einen empirischen Zugang über sprachliche Massendaten neue Aufmerksamkeit erfährt und Anlass gibt zu neuen Lexikonkonzepten (vgl. etwa **Schmid**).

Der korpuslinguistische Zugang zum Lexikon hat zum einen die Lexikografie mit einer neuen empirischen Basis versehen, wobei neben neuartigen Anwenderwörterbüchern auch große lexikalische Forschungsressourcen wie die WordNets und FrameNets entstanden sind. Zum anderen wird die empirische Entwicklung aber auch von einer sprachtheoretischen Debatte begleitet, in der die Abgrenzung zwischen Lexikon und Grammatik in Frage gestellt wird. Diese Debatte ist wesentlich über die Konstruktionsgrammatik angestoßen worden. Auch wenn man deren syntaktische Konzeption und ihre Skepsis gegenüber Bedeutungskomposition kritisch diskutieren mag, so muss man doch konstatieren, dass hier eine Sprachtheorie entwickelt wird, die vielen Anforderungen lexikontheoretischer Forschung, insbesondere bei der Musterbildung und dort, wo lexikalische Einheiten betroffen sind, die über die Wortgrenze hinausgehen, weit eher entgegenkommt als die Theorien früherer Jahrzehnte.

Mit der Verknüpfung konstruktionsgrammatischer Ideen und korpuslinguistischer Empirie treten in der lexikontheoretischen Forschung neue Konzepte in den Fokus. Gebrauchsfrequenzen, Kookkurrenzen und Assoziationswerte sind zu zentralen lexikalischen Daten geworden, und Phänomene werden in Form von Mustern und Konstruktionen modelliert. Einige Überlegungen zu den zentralen Konzepten des Musters, der Komplexität und der Dynamik wollen wir in Abschnitt 4 etwas vertiefen, bevor wir in Abschnitt 5 auf die verschiedenen Erkenntniswege eingehen, die die Beiträge verfolgen. Wir schließen diese Einleitung mit einigen Implikationen ab, die die Beiträge für die Sprachdokumentation haben. Zunächst wollen wir im nächsten Abschnitt jedoch den Aufbau des Bandes erläutern.

3 Aufbau des Bandes

Im vorliegenden Band werden die vorangegangenen Überlegungen in fünf Teilen vertieft. Der erste Teil thematisiert das Verhältnis von Lexikon und Grammatik: **Stefan Müller** (Berlin) stellt für regelbasierte Grammatikmodelle verschiedene Herangehensweisen zur Repräsentation und Integration lexikalischer Information dar, während **Hans C. Boas** (Austin) das mit dem Regelbegriff konkurrierende Konzept der Konstruktion auf seine Positionierung zwischen Lexikon und Grammatik hin überprüft. Diese beiden Beiträge entfalten das theoretische Spannungsfeld, in dem sich die Lexikonforschung heute befindet. **Barbara Stiebels** (Leipzig) zeigt an einem ausgewählten Phänomen darin exemplarisch, von welchen Parametern und in welch subtiler Weise das Zusammenspiel lexikalischer Deutungen mit syntaktischen Strukturausprägungen gesteuert wird.

Der zweite Teil des Bandes, „Kookkurrenz und Konstruktion", basiert auf dem Konzept der Kookkurrenz in Korpora und fragt danach, wie aus derartigen statistisch auffälligen Wortverwendungen wiederkehrende Konstruktionen abgeleitet werden können. **Stefan Th. Gries** (Santa Barbara) beantwortet diese Frage durch exemplarische Untersuchungen sowohl auf der Ebene phonologischer Merkmale von idiomatischen Ausdrücken als auch in Hinsicht auf das Auffinden von Mehrwort-Lexemen in Korpora generell. **Martin Hilpert** (Neuchâtel) geht bei der Erhellung dieses Zusammenhangs den umgekehrten Weg, indem er einen bestimmten Typ von Konstruktionen auf der Wortebene dahingehend analysiert, wie sich durch weitergehende statistische Analysen unterschiedliche Anwendungsbereiche für diese Konstruktion voneinander abgrenzen lassen. **Kathrin Steyer** und **Katrin Hein** (Mannheim) wenden sich der Produktivität von Konstruktionsmustern zu, die, ausgehend von usuellen Wortverbindungen, ein zuweilen erstaunliches Spektrum abgewandelter Verwendungsweisen im Bereich der Wortbildung aufweisen.

Den dritten Teil, „Kognition und Semantik", leitet **Petra Schulz** (Frankfurt am Main) mit einem Beitrag ein, in dem der Erwerb von Verben bei Kindern als ein Prozess beschrieben wird, dem eine bestimmte, auf den Endzustand ausgerichtete Ereignisstruktur zugrunde liegt. Wie Petra Schulz betrachtet auch **Sabine Schulte im Walde** (Stuttgart) Partikelverben und zeigt für diese besonders produktive, bezüglich der Bedeutung des Partikels zugleich aber auch extrem ambige Wortklasse, wie Bedeutung und Argumentstruktur aus einem komplexen Zusammenspiel der einzelnen Bedeutungskomponenten hervorgehen. **Silvia Hansen-Schirra, Katharina Oster, Jean Nitzke** und **Anne-Kathrin Gros** (Mainz) befassen sich mit dem kognitiven Lexikon im Übersetzungsprozess und fokussieren dabei die Rolle von Kognaten. An ihnen zeigen sie, wie diese spezifischen kognitiven Verknüpfungen von zwei Sprachen auf Wortebene dazu beitragen, eine Übersetzung auf die Verbesserung des Verständnisprozesses hin zu optimieren.

Sebastian Löbner (Düsseldorf) schließlich unterzieht das Gebiet der formalen lexikalischen Semantik einer Revision, indem er zeigt, wie mit sogenannten Barsalou-Frames typische Derivations- und Kompositionsmuster mit diesem aus der Kognitionswissenschaft stammenden Konzept systematisch nachvollzogen werden können.

Im vierten Teil, „Komplexität und Dynamik", werden zwei für die Tagung zentrale Begriffe aus vier unterschiedlichen Perspektiven aufgeschlüsselt. **Hans-Jörg Schmid** (München) schlägt ein soziokognitives Modell eines dynamischen Lexikons vor, das viele der in den drei vorangegangenen Teilen diskutierten Phänomene und ihre Deutungen zu integrieren erlaubt. Auch **Dirk Geeraerts** (Leuven) entwickelt ein Modell, das differenziert nach den Dimensionen der Standardisierung, der Formalisierung und der Homogenisierung sowohl diachrone Dynamik als auch synchrone Variation zu fassen erlaubt. In dem methodologisch ausgerichteten abschließenden Beitrag zeigen **Carolin Müller-Spitzer, Sascha Wolfer** und **Alexander Koplenig** (Mannheim) in zwei unterschiedlichen Studien, wie sich die Untersuchung von Sprachwandel trotz der Verfügbarkeit großer Korpora mit spezifischen statistischen Problemen konfrontiert sieht, wie aber auch mit vergleichsweise einfachen Mitteln grundlegende theoretische Annahmen der Linguistik zur gegenseitigen Abhängigkeit von Komplexität und Dynamik korpusanalytisch bestätigt werden können.

Im abschließenden fünften Teil des Bandes, „Wortschatz und Lexikografie", wenden sich **Alexander Mehler, Rüdiger Gleim, Wahed Hemati** und **Tolga Uslu** (Frankfurt am Main) zunächst dem Zusammenhang zwischen lexikalischen und sozialen Netzwerken zu. Sie zeigen anhand des Wörterbuchs Wiktionary, wie sich die Dynamik seiner kollaborativen Bearbeitung in der Verteilung der lexikalischen Einheiten im Wörterbuch niederschlägt. Derartige soziale Dynamiken in Wiktionary bilden für **Christian M. Meyer** (Darmstadt) den Ausgangspunkt für die Untersuchung der Frage, wo die Stärken und Schwächen kollaborativer Wörterbücher liegen und wie die Lexikografie insgesamt von diesen Erfahrungen profitieren kann. Inwieweit die klassische Verlagslexikografie sich auf derartige und andere Herausforderungen der Digitalisierung einstellen kann, legt **Kathrin Kunkel-Razum** (Berlin) anhand der lexikografischen Arbeit im Dudenverlag dar. Nicht mehr andere Verlage sind die Hauptkonkurrenten in diesem sich stark verändernden Markt, sondern Angebote wie Wiktionary und Korrekturprogramme.

4 Dynamik, Muster und Komplexität

4.1 Dynamik

Sprachliche Dynamik wird in diesem Band in den unterschiedlichsten Formen konzeptualisiert und analysiert. Im Sinne einer Wachstumsdynamik greifen **Müller-Spitzer/Wolfer/Koplenig** Veränderungen im Wortschatz der deutschen Sprache auf: Sie zeigen am Beispiel der Verbbildungen mit gegen* und fremd*, wie schwierig es unter Umständen sein kann, „echte" Wachstumsdynamik – also eine vermehrte Verwendung sprachlicher Elemente über die Vergrößerung und Ausweitung der Korpusgrundlage hinaus – von „artifiziellem" Wachstum abzugrenzen. Letzteres tritt dann auf, wenn sich in einem Zeitraum die Größe und Zusammensetzung von Korpora so stark ändert (meist vergrößert), dass nicht mehr zweifelsfrei auf eine tatsächliche Ausbreitung sprachlicher Muster geschlossen werden kann. Unter anderem wird sprachliche Dynamik in diesem Beitrag auch als Produktivität verstanden. Dieser Auffassung schließt sich **Schulte im Walde** an. Sie zeigt etwa, wie Dynamik durch (teilweise neologistische) Kompositionsprozesse von Partikeln und Basisverben hervorgebracht wird.

Auch andere musterbezogene Produktivitätsprozesse können so verstanden werden. So zeigt **Hilpert** in seinem Beitrag, wie sprachliche Dynamik dadurch entsteht, dass verschiedene Teile eines Netzwerks aus sprachlichen Konstruktionen unterschiedlich produktiv sein können und zu spezifischen Verdichtungen im semantischen Raum einer sprachlichen Konstruktion führen (in seinem Falle bei englischen Partizipialkomposita). Ein solcher Vorgang kann als konkrete Instantiierung dessen verstanden werden, wenn **Schmid** Dynamik in seinem Beitrag als „inhärenten Wesenszug des Lexikons" beschreibt. Das gilt nicht nur für mentale Lexika individueller Sprecher, sondern für das kollektive Lexikon einer ganzen Sprachgemeinschaft. Er widmet sich im Fortgang seines Beitrags dem Zusammenspiel stabilisierender und dynamisierender Kräfte, deren Analyse sprachliche Dynamik vorhersagbar machen soll.

Doch sprachliche Produktivität ist nicht das einzige Konzept, das mit Dynamik im Lexikon verbunden werden kann. Auf lexikografischer Seite (also dem Lexikon als sprachbeschreibendem und -dokumentierendem Instrument) zeigen sowohl **Mehler/Gleim/Hemati/Uslu** als auch **Meyer** in ihren Beiträgen, welche Rolle die inter-individuelle Dynamik bei der Erzeugung kollaborativ erarbeiteter lexikalischer Netzwerke spielt. Mehler et al. widmen sich hier eher der Kollaborationsdynamik, die zwischen den Mitwirkenden solcher lexikografischer Projekte herrscht, und unterziehen diese einer komputationalen netzwerkanalytischen Betrachtung. Meyer geht eher auf die dynamische Veränderung von Einträgen und

Instruktionen kollaborativer Wörterbücher ein und zeigt somit, welche Form von Dynamik entsteht, wenn in kollaborativen Wörterbüchern potenziell jede und jeder Beitragende jederzeit einen Eintrag verändern kann.

Geeraerts siedelt seine Betrachtungen wiederum auf einer anderen Ebene an, indem er darlegt, welche dynamischen Beziehungen zwischen verschiedenen Sprachebenen bestehen. Dabei bezieht er sich auf das Niederländische in den Niederlanden und Belgien und zeigt, welche zeitliche Dynamik zwischen den Sprachebenen durch Standardisierungsprozesse entsteht.

Schließlich erwächst aus dem Lexikon heraus auch eine interpretative Dynamik, die darin besteht, dass lexikalische Bedeutungen vielfältigen, oft metaphorischen oder metonymischen Reinterpretationsprozessen ausgesetzt sind, deren Ergebnisse selbst wieder lexikalisiert werden können. **Stiebels** etwa zeigt dies am Beispiel der Umdeutung (*coercion*) satzeinbettender Prädikate.

4.2 Muster

Seit einigen Jahren ist in Teilen der Syntaxforschung eine Abkehr von Phrasenstrukturmodellen zu verzeichnen, die ihren Ausgang genommen hat in strukturellen Untersuchungen realer Sprachdaten, dokumentiert in großen digitalen Korpora. Aufgrund der Varianz sprachlicher Strukturen, die in allen Dimensionen der Sprachverwendung ermittelt werden kann, geriet dabei der traditionelle Regelbegriff in die Kritik, da dieser zur Erfassung dieser Varianzphänomene nicht geeignet erschien. Parallel dazu hat sich auch die bereits seit längerer Zeit etablierte quantitative Auswertung digitaler Korpora weiter entfaltet. In dieser Forschungsströmung steht die Analyse von Frequenzen im Vordergrund: Wortfrequenzen, Bigramme, Kookkurrenzen. Korpuslinguistische Analysen dieser Art haben den Blick gelenkt auf die spezifischen kombinatorischen Eigenschaften, die einzelne Wörter in der Sprachverwendung besitzen und die bislang von der Grammatikforschung wie von der Lexikografie nur als ein Randphänomen betrachtet worden sind.

Beide Forschungsströmungen laufen in jüngerer Zeit im Konzept des Musters zusammen (vgl. Bücker 2015). Aus grammatischer Perspektive kennzeichnet ein Muster die Eigenschaft, mehrere Elemente miteinander in Verbindung zu setzen, ohne dabei Sequenz- oder Adjazenz-Bedingungen zu fixieren. Den wissenschaftshistorischen Prototyp eines syntaktischen Musters stellt die Verbvalenz dar: Durch das Konzept der Valenz werden bereits seit den 1960er Jahren die spezifischen Kombinationseigenschaften von Verben beschrieben und dabei neben der Systematisierung in Verbgruppen auch die kombinatorischen Besonderheiten bestimmter Verben untersucht und dokumentiert (vgl. Eroms 2003). Ohne eine korpuslinguistische Methodik gewann aber auch in der Valenzforschung die Tendenz zur Abstraktion der vorgefundenen Muster Oberhand, durch die schließlich in Gestalt von Subkategorisierungsrahmen Muster auch in Phrasenstrukturmodelle Einzug erhalten haben.

Aus lexikalischer Sicht sind Muster neben einer mehr oder weniger starken Abstraktion von Sequenzeigenschaften oft auch durch eine Alternation von festen lexikalischen Elementen und mehr oder weniger stark restringierten abstrakten Einheiten (Slots) gekennzeichnet, wie etwa Wortverbindungsmuster, Argumentstrukturmuster oder Wortbildungsmuster (siehe etwa **Steyer/Hein, Hilpert, Löbner**). Dabei drückt sich in den Frequenzen und der Varianz der Slotbesetzungen die unterschiedliche Produktivität solcher Muster aus.

Aus korpuslinguistischer Perspektive geht es in der Operationalisierung des Konzepts des Musters weniger um die zunehmende Erhöhung des Abstraktionsgrades als um die Verfeinerung der statistischen Verfahren ihrer Erkennung. Insbesondere die Kookkurrenzanalyse hat es möglich gemacht, in großen Korpora sehr differenzierte, spezifische Muster zu ermitteln, die die im Text vorgefundenen Wort-Types umgeben (vgl. Perkuhn/Keibel/Kupietz 2012, S. 116 ff.). Derartige Muster lassen sich zwar nicht immer linguistisch deuten, denn sie spiegeln auch semantische Eigenschaften der Textdomäne wider, doch erlauben es die Verfahren der Kookkurrenzanalyse zu bestimmen, wieviel grammatische und semantische Struktur Wörter jeweils mit sich führen und wie sich das Zusammenspiel dieser Wortstrukturen in größeren Mustern verfestigen kann.

Der Begriff des Musters ist also deutlich durch die Perspektive auf den Sprachgebrauch geprägt und methodisch mit der empirischen Untersuchung von Korpora verbunden. Dabei treten theoretische Betrachtungen in den Hintergrund. Indifferent steht dieser Begriff insbesondere der Art der Konstituierung einer übergreifenden „Musterbedeutung" gegenüber – Mustern kann sowohl kompositionell als auch nicht-kompositionell – idiosynkratisch – eine Bedeutung zugeschrieben werden. Die Gruppe der idiosynkratisch konstituierten Muster ist in Gestalt der Konstruktion Gegenstand eines alternativen grammatiktheoretischen Paradigmas geworden (vgl. als Übersicht Ziem/Lasch 2013 und hier im Band **Boas** versus **Müller**). Die Konstruktionsgrammatik kann als die Verbindung einer gebrauchsbasierten, den klassischen Regelbegriff ablehnenden Syntaxauffassung mit der korpuslinguistischen Analyse des Wortgebrauchs verstanden werden. Diese Verbindung wird auch terminologisch zum Ausdruck gebracht, wenn von dem Bestand der Konstruktionen einer Sprache als „Konstruktikon" gesprochen wird (Croft/Cruse 2004) oder von den aus Kookkurrenzanalysen ableitbaren Konstruktionen als „Kollostruktionen" (Stefanowitsch/Gries 2003). Mit der Verabsolutierung des Konstruktionsbegriffs werden alle Arten von Mustern erfasst, also auch solche, in denen eher eine kompositionelle Bedeutungskonstitution zu verzeichnen ist. Kompositionalität wird dabei nicht als der Normalfall der Bedeutungskonstitution verstanden, sondern als ein Spezialfall, der wiederum durch übergeordnete abstrakte Konstruktionen gesteuert wird.

4.3 Komplexität

In jüngerer Zeit tauchte mit dem Revival einer scheinbar ad acta gelegten Frage, nämlich, ob alle Sprachen eigentlich gleich komplex seien, das Bedürfnis auf, den Komplexitätsbegriff zu operationalisieren (vgl. etwa Sampson 2009). Dazu ist mittlerweile eine reichhaltige Literatur entstanden, die allerdings vor allem auf grammatische Komplexität Bezug nimmt. Das Lexikon ist kaum zum Gegenstand dieser Diskussion geworden.

Diskussionen über sprachliche Komplexität setzen an verschiedenen Punkten an: Wie leicht ist ein sprachliches System zu beschreiben, zu erzeugen, zu lernen, welchen Grad an Organisiertheit und dynamischem Potenzial weist es auf? Die Ansätze zur Operationalisierung von Komplexität variieren dabei stark (vgl. Szmrecsanyi/Kortmann 2012). Maße für grammatische Komplexität können auf der einen Seite phänomenorientiert auf dem Auszählen von Kategorien und ihren Ausprägungen, paradigmatischen Klassen und ihren Varianten, Arten von syntagmatischen Abhängigkeiten etc. basieren (z.B. Nichols 2009) oder auf der anderen Seite sehr abstrakt auf informatischen Maßen, die etwa die strukturelle Komplexität einer Zeichenkette über das kürzeste Programm definiert, das zu ihrer Beschreibung erforderlich ist (Kolmogorow-Komplexität).

Betrachtet man sprachliche Komplexität nicht als Ganzes, sondern differenziert zwischen der Komplexität von Subsystemen, so sind oft Trade-Off-Effekte zu beobachten. Bekannt ist die Annahme, dass eine Sprache, die wortstrukturell komplex ist, in der Wortstellung wenig restriktiv ist. Korpusbasiert versucht man, solche Trade-Offs über informationstheoretische Komplexitätsmaße nachzuvollziehen (vgl. **Müller-Spitzer/Wolfer/Koplenig**).

Auch wenn man lexikalische Komplexität vermutlich nicht über die bloße Menge lexikalischer Einheiten erfassen möchte, so sei doch darauf hingewiesen, dass die größten Korpora des Deutschen mittlerweile Einwortlexeme wohl im zweistelligen Millionenbereich belegen (Engelberg 2015); dabei sind Mehrwortlexeme und Lesartendisambiguierung noch nicht berücksichtigt. Das ist jedenfalls der Bestand an Einheiten, mit denen es Strukturen, Verarbeitung und Expansionsprozesse im Lexikon zu tun haben.

Überlegungen zu lexikalischer Komplexität können an verschiedenen Stellen ansetzen. Relationale Komplexität – als Komplexität des zugrundeliegenden Graphen – kann die Menge an Relationen ins Visier nehmen, die zwischen lexikalischen Einheiten bestehen, etwa semantische Relationen wie Antonymie, Hyperonymie, Meronymie, morphologische Relationen zwischen Komponenten komplexer Wörter, aber auch die Anzahl an Lesarten, die Lexeme an sich binden. Die Menge der etablierten Relationen kann dabei als Komplexitätsindikator genommen werden, besser noch die durchschnittliche Menge an Relationen, über die ein Lexem verfügt, und die einen Eindruck von der Dichte des lexikalischen Netzes vermittelt (Müller-Spitzer/Wolfer 2015; siehe auch **Mehler/Gleim/Hemati/Uslu**). Dabei sind auch hier Trade-Off-Effekte zu beobachten. Die morphologische Komplexität von Wörtern korreliert negativ mit ihrer Gebrauchshäufigkeit, und der Grad an Polysemie von Lexemen korreliert positiv mit der Häufigkeit des Lexems. Entsprechend korreliert der Grad an Polysemie negativ mit der morphologischen Komplexität von Wörtern: Je polysemer Wörter sind, um so morphologisch einfacher sind sie; semantisch komplexe Wörter tendieren zu geringer morphologischer Komplexität und umgekehrt.

Das Lexikon ist ein inhärent dynamisches System (vgl. **Schmid**). Will man Komplexität an Dynamik und Wandel knüpfen, wie Larsen-Freeman (2012) es vorschlägt, so kann man den Komplexitätsbegriff an die produktiven Expansionsprozesse des Lexikons knüpfen. Dazu gehören etwa konkatenative morphologische Prozesse (siehe etwa **Schulte im Walde**) und koerzive semantische Anpassungen (siehe etwa **Stiebels**). Immer deutlicher wird aber auch, wie sehr lexikalische Kreativität durch eher analogisch wirkende Prozesse in einem Netzwerk von Mustern bestimmt ist. Diese wirken nicht nur im Wortbildungsbereich (vgl. **Hilpert**), sondern auch hinsichtlich der Assoziation von Lexemen mit syntaktischen Konstruktionen (etwa im Argumentstrukturbereich) oder bei der Ausbeutung von Mustern im Bereich usueller Wortverbindungen (**Steyer/Hein**). Wenn wir von „kreativer" Komplexität des Lexikons sprechen wollen, so orientiert sich diese an der Anzahl und Produktivität lexikalischer Muster.

5 Erkenntniswege

Ebenso vielfältig wie die in den Beiträgen behandelten Themen sind die empirisch-methodischen Zugangsweisen zu den jeweiligen linguistischen Phänomenen. Daten aus einer weiten Bandbreite linguistischer Korpora nehmen in einigen Beiträgen nach wie vor eine zentrale Rolle ein. **Hilpert** geht dem Phänomen der Produktivität anhand eines englischsprachigen diachronen Korpus nach. **Müller-Spitzer/Wolfer/Koplenig** nähern sich einerseits Phänomenen des Wortschatzwandels, wie sie in den Korpora des Instituts für Deutsche Sprache (IDS) belegt sind, andererseits zeigen sie anhand eines Korpus von Übersetzungen der Bibel, wie sprachvergleichende Untersuchungen möglich sind. **Steyer/Hein** bedienen sich ebenfalls der Korpora des IDS und beschäftigen sich mit mehr oder weniger festen Wortverbindungen. **Stiebels** nutzt für ihre Studie zur Polysemie bei satzeinbettenden Prädikaten eine Kombination verschiedener Korpora sowie eine eigens auf ihre Fragestellung hin optimierte Datenbank.

Korpora werden aber auch immer häufiger durch Informationen aus anderen Quellen ergänzt. So kombinieren sowohl **Gries** als auch **Schulte im Walde** korpuslinguistische Herangehensweisen mit Experimentaldaten von Sprecherinnen und Sprechern. Ein solcher Ansatz, der auch unter dem Stichwort „konvergierende Evidenz" firmiert, macht es möglich, sich einem linguistischen Phänomen aus mehreren methodischen Richtungen zu nähern. Eine solche „Datentriangulation" gewinnt in der linguistischen Forschung zusehends an Einfluss, da es wissenschaftlich äußerst attraktiv ist, ein Phänomen aus unterschiedlichen empirischen Blickwinkeln zu beleuchten, um so Konvergenzen oder Divergenzen festzustellen. Einen ähnlichen Ansatz verfolgen auch **Hansen-Schirra/Oster/Nitzke/Gros**, indem sie Blickbewegungs- und Key-Logging-Daten kombinieren.

Auch die linguistische Erschließung eher ungewöhnlicher bzw. ungewohnter Datenquellen wird in einigen Beiträgen beschrieben. So nutzen sowohl **Mehler/Gleim/Hemati/Uslu** als auch **Meyer** freie lexikografische Ressourcen, allen voran das „Wiktionary", um den Prozessen und Mechanismen auf den Grund zu gehen, die während der Erstellung dieser Ressourcen wirken. Auch **Geeraerts** verwendet für seine Studie eine selten erschlossene Quelle linguistischer Forschung, nämlich Preisschilder in lokalen Bekleidungsgeschäften, um seinen lexikalisch-lektometrischen Ansatz zur Unterscheidung zwischen Demotisierung und Destandardisierung in den Nationalvarietäten des Niederländischen zu unterfüttern.

Einige Beiträge widmen sich zudem explizit einer meta-methodischen Perspektive. So stellt **Gries** mehrere Maße vor, die häufiger in korpuslinguistischen Untersuchungen herangezogen werden und reflektiert deren Möglichkeiten und Grenzen. **Müller-Spitzer/Wolfer/Koplenig** zeigen u.a. auf, welch hohe Anforderungen an linguistische Datensammlungen bestehen, wenn Wortschatzwandelphänomene untersucht werden sollen. Auch ihr Beitrag kann als eine Auslotung der Grenzen und Möglichkeiten empirisch-linguistischer Fragestellungen verstanden werden.

Für einige Autoren steht nicht die konkrete Analyse eines bestimmten Datensatzes im Vordergrund. Dafür können die jeweiligen Beiträge aber als Ausgangspunkt für empirisch-quantitative Untersuchungen dienen. So skizziert **Schmid** ein kohärentes soziokognitives Modell des dynamischen Lexikons, das aus einer breiten Basis experimentell belegter Effekte heraus motiviert ist. Das Modell als Ganzes kann dabei wiederum zur Generierung neuer, empirisch überprüfbarer

Hypothesen genutzt werden. Auch der Beitrag von **Löbner**, der für die Verwendung von Barsalou-Frames in formalen Ansätzen der Semantik plädiert, kann unter diesem Aspekt gesehen werden. So sind dem dargestellten Modell Prinzipien (wie bspw. der Prozess der *coercion*) inhärent, die hypothesengenerierenden Charakter haben. **Müllers** Ausführungen zum Verhältnis zwischen Lexikon und Grammatik und deren Formalisierung in verschiedenen Grammatiktheorien eignen sich ebenso zur Ableitung von Vorhersagen, die in einem weiteren Schritt empirisch überprüft werden können.

6 Sprachdokumentation

Die wissenschaftliche Lexikografie sieht sich seit nunmehr fast zwei Jahrzehnten neuen Entwicklungen gegenüber, die zu teils einschneidenden Veränderungen geführt haben und zu Neupositionierungen zwingen (siehe **Kunkel-Razum; Meyer; Mehler/Gleim/Hemati/Uslu**) (vgl. Klosa/Müller-Spitzer (Hg.) 2016). Man kann dies in drei Punkten zusammenfassen: a) innovative Zugänge zu authentischen sprachlichen Massendaten – bedingt durch die sprachtechnologische Revolution – und die damit verbundenen neuen (Muster-)Sichten auf das Lexikon sowie auf alle Aspekte des Sprachgebrauchs (siehe **Boas; Gries; Hilpert; Steyer/ Hein**); b) neue Formen der lexikografischen Repräsentation – eine Abkehr von der Dominanz narrativer (Meta-)Beschreibungen und eine Hinwendung zu intelligent systematisierten Daten, Graphen und Netzwerken (siehe **Möhrs/Müller-Spitzer** zu den Projekten der Methodenmesse), zu multimedialen und -modalen Datenbanken und sprachbezogenen Forschungsressourcen (siehe **Boas**); c) das Internet als enzyklopädisches Wissensuniversum, bei dem sich die Teilhabe an lexikografischen – und generell an sprachdokumentarischen Prozessen – immer mehr von den etablierten Redaktionsstuben der Wörterbuchverlage und Akademien in eine breite, partizipierende Community verlagert (siehe **Meyer; Mehler/Gleim/ Hemati/Uslu**).

In Bezug auf die empirische Fundierung durch sprachliche Massendaten lässt sich festhalten, dass Korpora mittlerweile auch in den lexikografischen Werkstätten angekommen sind, zum einen in Form großer elektronischer Belegsammlungen, zum anderen bei der Anwendung automatischer Analyseverfahren wie Frequenz- und Kookkurrenzanalysen, die als wichtige heuristische Werkzeuge für die Überprüfung der Usualität der zu beschreibenden Einheiten und für einen kontextualistischen Zugang zu deren Bedeutung und Gebrauch dienen. Eine besondere Herausforderung stellen die neuesten linguistischen Erkenntnisse über sprachliche Verfestigung und Musterhaftigkeit als genuine Sprachprinzipien dar (siehe **Schmid**; **Steyer/Hein**). Es ist beispielsweise zu fragen, wie lexikalisch partiell gefüllte Schemata – und vor allem ihre funktionalen Restriktionen – Sprachnutzern, z.B. im Fremdsprachenbereich, nahegebracht werden sollten. Die grundsätzliche Unterscheidung zwischen stark lexikalisierten Schemata, die als solche erworben werden müssen, einerseits und schematisierten Konstruktionen, bei denen die Art und Weise der Slotbesetzungen auf verschiedenen Abstraktionsebenen zu verstehen ist, andererseits, führt zwangsläufig auch zu neuartigen (muster-)lexikografischen Beschreibungsformaten. Solche Formate können beispielsweise intelligente Inventarisierungen und Hierarchisierungen sprachlicher Einheiten und ihrer kontextuellen Einbettungsmuster sein; mithilfe von Statistiken, Kookkurrenz- und Füllertabellen, systematisierten Korpusbelegen und vernetzt in Online-Portalen und Wörterbuchverbünden. Die Chance, authentische Sprachdaten in großem Ausmaß ins Zentrum der Beschreibung zu rücken, ist gleichzeitig aber auch die größte Herausforderung: Denn es wird für Nutzer nicht leichter, sich in der Flut von Daten zu orientieren und das Erklärungspotenzial, aber auch die Grenzen des jeweils angebotenen sprachdokumentarischen Produkts zu erfassen. Die Notwendigkeit einer wie auch immer gearteten Didaktisierung ist – bei aller Euphorie angesichts des neuen Wissensuniversums – daher wieder stärker ins Bewusstsein zu rücken. Den Forderungen nach Methodentransparenz und einer Reflexion über die Nachvollziehbarkeit der dargestellten Ergebnisse kann und muss sich in erster Linie die wissenschaftliche Lexikografie stellen.

Korpusanalysen unterstützen aber nicht nur die Quantität der lexikografischen Inhalte, sondern ermöglichen auch die qualitative Erfassung feiner, distinktiver Gebrauchsnuancen, die eine kulturell angemessene Sprachkompetenz ganz wesentlich ausmachen. Derart tiefergehende Beschreibungen lassen sich aber realistischerweise nur für kleinere Sprachausschnitte durchführen. Nützlich im Sinne des Nachschlagenden sind jedoch vor allem aufbereitete Sprachdaten, die für den jeweiligen Phänomenbereich einen gewissen Grad an Vollständigkeit beanspruchen, eine Quadratur des Kreises – und das vor dem Hintergrund sich rasant entwickelnder Internetportale und Informationssysteme, mit denen die wissenschaftliche Lexikografie aus quantitativer Sicht in der Tat nicht Schritt halten kann. In kollaborativen Erarbeitungsszenarien können unter der Teilhabe vieler Nutzer in sehr viel kürzerer Zeit sehr viel umfassendere Daten erfasst werden (siehe **Mehler/Gleim/Hemati/Uslu**). Ein grundsätzliches Problem bleibt aber der fehlende Qualitätsstandard bezogen auf die empirische Validierung, z.B. die Einbeziehung von Korpusdaten oder anderer wissenschaftlich belegter Quellen (siehe **Meyer**). Vor diesem Hintergrund stellen sich für die wissenschaftliche Lexikografie folgende Fragen: Inwiefern sollte sie sich als Teil der kollaborativen Bewegung verstehen? Ist es möglich, dass sie sich für die Notwendigkeit eines soliden methodisch-empirischen Fundaments in der Autoren- und Nutzergemeinde Gehör verschafft und zumindest eine Sensibilisierung erreichen kann? Und wenn ja, wie könnte eine Verbindung von „kollektiver Weisheit" und etabliertem Fachwissen produktiv ausgestaltet werden?

Mit dem vorliegenden Jahrbuch des Instituts für Deutsche Sprache werden diese Fragen nicht endgültig zu beantworten sein. Wir hoffen aber, dass die in diesem Band zusammengestellten Beiträge das Gesamtbild einer gegenwärtig hochinteressanten Entwicklung im Bereich der Lexikologie erkennen lassen, das auch eine Vielzahl neuartiger Erklärungen bietet. Der Wortschatz einer Sprache mit den in ihm enthaltenen Mustern, seiner Dynamik und seiner Komplexität scheint in der linguistischen Forschung endlich den Stellenwert erlangt zu haben, der ihm in der alltäglichen Verwendung von Sprache schon immer zugekommen ist.

Literatur

Bücker, Jörg (2015): Schema – Muster – Konstruktion. In: Dürscheid, Christa/Schneider, Jan Georg (Hg.): Handbuch Satz, Äußerung, Schema. (= Handbücher Sprachwissen 4). Berlin u.a., S. 445–463.

Carter, Richard (1978 [1988]): Arguing for semantic representations. In: Rechérches Linguistiques 5–6 (Université de Paris VIII), S. 61–92. [Auch in: Levin, Beth/Tenny, Carol (Hg.): On linking: Papers by Richard Carter. Cambridge, MA, S. 139–166].

Croft, William/Cruse, David A. (2004): Cognitive linguistics. Cambridge.

Engelberg, Stefan (2015): Quantitative Verteilungen im Wortschatz. Zu lexikologischen und lexikografischen Aspekten eines dynamischen Lexikons. In: Eichinger, Ludwig M. (Hg.): Sprachwissenschaft im Fokus. Positionsbestimmungen und Perspektiven. (= Jahrbuch des Instituts für Deutsche Sprache 2014). Berlin/Boston, S. 205–230.

Eroms, Hans-Werner (2003): Die Wegbereiter einer deutschen Valenzgrammatik. In: Ágel, Vilmos et al. (Hg.): Dependenz und Valenz/Dependency and valency. Halbbd. 1. (= Handbücher zur Sprach- und Kommunikationswissenschaft 25.1). Berlin/New York, S. 159–169.

Klosa, Annette/Müller-Spitzer, Carolin (Hg.) (2016): Internetlexikografie. Ein Kompendium. Berlin/Boston.

Larsen-Freeman, Diane (2012): Complex, dynamic systems. A new transdisciplinary theme for applied linguistics? In: Language Teaching 45, S. 202–214.

Müller-Spitzer, Carolin/Wolfer, Sascha (2015): Vernetzungsstrukturen digitaler Wörterbücher. Neue Ansätze zur Analyse. In: Lexicographica 31, S. 173–199.

Nichols, Johanna (2009): Linguistic complexity: A comprehensive definition and survey. In: Sampson/Gil/Trudgill (Hg.), S. 110–125.

Perkuhn, Rainer/Keibel, Holger/Kupietz, Marc (2012): Korpuslinguistik. Paderborn.

Sampson, Geoffrey (2009): A linguistic axiom challenged. In: Sampson/Gil/Trudgill (Hg.), S. 1–18.

Sampson, Geoffrey/Gil, David/Trudgill, Peter (Hg.) (2009): Language complexity as an evolving variable. Oxford u.a.

Szmrecsanyi, Benedikt/Kortmann, Bernd (2012): Introduction. Linguistic complexity. Second language acquisition, indigenization, contact. In: Kortmann, Bernd/Szmrecsanyi, Benedikt (Hg.): Linguistic complexity. Second language acquisition, indigenization, contact. (= Language & Litterae 13). Berlin/Boston, S. 6–34.

Stefanowitsch, Anatol/Gries, Stefan Th. (2003): Collostructions: Investigating the interaction between words and constructions. In: International Journal of Corpus Linguistics 8, 2, S. 209–243.

Wunderlich, Dieter (Hg.) (2006): Advances in the theory of the lexicon. (= Interface Explorations 13). Berlin/New York.

Ziem, Alexander/Lasch, Alexander (2013): Konstruktionsgrammatik. Konzepte und Grundlagen gebrauchsbasierter Ansätze. (= Germanistische Arbeitshefte 44). Berlin/Boston.

Lexikon und Grammatik

Stefan Müller (Berlin)

Das Lexikon. Wer, wie, was, wieso, weshalb, warum?

Abstract: In diesem Aufsatz diskutiere ich verschiedene Lexikonkonzepte. Ich gehe aus von der Frage, was überhaupt zum Lexikon gehört (nur idiosynkratische Elemente oder auch regelmäßig ableitbare). Ich betrachte verschiedene Grammatiktheorien und erläutere, wie diese die Frage der Valenzalternationen beantwortet haben und warum es bei Weiterentwicklungen der Theorien Änderungen gab (z.b. die Wiederaufnahme der lexikalischen Repräsentation der Valenz nach Kategorialgrammatik-Art in der HPSG, nach phrasalen Ansätzen in der GPSG).

Ich gehe der Frage nach, ob man Lexikon und Grammatik abgrenzen kann oder ob es sinnvoll ist, von einem Kontinuum zu sprechen, wie das in der Konstruktionsgrammatik üblich ist. Dazu werden Ansätze aus der GPSG, der TAG und der HPSG diskutiert.

Ein letzter Abschnitt des Aufsatzes ist etwas formaler. Hier geht es um verschiedene Formalisierungen von Lexikonregeln und den Vergleich mit Ansätzen im Rahmen des Minimalistischen Programms, die statt Lexikonregeln leere Köpfe verwenden. Vererbungsbasierte Ansätze zur Beschreibung von Valenzalternationen werden als dritte Möglichkeit diskutiert und verworfen.

1 Einführung[1]

Die Organisatoren der IDS-Jahrestagung mit dem Thema *Wortschätze: Dynamik, Muster, Komplexität* haben mich gebeten, einen Einführungsvortrag zu Konzepten des Lexikons, zum Lexikon-Grammatik-Verhältnis und zu den Veränderungen der entsprechenden Konzepte in den letzten zwanzig Jahren zu halten. Ich habe begeistert zugestimmt, weil das Lexikon in dem theoretischen Rahmen, in dem ich arbeite, wie ich glaube, zu Recht eine große Rolle spielt. Ich habe mir jedoch die Freiheit genommen, auf einen größeren historischen Zeitraum zurückzublicken. Nach einem einführenden Abschnitt, der der Frage nachgeht, was überhaupt ins Lexikon gehört, beginne ich den historischen Überblick bei der Kategorialgrammatik in den 1930er Jahren, betrachte dann die Dependenzgram-

---

1 Ich danke Stefan Engelberg für Kommentare zu einer früheren Version dieses Aufsatzes.

DOI 10.1515/9783110579963-002

matik, die Transformationsgrammatik, die Generalisierte Phrasenstrukturgrammatik, die Kopfgesteuerte Phrasenstrukturgrammatik und schließlich die Konstruktionsgrammatik. Wie ich zeigen werde, oszillieren die verschiedenen Ansätze zwischen lexikalischen und phrasalen Sichtweisen auf Argumentstrukturkonstruktionen hin und her. Lehren aus der Vergangenheit werden nicht gezogen, Fragen bezüglich Änderungen in der Sichtweise werden kaum gestellt (oder zumindest nicht beantwortet).

Der Frage, ob man das Lexikon überhaupt von der Grammatik abgrenzen kann, wird im Abschnitt 4 nachgegangen.

Abschnitt 5 beschäftigt sich mit verschiedenen Formalisierungen von Lexikonregeln und Abschnitt 6 fasst den Aufsatz zusammen.

2 Was gehört zum Lexikon?

Schaut man in gedruckte Wörterbücher, so findet man dort – je nach Wörterbuch – Information über die Wortart, die Valenz oder Bedeutungen der Wörter. Gedruckte Wörterbücher enthalten normalerweise nicht alle Flexionsformen, die zu einem Lexem gehören. Auch vollständig regelmäßige morphologische Derivationen und regelmäßige Valenzalternationen werden normalerweise nicht aufgelistet. Solche Informationen hätten für die Nutzer der Wörterbücher nur einen geringen Wert und würden die Wörterbücher nur unhandlicher und teurer machen. Große Teile der Sprachwissenschaft beschäftigen sich aber nicht mit gedruckten oder zu druckenden Wörterbüchern sondern mit der Sprachfähigkeit des Menschen, d.h. mit dem so genannten mentalen Lexikon, das beim Aufbau syntaktischer Strukturen eine wichtige Rolle spielt. In Bezug auf dieses Lexikon gibt es verschiedene Sichtweisen: Di Sciullo/Williams (1987) nehmen an, dass das Lexikon das Gefängnis für die Gesetzlosen ist, d.h., alles, was unregelmäßig ist, ist Bestandteil des Lexikons. Das würde Wurzeln betreffen, aber nicht aus Wurzeln abgeleitete Stämme und Wörter. Eine weitere Sichtweise besagt, dass alles, was nicht Syntax ist, zum Lexikon gezählt wird. Bei dieser Sichtweise würden Wurzeln und alle daraus morphologisch abgeleiteten Elemente Bestandteil des Lexikons sein. Auch Valenzalternationen wie die in (1), die man mithilfe lexikalischer Regeln beschreiben kann, wären Bestandteil des Lexikons: Es gäbe ein zweistelliges und ein einstelliges *kocht*.

(1)   a.   Er kocht die Suppe.

         b.   Die Suppe kocht.

Wurzeln, Stämme, Wörter wären also Elemente des Lexikons. Kombinationen von Wörtern wären dagegen syntaktische Objekte. Diese Sichtweise schließt nicht aus, dass syntaktische Objekte als Ganzes gespeichert sein können. Das kann zum Beispiel der Fall sein, wenn bestimmte Verbindungen hochfrequent sind und von Sprechern/Hörern gar nicht mehr im Detail analysiert werden, sondern als Ganzes produziert bzw. wahrgenommen werden.

Eine dritte Sichtweise ist, das Lexikon überhaupt nicht von der restlichen Grammatik abzugrenzen, sondern von einem Kontinuum zu sprechen (siehe Ziem/Lasch 2013 für einen Überblick).

Folgt man der zweiten Sichtweise, wonach alles, was nicht Syntax ist, im Lexikon steht, dann braucht man Mittel, um Regelmäßigkeiten und Zusammenhänge zu erfassen. Dazu kann man Vererbungshierarchien aber auch so genannte Lexikonregeln verwenden, die Lexikonelemente zueinander in Beziehung setzen. Lexikonregeln besagen, dass es, wenn es ein Lexikonelement mit bestimmten Eigenschaften gibt, auch ein anderes Lexikonelement mit anderen Eigenschaften geben muss.

In der zweiten Sichtweise ist es sinnvoll zwischen im mentalen Lexikon abgespeicherten Einheiten und solchen, die produktiv aus den abgespeicherten Einheiten erzeugt werden, zu unterscheiden. Den Bereich des Lexikons, in dem sich die gespeicherten Einheiten befinden, kann man auch das *Listikon* nennen. Das Lexikon enthält immer das Listikon und alle aus Listikon-Elementen abgeleiteten Einheiten. Die folgenden Beispiele mögen das illustrieren: *koppel-* steht als Wurzel im Listikon und alle flektierten Formen, also z.B. *koppelt* gehören zum Lexikon.

(2) a. koppel-   (Wurzel im Listikon)
     b. koppelt   (Wort im Lexikon)

Aus der Wurzel *koppel-* kann man die Nominalisierung *Kopplung-* bilden. Bei *Kopplung-* handelt es sich um einen nominalen Stamm, der noch flektiert werden muss. Im Singular wäre die flektierte Form mit dem Stamm identisch, aber im Plural bekommen wir *Kopplungen*. Sowohl der komplexe Stamm als auch die entsprechend flektierten Formen sind unter dieser Sichtweise Bestandteil des Lexikons.

(3) a. Kopplung-   (Stamm im Lexikon)
     b. Kopplungen   (Wort im Lexikon)

Die Wortform *gekoppelt* kann zum Adjektivstamm umkategorisiert werden. Der entsprechende Stamm *gekoppelt-* kann mit Adjektivaffixen flektiert werden, so dass dann Formen wie *gekoppelte* entstehen.

(4)   a. gekoppelt   (Wort im Lexikon, Verb)
      b. gekoppelt-   (Stamm im Lexikon, Adjektiv)
      c. gekoppelte   (Wort im Lexikon, Adjektiv)

Bisher haben wir morphologisch einfache Elemente im Listikon verortet. Zum Listikon müssen aber auch morphologisch komplexe Elemente mit spezialisierter Bedeutung gezählt werden. So haben wir zum Beispiel Wörter wie *Vorlesung*, die nach produktiven Mustern gebildet sind, aber eine Bedeutungsspezialisierung erfahren haben, die so weit geht, dass in Vorlesungen nicht mal unbedingt etwas gelesen werden muss. Neben solchen semantisch idiosynkratischen Elementen werden auch hochfrequente Elemente als Ganzes gespeichert.

Auch Valenz ist eine idiosynkratische Eigenschaft, die für Lexeme bzw. Lexemklassen gelernt und gespeichert werden muss. So ist zum Beispiel der Kasus von abhängigen Elementen nicht so ohne Weiteres vorhersagbar. Es wäre genauso gut möglich, dass bei *helfen* und *begegnen* ein Akkusativ stehen könnte:

(5)   a. Er hilft dem Kind.   (Dativ)
      b. Er unterstützt das Kind.   (Akkusativ)

(6)   a. Er begegnet dem Kind.   (Dativ)
      b. Er trifft das Kind.   (Akkusativ)

Primus (2012) argumentiert zwar, dass beim Akkusativ mehr Lesarten vorliegen als beim Dativ, aber unter einer konstruktionsgrammatischen Perspektive, bei der man davon ausgeht, dass Verben in kompatible phrasale Schemata eingesetzt werden, würde es ausreichen, dass die Konstruktion mit dem Akkusativ eine Lesart hat, die mit der Dativlesart kompatibel ist. Dann würde man erwarten, dass *helfen* wie in (6) verwendet werden kann.

(7)   * Er hilft das Kind.

Dem ist aber nicht so. (7) ist strikt ungrammatisch.

Wie die bisherige Diskussion gezeigt hat, gibt es bestimmte syntaktische Eigenschaften von Lexemen, die sich nicht semantisch begründen lassen und somit auch nicht in der Syntax durch entsprechende semantisch restringierte Konstruktionen erzwungen werden können. Diese Eigenschaften müssen also im Lexikon festgelegt werden. Im nächsten Abschnitt wende ich mich den Valenzalternationen zu. Diese sind in einigen Theorien lexikalisch und in anderen syntaktisch analysiert worden.

3 Valenzalternationen

In diesem Abschnitt möchte ich Valenzalternationen ausführlicher besprechen und dazu verschiedene Frameworks aus den letzten 100 Jahren betrachten. Die Grundfragestellung kann man anhand des folgenden Minimalpaars erörtern. In (8a) liegt ein normales ditransitives Verb vor. Der Satz in (8b) sieht dem in (8a) recht ähnlich, aber das Verb *backen* ist eigentlich zweistellig. In (8b) ist ein zusätzliches Dativargument vorhanden.

(8)   a.   Er gibt ihr einen Kuchen.
        b.   Er bäckt ihr einen Kuchen.

Für die Analyse von (8b) gibt es nun zwei konkurrierende Vorschläge: Man kann annehmen, dass es neben dem zweistelligen Lexikoneintrag für *backen* noch ein dreistelliges Lexikonelement gibt, das dem für *geben* entspricht. Die alternative Analyse geht davon aus, dass sowohl *geben* als auch *backen* in eine bestimmte syntaktische Konfiguration eingesetzt wird, die dann auch das Dativargument lizenziert und die benefaktive Bedeutung beisteuert (Asudeh/Giorgolo/Toivonen 2014).

Auch für Resultativkonstruktionen wie die in (9) gibt es zwei alternative Analysen:

(9)   Er fischt den Teich leer.

Lexikalistische Analysen gehen davon aus, dass es ein spezielles Lexikonelement für *fischen* gibt, das ein Subjekt, ein Objekt und ein Resultativprädikat selegiert (Wunderlich 1992).

Die Alternative sind wieder phrasale Analysen, die annehmen, dass *fischen* in eine phrasale Konfiguration eingesetzt wird, die dann das Objekt und das Resultativprädikat lizenziert und die entsprechende Semantik beisteuert (Goldberg 1995, 2003; Tomasello 2003, 2006; Croft 2001; Dąbrowska 2001; Culicover/Jackendoff 2005; Jackendoff 2008; Michaelis 2006; Langacker 2009; Kallmeyer/Osswald 2012; Lichte/Kallmeyer 2017; Christie 2010). Solche Ansätze nenne ich im Folgenden auch Einstöpsel-Ansätze. Im Folgenden möchte ich verschiedene theoretische Ansätze betrachten und erläutern, wie in diesen Ansätzen Valenzinformation repräsentiert wurde und ob Valenzalternationen als zum Lexikon oder zur Syntax gehörig analysiert wurden/werden. Die erste zu betrachtende Theorie ist die Kategorialgrammatik.

3.1 Kategorialgrammatik

Die Kategorialgrammatik wurde 1935 von dem polnischen Logiker Ajdukiewicz (1935) entwickelt. Prominente Vertreter sind Steedman (1997), Morrill (1994), Moortgat (1989). Im deutschsprachigen Raum sind Arbeiten von Jacobs (1991) und die IDS-Grammatik hervorzuheben (Zifonun/Hoffmann/Strecker 1997).

In der Kategorialgrammatik steht bei jedem Kopf, welche Argumente er verlangt und wo diese relativ zum Kopf stehen müssen. Zum Beispiel hat ein transitives Verb im Englischen den folgenden Lexikoneintrag:

(10)   (s\np)/np

Für die Kombination von Lexikonelementen mit Wörtern oder Wortgruppen gibt es sehr einfache und sehr abstrakte Schemata. (11) zeigt die Mulitplikationsregeln (Forwärtsanwendung und Rückwärtsanwendung):

(11)   a. $X/Y \star Y = X$
       b. $Y \star X\backslash Y = X$

In der Kategorialgrammatik werden die komplexen Lexikoneinträge jeweils mit dem Element hinter dem äußersten Strich kombiniert. So verlangt *kissed* eine NP zu seiner Rechten. In der Analyse von *Kim kissed Sandy*, die in Abbildung 1 zu sehen ist, befindet sich die NP für *Sandy* rechts von *kissed*. Das Ergebnis der Kombination ist der Ausdruck, der links vom Funktor steht, also s\np. s\np steht für etwas, das links von sich eine NP haben will und nach einer entsprechenden Kombination einen Satz ergibt. In Abbildung 1 wird die Anforderung durch *Kim* erfüllt.

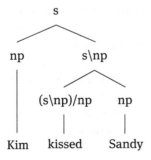

Abb. 1: Analyse von *Kim kissed Sandy* in Kategorialgrammatik

Interessant ist nun, dass die Anordnung der Elemente im Satz komplett durch den Lexikoneintrag vorbestimmt ist:[2] Das Objekt steht rechts neben dem Verb und das Subjekt links des Verbs. Der Lexikoneintrag sagt aber nichts über Adjazens aus. Es ist also sehr wohl möglich, dass andere Elemente zwischen Subjekt, Verb und Objekt stehen können. Ein Beispiel sind Adverbien:

(12)   Kim quickly read the book.

Das heißt, der Lexikoneintrag steht für eine Klasse von Bäumen (bzw. logischen Ableitungen).

Das Passiv, was hier als Beispiel für Valenzänderungen besprochen werden soll, wird über eine Lexikonregel analysiert. Das heißt, es gibt eine Regel, die besagt, dass es zu jedem Stammeintrag einen weiteren Eintrag gibt, der Bäume lizenziert, in der die Argumente so angeordnet und ausgedrückt werden, wie das eben in der jeweiligen Sprache üblich ist. Zu einer Analyse des Passivs im Englischen siehe Dowty (1978, 2003).

3.2 Generalisierte Phrasenstrukturgrammatik (GPSG)

Die Generalisierte Phrasenstrukturgrammatik ist eine der nicht-transformationellen Theorien, die in den 1970er Jahren entwickelt wurde (Gazdar et al. 1985). Eine wichtige Arbeit zum Deutschen ist das Grammatikfragment von Uszkoreit (1987). Die Phrasenstrukturen, die man bei der GPSG annimmt, entsprechen dem $\bar{X}$-System, das man aus der Chomsky'schen Grammatik kennt (Jackendoff 1977). Allerdings gibt es in der GPSG keine Transformationen, da diese nicht experimentell als psycholinguistisch realistisch bestätigt werden konnten. Stattdessen gibt es Meta-Regeln, die verschiedene Phrasenstrukturregeln zueinander in Beziehung setzen.

Valenz wird in der GPSG über Zahlen repräsentiert, die Regeln entsprechen, in die ein Kopf eingesetzt werden kann. Für die Verben *helfen, vertrauen,* die beide ein Subjekt und ein Dativobjekt verlangen, legt man zum Beispiel die Zahl 7 als SUBCAT-Wert fest. Die Regel für VPen (V mit $\bar{X}$-Stufe 2) sieht wie folgt aus:

---

2 Für Sprachen wie Englisch mit relativ fester Konstituentenreihenfolge ist das erwünscht. Steedman/Baldridge (2006) generalisieren die Kombinationsmechanismen für Sprachen mit freierer Stellung. Zu generalisierten Ansätzen in verschiedenen Frameworks siehe auch Gunji (1986), Fanselow (2001), Müller (2015).

(13)   V2 → H[7], N2[CASE dat]

Über eine Metaregel kann man aus dieser Regel eine Regel für ganze Sätze machen, die dann zusätzlich zum Dativobjekt noch ein Subjekt verlangt:

(14)   V3 → H[7], N2[CASE dat], N2[CASE nom]

Mit dieser Regel können dann Sätze wie (15) analysiert werden:

(15)   [dass] er ihm hilft

Aus der Regel in (14) kann man mittels einer Meta-Regel die Regel in (16) ableiten:

(16)   V3/N2[CASE dat] → H[7], N2[CASE nom]

(16) ist die Regel, die man für Sätze mit Vorfeldbesetzung braucht: Das Dativobjekt erscheint nicht auf der rechten Regelseite sondern wird links mittels „/"
als lokal fehlend markiert. Es wird dann mit einer anderen Regel im Vorfeld realisiert. Die Details können hier nicht ausführlich besprochen werden. Siehe dazu
Uszkoreit (1987) oder Müller (2016b, Kap. 5). Wichtig ist nur der allgemeine Punkt,
dass Valenz über eine Zahl repräsentiert wird und dass diese Zahl ausschlaggebend dafür ist, in welche Regel ein bestimmter Kopf eingesetzt werden kann. Wie
die obigen Regeln zeigen, kann ein Verb mit der Zahl 7 als SUBCAT-Wert in ganz
verschiedenen Kontexten auftreten: Verb + Dativobjekt zur Bildung einer VP,
Verb mit Subjekt und Objekt zur Bildung eines Satzes (Verberst- oder Verbletzt-
satz) oder Verb mit Subjekt und extrahiertem Dativobjekt. Hier ähnelt die GPSG
bestimmten Ansätzen in der Konstruktionsgrammatik (Goldberg 1995; Tomasello
2003), die davon ausgehen, dass Köpfe in phrasale Konfigurationen eingesetzt werden und dass die Konfigurationen dann Argumente lizenzieren. Der Unterschied
zwischen GPSG und Konstruktionsgrammatik ist, dass wir bei der GPSG eine Zahl
haben, die bei Kopf und Regel identisch sein muss. In der Konstruktionsgrammatik muss der eingesetzte Kopf in einem bestimmten Sinne kompatibel zur Regel
sein, in die er eingesetzt wird.

Es gibt einige Probleme für den GPSG-Ansatz, die zum Teil auch auf entsprechende Konstruktionsgrammatikansätze übertragbar sind. Zuerst möchte ich die
Interaktion zwischen Valenz und Morphologie besprechen, dann widme ich mich
der Voranstellung von Phrasenteilen.

Morphologische Regeln sind sensitiv für Valenz. Zum Beispiel ist die *-bar*-
Derivation nur für Verben mit Akkusativobjekt produktiv:

(17)	a.	lösbar	(Nominativ, Akkusativ)
	b.	vergleichbar	(Nominativ, Akkusativ, PP[mit])
	c.	bezichtigbar	(Nominativ, Akkusativ, Genitiv)
	d.	* schlafbar	(Nominativ)
	e.	* helfbar	(Nominativ, Dativ)

Wie die Beispiele zeigen, kann man mit Verben mit verschiedenen Valenzrahmen eine *-bar*-Ableitung bilden, bei monovalenten Verben wie *schlafen* und bivalenten Verben wie *helfen*, die einen Dativ regieren, ist die *-bar*-Ableitung jedoch bis auf einige lexikalisierte Ausnahmen ausgeschlossen (Riehemann 1993, 1998).

In Modellen, die die Valenz nicht bei Wurzeln und Stämmen auf transparente Weise repräsentieren, lassen sich solche Zusammenhänge nicht ausdrücken. Wenn die Zahlen 2, 4 und 17 bestimmten Regeln entsprechen, in denen mindestens ein Akkusativobjekt vorkommt, dann müsste das *-bar*-Suffix oder eine entsprechende morphologische Regel verlangen, dass die Stämme, mit denen es kombiniert wird, die Zahl 2, 4 und 17 haben. Das entspricht einer disjunktiven Spezifikation von Zahlen. Was die Stämme gemeinsam haben, wird nicht erfasst (Müller 2016b).

Das zweite Problem für den GPSG-Ansatz stellen Voranstellungen von Phrasenteilen dar. Das soll anhand der folgenden Beispiele von Haider (1986b, 1990) gezeigt werden:

(18)	a.	Erzählen wird er seiner Tochter ein Märchen können.
	b.	Ein Märchen erzählen wird er seiner Tochter können.
	c.	Seiner Tochter erzählen wird er das Märchen können.
	d.	Seiner Tochter ein Märchen erzählen wird er können.

Im Deutschen kann man ein Verb mit Teilmengen seiner Objekte voranstellen. Das lässt sich in Standard-GPSG nicht erfassen, weil die Anzahl der Argumente von einer Subkategorisierungszahl abhängt. Autoren, die im Rahmen der GPSG zum Deutschen gearbeitet haben, haben sich natürlich mit diesem Problem beschäftigt. Sie sind aber interessanterweise zu dem Schluss gekommen, dass die Repräsentation von Valenzinformation in der GPSG inadäquat ist und dass stattdessen eine Repräsentation verwendet werden sollte, die der der Kategorialgrammatik entspricht (Nerbonne 1986; Johnson 1986).

Als letzten problematischen Punkt möchte ich kurz die Analyse des Passivs ansprechen. In der Transformationsgrammatik wurde das Passiv als Transformation analysiert. Bäume von Sätzen im Aktiv wurden zu Bäumen im Passiv in Beziehung gesetzt. In der GPSG gibt es keine Transformationen, aber es gibt Meta-Regeln. Diese setzen Grammatikregeln zueinander in Beziehung. Die Analyse des Passives in Gazdar et al. (1985) setzt VP-Regeln, die ein Verb mit einem Objekt kombinieren, zu entsprechenden anderen VP-Regeln in Beziehung. Eine solche Analyse des Passivs ist problematisch, da sich das Passiv wohl besser als die Unterdrückung des Subjekts verstehen lässt. Dass dann auch ein Akkusativobjekt in der VP fehlt, weil dieses zum Subjekt aufrückt, ist ein sekundärer Effekt. Im Deutschen gibt es das so genannte unpersönliche Passiv, bei dem einfach nur das Subjekt unterdrückt wird. Da im Aktiv kein Akkusativobjekt vorhanden ist, kann auch keins zum Subjekt werden. Das heißt, dass die Passivanalyse für das Englische nicht auf das Deutsche anwendbar ist. Sprachübergreifende Generalisierungen lassen sich nicht erfassen. Zu einer ausführlicheren Diskussion siehe Müller (2016b).

3.3 Kopfgesteurte Phrasenstrukturgrammatik (HPSG)

Wir haben gesehen, dass es 1935 bereits die Kategorialgrammatik als lexikalistische Theorie gab. Ausarbeitungen größerer GPSG-Fragmente haben die Autoren dazu gebracht, festzustellen, dass es Probleme gibt, die nur durch eine Verlagerung von Valenzinformation auf die phrasale Ebene entstehen. Siehe hierzu auch die Kritik der Kategorialgrammatikerin Pauline Jacobson (1987). Die Entwicklungen im Bereich der GPSG mündeten dann in die Head-Driven Phrase Structure Grammar (HPSG; Pollard/Sag 1987, 1994; Sag 1997), die Bob Carpenter in einem Interview (Mineur 1995) auch Frankenstein-Theorie genannt hat, weil sie Elemente aus vielen anderen Frameworks wieder aufgreift. Ich würde eher von einer Best-Of-Theorie sprechen. HPSG verwendet eine lexikalische Repräsentation von Valenz und ähnelt damit der Kategorialgrammatik. Die im vorigen Abschnitt besprochenen Probleme entfallen: Das Passiv kann, wie von Haider (1984, 1986a) vorgeschlagen, lexikalisch analysiert werden (Heinz/Matiasek 1994; Müller 2003). Die Analyse von Voranstellungen von Phrasenteilen ist ebenfalls gut erforscht (Höhle 1994, i.Vorb.; Müller 1996, 2002; Meurers 1999). Die Grundlage der Analysen der partiellen Voranstellung bildet die Analyse von Verbalkomplexen nach Hinrichs/ Nakazawa (1994), die auf Arbeiten im Rahmen der Kategorialgrammatik (Geach 1970) aufbaut.

Die HPSG geht an einigen Stellen über die Kategorialgrammatik hinaus. So ist es zum Beispiel möglich Rattenfängerkonstruktionen ohne Weiteres zu erklären (Pollard 1988). Auch Konstruktionen wie die N-P-N-Konstruktion (Jackendoff 2008), die im Rahmen der Konstruktionsgrammatik viel besprochen werden, können in der HPSG gut behandelt werden, da kopflose Strukturen dargestellt werden können.

3.4 Konstruktionsgrammatik

Die Konstruktionsgrammatik (CxG) ist kein einheitliches Framework. Es gibt viele verschiedene Varianten, die aber bestimmte Grundannahmen teilen. Den meisten konstruktionsgrammatischen Ansätzen ist jedoch gemein, dass sie von phrasalen Mustern ausgehen (Goldberg 1996, 2006; Tomasello 2003). Ausnahmen sind hier lediglich die Sign-Based Construction Grammar (SBCG, Sag/Boas/Kay 2012; Michaelis 2013) und die Berkeley Construction Grammar (Fillmore 1988; Kay 2005). Die SBCG ist eine HPSG-Variante, die aus der Berkeley Construction Grammar hervorgegangen ist. Für sie gilt alles, was im vorigen Abschnitt gesagt wurde.

Ansonsten gilt für alle anderen Konstruktionsgrammatikansätze, dass man davon ausgeht, dass es bestimmte phrasale Konfigurationen gibt, in die zum Beispiel Verben und Nominalgruppen eingesetzt werden können. Die syntaktische Valenz von Verben wird nicht im Lexikon repräsentiert sondern ergibt sich aus der phrasalen Konfiguration. Auch Bedeutungsbestandteile können durch die phrasale Konfiguration beigesteuert werden.

Die phrasale CxG hat somit Probleme, wie wir sie auch bereits bei der Diskussion der GPSG schon kennen gelernt haben (Morphologische Regeln mit Bezug auf Valenz, Voranstellung von Phrasenteilen, Aktiv/Passiv-Alternationen). Außerdem gibt es weitere Probleme, über die ich schon in diversen Aufsätzen geschrieben habe:

- Interaktion mit Morphologie (Müller 2010, 2013),
- Variabilität der Stellungen (Müller 2006a, b, 2016a, 2017c),
- nicht erfasste Generalisierungen (Müller 2016a, 2017c).

Die meisten der aufgeworfenen Probleme sind bis heute nicht gelöst. Für einige gibt es Vorschläge (zum Beispiel diskontinuierliche Konstituenten), die jedoch nicht vollständig ausgearbeitet sind. Viele der Vorschläge entsprechen Ansätzen, die bereits innerhalb der HPSG-Theorie vorgeschlagen, dort aber verworfen worden sind (Müller 2017b).

Ich möchte hier die Diskussion nicht wiederholen, sondern nur auf zwei Aspekte hinweisen: Repräsentation von Kasusanforderungen und die Behandlung der symmetrischen Koordination. Ich werde diese Punkte für die phrasalen CxG-Ansätze und für so genannte exoskeletale Ansätze im Rahmen des Minimalistischen Programms (Chomsky 1995) besprechen.

Im Abschnitt 2 wurden bereits die Beispiele (5) und (6) diskutiert, die zeigen, dass Verben unterschiedliche Kasus regieren können, ohne dass semantische Unterschiede zu erkennen wären. Goldberg (1995) entwickelt ein Modell, in dem ein Lexikoneintrag für ein Verb die Semantik des Verbs enthält und Angaben darüber, welche Rollen realisiert werden müssen. Solche Lexikoneinträge können dann in phrasale Argumentstrukturkonstruktionen eingesetzt werden. Diese Einsetzungen können ganz regulär erfolgen. So kann z.B. ein ditransitives Verb in die ditransitive Konstruktion eingesetzt werden, in der drei Argumente lizenziert sind:

(19)   Kim gave Sandy a book.

Allerdings können auch zweistellige und sogar einstellige Verben in die dreistellige Konstruktion eingesetzt werden:

(20)   a.   Kim baked Sandy a cake.
        b.   Kim smiled herself an upgrade.

In den letzteren Fällen spricht man von Erzwingung (Coercion). Das Problem ist nun, dass (21) absolut ungrammatisch ist:

(21)   * Er hilft den Mann.

Man kann das Verb *helfen* nicht in eine zweistellige Konstruktion zwingen, wenn diese ein Akkusativobjekt lizenziert. Es lassen sich Unterschiede zwischen Verben, die den Dativ und solchen die den Akkusativ regieren, feststellen. Bei Akkusativen liegen gewöhnlich mehr Lesarten vor als bei entsprechenden Sätzen mit Dativobjekten. Das hilft jedoch im konkreten Fall nicht, denn wenn es für die Akkusativkonstruktion einfach mehrere Bedeutungen geben kann, dann ist es umso wichtiger zu erklären, wieso die eine, die es auch bei Dativen gibt, eben gerade nicht mit dem Akkusativobjekt vorkommen kann. Das heißt, man muss auf alle Fälle verhindern, dass ein Verb wie *helfen* in eine phrasale Konstruktion mit Akkusativobjekt geht.[3] Ein Weg dies zu verhindern besteht darin, Lexikonelemente mit Assoziationslinks zu phrasalen Konstruktionen auszustatten. Das heißt, bei jedem Lexikonelement gibt es Informationen darüber, in welcher Konstruktion sie tatsächlich auftreten können. Was man bekommt, wenn man diese zusätzlichen Assoziationslinks annimmt, ist jedoch ein lexikalisches Modell, das dem Ansatz der Lexicalized Tree Adjoining Grammar (LTAG; Schabes/Abeillé/Joshi 1988) entspricht. Wir werden LTAG später noch genauer kennen lernen.

---

3 Siehe auch Boas (2010, S. 65) zu anderen Beispielen, die für ein rein phrasales Modell problematisch sind.

Obwohl solche Ansätze ganz anders aussehen als normale konstruktions-grammatische Ansätze, kann man auch so genannte exoskeletale Ansätze, wie sie im Rahmen des Minimalistischen Programms prominent von Borer (1994, 2003, 2005) vertreten werden (siehe auch Schein 1993; Hale/Keyser 1997; Lohndal 2012), zu den konstruktionsgrammatischen zählen, denn das Grundprinzip ist dasselbe: Köpfe haben keine Valenz, sondern werden in Strukturen eingesetzt, zu denen sie semantisch passen müssen. Die Strukturen unterscheiden sich von denen, die nor-malerweise in der CxG angenommen werden, dadurch, dass sie viele leere Köpfe enthalten, die selbst zur Bedeutung von Gesamtausdrücken beitragen und auch Argumente lizenzieren. Als Beispiel sei ein leerer Benefactive-Kopf genannt, auf den wir später noch zurückkommen werden. Interessanterweise ist es nun so, dass genau das Kasus-Problem, das ich im Zusammenhang mit *helfen* und *unter-stützen* diskutiert habe, in diesen Modellen auch auftritt:

> An unanswered question on this story is how we ensure that the functional heads occur together with the relevant lexical items or roots. This is a general problem for the view that Case is assigned by functional heads, and I do not have anything to say about this issue here. (Lohndal 2012, S. 18)

Das Zitat ist von 2012, also acht Jahre nach der Veröffentlichungen von Borers Buch. Es verwundert, dass innerhalb einer so langen Zeit keine Lösung für ein Problem gefunden wurde, das in anderen Theorien recht einfach gelöst wird, nämlich durch entsprechende Spezifikationen im Lexikon.

Borer (2005, Bd. II, S. 354–355) spricht ein ähnliches Problem im zweiten Band ihres umfangreichen Buches an, nämlich die Frage, wie sichergestellt wird, dass Verben, die ein Präpositionalobjekt verlangen, auch mit einer PP kombiniert werden, die die richtige Präposition enthält. Die Lösung, die sie vorschlägt, ist die Annahme eines Idiomlexikons. Sie argumentiert also über mehrere hundert Sei-ten für einen Ansatz, der Valenz nicht im Lexikon repräsentiert, um dann vorzu-schlagen, dass bestimmte Valenzaspekte in einem Speziallexikon repräsentiert werden. Warum ein Ansatz mit zwei Lexika besser sein soll als einer mit einem, will mir nicht einleuchten.

Bevor wir uns der Frage zuwenden, ob das Lexikon überhaupt von der Gram-matik abgrenzbar ist, möchte ich hier noch kurz Koordinationsdaten besprechen, die sowohl für Einstöpsel- als auch für exoskeletale Ansätze problematisch sein dürften, aber in lexikalischen Modellen eine einfache Erklärung finden. Allgemein kann man feststellen, dass man Wörter oder Wortgruppen mit gleichen syntakti-schen Eigenschaften koordinieren kann. So sind in (22a) zwei Verben, die jeweils ein Subjekt und ein Akkusativobjekt verlangen, miteinander koordinativ verknüpft. In (22b) wurde ein Adjektiv und eine Adjektivphrase verknüpft, die jeweils noch ein Subjekt brauchen.

(22) a. Er [kennt und liebt] diese Schallplatte.
      b. Ich bin [froh und stolz auf meinen Sohn].[4]

Interessant ist nun, dass Verben, die verschiedene Kasus regieren, nur koordiniert werden können, wenn die Argumente im Kasus passen (Synkretismus ist möglich, siehe Daniels 2002). *kennen* und *unterstützen* können koordiniert werden, weil beide einen Akkusativ regieren, die Beispiele in (23b) und (23c) sind jedoch ungrammatisch, weil *diesen Mann* nicht zu *helfe* und *diesem Mann* nicht zu *kenne* passt.

(23) a. Ich kenne und unterstütze diesen Mann.
      b. * Ich kenne und helfe diesen Mann.
      c. * Ich kenne und helfe diesem Mann.

Interessant ist nun, dass solche Koordinationen auch möglich sind, wenn ein Verb mit einfachem und eins mit erweitertem Valenzrahmen verwendet wird:

(24) ich hab ihr jetzt diese Ladung Muffins mit den Herzchen drauf [gebacken und gegeben].[5]

Wenn das Dativobjekt erst nach dem Einsetzen des Verbs in eine bestimmte phrasale Konfiguration als Bestandteil der Konstruktion lizenziert wird, dann ist unklar, wieso die Koordination *gebacken und gegeben* gebildet werden kann. *gebacken und gegeben* wird als ganze Einheit in die ditransitive Konstruktion eingesetzt und erst bei dieser Einsetzung könnte etwas durch die Konstruktion lizenziert werden. Man könnte sich vielleicht vorstellen, dass bei der Einsetzung dann in Teilen einer Koordinationsstruktur etwas hinzugefügt wird, das ist aber nicht ohne Weiteres umsetzbar. Zu einer Diskussion der Koordinationsproblematik mit Bezug auf eine Formalisierung im Rahmen einer phrasalen LFG-Analyse siehe Müller (2017c). Wenn die ditransitive Konstruktion nicht in Teilen der Koordination etwas hinzufügen kann, ist unklar, wieso die Koordination überhaupt gebildet werden kann. Geht man dagegen davon aus, dass *gebacken* ein dreistelliges Verb ist (aus einem zweistelligen über eine Lexikonregel abgeleitet), dann ist die Koordination mit einem anderen dreistelligen Verb wie *gegeben* absolut unspektakulär.

---

4 www.lebenshilfebruchsal.de/index.php?option=com_content&task=view&id=227&Itemid=59 (Stand: 20.6.2012).
5 www.musiker-board.de/diverses-ot/35977-die-liebe-637-print.html (Stand: 8.6.2012).

In den vorangegangenen Abschnitten habe ich besprochen, was zum Lexikon gezählt werden kann bzw. sollte. Im folgenden Abschnitt wird der Frage nachgegangen, ob man das Lexikon überhaupt klar von der Grammatik abgrenzen kann.

4 Ist das Lexikon überhaupt von der Grammatik abgrenzbar?

In Veröffentlichungen zur CxG wird oft vom Lexikon-Grammatik-Kontinuum gesprochen. Trotz intensivem Literaturstudium ist mir nicht klar geworden, wieso man von einem Kontinuum sprechen möchte. In Phrasenstrukturgrammatiken unterscheidet man für gewöhnlich zwischen Terminal- und Nichtterminalsymbolen. Nichtterminalsymbole sind normalerweise XPen und die Terminalsymbole sind Wörter. Wörter sind die Einheiten, die im Lexikon stehen. Am Abschnitt 2 habe ich eine Auffassung vom Lexikon vorgestellt, in der das Lexikon gelistete Wurzeln und alle regelmäßig aus diesen ableitbaren Stämme und Wörter enthält. Damit wäre das Lexikon klar von der Syntax abgegrenzt.

Man kann nun annehmen, dass die regelmäßigen Ableitungen am besten mit Regeln zu beschreiben sind, wie sie auch in der Syntax verwendet werden. In der Tat wird das in der HPSG auch genau so gemacht: Lexikonregeln entsprechen formal unär verzweigenden Syntaxregeln (siehe Abschn. 5). Wenn man möchte, kann man also die Lexikonregeln mit zur Syntax rechnen. Die Terminalsymbole wären dann nicht Wörter sondern Wurzeln. Letztendlich ist das die Meinung, die bestimmte Syntaktiker vertreten, die davon ausgehen, dass es nicht sinnvoll ist, zwischen Morphologie und Syntax zu unterscheiden. Dann gäbe es aber immer noch kein Lexikon-Grammatik-Kontinuum sondern einfach weniger Lexikon und mehr Grammatik.

Bei einem Kontinuum stellt man sich vor, das Elemente mehr oder weniger zum Lexikon gehören. Das Einzige, was ich mir vorstellen kann, ist, dass Töchter in Regeln mehr oder weniger spezifisch sind. Das gab es aber schon immer in diversen Theorien, ohne dass deshalb jemand von einem Kontinuum gesprochen hätte. Ein Beispiel ist die Regel in (25), die Uszkoreit (1987) im Rahmen eines GPSG-Fragments für das Deutsche vorgeschlagen hat:

(25) V3   → daß, V3
      +daß   −MC

Die Regel dient dazu einen Satz (V3) mit Verbletztstellung (–MC) mit dem Wort *dass* zu kombinieren, so dass ein vollständiger *dass*-Satz entsteht. Eine der Töchter ist eine allgemeine Beschreibung von Verbletztsätzen, aber die andere ist ganz spezifisch, so dass nur das Wort *daß* eingesetzt werden kann. Dennoch ist klar, dass diese Grammatikregel zur Syntax gehört. Man könnte jetzt sagen, dass diese Grammatikregel schon ein bisschen näher am Lexikon ist. Dadurch ist aber nichts gewonnen. Die Regel sagt nichts über die Kategorie des Wortes *daß* aus, wie das für eine Regel der Fall wäre, die *daß* eine Kategorie wie etwa C zuweist, sondern darüber, wie bestimmte Sätze aufgebaut sind.

Ähnlich kann man die Sache aus der anderen Richtung, aus der Richtung des Lexikons sehen. Die lexikalisierte Baumadjunktionsgrammatik (LTAG, Lexicalized Tree Adjoining Grammar; Schabes/Abeillé/Joshi 1988) verknüpft Wörter mit Syntaxbäumen. Die Bäume enthalten offene Slots, in die andere Bäume eingesetzt werden können. Abbildung 2 zeigt ein Beispiel.

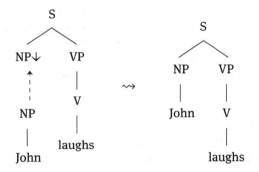

Abb. 2: Lexikalisierte Bäume mit offenen Slots und Einsetzung (Substitution)

Der *laughs*-Baum enthält einen offenen NP-Slot, in den die NP für *John* eingesetzt werden kann. In der TAG gibt es interessante Analysen für Idiome: Statt Slots für die Einsetzung beliebigen Materials offen zu lassen, kann man auch bestimmte Füllungen vorgeben. Abeillé/Schabes (1989) zeigen das anhand des englischen Idioms *take st. into account*. Wie man in Abbildung 3 sieht, sind nur die beiden NP-Slots offen, die PP ist bereits mit lexikalischem Material besetzt. Parallele Analysen lassen sich natürlich in Kategorialgrammatik, LFG, und HPSG ebenfalls entwickeln. LTAG hat den Vorteil, dass man Strukturen in ihrer letztendlichen Gestalt einfach angeben kann. Bei Kategorialgrammatik und HPSG (und natürlich auch SBCG) kann man die Struktur mit Hilfe der Abhängigkeiten rekonstruieren: *takes* müsste dann eine PP mit einem speziellen *into* selegieren, das wiederum *account* selegiert. Siehe Sag (2007), Kay/Sag/Flickinger (2015) und Kay/Michaelis (i.Ersch.) zu diversen Idiomanalysen in HPSG und SBCG.

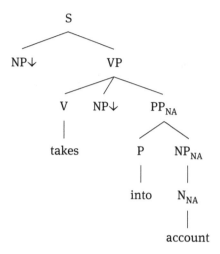

Abb. 3: Idiomanalyse in LTAG nach Abeillé/Schabes (1989)

Alle modelltheoretischen Ansätze (Pullum/Scholz 2001; Pullum 2007) außer SBCG, die bewusst formale Mittel einsetzt, um das auszuschließen, können mit Unterspezifikation arbeiten. Richter/Sailer (2009) nutzen das für die Analyse von Idiomen, in denen bestimmte Konfigurationen vorliegen müssen. Sie gehen davon aus, dass die idiomatische Lesart bei *X glaubt, X tritt ein Pferd* nur vorliegt, wenn der Satz, der unter *glauben* eingebettet wird, ein Pronomen im Vorfeld hat, das mit dem Subjekt im Matrixsatz koreferent ist.

(26) a. Ich glaub, mich tritt ein Pferd.   (idiomatisch)
   b. Ich glaub, dass mich ein Pferd tritt. (nicht idiomatisch)

Das lässt sich grafisch wie in Abbildung 4 darstellen. Letztendlich ähnelt dieser Baum einem TAG-Baum: An der ersten Stelle muss irgendeine Form von *glauben* eingesetzt werden. Diese muss aufgrund der anderen Beschränkungen, die in der Grammatik gelten, ihre Valenzstellen abbinden. Der eingebettete Satz muss ein Vorfeld haben, in dem eine NP im Akkusativ steht, die mit dem Subjekt von *glau-*

ben koreferent ist (der geteilte Index *i*). Im eingebetteten Satz muss eine Form von *treten* vorkommen, die eine indefinite NP selegiert, die das Lexem *Pferd* enthält. Das linguistische Objekt, das in Abbildung 4 visualisiert ist, ist eine syntaktische Struktur mit Lücken, die von der restlichen Grammatik gefüllt werden müssen. Da sich dieses Objekt nicht aus irgendwelchen anderen Eigenschaften der Grammatik ableiten lässt, muss es irgendwo gespeichert sein. Aber alle grammatischen Regeln müssen ebenfalls gespeichert sein. Wir müssen sie erwerben. Also, was man festhalten kann, ist, dass es mehr oder weniger spezifische Lexikonelemente gibt und mehr oder weniger spezifische syntaktische Regeln. Man kann produktive Zusammenhänge aus dem Lexikon zur Syntax rechnen, dann bleibt das Lexikon das Gefängnis für die Gesetzlosen (das Listikon). Von einem Kontinuum zu sprechen, halte ich nicht für sinnvoll.

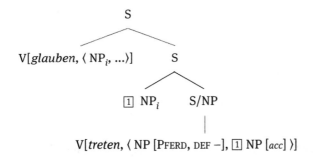

Abb. 4: Schematische Darstellung der Idiomanalyse von Richter/Sailer (2009)

5 Formale Aspekte

In den vorangegangen Abschnitten habe ich dafür argumentiert, Valenzalternationen ebenfalls zum Lexikon zu zählen. Entsprechende Lexikonelemente stehen zu anderen in regelmäßigen Beziehungen. Die Frage, die in diesem Abschnitt besprochen werden soll, ist, wie man diese regelmäßigen Beziehungen beschreiben kann. Es gibt zwei Sichtweisen auf Lexikonregeln (Jackendoff 1975):

1. Lexikonregeln setzen Lexikoneinträge in Beziehung (Redundanzregeln).
2. Lexikonregeln lizenzieren Lexikonelemente.

Beide Arten von Lexikonregeln werden wie in (27) aufgeschrieben:

(27) $V[\text{ARG-ST} \langle NP_x, NP_y \rangle] \mapsto V[\text{ARG-ST} \langle NP_x, NP_z, NP_y \rangle]$

Das heißt so viel wie: Wenn es ein zweistelliges Verb gibt, das eine NP_x und eine NP_y verlangt, dann gibt es auch ein entsprechendes dreistelliges Verb, das zusätzlich noch eine NP_z verlangt.

Goldberg (2013) nennt die Lexikonregeln, die der zweiten Sichtweise entsprechen, Templates. Die Templates entsprechen unär verzweigenden Regeln in Phrasenstrukturgrammatiken. Die meisten Kritikpunkte, die Goldberg gegen Lexikonregeln vorbringt, betreffen nur die Sichtweise, nach der Lexikonregeln Redundanzregeln sind, die unabhängig voneinander existierende Lexikoneinträge in Beziehung zueinander setzen.

Die Lexikonregel, die ich für die Analyse der Benefaktiv-Konstruktion im Deutschen und im Englischen vorgeschlagen habe (Müller 2017c), ist in der Schreibweise mit dem $\mapsto$ in (27) und als unäre Regel in Abbildung 5 zu sehen.[6]

$$V[\text{ARG-ST}\ \langle NP_x, NP_z, NP_y \rangle$$
$$|$$
$$V[\text{ARG-ST}\ \langle NP_x, NP_y \rangle]$$

Abb. 5: Lexikonregel für die Lizenzierung benefaktiver Dative

Lexikonregeln, wenn man sie entsprechend formalisiert (Copestake/Briscoe 1992; Riehemann 1993, 1998; Meurers 2001; Sag/Boas/Kay 2012), haben wirklich denselben Aufbau wie unäre Phrasenstrukturregeln. Wenn man möchte, kann man sie also zur Grammatik zählen (siehe Abschn. 4 zum Lexikon-Grammatik-Kontinuum).

5.2 Coercion, phrasale Ansätze und Lexikonregeln

Abbildung 6 zeigt links die phrasale Analyse, bei der davon ausgegangen wird, dass ein Verb in eine Struktur eingesetzt wird, auch wenn es eigentlich nicht in diese passt. Wenn ein zweistelliges Verb in eine dreistellige Konstruktion gezwungen (coerced) wird, bekommt es durch die Konstruktion ein zusätzliches Argument und die Konstruktion steuert auch die entsprechende Bedeutung bei. Die

---

6 Die Lexikonregel zeigt nur die syntaktischen Aspekte. NP_z wird im Deutschen als Dativ lizenziert und ist mit der entsprechenden Benefaktiv-Semantik verlinkt. Das Lexikonelement für das Verb in der Benefaktivkonstruktion ist dreistellig und völlig parallel zum Lexikonelement ditransitiver Verben. Ein entsprechendes *backen* kann also in denselben Strukturen wie *geben* auftreten, u.a. auch in solchen wie in Beispiel (8).

rechte Seite zeigt die Analyse mit einer Lexikonregel (einem lexikalischen Template/einer lexikalischen Konstruktion). Die Lexikonregel sorgt dafür, dass das Lexikonelement, das in syntaktische Strukturen eingesetzt wird, die passende Valenz hat. Sie ist also eine explizite Formulierung dessen, was bei der Coercion passiert.

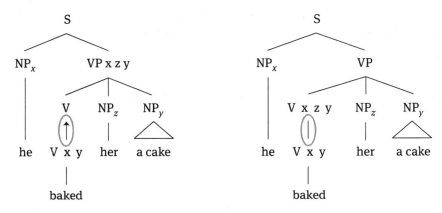

Abb. 6: Einstöpselansatz vs. Lexikonregel

5.2 Lexikonregeln und leere Köpfe

Mitunter werden Lexikonregeln kritisiert und es wird behauptet, dass diese doch nichts erklären würden. Schließlich könne doch jeder irgendwelche Lexeme zueinander in Beziehung setzen. In alternativen Modellen der Minimalistischen Richtung wird stattdessen mit leeren Elementen gearbeitet. Dass diese aber ganz genau so gut oder schlecht sind wie Lexikonregeln, kann man sehen, wenn man die beiden Darstellungen in Abbildung 7 vergleicht.

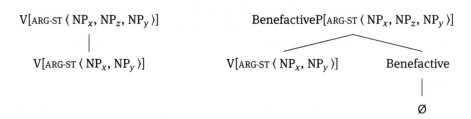

Abb. 7: Lexikonregel vs. leerer Kopf

Auf der linken Seite gibt es die unäre Regel, die einen Stamm mit zwei Elementen in der Argumentstrukturliste auf einen mit drei Elementen in der Argumentstrukturliste abbildet. Auf der rechten Regelseite gibt es einen leeren Benefactive-Kopf. Dieser nimmt ein Verb zu sich und lizenziert eine Benefactive Phrase, die dann entsprechend ein zusätzliches Argument verlangt. Die Abbildung vereinfacht etwas. Ein entsprechender Benefactive-Kopf wurde aber in der Tat von Bosse/Bruening (2011, S. 75) vorgeschlagen. Normalerweise nehmen die leeren Köpfe eine XP zu sich und nicht, wie in der Abbildung, ein lexikalisches Element. Mit solchen Analysen hat man also den Bereich des Lexikons verlassen. Mit unären Regeln kann man aber auch ganz parallele Analysen entwickeln. So haben zum Beispiel Partee (1987) und Müller (2009, 2012) eine unäre Projektion vorgeschlagen, die nicht-prädikative Nominalphrasen in prädikative umkategorisiert. Formal unterscheiden sich die Lexikonregeln nur dadurch von solchen Syntaxregeln, dass bei Lexikonregeln verlangt wird, dass die Tochter vom Typ Stamm oder Wort sein muss, wobei bei Syntaxregeln die Töchter vom Typ Wort oder Phrase sein können.

Man kann also, wenn es empirische Gründe gibt, auch zulassen, dass Lexikonregeln oder eben leere Köpfe in der Syntax angewendet werden, d.h. auf vollständige Phrasen. Die Koordinationsdaten sind aber Evidenz für eine lexikalische Analyse.

5.3 Alternative Mittel zur Beschreibung von Generalisierungen: Vererbung

Die Beschreibungsmittel, die wir bisher kennen gelernt haben, wurden bereits in den 1970er Jahren entwickelt (Jackendoff 1975; Flickinger 1987). Bestimmte Formalisierungen wurden zwar erst in den 1990er Jahren ausgearbeitet (Briscoe/Copestake 1999; Meurers 2001), aber die Grundidee ist bereits einige Jahrzehnte bekannt.

Ein anderes Tool, das zur redundanzfreien Repräsentation lexikalischen Wissens verwendet wird, ist die Vererbung (Meurers 2001). Mittels Vererbung lassen sich Generalisierungen in Hierarchien erfassen. Intransitive, transitive und ditransitive Verben sind zum Beispiel alle Verben, d.h. sie haben die Eigenschaft, dass ihre Wortart *Verb* ist. Fillmore/Kay (unveröff.) zitiert nach Michaelis/Ruppenhofer (2001, Kap. 4) haben nun vorgeschlagen, die Valenzänderung im Passiv auch über Vererbung zu analysieren. Den Autoren zufolge ist das Passiv eine alternative Unifikation von Beschränkungen. Diese Analyse war sehr einflussreich und wurde auch in anderen Theorien aufgenommen. Zum Beispiel in HPSG (Koenig

1999, Kap. 3; Koenig 1999; Davis/Koenig 2000; Kordoni 2001), in TAG (Candito 1996; Clément/Kinyon 2003, S. 188) und in Simpler Syntax (Culicover/Jackendoff 2005). Abbildung 8 zeigt, wie man sich das für *lesen* und *essen* vorstellen kann.

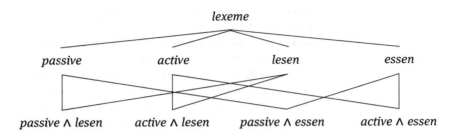

Abb. 8: Aktiv/Passiv-Alternation über Vererbung

Es gibt Untertypen von *lexeme* für Aktiv und Passiv und für *essen* und *lesen*. Über eine Kreuzklassifikation erhält man dann eine Aktiv- und eine Passivvariante für die entsprechenden Verben.

Das Problem, dass es bei solchen Ansätzen gibt, ist, dass Argumentänderungen miteinander interagieren können. Es gibt Prozesse, die Argumente hinzufügen (Benefaktive, Kausativkonstruktionen), welche die Argumente unterdrücken (Passiv) oder auch unterdrücken und gleichzeitig ein anderes hinzufügen (Medialkonstruktionen). Beispiele für Interaktionen zeigen die Sätze in (28):

(28)   a. Er fischt.
       b. Er fischt den Teich leer.
       c. Der Teich wird leer gefischt.
       d. Er fischt ihm den Teich leer.
       e. Ihm wird der Teich leer gefischt.
       f. Er bekommt den Teich leer gefischt.

Am offensichtlichsten tritt das Problem zu Tage, wenn dieselbe Art Änderung mehrfach angewendet wird, also zum Beispiel bei Kausativkonstruktionen. In Sprachen wie dem Türkischen können mehrere Kasuativaffixe mit einem Verb kombiniert werden. Das kann man nicht mit Vererbung beschreiben, denn wenn man zweimal statt einmal Information erbt, ändert das nichts (Müller 2007, Abschn. 7.5.2, 2013, 2017a).

Was man unbedingt braucht, sind verschiedene Repräsentationsebenen. In der relationalen Grammatik waren das Strata (Perlmutter (Hg.) 1983), in HPSG und Kategorialgrammatik sind das Lexikonregeln, die nacheinander angewendet werden, in der Transformationsgrammatik wurden jeweils neue Bäume durch Transformationen aus anderen Bäumen abgeleitet, in der GPSG gab es Meta-Regeln, die Grammatikregeln zu anderen Regeln in Beziehung gesetzt haben. In der Konstruktionsgrammatik nimmt man Allostructions an (Cappelle 2006; Goldberg 2014, S. 116). Wie die Beziehungen zwischen den Allostructions erfasst werden können, ist nicht ausgearbeitet, aber es ist klar, dass Vererbung allein nicht ausreicht.

Das heißt, dass man für eine vernünftige Organisation des Lexikons sowohl Vererbung als auch Lexikonregeln benötigt.

6 Zusammenfassung

In diesem Aufsatz habe ich verschiedene Auffassungen des Lexikons diskutiert. Man kann das Lexikon als Gefängnis für die Gesetzlosen sehen und alles aus dem Lexikon Abgeleitete zur Syntax rechnen oder man nimmt einen weiten Lexikonbegriff an und rechnet auch produktiv gebildete Derivationsprodukte und Flexionsformen zum Lexikon. Unabhängig davon stellt sich die Frage, wie Valenz und Valenzalternationen analysiert werden. Ich habe gezeigt, weshalb man nach den phrasalen Analysen der GPSG bei der Nachfolgetheorie HPSG wieder zu einer Repräsentation von Valenz zurückgekehrt ist, die der der Kategorialgrammatik ähnelt.

Die Frage nach der Abgrenzbarkeit von Lexikon und Grammatik habe ich positiv beantwortet, wobei man natürlich zwischen stärker und weniger stark spezifizierten grammatischen Regeln differenzieren kann und auch Lexikonregeln entweder zum Lexikon oder zur Grammatik zählen kann.

In einem formaleren Teil des Aufsatzes habe ich verschiedene Konzepte von Lexikonregeln besprochen und gezeigt, dass phrasale Ansätze mit direkter Einsetzung von Wörtern in syntaktische Strukturen nicht so weit von lexikonregelbasierten Ansätzen entfernt sind. Lexikonregelbasierte Ansätze wurden mit Minimalistischen Ansätzen verglichen, die davon ausgehen, dass Valenzalternationen durch leere Köpfe lizenziert sind. Schließlich wurde auch Vererbung diskutiert und gezeigt, dass Vererbung für die Analyse von Valenzalternationen in ihrer ganzen Allgemeinheit ungeeignet ist.

Literatur

Abeillé, Anne/Schabes, Yves (1989): Parsing idioms in lexicalized TAG. In: Somers, Harold/ Wood, Mary McGee (Hg.): Proceedings of the Fourth Conference of the European Chapter of the Association for Computational Linguistics. Bd. 1–9. Manchester.

Ajdukiewicz, Kazimierz (1935): Die syntaktische Konnexität. In: Studia Philosophica 1, S. 1–27.

Asudeh, Ash/Giorgolo, Gianluca/Toivonen Ida (2014): Meaning and valency. In: Butt, Miriam/ King, Tracy Holloway (Hg.): Proceedings of the LFG 2014 Conference. Stanford, S. 68–88.

Boas, Hans C. (2010): The syntax-lexicon continuum in construction grammar. A case study of English communication verbs. In: Belgian Journal of Linguistics 24, S. 57–86.

Borer, Hagit (1994): The projection of arguments. In: Benedicto, Elena/Runner, Jeffrey (Hg.): Functional projections. (= University of Massachusetts Occasional Papers in Linguistics (UMOP) 17). Amherst, S. 19–47.

Borer, Hagit (2003): Exo-skeletal vs. endo-skeletal explanations: Syntactic projections and the lexicon. In: Moore, John/Polinsky, Maria (Hg.): The nature of explanation in linguistic theory. Stanford, S. 31–67.

Borer, Hagit (2005): Structuring sense. Bd. 1.: In name only. Oxford.

Bosse, Solveig/Bruening, Benjamin (2011): Benefactive versus experiencer datives. In: Byram, Mary et al. (Hg.): Proceedings of the 28th West Coast Conference on Formal Linguistics. Somerville, MA, S. 69–77.

Briscoe, Ted J./Copestake, Ann (1999): Lexical rules in constraint-based grammar. In: Computational Linguistics 25, 4, S. 487–526.

Brown, Keith (Hg.) (2006): The encyclopedia of language and linguistics. 2. Aufl. Oxford.

Candito, Marie-Hélène (1996): A principle-based hierarchical representation of LTAGs. In: Tsuji (Hg.), S. 194–199.

Cappelle, Bert (2006): Particle placement and the case for „allostructions". In: Constructions online 1, 7, S. 1–28.

Chomsky, Noam (1995): The minimalist program. (= Current Studies in Linguistics 28). Cambridge, MA/London.

Christie, Elizabeth (2010): Using templates to account for English resultatives. In: Butt, Miriam/ King, Tracy Holloway (Hg.): Proceedings of the LFG 2010 Conference. Stanford, S. 155–164. Internet: http://csli-publications.stanford.edu/LFG/15/ (Stand: 26.10.2017).

Clément, Lionel/Kinyon, Alexandra (2003): Generating parallel multilingual LFG-TAG grammars from a MetaGrammar. In: Hinrichs, Erhard/Roth, Dan (Hg.): Proceedings of the 41st Annual Meeting of the Association for Computational Linguistics. Sapporo, S. 184–191.

Copestake, Ann/Briscoe, Ted J. (1992): Lexical operations in a unification based framework. In: Pustejovsky, James/Bergler, Sabine (Hg.): Lexical semantics and knowledge representation. (= Lecture Notes in Artificial Intelligence 627). Berlin, S. 101–119.

Croft, William (2001): Radical construction grammar. Syntactic theory in typological perspective. Oxford.

Culicover, Peter W./Jackendoff, Ray S. (2005): Simpler syntax. Oxford.

Dąbrowska, Ewa (2001): From formula to schema: The acquisition of English questions. In: Cognitive Linguistics 11, 1–2, S. 83–102.

Daniels, Michael W. (2002): On a type-based analysis of feature neutrality and the coordination of unlikes. In: Eynde, Frank van/Hellan, Lars/Beermann, Dorothee (Hg.): The proceedings of the 8th International Conference on Head-Driven Phrase Structure Grammar. Stanford, S. 137–147. Internet: http://csli-publications.stanford.edu/HPSG/2/ (Stand: 26.10.2017).

Davis, Anthony R./Koenig, Jean-Pierre (2000): Linking as constraints on word classes in a hierarchical lexicon. In: Language 76, 1, S. 56–91.

Di Sciullo, Anna-Maria/Williams, Edwin (1987): On the definition of word. (= Linguistic Inquiry Monographs 14). Cambridge, MA/London.

Dowty, David R. (1978): Governed transformations as lexical rules in a Montague grammar. In: Linguistic Inquiry 9, 3, S. 393–426.

Dowty, David R. (2003): The dual analysis of adjuncts and complements in categorial grammar. In: Lang, Ewald/Maienborn, Claudia/Fabricius-Hansen, Cathrine (Hg.): Modifying adjuncts. (= Interface Explorations 4). Berlin, S. 33–66.

Fanselow, Gisbert (2001): Features, θ-roles, and free constituent order. In: Linguistic Inquiry 32, 3, S. 405–437.

Fillmore, Charles J. (1988): The mechanisms of „Construction Grammar". In: Axmaker, Shelley/Jaisser, Annie/Singmaster, Helen (Hg.): Proceedings of the 14th Annual Meeting of the Berkeley Linguistics Society. Berkeley, S. 35–55.

Flickinger, Daniel P. (1987): Lexical rules in the hierarchical lexicon. Diss. Stanford.

Gazdar, Gerald et al. (1985): Generalized phrase structure grammar. Cambridge, MA.

Geach, Peter Thomas (1970): A program for syntax. In: Synthese 22, 1, S. 3–17.

Goldberg, Adele E. (1995): Constructions. A construction grammar approach to argument structure. Chicago/London.

Goldberg, Adele E. (1996): Words by default: Optimizing constraints and the Persian complex predicate. In: Berkeley Linguistic Society 22, S. 132–146. Internet: http://roa.rutgers. edu/files/415-0900/roa-415-goldberg-2.pdf (Stand: 26.10.2017).

Goldberg, Adele E. (2003): Constructions: A new theoretical approach to language. In: Trends in Cognitive Sciences 7, 5, S. 219–224.

Goldberg, Adele E. (2006): Constructions at work: The nature of generalization in language. Oxford/New York.

Goldberg, Adele E. (2013): Argument structure constructions vs. lexical rules or derivational verb templates. In: Mind and Language 28, 4, S. 435–465.

Goldberg, Adele E. (2014): Fitting a slim dime between the verb template and argument structure construction approaches. In: Theoretical Linguistics 40, 1–2, S. 113–135.

Gunji, Takao (1986): Subcategorization and word order. In: Poser, William J. (Hg.): Papers from the Second International Workshop on Japanese Syntax. Stanford, S. 1–21.

Haider, Hubert (1984): Was zu haben ist und was zu sein hat – Bemerkungen zum Infinitiv. In: Papiere zur Linguistik 30, 1, S. 23–36.

Haider, Hubert (1986a): Fehlende Argumente. Vom Passiv zu kohärenten Infinitiven. In: Linguistische Berichte 101, S. 3–33.

Haider, Hubert. (1986b): Nicht-sententiale Infinitive. In: Groninger Arbeiten zur Germanistischen Linguistik (GAGL) 28, S. 73–114.

Haider, Hubert (1990): Topicalization and other puzzles of German syntax. In: Grewendorf, Günther/Sternefeld, Wolfgang (Hg.): Scrambling and barriers. (= Linguistik Aktuell/Linguistics Today 5). Amsterdam, S. 93–112.

Hale, Kenneth/Keyser, Samuel Jay (1997): On the complex nature of simple predicators. In: Alsina, Alex/Bresnan, Joan/Sells, Peter (Hg.): Complex predicates. (= CSLI Lecture Notes 64). Stanford, S. 29–65.

Heinz, Wolfgang/Matiasek, Johannes (1994): Argument structure and case assignment in German. In: Nerbonne/Netter/Pollard (Hg.), S. 199–236.

Hinrichs, Erhard W./Nakazawa, Tsuneko (1994): Linearizing AUXs in German verbal complexes. In: Nerbonne/Netter/Pollard (Hg.), S. 11–38.

Höhle, Tilman N. (1994): Spuren in HPSG. Vortrag auf der GGS-Tagung in Tübingen am 14. Mai 1994. [Veröffentlicht als Höhle i.Vorb.].

Höhle, Tilman N. (i.Vorb.): Spuren in HPSG. In: Müller, Stefan/Reis, Marga/Richter, Frank (Hg.): Beiträge zur Grammatik des Deutschen. (= Classics in Linguistics 5). Berlin.

Jackendoff, Ray S. (1975): Morphological and semantic regularities in the lexikon. In: Language 51, 3, S. 639–671.

Jackendoff, Ray S. (1977): X syntax: A study of phrase structure. (= Linguistic Inquiry Monographs 2). Cambridge, MA/London.

Jackendoff, Ray S. (2008): Construction after construction and its theoretical challenges. In: Language 84, 1, S. 8–28.

Jacobs, Joachim (1991): Bewegung als Valenztransfer. Projekt: Valenz im Lexikon, BUGH Wuppertal, FB 4. (= Theorie des Lexikons 1). Düsseldorf/Wuppertal. [Sonderforschungsbereichs (SFB) 282].

Jacobson, Pauline (1987): Review of generalized phrase structure grammar. In: Linguistics and Philosophy 10, 3, S. 389–426.

Johnson, Mark (1986): A GPSG account of VP structure in German. In: Linguistics 24, 5, S. 871–882.

Kallmeyer, Laura/Osswald, Rainer (2012): A frame-based semantics of the dative alternation in lexicalized tree adjoining grammars. In: Piñón, Christopher (Hg.): Empirical issues in syntax and semantics 9. Paris, S. 167–184.

Kay, Paul (2005): Argument structure constructions and the argument-adjunct distinction. In: Fried, Mirjam/Boas, Hans C. (Hg.): Grammatical constructions. Back to the roots. (= Constructional Approaches to Language 4). Amsterdam, S. 71–98.

Kay, Paul/Michaelis, Laura A. (i.Ersch.): A few words to do with multiword expressions. In: Condoravdi, Cleo/King, Tracy Holloway (Hg.): Festschrift for Lauri Karttunen. Stanford.

Kay, Paul/Sag, Ivan A./Flickinger, Daniel P. (2015): A lexical theory of phrasal idioms. Stanford.

Koenig, Jean-Pierre (1999): Lexical relations. Stanford.

Kordoni, Valia (2001): Linking experiencer-subject psych verb constructions in Modern Greek. In: Flickinger, Daniel P./Kathol, Andreas (Hg.): Proceedings of the HPSG-2000 Conference, Berkeley. Stanford, S. 198–213. Internet: http://csli-publications.stanford.edu/HPSG/1/ (Stand: 26.10.2017).

Langacker, Ronald W. (2009): Cognitive (Construction) Grammar. In: Cognitive Linguistics 20, 1, S. 167–176.

Lichte, Timm/Kallmeyer, Laura (2017): Tree-adjoining grammar: A tree-based constructionist grammar framework for natural language understanding. In: Steels, Luc/Feldman, Jerome (Hg.): The AAAI 2017 Spring Symposium on Computational Construction Grammar and Natural Language Understanding. (= Technical Report SS-17-02). Stanford, S. 205–212.

Lohndal, Terje (2012): Toward the end of argument structure. In: Cuervo, María Cristina/Roberge, Yves (Hg.): The end of argument structure? (= Syntax and Semantics 38). Bingley, S. 155–184.

Meurers, Walt Detmar (1999): German partial-VP fronting revisited. In: Webelhuth, Gert/Koenig, Jean-Pierre/Kathol, Andreas (Hg.): Lexical and Constructional aspects of linguistic explanation. (= Studies in Constraint-Based Lexicalism 1). Stanford, S. 129–144.

Meurers, Walt Detmar (2001): On expressing lexical generalizations in HPSG. In: Nordic Journal of Linguistics 24, 2, S. 161–217.

Michaelis, Laura A. (2006): Construction grammar. In: Brown (Hg.), S. 73–84.

Michaelis, Laura A. (2013): Sign-Based Construction Grammar. In: Hoffmann, Thomas/ Trousdale, Graeme (Hg.): The Oxford handbook of construction grammar. (= Oxford Handbooks). Oxford, S. 133–152.

Michaelis, Laura A./Ruppenhofer, Josef (2001): Beyond alternations. A constructional model of the German applicative pattern. (= Stanford Monographs in Linguistics). Stanford.

Mineur, Anne-Marie (1995): Interview with Bob Carpenter. In: Ta! The Dutch Students' Magazine for Computational Linguistics 3, 1.

Moortgat, Michael (1989): Categorical investigations. Logical and linguistic aspects of the Lambek Calculus. (= Groningen Amsterdam Studies in Semantics 9). Dordrecht/ Cinnaminson.

Morrill, Glyn V. (1994): Type logical grammars. Categorial logic of signs. Dordrecht.

Müller, Stefan (1996): Yet another paper about partial verb phrase fronting in German. In: Tsuji (Hg.), S. 800–805.

Müller, Stefan (2002): Complex predicates. Verbal complexes, resultative constructions, and particle verbs in German. (= Studies in Constraint-Based Lexicalism 13). Stanford.

Müller, Stefan (2003): Object-to-subject-raising and lexical rule. An analysis of the German passive. In: Müller, Stefan (Hg.): Proceedings of the 10th International Conference on Head-Driven Phrase Structure Grammar. Stanford, S. 278–297.

Müller, Stefan (2006a): Phrasal or lexical constructions? In: Language 82, 4, S. 850-883.

Müller, Stefan (2006b): Resultativkonstruktionen, Partikelverben und syntaktische vs. lexikon-basierte Konstruktionen. In: Fischer, Kerstin/Stefanowitsch, Anatol (Hg.): Konstruktions-grammatik: Von der Anwendung zur Theorie. (= Stauffenburg Linguistik 40). Tübingen, S. 177–202.

Müller, Stefan (2007): Head-Driven Phrase Structure Grammar. Eine Einführung. (= Stauffenburg Einführungen 17). Tübingen.

Müller, Stefan (2009): On predication. In: Müller, Stefan (Hg.): Proceedings of the 16th Inter-national Conference on Head-Driven Phrase Structure Grammar. Stanford, S. 213–233.

Müller, Stefan (2010): Persian complex predicates and the limits of inheritance-based analyses. In: Journal of Linguistics 46, 3, S. 601–655.

Müller, Stefan (2012): On the copula, specificational constructions and type shifting. Berlin.

Müller, Stefan (2013): Unifying everything: Some remarks on simpler syntax, construction grammar, minimalism and HPSG. In: Language 89, 4, S. 920–950.

Müller, Stefan (2015): HPSG – A synopsis. In: Kiss, Tibor/Alexiadou, Artemis (Hg.): Syntax – Theory and analysis. An international handbook. 2. Aufl. (= Handbücher zur Sprach- und Kommunikationswissenschaft/Handbooks of Linguistics and Communication Science (HSK) 42.2). Berlin, S. 937–973.

Müller, Stefan (2016a): Flexible phrasal constructions, constituent structure and (cross-linguistic) generalizations: A discussion of template-based phrasal LFG approaches. In: Arnold, Doug et al. (Hg.): Proceedings of the Joint 2016 Conference on Head-driven Phrase Structure Grammar and Lexical Functional Grammar. Stanford, S. 457–477. Internet: http:// hpsg.fu-berlin.de/~stefan/Pub/phrasal-lfg-headlex2016.html (Stand: 26.10.2017).

Müller, Stefan (2016b): Grammatical theory. From transformational grammar to constraint-based approaches. (= Textbooks in Language Sciences 1). Berlin.

Müller, Stefan (2017a): Default inheritance and derivational morphology. In: Wieling, Martijn et al. (Hg.): From semantics to dialectometry. Festschrift in honor of John Nerbonne. (= Tributes 32). London, S. 253–262.

Müller, Stefan (2017b): Head-Driven Phrase Structure Grammar, Structure Grammar, Sign-Based Construction Grammar, and Fluid Construction Grammar: Commonalities and differences. In: Constructions and Frames 9, 1, S. 139–173.

Müller, Stefan (2017c): Phrasal constructions, derivational morphology, constituent structure and (cross-linguistic) generalizations: A discussion of template-based phrasal LFG approaches. (= Conceptual Foundations of Language Sciences). Berlin. Internet: https://hpsg.hu-berlin.de/~stefan/Pub/phrasal-lfg.html (Stand: 26.10.2017).

Nerbonne, John (1986): 'Phantoms' and German fronting: Poltergeist constituents? In: Linguistics 24, 5, S. 857–870.

Nerbonne, John/Netter, Klaus/Pollard, Carl J. (Hg.) (1994): German in Head-Driven Phrase Structure Grammar. (= CSLI Lecture Notes 46). Stanford.

Partee, Barbara H. (1987): Noun phrase interpretation and type-shifting principles. In: Groenendijk, Jeroen A. G./Jongh, Dick de/Stokhof, Martin J. B. (Hg.): Studies in discourse representation theory and the theory of generalized quantifiers. Dordrecht, S. 115–143.

Perlmutter, David M. (Hg.) (1983): Studies in relational grammar. Bd. 1. Chicago.

Pollard, Carl J. (1988): Categorial grammar and phrase structure grammar: An excursion on the syntax-semantics frontier. In: Oehrle, Richard/Bach, Emmon/Wheeler, Deirdre (Hg.): Categorial grammars and natural language structures. Dordrecht, S. 391–415.

Pollard, Carl J./Sag, Ivan A. (1987): Information-based syntax and semantics. (= CSLI Lecture Notes 13). Stanford.

Pollard, Carl J./Sag, Ivan A. (1994): Head-driven phrase structure grammar. Chicago.

Primus, Beatrice (2012): Semantische Rollen. (= Kurze Einführungen in die Germanistische Linguistik 12). Heidelberg.

Pullum, Geoffrey K. (2007): The evolution of model-theoretic frameworks in linguistics. In: Rogers, James/Kepser, Stephan (Hg.): Model-theoretic syntax at 10 – Proceedings of the ESSLLI 2007 MTS@10 Workshop, August 13–17, Dublin. Dublin, S. 1–10.

Pullum, Geoffrey K./Scholz, Barbara C. (2001): On the distinction between generative-enumerative and model-theoretic syntactic frameworks. In: Groote, Philippe de/Morrill, Glyn/Retor, Christian (Hg.): Logical aspects of computational linguistics: 4th International Conference. (= Lecture Notes in Computer Science 2099). Berlin, S. 17–43.

Richter, Frank/Sailer, Manfred (2009): Phraseological clauses as constructions in HPSG. In: Müller, Stefan (Hg.): Proceedings of the 16th International Conference on Head-Driven Phrase Structure Grammar. Stanford, S. 297–317.

Riehemann, Susanne (1993): Word formation in lexical type hierarchies. A case study of bar-adjectives in German. Magisterarbeit. Tübingen. [Auch veröffentlicht als SfS-Report 02-93].

Riehemann, Susanne Z. (1998): Type-based derivational morphology. In: Journal of Comparative Germanic Linguistics 2, 1, S. 49–77.

Sag, Ivan A. (1997): English relative clause constructions. In: Journal of Linguistics 33, 2, S. 431–484.

Sag, Ivan A. (2007): Remarks on locality. In: Müller, Stefan (Hg.): Proceedings of the 14th International Conference on Head-Driven Phrase Structure Grammar. Stanford, S. 394–414. Internet: http://csli-publications.stanford.edu/ HPSG/2007/ (Stand: 26.10.2017).

Sag, Ivan A./Boas, Hans C./Kay, Paul (2012): Introducing sign-based construction grammar. In: Boas, Hans C./Sag, Ivan A. (Hg.): Sign-based construction grammar. (= CSLI Lecture Notes 193). Stanford, S. 1–29.

Schabes, Yves/Abeillé, Anne/Joshi, Aravind K. (1988): Parsing strategies with 'lexicalized' grammars: Application to tree adjoining grammars. (= University of Pennsylvania Technical Reports (CIS) MS-CIS-88-65).

Schein, Barry (1993): Plurals and events. (= Current Studies in Linguistics 23). Cambridge, MA.

Steedman, Mark J. (1997): Surface structure and interpretation. (= Linguistic Inquiry Monographs 30). Cambridge, MA/London.

Steedman, Mark J./Baldridge, Jason (2006): Combinatory categorial grammar. In: Brown (Hg.), S. 610–621.

Tomasello, Michael (2003): Constructing a language. A usage-based theory of language acquisition. Cambridge, MA.

Tomasello, Michael (2006): Construction grammar for kids. In: Constructions. Special Volume 1. Internet: https://journals.linguisticsociety.org/elanguage/constructions/article/view/26.html (Stand: 26.10.2017).

Tsuji, Junichi (1996) (Hg.): Proceedings of COLING-96 (16th International Conference on Computational Linguistics COLING96). Copenhagen, Denmark, August 5–9, 1996. Kopenhagen, S. 194–199.

Uszkoreit, Hans (1987): Word order and constituent structure in German. (= CSLI Lecture Notes 8). Stanford.

Wechsler, Stephen Mark (2008): A diachronic account of English deverbal nominals. In: Chang, Charles B./Haynie, Hannah J. (Hg.): Proceedings of the 26th West Coast Conference on Formal Linguistics. Somerville, MA, S. 498–506.

Wunderlich, Dieter (1992): Towards a lexicon-based theory of agreement. (= Theorie des Lexikons. Arbeiten des Sonderforschungsbereichs (SFB) 282 20 (April 1992)). Düsseldorf/Wuppertal.

Ziem, Alexander/Lasch, Alexander (2013): Konstruktionsgrammatik. Konzepte und Grundlagen gebrauchsbasierter Ansätze. (= Germanistische Arbeitshefte 44). Tübingen.

Zifonun, Gisela/Hoffmann, Ludger/Strecker, Bruno (1997): Grammatik der deutschen Sprache. 3 Bde. (= Schriften des Instituts für Deutsche Sprache 7). Berlin.

Hans C. Boas (Austin)

Zur Klassifizierung von Konstruktionen zwischen ‚Lexikon' und ‚Grammatik'

Abstract: Der Beitrag beschäftigt sich mit der Frage, wie Konstruktionen in der Konstruktionsgrammatik klassifiziert werden. Da es in der Konstruktionsgrammatik keine klare Trennung von Lexikon und Grammatik gibt, zeigt dieser Beitrag, wie die Methoden der Konstruktionsgrammatik und Frame-Semantik angewendet werden können, um eine einheitliche Beschreibung von Phänomenen im Spannungsfeld zwischen Lexikon und Grammatik zu erreichen. Darüber hinaus will dieser Beitrag auf empirische Probleme aufmerksam machen, die bei der Klassifikation von Konstruktionen anhand von Korpusdaten auftreten können.

1 Einleitung[1]

In vielen Grammatikmodellen wird die Ansicht vertreten, dass es eine klare Trennung zwischen ‚Grammatik' und ‚Lexikon' gibt (Chomsky 1965, 1981, 1995; Bresnan 1982; Pollard/Sag 1994; Steedman 1996). Diese Auffassung lässt sich bereits bei Bloomfield (1933) finden, der vorschlug, dass alle unregelmäßigen sprachlichen Strukturen im Lexikon zu verorten, und regelmäßige Strukturen in der Grammatik zu listen seien (abstrakte Mechanismen wie Transformationen oder Regeln). Abstrakte Mechanismen werden auf Wörter angewendet, um diese zu Sätzen zusammenzufügen.[2] In der Konstruktionsgrammatik gibt es dagegen keine klare Trennung zwischen Lexikon und Grammatik. Dieser Artikel soll zeigen, wie die Methoden der Konstruktionsgrammatik und Frame-Semantik angewendet werden können, um zu einer ganzheitlichen Beschreibung von Phänomenen im Spannungsfeld zwischen Lexikon und Grammatik, sowie von sogenannten „marginalen Konstruktionen", die sich durch eine Anzahl oberflächlicher Besonderheiten auszeichnen, welche sich aber nicht ohne Weiteres aus der „Kerngrammatik" einer Sprache herleiten lassen.

---

1 Ich bedanke mich beim Institut für Deutsche Sprache für die Einladung zum Plenarvortrag bei der IDS-Jahrestagung 2017. Dieser Beitrag beruht auf meinem Plenarvortrag. Ich danke Ryan Dux, Marc Pierce und Kathrin Steyer für hilfreiche Kommentare.
2 Für einen Überblick siehe z.B. Müller (2010) und Hagemann/Staffeldt (Hg.) (2014).

DOI 10.1515/9783110579963-003

2 Entstehung der Frame-Semantik

Die Hauptidee von Fillmores (1968) Kasusgrammatik war, dass sogenannte Kasusrahmen (‚case frames') als Spezifikationen der semantischen Valenz von Verben dienten. Die Kasusrahmen-Theorie erfasst die semantische ‚Tiefen'-Valenz von Verben (und anderen Prädikaten) unter Einbeziehung der syntaktischen Ausdrucksstruktur (siehe auch Petruck 1996; Fillmore/Johnson/Petruck 2003; Ziem 2008; Boas 2011c; Busse 2011; Boas/Dux i.Dr.). In dieser ersten Version von Fillmores Theorie gab es eine begrenzte Anzahl semantischer Rollen (z.B. Agentive, Instrumental, Dative, Factitive etc.), welche in einer Hierarchie zur Realisierung von grammatischen Funktionen gereiht wurden, um so die syntaktischen Realisierungsmuster von Argumentstrukturen erfassen zu können (vgl. Somers 1987; Fillmore 2007; Ziem 2014). In den späten 1970er Jahren entfernte sich Fillmore vom Konzept des Tiefenkasus als relevante Beschreibungseinheit, u.a. weil nicht klar festgestellt werden konnte, wie viele Tiefenkasus es genau gab und wie granular diese sein sollten (siehe Levin/Hovav 2005; Boas 2017).

In einer Reihe von Publikationen erforschte Fillmore (1977a, 1977b, 1978, 1979) deshalb den genaueren Status von primären semantischen Rollen, bis er dann 1982 in seinem Artikel „Frame Semantics" semantische Frames als primäre Beschreibungseinheiten vorschlug. Dieser neuen Sicht nach sollten semantische Rollen nicht mehr als primäre Beschreibungseinheiten dienen, sondern stattdessen frame-spezifisch definiert werden. Die Frame-Semantik unterscheidet sich auch von der Kasusgrammatik dadurch, dass sie Wort- und Satzbedeutungen mit einer einheitlichen Repräsentation erfasst, die verstehensrelevantes Wissen in die Beschreibung von Bedeutungsstrukturen mit einbindet. Die Grundeinheit in Fillmores Theorie ist die lexikalische Einheit (LE): Ein Wort kann eine oder mehrere Bedeutungen haben und jede einzelne Wortbedeutung (Cruse 1986) evoziert einen speziellen semantischen Frame.

Fillmores Auffassung von Konzepten unterscheidet sich wesentlich von anderen Semantiktheorien, weil sie davon ausgeht, dass sich die Bedeutung von Wörtern grundsätzlich auf in der Sprechergemeinschaft vorhandene Wissensstrukturen, sogenannte ‚Frames', bezieht. Erst auf deren Basis werden die Bedeutungen von Wörtern (bzw. lexikalischen Einheiten) interpretiert (vgl. Boas 2013, b, c; Fingerhuth/Boas i.Dr.). Fillmore/Aktins (1992) fassen den Begriff des semantischen Frames wie folgt zusammen:

> A word's meaning can be understood only with reference to a structured back-ground of experience, beliefs, or practices, constituting a kind of conceptual prerequisite for under-standing the meaning. Speakers can be said to know the meaning of the word only by first understanding the background frames that motivate the concept that the word encodes. Within such an approach, words or word senses are not related to each other directly, word

to word, but only by way of their links to common background frames and indications of the manner in which their meanings highlight particular elements of such frames. (Fillmore/ Atkins 1992, S. 76 f.)

Als Beispiel eines semantischen Frames sei hier der sogenannte Revenge (‚Rache') Frame genannt, welcher im folgenden Beispiel von dem Verb *to avenge* (‚sich rächen') evoziert wird.[3]

(1)   [$_\text{AVENGER}$Bubba] *avenged* [$_\text{INJURED\_PARTY}$ the death of his cat] [$_\text{PUNISHMENT}$ by
       Bubba   rächte   den Tod seiner Katze   bei

killing] [$_\text{OFFENDER}$ the coyote].
töten   den Kojoten
,Bubba rächte sich für den Tod seiner Katze, indem er den Kojoten tötete.'[4]

Der Satz in (1) ist bereits mit frame-semantischen Annotationen versehen, welche sowohl die frame-evozierende Lexikalische Einheit *to avenge* als auch die einzelnen sogenannten Frame-Elemente identifizieren, die zusammen den semantischen Frame konstituieren. Frame-Elemente sind situationsbedingt formulierte semantische Rollen, die als spezifische Instantiierungen sogenannter semantischer Rollen wie AGENT, PATIENT, oder INSTRUMENT verstanden werden können (siehe z.B. Van Valin/Wilkins 1996; Ziem 2008; Fillmore/Baker 2010) (siehe Kap. 3).

2.1 Der Revenge (‚Rache') Frame

Der Revenge Frame setzt Kenntnis eines Ablaufs von zusammenhängenden Handlungen voraus. Während dieses Ablaufs fügte eine Person (der sog. OFFENDER (der Missetäter)) einer anderen Person (der sog. INJURED_PARTY (dem Betroffenen)) eine Verletzung zu (INJURY). Als Reaktion auf diese Handlung fügt eine Person (der sog. AVENGER (Rächer)) dem OFFENDER Schaden zu, das sogenannte PUNISHMENT (Bestrafung).

---

3 Der Rest dieses Abschnitts basiert auf Boas (2013).
4 Die Namen der Frame-Elemente werden in Kapitälchen geschrieben. Mittlerweile gibt es auch zahlreiche frame-semantische Analysen von anderen Sprachen. Dabei werden häufig die aus dem Englischen bekannten Namen der Frame-Elemente auch für andere Sprachen wieder verwendet, da diese bereits als Teil englischer Framedefinitionen in FrameNet definiert worden sind (siehe unten). Siehe Boas (Hg.) (2009) für einen Überblick.

Die Definition des `Revenge` („Rache') Frames zeigt, dass semantische Frames auf verstehensrelevantem Wissen aufbauen und durchaus komplex sein können. So setzt das Konzept der Rache z.b. nicht nur voraus, dass es eine vorausgegangene Handlung gegeben haben muss, bei der einem Betroffenen von einem Missetäter ein Schaden zugefügt worden ist, sondern auch, dass ein Schaden eingetreten ist, der als solcher erkannt wird und somit dem Rächer einen Grund zur Bestrafung gibt. Jedes der einzelnen Frame-Elemente ist ein wichtiger Bestandteil des gesamten semantischen Frames und muss daher definiert werden. Die genauen Definitionen der Frame-Elemente sehen laut FrameNet wie folgt aus:[5] Der RÄCHER ist die Person, die an dem MISSETÄTER Rache für die Verletzung vollzieht. Das Frame-Element BETROFFENE umfasst Personen oder auch abstrakte Konzepte wie Ehre, die durch den MISSETÄTER eine Verletzung erlitten haben. Die VERLETZUNG ist eine verletzende Aktivität, die dem BETROFFENEN durch den MISSETÄTER zugefügt worden ist. Der MISSETÄTER hat eine frühere VERLETZUNG vollzogen, für die der RÄCHER nun Rache verübt. Die BESTRAFUNG wird duch den Rächer ausgeführt, um sich an dem MISSETÄTER zu rächen.

Semantische Frames, wie sie von Fillmore in den 1980er Jahren konzipiert wurden, können als Klassifikationskriterium für lexikalische Einheiten aufgefasst werden. Dieser Punkt ist wichtig, da Fillmore in den 1980er Jahren bereits die Möglichkeit der Verwendung von semantischen Frames auch für die Erfassung und Beschreibung von grammatischen Konstruktionen andeutete, wie das folgende Zitat zeigt.

> If new-style lexical entries for content words were to be seen instead as constructions capable of occupying particular higher-phrase positions in sentences and included both the needed semantic role and the needed specifications of structural requirements [...], we could see such structures as providing expansions of their existing categories. (Fillmore 1985, S. 84)

3 Semantische Klassifizierung in FrameNet

Seit 1997 werden die Prinzipien der Frame-Semantik in dem von Fillmore gegründeten FrameNet-Projekt am International Computer Science Institute an der University of California, Berkeley, angewandt, um so eine elektronische lexikogra-

---

5 Neben den unmittelbar zum Frame gehörenden Frame-Elementen (sog. „core elements") gibt es auch noch weitere Frame-Elemente (sog. „non-core elements") genereller Natur, welche die weiteren Umstände eines Ereignisses wie Zeit, Art und Weise etc. beschreiben. Siehe Fillmore/ Baker (2010), Ruppenhofer et al. (2010) und Boas (2016).

fische Datenbank des Englischen zu erstellen (siehe http://framenet.icsi.berkeley. edu).[6] Die Definition von Frames ist das Ergebnis eines korpusbasierten Arbeitsablaufs, bei dem ein Team von Lexikografen sorgfältig untersucht, inwieweit bestimmte lexikalische Einheiten denselben semantischen Frame evozieren, und wie die Semantik des Frames syntaktisch realisiert wird (siehe Fillmore et al. 2003; Boas 2005a). Im Mai 2017 bestand die Berkeley-FrameNet-Datenbank aus insgesamt 1.223 unterschiedlichen Frames (welche innerhalb einer Frame-Hierarchie miteinander verbunden sind) mit insgesamt 13.631 lexikalischen Einheiten.

Jede lexikalische Einheit in FrameNet ist mit einem semantischen Frame verbunden, den sie evoziert. Ein solcher Eintrag besteht aus (a) einer Framedefinition, (b) einer Valenztabelle, die aufzeigt, wie die unterschiedlichen Kombinationen von Frame-Elementen syntaktisch realisiert werden und (c) einer Liste von annotierten Korpusbeispielen, auf denen die Valenzinformationen beruhen. Wenn man z.B. in FrameNet nach dem Verb *to avenge* sucht, so erhält man zunächst die Definition des Revenge Frames (siehe oben) zusammen mit einer Liste aller frame-evozierenden lexikalischen Einheiten, inklusive *to avenge*.

Abbildung 1 zeigt den ersten Teil des Lexikoneintrags von *avenge*, welches den Revenge Frame evoziert. Unterhalb des Frame-Namens wird zunächst eine kurze Definition der lexikalischen Einheit gegeben, gefolgt von einer Tabelle, die in der linken Spalte die Frame-Elemente, in der mittleren Spalte die Anzahl von annotierten Beispielsätzen pro Frame-Element und in der rechten Spalte die syntaktischen Realisierungen dieser Frame-Elemente abbildet. So zeigt z.B. der Lexikoneintrag für *avenge* an, dass das Frame-Element AVENGER in insgesamt 33 annotierten Beispielsätzen vorkommt und entweder als externe Nominalphrase (25), externe Possessivphrase (1) oder syntaktisch überhaupt nicht realisiert wird, weil es ausgelassen werden kann (7).

Der zweite Teil eines Lexikoneintrags fasst in einer Tabelle zusammen, in welchen Kombinationen bestimmte Frame-Elemente syntaktisch realisiert werden. Diese Tabellen werden automatisch aus den annotierten Korpusbelegen erstellt und zeigen sogenannte ‚Frame Element Configurations' (FEC) sowie deren zum Teil recht unterschiedliche syntaktische Realisierungen. So zeigt die Tabelle in Abbildung 2 für die zweite FEC (AVENGER, INJURED_PARTY, OFFENDER, PUNISHMENT) insgesamt sechs unterschiedliche Varianten an, wie diese Frame-Elemente syntaktisch realisiert werden bzw. welche Frame-Elemente ausgelassen werden

---

6 Für weitergehende Informationen zu FrameNet siehe Fillmore et al. (2003a), Boas (2005b), Fillmore/Baker (2010) und Ruppenhofer/Boas/Baker (2013). Siehe Baker/Fillmore/Cronin (2003) für eine Beschreibung der Architektur der FrameNet-Datenbank. Teile dieses Abschnitts beruhen auf Boas (2013, 2017).

(sog. ‚Null Instantiation'; Fillmore 1986). Die so dargestellten Informationen können sehr hilfreich sein, wenn man z.B. die unterschiedlichen Valenzen von sinnverwandten lexikalischen Einheiten untersuchen oder herausfinden will, unter welchen Umständen bestimmte Frame-Elemente immer ausgelassen werden können. Der direkte Zusammenhang zur Valenztheorie ist hier mehr als offensichtlich und wird auch in breiterem Rahmen in einigen Werken dargestellt (Fillmore 2007; Ziem 2008; Ruppenhofer/Michaelis 2010; Busse 2012; Lyngfelt 2012). Der dritte Teil eines FrameNet-Lexikoneintrags umfasst alle für eine lexikalische Einheit annotierten Korpusbelege, die die Grundlage für die im ersten und zweiten Teil des Lexikoneintrags erfassten Spezifikationen bilden.

Lexical Entry

avenge.v

Frame: Revenge

Definition:

FN: inflict harm on somebody in return for an injury or wrong suffered

Frame Elements and Their Syntactic Realizations

The Frame Elements for this word sense are (with realizations):

Frame Element	Number Annotated	Realization(s)
Avenger	(33)	CNI.-- (7) NP.Ext (25) Poss.Ext (1)
Injured_party	(14)	NP.Ext (3) NP.Obj (11)
Injury	(21)	NP.Ext (4) PP[for].Dep (1) PP[of].Dep (1) NP.Obj (14) DNI.-- (1)
Instrument	(1)	PP[in].Dep (1)
Offender	(32)	DNI.-- (25) PP[on].Dep (2) INI.-- (4) PP[against].Dep (1)
Punishment	(32)	INI.-- (23) PP[by].Dep (1) PPing[by].Dep (6) PP[with].Dep (2)
Purpose	(1)	VPto.Dep (1)
Time	(1)	AVP.Dep (1)

Abb. 1: Erster Teil des FrameNet-Eintrags von *to avenge*

Valence Patterns:

These frame elements occur in the following syntactic patterns:

Number Annotated	Patterns				
2 TOTAL	Avenger	Injured_party	Injury	Offender	Punishment
(1)	NP Ext	NP Obj	PP[for] Dep	INI --	PPing[by] Dep
(1)	NP Ext	NP Obj	PP[of] Dep	DNI --	PPing[by] Dep
1 TOTAL	Avenger	Injured_party	Instrument	Offender	Punishment
(1)	NP Ext	NP Obj	PP[in] Dep	INI --	INI --
10 TOTAL	Avenger	Injured_party	Offender	Punishment	
(2)	CNI --	NP Ext	DNI --	INI --	
(1)	CNI --	NP Ext	PP[on] Dep	INI --	
(5)	NP Ext	NP Obj	DNI --	INI --	
(1)	NP Ext	NP Obj	DNI --	PPing[by] Dep	
(1)	NP Ext	NP Obj	PP[on] Dep	PPing[by] Dep	
1 TOTAL	Avenger	Injured_party	Time		
(1)	NP Ext	NP Obj	AVP Dep		
18 TOTAL	Avenger	Injury	Offender	Punishment	
(3)	CNI --	NP Ext	DNI --	INI --	
(1)	CNI --	NP Ext	INI --	PP[by] Dep	
(8)	NP Ext	NP Obj	DNI --	INI --	
(2)	NP Ext	NP Obj	DNI --	PP[with] Dep	
(2)	NP Ext	NP Obj	DNI --	PPing[by] Dep	
(1)	NP Ext	NP Obj	INI --	INI --	
(1)	Poss Ext	DNI --	PP[against] Dep	INI --	
1 TOTAL	Avenger	Injury	Offender	Punishment	Purpose
(1)	NP Ext	NP Obj	DNI --	INI --	VPto Dep

Abb. 2: Teilausschnitt der Valenztabelle von *to avenge*

Als Zwischenfazit lässt sich festhalten: semantische Frames und ihre Frame-Elemente dienen als Metasprache für die systematische Strukturiereung des Lexikons auf der Basis semantischer Kriterien.[7] Die in FrameNet enthaltenen korpusbasierten Lexikoneinträge sind empirisch fundiert, reproduzierbar und auch anhand von neuen Korpusbelegen falsifizierbar. Die in den Valenztabellen enthaltenen relevanten Informationen über die syntaktische Realisierung (Phrasentyp, Grammatische Funktion) von Frame-Elementen lassen sich als sogenannte Minikonstruktionen (Boas 2003, 2011b) auffassen, d.h. Paarungen von bestimmten Bedeutungen mit bestimmten Formen.

4 Klassifizierung von Konstruktionen

Eine der Grundannahmen der Konstruktionsgrammatik ist, dass menschliche Sprachen aus Konstruktionen (Form-Bedeutungspaaren) bestehen, die ein strukturiertes Inventar bilden. Als solche kann die Konstruktionsgrammatik als Schwestertheorie zur Frame-Semantik aufgefasst werden, da Informationen aus semantischen Frames syntaktisch realisiert werden können (wie die Lexikoneinträge in FrameNet sowie die Diskussion im letzten Abschnitt zeigen). Auf alle Grundannahmen und Prämissen der Konstruktionsgrammatik kann an dieser Stelle nicht eingegangen werden. Dazu verweise ich auf die umfassende Literatur (z.B. die Beiträge in Hoffmann/Trousdale (Hg.) 2013).

Wie aber lassen sich Konstruktionen systematisch erfassen und klassifizieren? Goldbergs klassische Definition von Konstruktionen postuliert nur dann eine neue Konstruktion, wenn diese zumindest teilweise unanalysierbar sind:

> C ist eine Konstruktion dann und nur dann, wenn C ein Form-Bedeutungspaar $<F_i, B_i>$ dergestalt ist, dass irgendein Aspekt von B_i oder irgendein Aspekt von S_i sich nicht auf der Grundlage der Komponenten von C oder bereits etablierter Konstruktionen vorhersagen lässt (vgl. Goldberg 1995, S. 4).

Dieser Ansicht nach sind alle Form-Bedeutungs-Paarungen als unterschiedliche Konstruktionen anzusehen, wenn sich deren Existenz nicht aus schon vorher existierenden Konstruktionen erklären lässt. Ausgehend von der Einsicht, dass sich Lexikon und Grammatik nicht immer klar voneinander trennen lassen, begann das FrameNet-Projekt in Berkeley vor einigen Jahren mit einem Pilotprojekt, um festzustellen, ob grammatische Konstruktionen sich nicht auch mit denselben Methoden erfassen und beschreiben lassen wie lexikalische Einheiten im Frame-

---

7 Siehe Fellbaum (2011) zu Parallelen der Verbklassifikation in FrameNet und WordNet.

Net-Lexikon (Fillmore 2008).[8] Dieser Schritt war eine konsequente Weiterführung der konstruktionsgrammatischen Forschung, die seit jeher davon ausging, dass jede Konstruktion nicht nur eine Formseite hat (welche in FrameNet-Einträgen die Valenzpatterns sind) sondern auch eine Bedeutungsseite (vergleichbar mit den in FrameNet katalogisierten semantischen Frames).

Aufgrund der offensichtlichen Parallelen zwischen Lexikon und Grammatik wurde die FrameNet-Software bzw. -Datenbank mit leichten Modifikationen zur Suche, Extraktion und Annotation (aus Korpora) von Konstruktionen benutzt (Fillmore 2008). Bei der Erfassung und Inventarisierung von Konstruktionen wurde zunächst im Korpus nach Beispielen gesucht, die den Gebrauch einer bestimmten Konstruktion vorbildhaft illustrierten. Nur wenn es keine im Konstruktikon bereits vorhandene Konstruktion oder Kombination von Konstruktionen gab, die das Vorkommen der neuen Konstruktion hätten erfassen können, wurde, basierend auf Goldbergs (1995) klassischer Konstruktionsdefinition, ein neuer Konstruktionseintrag erstellt. Die in (2) genannten Sätze dienen als Beispiel.

(2)   a.   Peter drückt Ida.
       b.   Emma drückt den Knopf.
       c.   Paul drückt die Daumen.

Die in (2) aufgeführten Sätze lassen sich alle als konkrete Instantiierungen der Transitivkonstruktion in Abbildung 3 auffassen.[9] Die Transitivkonstruktion paart eine bestimmte Bedeutung (rechts des Doppelpfeils), auf die hier nicht näher eingegangen wird, mit einer bestimmten Form (links des Doppelpfeils).

$$[[NP_{NOM}] [TR.\ Verb] [NP_{AKK}]] \leftrightarrow BEDEUTUNG$$

Abb. 3: Die Transitivkonstruktion

Auf diese Weise lässt sich die Lizenzierung und Interpretation der in (2) aufgeführten Sätze erklären, d.h. die jeweiligen Slots innerhalb der Konstruktion haben

---

8 Teile dieses Abschnitts basieren auf Fillmore (2008), Boas (2014) und Ziem (2014).
9 Neben der Transitivkonstruktion werden noch andere Konstruktionen benötigt, um die Sätze in (2) zu lizenzieren: (a) Jedes einzelne Wort bildet eine Konstruktion (*Peter, drück-, Ida, Emma, Knopf, Daumen*), (b) die Subjekt-Prädikats Konstruktion, (c) die Pluralkonstruktion (*-en*) und (d) die Deklarativsatz-Wortstellungskonstruktion.

bestimmte formseitige Restriktionen bzgl. der Arten von NPs und der Art des Verbs, welche dann zusammen kompositionell interpretiert werden. Beispiel (2c) unterscheidet sich jedoch von den anderen Beispielen in (2) dadurch, dass es zwei Lesarten hat. Erstens die ‚reguläre' Lesart, deren Bedeutung u.a. durch die Transitivkonstruktion in Abbildung 3 kompositionell entsteht. Zweitens hat (2c) aber auch eine idiomatische Lesart (jmdm. *Glück wünschen*), deren Bedeutung nicht allein durch die reguläre Transitivkonstruktion erfasst und daher nicht lizenziert werden kann. Mit anderen Worten: Diese Lesart kann nicht anhand von im Konstruktikon bereits existierenden Konstruktionen erfasst werden. Es muss daher eine neue Konstruktion für die idiomatische Lesart angenommen werden, was wiederum einen neuen Konstruktionseintrag erfordert. Die Beispiele in (2) zeigen, dass man bei der Annotation und Analyse eines Korpus dank Goldbergs Konstruktionsdefinition immer feststellen kann, wann man eine neue Konstruktion bzw. einen neuen Konstruktionseintrag postulieren muss. Das Ergebnis dieser grammatikographischen Arbeit ist das sogenannte Konstruktikon, ein Repositorium von grammatischen Konstruktionenen einer Sprache und ihrer (form- und bedeutungsseitigen) (Vererbungs-)Beziehungen untereinander (siehe Fillmore 2008; Fillmore/Lee-Goldman/Rhomieux 2012).

Konkret bedeutet dies, dass man einen großen Korpus komplett annotiert und analysiert, um so Konstruktionseinträge aller im Korpus attestierten Konstruktionen zu erstellen, welche dann ein Konstruktikon dieses Korpus darstellen (siehe Ziem/Boas/Ruppenhofer 2014). Erst wenn alle im Korpus existierenden Sätze durch Konstruktionseinträge lizenziert werden können, ist der Arbeitsablauf zur Erstellung des Konstruktikons beendet. In diesem Zusammenhang gibt es zwei wichtige Punkte zu bedenken. Erstens ist die Größe und Struktur eines Konstruktikons abhängig von der Größe und Art des Korpus. Zweitens gibt es noch keine groß angelegte Studie darüber, wie die bis jetzt nur in Listen vorliegenden Konstruktionseinträge innerhalb von Konstruktionsnetzwerken miteinander verbunden sind. So lassen sich bis jetzt noch relativ wenig Aussagen darüber machen, ob alle Sorten von Konstruktionsfamilien (Goldberg/Jackendoff 2004) gleich oder unterschiedlich organisiert sind. Erste Fallstudien deuten jedoch darauf hin, dass es nicht nur unterschiedliche Konstruktionsfamilien gibt, sondern diese auch, z.T. recht unterschiedlich organisiert sind (siehe Boas 2011a; Fillmore/Lee-Goldman/ Rhomieux 2012; Ziem/Lasch 2013; Herbst 2014; Dux 2016).[10]

---

10 Siehe Ackerman/Webelhuth (1998) und Lasch (2016) zu Passivkonstruktionen, Boas (2003, 2011) zu Resultativkonstruktionen, Fillmore/Lee-Goldman/Rhomieux (2012) zu sogenannten Pumping Konstruktionen und Ziem/Ellsworth (2016) zu Exklamativkonstruktionen.

Wir wenden uns nun der Frage zu, wie die Parallelen zwischen einem frame-basierten Lexikon und einem Konstruktikon in Konstruktionseinträgen wieder-zufinden sind. Fillmore/Lee-Goldman/Rhomieux (2012) schlagen eine Notation vor, welche die Beziehungen zwischen Konstruktionen und ihren einzelnen Komponenten (die wiederum Konstruktionen sein können) einheitlich darstellt: Geschweifte Klammern „{}" umfassen den Gesamtausdruck, der von der Kon-struktion lizenziert wird und eckige Klammern „[ ]" grenzen die einzelnen Konsti-tuenten der Konstruktion voneinander ab. Annotierte Sätze werden genauso dar-gestellt, damit die einzelnen Komponenten einer Konstruktion im Satz leichter erkennbar sind. So schlagen Fillmore/Lee-Goldman/Rhomieux (ebd.) z.B. fol-gende Notation für einen Satz vor, der von einer Konstruktion (der „Mutter" (M)) mit zwei Komponenten bzw. Zeichen (den „Töchtern" (T)) lizenziert wird.

(3) $\{^M [^{T1}$ Zeichen$_1] [^{T2}$ Zeichen$_2] \}$

In den einfachsten Fällen besteht die (Mutter-)Konstruktion aus den phonolo-gischen und morphologischen Werten von Zeichen$_1$ und Zeichen$_2$, den Töchtern. Als Beispiel sei hier die Konstruktion *Maßeinheit* genannt, deren Mutter aus zwei Töchtern besteht wie in (8b).

(4)   a. $\{^{Masseinheit} [^{Zähler}$ Zeichen$_1] [^{Gezähltes}$ Zeichen$_2] \}$
         b. $\{^{Masseinheit} [^{Zähler}$ dreißig Tropfen] $[^{Gezähltes}$ pro Tag] $\}$

Mit dieser von Fillmore/Lee-Goldman/Rhomieux (2012) vorgeschlagenen Nota-tion lassen sich im Prinzip alle Arten von Konstruktionen erfassen. Die am Ende stehenden Konstruktionseinträge enthalten u.a. folgende Informationen:

1.   geklammerte Notationen mit mnemonischen Labels für Mutter- und Tochterkonsti-tuenten,
2.   ein mnemonischer Name der Konstruktion,
3.   eine informelle Beschreibung der Eigenschaften der Mutter-Konstituente,
4.   informelle Beschreibungen der Eigenschaften der Tochter-Konstituenten und
5.   eine Interpretation die zeigt, wie die Eigenschaften der Tochter-Konstituenten in die Eigenschaften der Mutterkonstituente mit einfliessen, besonders bzgl. der Syntax, der Semantik, der Pragmatik und des Kontexts. (ebd., S. 26 [aus dem Englischen übersetzt])

Jeder Konstruktionseintrag im Konstruktikon enthält die in 1.–5. spezifizierten Informationen in Verbindung mit Beispielen, einer Legende und einer Diskus-sion der weiteren Eigenschaften (wenn nötig). Eine vereinfachte Darstellung des Eintrags der Konstruktion *Maßeinheit* sieht wie folgt aus.

(5)   {Masseinheit [Zähler] [Gezähltes] }

	Name	*Maßeinheit*
	M	NP
	T1	Zähler. Eine quantifizierte NP.
	T2	Gezähltes. Eine indefinite NP im Singular, die Teil einer PP mir *pro* als Kopf ist.
Interpretation		Die Bedeutung wird aus dem Verhältnis von Zähler zu Gezähltem ermittelt.

Der Konstruktionseintrag in (5) ist wie folgt zu interpretieren: (1) Die Mutter (M) der *Maßeinheit*-Konstruktion ist eine NP; (2) die erste Tochter (T1), der Zähler, ist eine quantifizierte NP, die eine bestimmte Quantität von Einheiten eines einzigen Typs beschreibt; (3) die zweite Tochter (T2), das Gezählte, ist eine PP mit *pro* als Kopf, die eine indefinite NP enthält, welche eine andere Art von Einheit beschreibt; (4a) die Semantik der Mutter (M) spezifiziert das neue Konzept, welches durch den Quotienten der zweiten Tochter-Konstituenten, des Zählers und des Gezählten, entstanden ist. Die *Maßeinheit*-Konstruktion lizenziert somit nicht nur Phrasen wie die in (4b), sondern auch alle anderen Phrasen, welche die von der Konstruktion gestellten Restriktionen erfüllen, wie z.B. *vier Euro pro Stück, 50 km pro Stunde* usw. Konstruktionseinträge wie in (5) beinalten auch korpusbasierte Belegstellen, Realisierungsmuster, Annotationsreporte und formale und semantische Konstruktion-zu-Konstruktion-Relationen (Boas 2010a, 2014).

Die Konstruktionseiträge unterscheiden sich von traditionellen grammatischen Beschreibungen darin, dass die Architektur des Konstruktionseintrags uniform ist, d.h. jeder im Konstruktikon erfasste Konstruktionseintrag folgt demselben Format und der Spezifizierung der linearen Abfolge der Konstituenten sowie dem Verhältnis von syntaktischen und semantisch-pragmatischen Informationen. Diese Struktur von Konstruktionseinträgen ermöglicht auch die direkte systematische Verbindung von syntaktischen mit semantisch-pragmatischen Informationen. Ein Vorteil der in (5) dargestellten Konstruktionsnotation ist, dass die traditionelle Trennung zwischen Lexikon und Grammatik überwunden werden kann. Durch die Erweiterung der zur ursprünglich für die Beschreibung von Wörtern verwendeten Notation im FrameNet-Lexikon hin zur Notation von morphosyntaktisch komplexeren und längeren Strukturen fällt die traditionelle Trennung zwischen Lexikon und Grammatik praktisch weg.

5 Fazit

Die in den letzten 20 Jahren von FrameNet erstellten Lexikoneinträge zeigen, dass semantische Frames, wie sie von Fillmore in den 1980er Jahren entwickelt wurden, als empirisch fundierte metasprachliche Kategorien für die systematische Klassifizierung von Wortbedeutungen benutzt werden können. Die von Frame-Net produzierten Daten sind nicht nur für die sprachwissenschaftliche Forschung interessant (Boas 2008; Iwata 2008; Croft 2009; Höder 2014; Ziem/Lasch 2013; Perek 2015; Hasegawa et al. 2010; Huenlich 2016), sondern bilden auch die Grundlage für Forschung und Anwendung in der maschinellen Sprachverarbeitung (Gildea/Jurafsky 2002; Baker/Ellsworth/Erk 2007; Boas (Hg.) 2009; Das et al. 2010; Ruppenhofer/Boas/Baker 2013; Schneider et al. 2014) und im Fremdsprachen-unterricht (Atzler 2011; Boas/Dux 2013; Boas/Dux/Ziem 2016; Loehnheim et al. 2016).

Die parallel zur frame-semantischen Forschung stattfindende konstruktions-grammatische Forschung hat gezeigt, dass eine strikte Trennung von Lexikon und Grammatik schwierig ist. Diese Einsicht hat u.a. dazu geführt, dass die erfolgreich im lexikalischen Bereich eingesetzten frame-semantischen Methoden, Formate, und Einsichten sich direkt auf Phänomene anwenden lassen, die tradionell nicht im „Lexikon" verortet sind. Die Verwendung von Goldbergs (1995) klassischem Konstruktionsbegriff, der u.a. der Bedeutung (sprich: semantischen Frames) einen wichtigen Status zuspricht, ermöglicht so auch im Bereich der grammatiko-graphischen Forschung die Verwendung eines einheitlichen Klassifikationskrite-riums für die systematische Identifikation und Beschreibung von Form-Bedeu-tungspaarungen. Das einheitliche Datenformat von semantischen Frames und Konstruktionen ermöglicht das systematische Erstellen von elektronischen Repo-sitorien für die Forschung (Boas 2010b). Parallel zu mehrsprachigen FrameNets entstehen zurzeit auch Konstruktikons für mehrere Sprachen wie Englisch (Fill-more/Lee-Goldman/Rhomieux 2012), Schwedisch (Borin et al. 2010), Japanisch (Ohara 2009) und Portugiesisch (Torrent et al. 2014).

Für das Deutsche gibt es bisher außer dem SALSA-Projekt (Burchardt et al. 2009), welches aber vor einigen Jahren den Betrieb eingestellt hat, zwei relevante Projekte. Das erste ist das „German Frame-semantic Online Lexicon" (G-FOL) (http://coerll.utexas.edu/frames/) an der University of Texas at Austin, welches ein framebasiertes Online Lernerwörterbuch für DaF-Anfänger aufbaut (Boas/Dux/Ziem 2016). Das zweite ist eine Arbeitsgruppe zum Konstruktikon des Deutschen, in dem mehrere Institutionen zusammenarbeiten: Das IDS Mannheim und das Institut für Computerlinguistik der Universität Heidelberg (Thomas Schmidt, Josef Ruppenhofer) leisten Hilfe beim Aufbau der Konstruktionsdatenbank und der Annotation von Daten. Die University of Texas at Austin (Hans C. Boas) und die

Universität Leipzig (Oliver Čulo) annotieren ganze Texte mit semantischen Frames und grammatischen Annotationen (Volltextanalyse), erweitern G-FOL und alignieren englische und deutsche Frame- und Konstruktionseinträge. Die Universitäten Dresden (Alexander Lasch) und Düsseldorf (Alexander Ziem) erstellen ein Online-Wiki als Repositorium für Konstruktionen, entwickeln Annotationsschemata, schreiben Skripte zur automatischen Auslesung von Annotationen, annotieren Belegstellen zu ausgewählten Konstruktionen des Deutschen mit grammatischen und semantischen Informationen und erstellen die Konstruktionseinträge (Ziem/ Boas 2017). Die Arbeitsgruppe für das Deutsche ist Teil eines internationalen Verbundes, welcher parallele Texte in zehn Sprachen mit semantischen Frames und grammatischen Konstruktionen annotiert, um so eine einheitliche Datenbasis zur sprachvergleichenden Forschung zu erstellen. In diesem Verbundprojekt spielen semantische Frames eine zentrale Rolle bei der Identifizierung und Klassifizierung von Konstruktionen.

Literatur

Atzler, Judith (2011): Twist in the list. Frame semantics as a vocabulary teaching and learning tool. Dissertation. Austin, TX.

Baker, Collin/Ellsworth, Michael/Erk, Katrin (2007): SemEval'07 task 19: Frame semantic structure extraction. Proceedings of the 4th International Workshop on Semantic Evaluations. Prag, S. 99–104.

Baker, Collin/Fillmore, Charles J./Cronin, Beau (2003): The structure of the FrameNet database. In: International Journal of Lexicography 16, S. 281–296.

Boas, Hans C. (2003): A constructional approach to resultatives. Stanford.

Boas, Hans C. (2005a): From theory to practice: Frame semantics and the design of FrameNet. In: Langer, Stefan/Schnorbusch, Daniel (Hg.): Semantik im Lexikon. (= Tübinger Beiträge zur Linguistik 479). Tübingen, S. 129–160.

Boas, Hans C. (2005b): Semantic frames as interlingual representations for multilingual lexical databases. In: International Journal of Lexicography 18, 4, S. 445–478.

Boas, Hans C. (2008): Resolving form-meaning discrepancies in construction grammar. In: Leino, Jaakko (Hg.): Constructional reorganization. (= Constructional Approaches to Language 5). Amsterdam/Philadelphia, S. 11–36.

Boas, Hans C. (Hg.) (2009): Multilingual FrameNets in computational lexicography. Methods and applications. (= Trends in Linguistics. Studies and Monographs (TiLSM) 200). Berlin/New York.

Boas, Hans C. (2010a): Linguistically relevant meaning elements of English communication verbs. In: Belgian Journal of Linguistics 24, S. 54–82.

Boas, Hans C. (2010b): Comparing constructions across languages. In: Boas, Hans C. (Hg.): Contrastive studies in construction grammar. (= Constructional Approaches to Language 10). Amsterdam/Philadelphia, S. 1–20.

Boas, Hans C. (2011a): Zum Abstraktionsgrad von Resultativkonstruktionen. In: Engelberg/ Proost/Holler (Hg.), S. 37–69.

Boas, Hans C. (2011b): A frame-semantic approach to syntactic alternations with build-verbs. In: Guerrero Medina, Pilar (Hg.): Morphosyntactic alternations in English. Functional and cognitive perspectives. London, S. 207–234.

Boas, Hans C. (2011c): Coercion and leaking argument structures in construction grammar. In: Linguistics 49, 6, S. 1271–1303.

Boas, Hans C. (2013): Cognitive construction grammar. In: Hoffmann/Trousdale (Hg.), S. 233–254.

Boas, Hans C. (2014): Zur Architektur einer konstruktionsbasierten Grammatik des Deutschen. In: Ziem, Alexander/Lasch, Alexander (Hg.): Grammatik als Netzwerk von Konstruktionen? Sprachwissen im Fokus der Konstruktionsgrammatik. (= Sprache und Wissen 15). Berlin/ New York, S. 37–63.

Boas, Hans C. (2016): Frames and constructions for the study of oral poetics. In: Pagán Cánovas, Cristóbal/Antović, Mihailo (Hg.): Oral poetics and cognitive science. Berlin/New York, S. 99–124.

Boas, Hans C. (2017): FrameNet and the constructicon. In: Dancygier, Barbara (Hg.): The Cambridge handbook of cognitive linguistics. Cambridge, S. 549–573.

Boas, Hans C./Dux, Ryan (2013): Semantic frames for foreign language education. Towards a German frame-based dictionary. In: Veredas 17, 1. Special issue on frame semantics and its technological applications, S. 82–100. Internet: www.ufjf.br/revistaveredas/files/2013/ 11/5-BOAS-DUX-FINAL.pdf.

Boas, Hans C./Dux, Ryan (i.Dr.): From the past to the present. From case frames to semantic frames. In: Linguistic Vanguard.

Boas, Hans C./Dux, Ryan/Ziem, Alexander (2016): Frames and constructions in an online learner's dictionary of German. In: De Knop/Gilquin (Hg.), S. 303–326.

Borin, Lars et al. (2010): The past meets the present in the Swedish FrameNet++. Internet: https://svn.spraakdata.gu.se/sb/fnplusplus/pub/SweFN_Euralex_extended.pdf.

Bresnan, Joan (1982): The mental representation of grammatical relations. Cambridge, MA u.a.

Burchardt, Aljoscha et al. (2009): Using FrameNet for the semantic analysis of German: Annotation, representation, and automation. In: Boas (Hg.), S. 209–244.

Busse, Dietrich (2011): Frame-Semantic. Berlin/New York: de Gruyter.

Busse, Dietrich (2012): Frame-Semantik. Ein Kompendium. Berlin/New York.

Chomsky, Noam (1965): Aspects of the Theory of Syntax. Cambridge, MA.

Chomsky, Noam (1981): Lectures on government and binding. (= Studies in Generative Grammar 9). Dordrecht.

Croft, William (2009): Connecting frames and constructions: A case study of ‚eat‘ and ‚feed‘. In: Constructions and Frames 1, 1, S. 7–28.

Cruse, Alan (1986): Lexical semantics. Cambridge.

Das, Dipanjan et al. (2010): Probabilistic frame-semantic parsing. In: Conference Proceedings of Human Language Technologies: The 2010 Annual Conference of the North American Chapter of the Association for Computational Linguistics. Stroudsburg, S. 948–956.

De Knop, Sabine/Gilquin, Gaëtanelle (Hg.) (2016): Applied construction grammar. (= Applications of Cognitive Linguistics (ACL) 32). Berlin.

Dux, Ryan (2016): A usage-based approach to verb classes in English and German. Diss. The University of Texas. Austin, TX.

Engelberg, Stefan/Proost, Kristel/Holler, Anke (Hg.) (2011): Sprachliches Wissen zwischen Lexikon und Grammatik. (= Jahrbuch des Instituts für Deutsche Sprache 2010). Berlin/New York.

Fellbaum, Christiane (2011): Klassifikation des Verblexikons in WordNet und Abgleichung in FrameNet. In: Engelberg/Holler/Proost (Hg.), S. 459–483.

Fillmore, Charles J. (1968): The case for case. In: Bach, Emmon/Harms, Robert (Hg.): Universals in linguistic theory. New York, S. 1–90.

Fillmore, Charles J. (1977a): Topics in lexical semantics. In: Cole, Roger (Hg.): Current issues in linguistic theory. Bloomington, S. 76–136.

Fillmore, Charles J. (1977b): Scenes-and-frames semantics. In: Zampolli, Antonio (Hg.): Linguistics structures processing. (= Fundamental Studies in Computer Science 5). Dordrecht, S. 55–88.

Fillmore, Charles J. (1978): On the organization of semantic information in the lexicon. In: Papers from the Parasession on the Lexicon, Chicago Linguistic Society, April 14–15, 1978. Chicago, S. 148–173.

Fillmore, Charles J. (1979): Innocence. A second idealization for linguistics. In: Proceedings of the Fifth Annual Meeting of the Berkeley Linguistic Society (BLS). Berkeley, S. 63–76.

Fillmore, Charles J. (1982): Frame semantics. In: Linguistic Society of Korea (Hg.): Linguistics in the Morning Calm. Seoul, S. 111–38.

Fillmore, Charles J. (1985): Syntactic intrusions and the notion of grammatical construction. In: Proceedings of the Eleventh Annual Meeting of the Berkeley Linguistics Society (BLS). Berkeley, S. 73–86.

Fillmore, Charles J. (1986): Pragmatically controlled zero anaphora. In: Proceedings of the Berkeley Linguistics Society. Berkeley, S. 95–107.

Fillmore, Charles J. (2007) Valency issues in FrameNet. In: Herbst, Thomas/Götz-Vetteler, Katrin (Hg.): Valency: Theoretical, descriptive, and cognitive issues. (= Trends in Lingusitics. Studies and Monographs (TiLSM) 187). Berlin/New York, S. 129–160.

Fillmore, Charles J. (2008): Border conflicts. FrameNet meets construction grammar. In: Bernal, Elisenda/DeCesaris, Janet: Proceedings of the XIII EURALEX International Congress (Barcelona, 15–19 July 2008). Barcelona, S. 49–68.

Fillmore, Charles J. (2013): Berkeley construction grammar. In: Hoffmann/Trousdale (Hg.), S. 111–132.

Fillmore, Charles J./Atkins, Beryl T.S. (1992): Toward a frame-based Lexicon. The semantics of RISK and its neighbors. In: Lehrer, Adrienne/Kittay, Eva (Hg.): Frames, fields and contrasts: New essays in semantic and lexical organization. Hillsdale, NJ, S. 75–102.

Fillmore, Charles J./Baker, Colin (2010): A frames approach to semantic analysis. In: Heine, Bernd/Narrog, Heiko (Hg.): The Oxford handbook of linguistic analysis. Oxford, S. 313–340.

Fillmore, Charles J./Johnson, Chris/Petruck, Miriam (2003): Background to FrameNet. In: International Journal of Lexicography 16, 3, S. 235–251.

Fillmore, Charles/Lee-Goldman, Russell/Rhomieux, Russell (2012): The FrameNet constructicon. In: Boas, Hans .C./Sag, Ivan (Hg.): Sign-based construction grammar. Stanford, S. 309–372.

Fingerhuth, Matthias/Boas, Hans C. (i.Dr.): Anglizismen zwischen Linguistik und Laien-Linguistik: Zum Fremdwortpurismus des Vereins Deutsche Sprache im Anglizismen-INDEX. Eine frame-semantische Analyse seiner Metatexte. In: Foeldes, Csaba (Hg.): Sprach- und Textkulturen – Interkulturelle und vergleichende Konzepte. Tübingen.

Gildea, Daniel/Jurafsky, Daniel (2002): Automatic labeling of semantic roles. In: Computational Linguistics, 28, 3, S. 245–288.

Goldberg, Adele (1995): Constructions. A construction grammar approach to argument structure. Chicago.

Goldberg, Adele/Jackendoff, Ray (2004): The English resultative as a family of constructions. In: Language 80, 3, S. 532–568.

Hagemann, Jörg/Staffeldt, Sven (Hg.) (2014): Syntaxtheorien. Analysen im Vergleich. (= Stauffen-burg-Einführungen 28). Tübingen.

Hasegawa, Yoko et al. (2010): On expressing measurement and comparison in English and Japanese. In: Boas, Hans C. (Hg.): Contrastive studies in construction grammar. (= Constructional Approaches to Language 10). Amsterdam/Philadelphia, S. 169–200.

Herbst, Thomas (2014): The valency approach to argument structure constructions. In: Herbst, Thomas, Schmid, Hans-Jörg/Faulhaber, Susen (Hg.): Constructions – collocations – patterns. (= Trends in Linguistics. Studies and Monographs (TiLSM) 282). Berlin.

Höder, Steffen (2014): Constructing diasystems. Grammatical organisation in bilingual groups. In: Åfarli, Tor A./Mæhlum, Brit (Hg.): The sociolinguistics of grammar. (= Studies in Language Companion Series 154). Amsterdam/Philadelphia, S. 137–152.

Hoffmann, Thomas/Trousdale, Graeme (Hg.) (2013): The Oxford handbook of construction grammar. Oxford.

Huenlich, David (2016): The roots of multiethnolects: Effects of migration on the lexicon and speech of German. Dissertation. The University of Texas. Austin, TX.

Iwata, Seizi (2008): Locative alternation. A lexical-constructional approach. (= Constructional Approaches to Language 6). Amsterdam/Philadelphia.

Levin, Beth/Hovav, Malka Rappaport (2005): Argument realization. Cambridge.

Loehnheim, Lisa et al. (2016): Constructicography meets (second) language education. On constructions in teaching aids and the usefulness of a Swedish constructicon. In: De Knop/ Gilquin (2016) (Hg.), S. 327–356.

Lyngfelt, Benjamin (2012): Re-thinking FNI. On null instantiation and control in construction grammar. In: Constructions and Frames 4, 1, S. 1–23.

Müller, Stefan (2010): Grammatiktheorie. 2., überarb. Aufl. (= Stauffenburg Einführungen 20). Tübingen.

Ohara, Kyoko (2009): Frame-based contrastive lexical semantics in Japanese FrameNet: The case of risk and kakeru. In: Boas (Hg.), S. 163–182.

Perek, Florent (2015): Argument structure in usage-based construction grammar. (= Construc-tional Approaches to Language 17). Amsterdam/ Philadelphia.

Petruck, Miriam R.L. (1996): Frame semantics. In: Verschueren, Jef/Östman, Jan-Ola/Blommaert, Jan (Hg.): Handbook of pragmatics. Amsterdam, S. 1–13.

Pollard, Carl/Sag, Ivan A. (1994): Head-driven phrase structure grammar. Chicago.

Ruppenhofer, Josef/Michaelis, Laura A. (2010): A constructional account of genre-based argument omissions. In: Constructions and Frames 2, 2, S. 158–184.

Ruppenhofer, Josef et al. (2010): FrameNet II: Extended theory and practice. Internet: http:// framenet.icsi.berkeley.edu.

Ruppenhofer, Josef/Boas, Hans C./Baker, Collin (2013): The FrameNet approach to relating syntax and semantics. In: Gouws, Rufus H. et al. (Hg.): Dictionaries. An international encyclopedia of lexicography. Berlin/New York, S. 1320–1329.

Schneider, Nathan et al. (2014): Discriminative lexical semantic segmentation with gaps: Running the MWE gamut. In: Transactions of the Association for Computational Linguistics 2, S. 193-206.

Somers, Harold L. (1987): Valency and case in computational linguistics. (= Edinburgh Information Technology Series 3). Edinburgh.

Steedman, Mark (1996): Surface structure and interpretation. Cambridge, MA.

Torrent, Tiago Timponi et al. (2014): Multilingual lexicographic annotation for domain-specific electronic dictionaries: The Copa 2014 FrameNet Brasil project. In: Constructions and Frames 6, S. 73-91.

Van Valin, Robert D./Wilkins, David P. (1996): The case for ‚Effector‘: Case roles, agents, and agency revisited. In: Shibatani, Masayoshi/Thompson, Sandra (Hg.): Grammatical constructions. Oxford, S. 289–322.

Ziem, Alexander (2008): Frames und sprachliches Wissen. Kognitive Aspekte der semantischen Kompetenz. (= Sprache und Wissen 2). Berlin/New York.

Ziem, Alexander (2014): Konstruktionsgrammatische Konzepte eines Konstruktikons. In: Lasch, Alexander/Ziem, Alexander (Hg.): Grammatik als Netzwerk von Konstruktionen. Sprachwissen im Fokus der Konstruktionsgrammatik. (= Sprache und Wissen (SuW) 15). Berlin/New York, S. 15–36.

Ziem, Alexander/Boas, Hans C. (2017): Towards a constructicon for German. In: Proceedings of the AAAI 2017. Spring Symposium on Computational Construction Grammar and Natural Language Understanding. Technical Report SS-17-02. Stanford, S. 274-277.

Ziem, Alexander/Boas, Hans C./Ruppenhofer, Josef (2014): Grammatische Konstruktionen und semantische Frames für die Textanalyse. In: Hagemann, Jörg/Staffeldt, Sven (Hg.): Syntaxtheorien. Analysen im Vergleich. (= Stauffenburg Einführungen 28). Tübingen, S. 297–333.

Ziem, Alexander/Ellsworth, Michael (2016): Exklamativsätze im FrameNet Konstruktikon. In: Finkbeiner, Rita/Meibauer, Jörg (Hg.): Satztypen und Konstruktionen im Deutschen. Berlin/Boston, S. 146–191.

Ziem, Alexander/Lasch, Alexander (2013): Konstruktionsgrammatik. Konzepte und Grundlagen gebrauchsbasierter Ansätze. (= Germanistische Arbeitshefte 44). Berlin/New York.

Barbara Stiebels (Leipzig)

Polysemie und Umdeutung satzeinbettender Prädikate

Abstract: Die Polysemie satzeinbettender Prädikate spielt eine wichtige Rolle für
deren Einbettungsverhalten. Konkret wird gezeigt, dass Polysemie mit struktureller Ambiguität als Kontroll- vs. Anhebungsverb assoziiert sein kann (Beispiel
drohen/versprechen) und dass NEG-Raising auf bestimmte Lesarten eines polyse-
men Verbs beschränkt sein kann. Des Weiteren wird beleuchtet, welche Faktoren
die syntaktische Flexibilität satzeinbettender Prädiakte, d.h. das Einbettungs-
potenzial bzgl. der wichtigsten Satzkomplementtypen des Deutschen, begünsti-
gen und welche Rolle dabei Umdeutungen (z.B. von *bedauern* zu ‚mit Bedauern
äußern‘), die Polysemie induzieren, spielen. Alle betrachteten Phänomene deuten darauf hin, dass sie S-Selektion (semantische Selektion) eine zentrale Rolle
in der Satzeinbettung spielt.

1 Einleitung

Während die Polysemie im nominalen Bereich bereits intensiv erforscht worden ist
(siehe u.a. Pustejovsky/Boguraev (Hg.) 1996; Nerlich et al. 2003), ist der Polysemie
von Verben und insbesondere der von satzeinbettenden Verben weitaus weniger
Aufmerksamkeit geschenkt worden (siehe Viberg 1983 zu Perzeptionsverben).

Die Polysemie bei satzeinbettenden Prädikaten spielt eine wichtige Rolle für
deren Einbettungsverhalten, was ich in diesem Papier exemplarisch beleuchten
möchte. Zur Veranschaulichung möge das Verb *absehen* dienen, das die Lesarten
‚ahnen‘ (1a), ‚ignorieren‘ (1b), ‚darauf verzichten‘ (1c/d) und ‚beabsichtigen‘ (1e)
hat.

(1) a. Es ist noch nicht **abzusehen**, wann ein Urteil gesprochen werden
         könnte. (DWDS Zeit 2013)[1]

     b. „**Sieht** man einmal davon **ab**, dass die Bayern traditioneller leben als
         die Berliner …“ (DWDS TS 2002)

---

[1] Korpusbelege sind dem DWDS-Korpus (Kürzel DWDS: www.dwds.de), dem DeReKo (Kürzel
IDS), oder der ZAS-Datenbank (Kürzel ZDB; Stiebels et al. 2017) entnommen.

DOI 10.1515/9783110579963-004

    c. Wir **sehen** derzeit davon **ab**, Polizisten dazu aufzufordern, die Anweisung zu ignorieren. (DWDS TS 2004)

    d. Von einer erneuten Überprüfung der Schulleiter **sieht** Potsdam **ab**. (DWDS TS 2004)

    e. Überhaupt hat es die Polizei darauf **abgesehen**, den Rasern das Fahrvergnügen zu verleiden. (DWDS BZ 1997)

Entscheidend für die Interpretation sind dabei die Argumentrealisierung und im Fall von ‚ahnen‘ zusätzlich ein modaler Operator (entweder als Konstruktion *ab-zu-sehen sein* oder mit Modal wie in *absehen können*). Die Lesarten ‚ignorieren‘ und ‚verzichten‘ treten jeweils mit *von*-Korrelat/PP auf, die Lesart ‚beabsichtigen‘ mit der im Deutschen seltenen Argumentrealisierung mit *auf*-Korrelat/PP und expletivem Objekt; diese Lesart liegt auch der Nominalisierung *Absicht* zugrunde. Die folgende Tabelle zeigt, dass sich die verschiedenen Lesarten jeweils in ihrem Einbettungsverhalten unterscheiden: Alle vier Lesarten sind mit einem nominalisierten Satzkomplement (NOML) kompatibel, keine mit Verbzweit-Komplement (V2). Während ‚ahnen‘ und ‚ignorieren‘ interrogative Komplemente (INTER) zulassen, treten die Lesarten ‚beabsichtigen‘ und ‚verzichten‘ auch mit Infinitivkomplementen (INF) auf.

Tab. 1: Lesartenspezifisches Einbettungsverhalten von *absehen*

Lesart		*dass*	V2	INTER	INF	NOML
‚ahnen‘	absehen können	✓	–	✓	–	✓
‚beabsichtigen‘	es darauf absehen	✓	–	–	✓	✓
‚ignorieren‘	davon absehen	✓	–	✓	–	?/✓ [2]
‚verzichten‘	davon absehen	??	–	–	✓	✓

Dieses lesartenspezifische Einbettungsverhalten ist nicht auf *absehen* beschränkt, sondern bei vielen anderen satzeinbettenden Prädikaten ebenfalls zu beobachten. Nicht immer sind die Lesarten durch Argumentstruktur und/oder Argumentrealisierung unterschieden. So hat das Verb *übersehen* bei gleicher Argumentreali-

---

2 In der Interpretation ‚ignorieren‘ treten nominalisierte Satzkomplemente nur mit Verwendung von *absehen* als Partizip II auf (z.B. *Machtpolitisch spielt die FDP, von der Wahl des Staatsoberhauptes **abgesehen**, im Bund keine Rolle.* (DWDS BZ 2004)).

sierung zwei Lesarten: die frequentere ‚nicht bemerken' wie in (2a) und die seltenere ‚den Überblick haben' wie in (2b).

(2) a. Alle **übersahen**, welche Leistung er vollbracht hatte – da hat er sie schließlich selbst erwähnt. (DWDS BZ 2005)

b. Wirklich sprechend wäre dieses Material freilich erst, wenn man ganz **übersehen** könnte, wie sich diese Regelungen auf das wirkliche Wahl- und Lernverhalten der Schüler auswirken. (DWDS Zeit 1987)

Die zweite Lesart tritt fast ausschließlich mit Interrogativkomplementen auf:

Tab. 2: Lesartenspezifische Einbettung bei *übersehen*

Lesart	*dass*	V2	INTER	INF	NOML
‚nicht bemerken'	✓	✓	✓	✓	✓
‚den Überblick haben'	–	–	✓	–	??

Diese beiden Polysemiemuster sind prädikatsspezifisch und entsprechen keinem allgemeineren Muster.[3] Systematischer sind die verschiedenen Lesarten von *Experiencer*-Prädikaten, die sich aus den Alternationen bzgl. der Realisierung von Stimulus- und *Experiencer*-Argument ergeben. So hat das Verb *ängstigen* (wie eine Reihe von anderen *Experiencer*-Prädikaten) eine Variante, in der der *Experiencer* als Objekt und der Stimulus als Subjekt realisiert wird wie in (3a/b), und eine reflexive Variante mit *Experiencer* als Subjekt wie in (3c).

(3) a. Darüber hinaus **ängstigt** die Mittelständler, was die politische Linke unter einer Reform der Erbschaftssteuer versteht. (ZDB 22287: DWDS Zeit 1970)

b. ... mit welchem Recht unser Auswärtiges Amt mit schöner Regelmäßigkeit die bei uns lebenden irakischen Christen damit **ängstigt**, ihr Fluchtgrund sei mit dem Tod Saddam Husseins weggefallen (ZDB 25069: IDS nun 2007)

---

3 Es gibt neben *absehen* kein weiteres Verb mit den gleichen Argumentrealisierungsmustern; von den wenigen Verben, die sowohl Muster mit *auf*-PP/Korrelat als auch Muster mit *von*-PP/Korrelat aufweisen, hat keines parallele Interpretationseffekte. Die Lesartenunterschiede bei *übersehen* finden sich selbst bei ähnlichen Verben (wie *überhören*) nicht.

c. Niemand sollte sich in Deutschland **ängstigen** müssen, dass es Mord und Totschlag gibt, wenn der Euro eingeführt wird. (ZDB 10572: DWDS BZ 2000)

Auch hier sind Unterschiede im Einbettungsverhalten zu beobachten, wobei das Fehlen von V2-Sätzen in der ersten Variante nicht überraschend ist, da V2-Sätze nur sehr bedingt in Subjektposition auftreten:

Tab. 3: Lesartenspezifisches Einbettungsverhalten von *ängstigen* (V2-Komplemente jeweils im Konjunktiv)

Variante	*dass*	V2	INTER	INF	NOML
Sachverhalt P *ängstigt* Experiencer	✓		✓	✓	✓
Agens/Thema *ängstigt* Exp. *mit* P	✓	✓		✓	✓
Exp. *ängstigt sich* (*vor*/*um*) P	✓	✓	✓	✓	✓

Eine – wie ich später zeigen werde – systematischere Form der Polysemie liegt bei Umdeutungen wie in (4) vor, bei der das faktive Verb *bedauern* als ‚mit Bedauern äußern' uminterpretiert wird und somit die Selektion eines V2-Satzes ermöglicht:

(4)   Die Kommilitonin [...] **bedauert**, zwar seien „radikaldemokratische Forderungen nicht verwirklicht", immerhin aber „Demokratie im großen und ganzen". (ZDB 1446: DWDS K-Ze 1982)

Angesichts der Tatsache, dass sich im Deutschen trotz seines sehr reichhaltigen Inventars an satzeinbettenden Prädikaten bereits vielfältige Formen der Polysemie nachweisen lassen, ist es nicht unerwartet, dass in Sprachen, die nur über ein sehr kleines Inventar an satzeinbettenden Prädikaten verfügen, viele satzeinbettende Prädikate polysem oder vage sind. Bspw. gibt es in Navajo ein generisches Einstellungsprädikat (*nízin*), das in Abhängigkeit von Tempus und Modalpartikeln im eingebetteten Satz die Interpretation ‚wollen', ‚wünschen' oder ‚denken' hat (Bogal-Allbritten 2016). Ein anderes sehr einschlägiges Beispiel findet sich mit dem Verb *ver-* ‚sagen, denken, erzählen, befehlen, wollen' aus Neverver/Lingarak (Vanuatu); dessen konkrete Interpretation hängt von der Markierung mit dem epistemischen Suffix *-bor* (siehe (5a)), der Applikativmarkierung *-ikh* am Verb (siehe (5c/d)), der Präsenz von (Quasi-)Komplementierern (*te* bzw. *i-ver*, siehe (5b–d)) und der Realis/Irrealis-Distinktion im eingebetteten Satz ab.

(5) Neverver/Lingarak (Barbour 2012)[4]

a. Ni-**ver**-bor   [ei i-vlem].

    1SG.REAL-say-maybe 3SG 3SG.REAL-come

    ‚I think/assert that he came‘

b. Ei   i-**ver**   [te   i-khitrokh   mang

    3SG 3SG.REAL-say   COMP 3SG.REAL-see man.ANA

    adr   ati-vkhal].

    PL   3PL.REAL-fight

    ‚He$_i$ said that he$_i$ saw the men fight.‘

c. I-**ver**-ikh   na   [i-ver

    3SG.REAL-say-APPL   1SG   3SG.REAL-say

    [nimokhmokh ang   i-vu   ij]].

    female   ANA   3SG.REAL-go ANT

    ‚He told me that the woman has gone.‘

d. Ei$_i$ i-**ver**-ikh   ei$_j$ [i-ver

    3SG 3SG.REAL-say-APP 3SG 3SG.REAL-say

    [ei$_j$ im-bbu~vu   si]].

    3SG   3SG.IRR-RED~go NEG

    ‚He told him not to go‘

e. Mang   i-**ver**   me [im-delmus ar].

    man.ANA 3SG.REAL-want just 3SG.IRR-whip 3NSG

    ‚The man just wanted/intended to whip them.‘

Die Lesarten ‚erzählen‘ und ‚befehlen‘ werden durch die Realis-Irrealis-Distinktion unterschieden (siehe (5c/d)); die Lesart ‚wollen‘ tritt in Kombination mit Irrealis und komplementiererloser Struktur (siehe (5e)) auf.

Die wenigen Beispiele aus dem Deutschen und Neverver verdeutlichen bereits, dass die Lesart eines satzeinbettenden Prädikats mit einer spezifischen Argumentstruktur bzw. Argumentrealisierung, einem spezifischen Komplementtyp (inkl. Wahl des Komplementierers), dem Verbmodus des eingebetteten Prädikats oder mit modalen Operatoren über dem satzeinbettenden Prädikat assoziiert sein kann.

Im Folgenden werde ich die Rolle der Polysemie satzeinbettender Prädikate für drei Bereiche beleuchten: Polysemie und die strukturelle Ambiguität als Kontroll- oder Anhebungsverb (Abschn. 2), die Rolle der Polysemie bei NEG-Raising (Abschn. 3) und der syntaktischen Flexibilität von satzeinbettenden Prädikaten

---

4 Abkürzungen: ANA – anaphor. Demonstrativum; ANT – Anteriorität ; APP – Applikativ, COMP – Komplementierer; IRR – Irrealis; NEG – Negation; NSG- Nicht-Singuar; REAL – Realis; RED – Reduplikation; SG – Singular.

(Abschn. 5). In Abschnitt 4 gehe ich zuvor kurz auf die Umdeutung (*Coercion*) von satzeinbettenden Prädikaten ein, die in vielen Fällen bei der V2-Selektion relevant ist.

2 Polysemie und Kontrolle vs. Anhebung

Die Polysemie von satzeinbettenden Prädikaten führt in einigen wenigen Fällen zur strukturellen Ambiguität als Kontroll- und Anhebungsverb. Einschlägiges Beispiel ist die vieldiskutierte Herausbildung einer Nicht-Sprechakt-Interpretation bei *drohen* und *versprechen* (siehe u.a. Askedal 1997; Reis 1997; Heine/Miyashita 2008). Diese Polysemie ist nicht nur aufgrund der syntaktischen Relevanz bei Infinitivkomplementen interessant, sondern auch, weil sie systematisch für eine Reihe anderer Sprachen nachgewiesen werden konnte: z.b. Englisch *promise/ threaten* (Traugott 1993); Spanisch *prometer/amenazar* (Cornillie 2004); Französisch *promettre/menacer;* Niederländisch *beloven/dreigen* (Verhagen 2000) und weitere Sprachen (siehe Heine/Miyashita 2008).

Die Beispiele in (6) illustrieren die Verwendung der beiden Verben als Kontrollverben mit Infinitivkomplement (jeweils Subjektkontrolle) und in Sprechaktinterpretation.

(6)   a.   Er$_i$ hatte dem Konzern$_j$ **gedroht**, [$_{\_i}$ Lebensmittel zu vergiften und die Gefahr für die Kunden öffentlich zu machen]. (DWDS Zeit 2015)

        b.   Die First Lady$_i$ **verspricht** den Wählern$_j$, [$_{\_i}$ alles zu tun, um einen Sieg von Donald Trump zu verhindern]. (DWDS Zeit 2016)

Ob ein Sprechakt als Drohung oder Versprechen interpretiert wird, hängt u.a. von der Bewertung der durch das Satzkomplement denotierten Situation für den Sprechaktadressaten ab. Bei positiver Bewertung wird der Sprechakt als Versprechen, bei negativer als Drohung charakterisiert. Bei beiden Verben ist nun überdies eine Verwendung möglich, in der die Bedeutungskomponente des Sprechaktes eliminiert ist, aber die prospektive Lesart eines positiven oder negativen Ausgangs der vom Satzkomplement bezeichneten Situation bewahrt bleibt.[5] Demzufolge wird der Einsturz eines Gebäudes je nach Perspektive wie in (7a) (z.B. aus

---

5 In der Literatur gibt es eine umfangreiche Diskussion zur Interpretation der hier als „prospektiv" charakterisierten Variante (epistemische/evidentielle/aspektuelle Lesart, siehe Zusammenfassung in Heine/Miyashita 2008).

Perspektive des Hausbesitzers) oder (7b) (aus Perspektive von Personen/Institutionen, die das Gelände anderweitig nutzen wollen) dargestellt.

(7)   a. Das Gebäude **droht** einzustürzen.
          [Resultat negativ bewertet]
      b. Das Gebäude **verspricht** einzustürzen.
          [Resultat positiv bewertet]

In beiden Fällen liegt jeweils Anhebung vor, wie sich durch entsprechende Tests (u.a. Kombination mit unpersönlichen Verben wie *regnen*, Nichtpassivierbarkeit des Matrixverbs in diesem Kontext) nachweisen lässt. Traugott (1993) und Heine/Miyashita (2008) zeichnen den semantischen Wandel, der zur Herausbildung der Anhebungsvariante führt, für Englisch bzw. Deutsch und andere Sprachen nach. Heine/Miyashita gehen davon aus, dass sich die Polysemie der beiden Verben über Sprachkontakt areal ausgebreitet hat, wobei nicht alle Sprachen die desemantisierte prospektive Lesart auch bei belebten Subjektreferenten zulassen (z.B. *das Kind droht vom Stuhl zu fallen*).

Teilweise ist auch zu beobachten, dass die Polysemie durch eine separate Lexikalisierung der Lesarten blockiert ist. Während bspw. das ukrainische Verb *obicjaty* ,versprechen' sowohl Kontroll- als auch Anhebungsverb sein kann, werden bei ,drohen' die Sprechaktlesart (*po-grozuvaty*) und die prospektive Lesart (*za-grozuvaty*) lexikalisch differenziert (Yuriy Kushnir, pers.).

Neben *drohen/versprechen* sind auch Phasenverben wie ,anfangen' und ,aufhören' in einer Reihe von Sprachen polysem und gleichfalls strukturell ambig. Ebenso lässt sich beobachten, dass ,wollen' in einigen Sprachen – in analoger Weise desemantisiert – mit unpersönlichen Verben kombiniert werden kann, womit eine funktionale Verwendung neben der als Kontrollverb etabliert wird, wie das spanische Beispiel in (8) und die Belege des Neuhochdeutschen in (9) illustrieren:

(8)   Spanisch
        Parece   que   quiere   llover.
        scheinen.3SG COMP wollen.3SG regnen.INF
        ,es scheint regnen zu wollen'

(9)   a. Das ist doch Schade, daß es nicht mehr so recht schneyen und frieren will. (DWDS KK 1783)
      b. Als es beispielsweise im Sommer 1990 in Frankreich nicht mehr regnen wollte, … (DWDS Zeit 1992)

3 NEG-Raising

Unter NEG-Raising (Horn 1978) versteht man die Eigenschaft bestimmter satzeinbettender Prädikate, bei Negation im Matrixsatz eine Interpretation der Negation als Satznegation des eingebetteten Satzes zuzulassen. In der Regel ergeben sich somit bei Negation des Matrixprädikats zwei Lesarten: die „hohe" Lesart mit Negierung des Matrixsatzes/Matrixprädikats und die „tiefe" Lesart mit Negierung des eingebetteten Satzes. (10b) gibt die NEG-Raising-Interpretation von (10a) wieder.

(10) a. Ich **denke** nicht, dass das Thema Drogen so wichtig ist. (DWDS BZ 2004)
      b. ⇒ Ich denke, dass das Thema Drogen nicht so wichtig ist.

NEG-Raising ist in der Regel auf eine kleine Klasse satzeinbettender Prädikate beschränkt. Zu den sprachvergleichend stabilsten NEG-Raising-Prädikaten gehören ‚denken', ‚glauben', und ‚scheinen', wie Popp (2016) zeigen konnte. Sie unterscheidet in ihrer sprachvergleichenden Untersuchung von NEG-Raising-Prädikaten deshalb zwischen „starken" und „schwachen" NEG-Raising-Prädikaten. Erstere zeigen ein sprachübergreifend uniformes Verhalten als NEG-Raising-Prädikate, letztere (z.B. ‚hoffen') dagegen ein sprachspezifisch abweichendes Verhalten.

Sprachübergreifend konsistent ist der Ausschluss von NEG-Raising bei faktiven Verben, wie das folgende Beispiel illustriert; (11b) stellt keine mögliche Interpretation von (11a) dar.

(11) a. Ich **bereue** nicht, dass ich an der Uni war, aber die letzten Semester hätten wirklich nicht sein müssen. (DWDS Zeit 2004)
      b. ⇏ Ich bereue, dass ich nicht an der Uni war.

Für die Polysemieproblematik besonders relevant ist nun das Verb *erwarten*, das eine allgemein prospektive (‚denken, annehmen') und eine quasi-direktive Lesart (‚verlangen') aufweist. Nur in der allgemein prospektiven Lesart erlaubt es NEG-Raising (vgl. (12a/b) mit (12c/d)).

(12) a. Österreichs Finanzminister Hans Jörg Schelling **erwartet** nicht, dass aus Griechenland neue Reformvorschläge kommen. (DWDS Zeit 2015)
      b. ⇒ Der Finanzminister erwartet, dass aus Griechenland keine neuen Reformvorschläge kommen.
      c. Die Menschen **erwarten** von der Politik nicht, dass sie alles hundertprozentig löst, (DWDS TS 2002)

d. ⇸ Die Menschen erwarten von der Politik, dass sie nicht alles hundertprozentig löst.

Auch in den von Popp untersuchten Sprachen erlaubt ‚erwarten‘ nur in der prospektiven Lesart NEG-Raising. Besonders interessant sind das spanische Verb *esperar* und das litauische Verb *tikėtis*, die u.a. auch die Interpretationen ‚hoffen‘ aufweisen, aber nur in der Interpretation ‚erwarten, denken‘ NEG-Raising zeigen:

Tab. 4: NEG-Raising-Prädikate (Popp 2016/pers.); ✓: NEG-Raising

	‚wünschen‘	‚hoffen‘	‚erwarten, denken‘	‚erwarten, verlangen‘
Spanisch	*esperar*	*esperar*	*esperar* ✓	*esperar*
Chinesisch	*xīwàng* ✓	*xīwàng* ✓	*qīwàng* ✓	*?*
Italienisch	*augurarsi*	*sperare*	*aspettarsi* ✓	*aspettarsi*
Schwedisch	*att önska*	*att hoppas*	*att förvänta* ✓	*att förvänta*
Dänisch	*at ønske*	*at håbe* ✓	*at forvente* ✓	*at forvente*
Norwegisch	*å ønske*	*å håpe* ✓	*å forvente* ✓	*å forvente*
Litauisch	*linkėti* ✓	*tikėtis*	*tikėtis* ✓	*tikėtis*
Indonesisch	*ingin* ✓	*berharap* ✓	*menduga* ✓	*berharap*
Ungarisch	*kíván* ✓	*remél* ✓	*?*	*elvár*
Swahili	*kutarajia*	*kutarajia*	*kutarajia* ✓	*kutaka*

Generell scheinen insbesondere Einstellungsprädikate ohne Präferenzkomponente NEG-Raising zu erlauben: In der prospektiven Lesart von *erwarten* hat der Einstellungsträger keine Präferenz für die vom Satzkomplement denotierte Situation, in der quasi-direktiven Lesart dagegen schon. Die sprachübergreifend konsistentesten NEG-Raising-Prädikate ‚glauben‘, ‚denken‘ und ‚scheinen‘ drücken ebenfalls neutrale Einstellungen aus.

4 Umdeutung (*Coercion*)

Wie bereits in (4) illustriert können faktive Prädikate so umgedeutet werden, dass sie mit V2-Nebensätzen auftreten können. Eine analoge Umdeutung von *bedauern* zu ‚mit Bedauern sagen‘ liegt in (13) bei der Verwendung von *bedauern* als Parentheseprädikat vor:

(13)   Bis heute, **bedauert** Sick, hätten viele Frauen sich noch nicht von
         der Vorstellung gelöst, dass irgendwann ein Prinz käme, der alle
         Geldprobleme löst. (DWDS Zeit 2009)

Diese Umdeutung (englisch *Coercion*) induziert eine Polysemie des betreffenden Prädikats und spielt eine wichtige Rolle bei der Lizenzierung von V2-
Nebensätzen.[6]
     Umdeutung ist insbesondere im Zusammenhang mit NP/DP-Objekten von
satzeinbettenden Prädikaten wie *enjoy/begin* diskutiert worden (z.b. Pustejovsky
1995). Diese Prädikate selegieren ein ereignisdenotierendes Komplement wie in
(14a). Da NPs (DPs) mit underivierten Substantiven als Kopf in der Regel nicht auf
Ereignisse referieren, ist hier eine Umdeutung in eine ereignisdenotierende Entität
erforderlich. Welches Ereignis jeweils inferiert werden kann, ergibt sich aus dem
Kontext bzw. enzyklopädischem Wissen (Leseereignis in (14b), Fressereignis in
(14c)). Modellierungen hierzu finden sich bspw. in Pustejovsky (1995) und Asher
(2011).

(14)   a.   Mary enjoyed/began [reading the book].
         b.   Mary enjoyed/began [the book].
         c.   The goat enjoyed [the book].

Der Umdeutungsmechanismus lässt sich gut bei Verben verdeutlichen, die nicht
bereits inhärent satzeinbettend sind. Dazu möchte ich u.a. Lautemissionsverben
bzw. mimikdenotierende Verben (z.B. *grinsen*) zählen. Lautemissionsverben unterscheiden sich dahingehend, ob sie das Hervorbringen eines Geräusches (z.B. *ra-
scheln, pochen, knirschen*) oder die Existenz eines Geräusches (z.B. *hallen, tönen*)
bezeichnen. Ein weiterer Parameter ist die Belebtheit der Lautemissionsquelle
(z.B. Tierlautverben wie *bellen* vs. Verben wie *bimmeln*) und die Komplexität der
Verbbedeutung, d.h. ob es neben der Geräuschkomponente noch weitere Bedeutungskomponenten gibt (z.B. einfache Verben wie *piepen* vs. komplexere Verben
wie *räuspern*).
     Die Umdeutung von Lautemissionsverben zu Bewegungsverben (siehe z.B.
Levin/Rapoport 1988; Kaufmann 1995; Engelberg 2009) ist möglich, sofern die
Lautemission kausal an die Bewegung gebunden ist oder beide auf die gleiche
Ursache zurückgehen:

---

6 Eigentlich ist „Umdeutung" eine etwas schwache Übersetzung von *Coercion*, da der erzwin-
gende Charakter der Umdeutung nicht mit konnotiert ist.

(15)   Straßenbahnen quietschen um die Ecke. (DWDS TS 2002)

Neben der Umdeutung in ein Bewegungsverb kann ein Lautemissionsverb aber auch als Äußerungsverb umgedeutet werden, was dann entsprechende Satzkomplemente wie in (16) lizenziert.[7]

(16) a. ... **quäkte** der rachsüchtige Bush **zurück**, Chirac habe vor allem die Cheeseburger von gestern gemocht. (DWDS BZ 2004)
      b. Geraldine Chaplin [...], die in jedes Mikrofon **säuselte**, wie sehr sie Berlin liebt. (DWDS BZ 2004)
      c. Ich **zischte**, dass er nie mehr um diese Zeit bei mir klingeln soll. (DWDS BZ 2002)

Beide Formen der Umdeutung sind an die Eigenschaft des Deutschen gekoppelt, komplexe Verbbedeutungen generieren zu können, bei denen der Bewegungsmodus – oder genereller der Handlungsmodus – mit anderen Bedeutungskomponenten (hier Bewegung oder Vollzug einer Äußerung) verknüpft wird.

Für diese Verknüpfung von Bedeutungskomponenten sind in der Literatur u.a. Konzepte wie „Conflation" (Talmy 1985) oder „Lexical subordination" (Levin/Rapoport 1988) vorgeschlagen worden.[8] (17) skizziert eine mögliche Repräsentation des Umdeutungsprozesses: (17a) repräsentiert vereinfacht das Lautemissionsverb in seiner Ausgangsverwendung, wobei MANNER hier als Variable für die verbspezifische Art und Weise der Lautemission fungiert. Das Verb wird wie in (17) um ein Kommunikationsprädikat COMMUNICATE erweitert, das gleichzeitig das Satzargument lizenziert.

(17b) a. $\lambda x\, \lambda s\, [\text{EMIT\_SOUND}(x)(s)\ \&\ \text{MANNER}(s)]$
       b. $\lambda p\, \lambda x\, \lambda s\, [\text{EMIT\_SOUND}(x)(s)\ \&\ \text{MANNER}(s)\ \&\ \text{COMMUNICATE}(x,p)(s)]$

---

7 Eine andere Form der Umdeutung von Lautemissionsverben bzw. mimikdenotierenden Verben ist die als faktiv-emotives Verb:

a. Er **stöhnt** darüber, dass ihm dieser angebliche Skandal mögliche Deals verhagIn könnte. (DWDS TS 1999)
b. DDRler **grinsen** schadenfroh darüber, daß die bundesrepublikanischen Benzinpreise mittlerweile auch das östliche Niveau erreicht haben. (DWDS KK 1986)

8 Wie Talmy (1985) gezeigt hat, ist die Option, den Bewegungsmodus im Verb zu kodieren, einzelsprachlich parametrisiert. Germanische Sprachen („satellite-framed") erlauben dies, romanische („verb-framed") nicht.

Troyke-Lekschas (2013) hat das Verhalten von 160 (157) Lautemissionsverben untersucht; für 60% der Verben konnte sie Verwendungen als Sprechaktverben belegen. Für 30 Verben hat sie überdies Korpusuntersuchungen zum Einbettungsverhalten durchgeführt; dabei zeigte sich tendenziell folgende Implikationsbeziehung in der Ausweitung des Selektionspotenzials:

(18) Selektion bei Lautemissionsverben

  direkte Rede > V2-Nebensätze > *dass*-Sätze > (Interrogative >) Infinitive

Konkret bedeutet dies, dass Lautemissionsverben als Sprechaktverben umgedeutet zuerst bzw. frequenter in Konstruktionen mit direkter Rede auftreten. In ihrer Erweiterung des Satzselektionspotenzials treten sie dann mit V2-Sätzen, dann mit *dass*-Sätzen, teilweise mit Interrogativen und schließlich mit Infinitiven auf. Insbesondere Infinitive deuten auf eine entsprechende Usualisierung des umgedeuteten Lautemissionsverbs als satzeinbettendes Prädikat hin.[9]

Laut Wechsler (2017) treten Lautemissionsverben des Englischen nicht mit Interrogativkomplementen auf, die Fragesprechakte bezeichnen. Diese Beschränkung scheint tendenziell auch für das Deutsche zu gelten; in (19a) liegt eine Exklamativstruktur vor; in (19b) referiert das Interrogativkomplement auf einen Fragesprechakt, allerdings erscheint der Beleg sehr markiert.

(19) a. Hatte Thomas Gottschalk eingangs **gekrächzt,** welch grausiger Infekt ihn soeben niedergeworfen, aber nicht bezwungen habe ... (DWDS BZ 2003)

  b. Dann hört ich die Haupttür am Hauptbau in ihren Angeln kreischen und ein Mann trat heraus in Schlafrock und Pantoffeln, ein dicklicher, und auf dem Kopf eine Schlafmütz, und **krächzt**, was ich wollt? (DWDS BZ 1998)

---

9 Eine Frage, die wiederholt gestellt wird, ist die nach der syntaktischen Integration der von Lautemissionsverben selegierten Sätze. Hier zeigt sich ein inkonsistentes Bild (und sicherlich gibt es Unterschiede zwischen den Verben).

i. Manchmal zischt er, dass sie an allem schuld sei. (DWDS Zeit 2008)

Wendet man einige der von Reis (1997) verwendeten Tests auf das Beispiel (i) an, so sprechen Bewegbarkeit in die Vorfeldposition, Variablenbindung und Verwendung als elliptische Antwort auf eine Frage für syntaktische Integration. Gegen syntaktische Integration sprechen die Unzulässigkeit von *es*-Korrelaten und die fragliche Bewegbarkeit in die Mittelfeldposition.

5 Syntaktische Flexibilität

Wie bereits in der Einleitung exemplarisch deutlich gemacht wurde, ist das Einbettungsverhalten satzeinbettender Prädikate an spezifische Lesarten des Prädikats gebunden. In diesem Zusammenhang stellt sich auch die Frage, inwieweit die syntaktische Flexibilität eines satzeinbettenden Prädikats Ausdruck entsprechender Polysemie ist. Als syntaktisch flexibel gelten hier solche Prädikate, die mit mehreren oder sogar allen Satzkomplementtypen des Deutschen auftreten können; diskutieren möchte ich dies für *dass*-Sätze, Verbzweitsätze, Interrogativ-, Infinitiv- und nominalisierte Satzkomplemente.

Auf der Basis des in der ZAS-Datenbank dokumentierten Einbettungsverhaltens satzeinbettender Prädikate lässt sich festhalten, dass für ca. 25% der 1.747 Prädikate der ZAS-Datenbank alle genannten Komplementtypen in Korpora nachgewiesen werden konnten.[10] Generell zeigt sich folgende Distribution der Komplementtypen:

Tab. 5: Selektionsverhalten der satzeinbettenden Prädikate gemäß ZAS-Datenbank

Komplementtyp	*dass*	V2	INTER	INF	NOML
Anteil lizenzierender Prädikate	96%	47%	55%	83%	88%

Dass-Sätze können hierbei als Defaultkomplementationstyp gelten. Am restringiertesten sind V2-Sätze. Syntaktisch sehr flexibel ist bspw. das generische Kommunikationsverb *mitteilen*. Dieses Verb lässt unspezifiziert, wie der Kommunikationsweg erfolgt; beim V2-Satz in (20b) wird jedoch ein konkreter Sprechakt mit Redebericht zugrundegelegt. Anders als bei Verben, die zwingend auf einen konkreten Sprechakt referieren, kann das nominalisierte Satzkomplement auf den Kommunikationsinhalt referieren (siehe (20e)).

(20) a. Die Ärzte **teilten** ihm **mit**, dass er querschnittsgelähmt ist. (DWDS TS 2004)

     b. Thierse **teilte** am Abend **mit**, er bedaure den Entschluss. (DWDS BZ 2003)

---

10 Bei der Berechnung der Prädikatszahlen in der ZAS-Datenbank habe ich die Ausdifferenzierung von Lesarten in der Datenbank durch separate Lexemeinträge ignoriert, da die Behandlung der Polysemie in der aktuellen Fassung eher tentativ und inkonsistent ist.

    c. Sotheby's **teilte** nicht **mit**, wem der Schmuck zuletzt gehört hatte. (DWDS BZ 2004)

    d. Am Donnerstag **teilte** RTL **mit**, künftig ausführlich über Beachvolleyball zu berichten. (DWDS BZ 2005)

    e. Man brachte uns in ein Büro, wo uns die Entlassung aus der DDR-Staatsbürgerschaft **mitgeteilt** wurde. (ZDB 6593: DWDS K-Be 1994)

5.1 Lizenzierung der verschiedenen Komplementtypen

Wie bereits gesagt, repräsentieren *dass*-Komplemente den Defaultfall der finiten Satzkomplementation. Dies wird auch untermauert durch die Tatsache, dass es in der ZAS-Datenbank kein einziges Prädikat gibt, das mit allen anderen vier Komplementtypen auftreten kann, aber nicht mit *dass*-Sätzen (siehe Tab. 6). Vor diesem Hintergrund sind Implikationsbehauptungen (z.B. „alle V2-Einbetter bzw. alle Infinitiveinbetter selegieren auch *dass*-Sätze") als wenig aussagekräftig zu betrachten, zumal sie empirisch nicht völlig korrekt sind, wie die Daten aus der ZAS-Datenbank belegen.

    Dass-Sätze sind bei intensionalen Frageprädikaten nur sehr bedingt möglich (siehe unten). Ebenso erlauben einige ereigniskohärenten Prädikate (Stiebels 2010) keine *dass*-Komplemente (z.B. implikative Prädikate wie *erdreisten, außerstande sein*). Überdies werden *dass*-Sätze bei bestimmten Prädikaten vermieden, die direkte Rede und V2-Sätze präferieren (z.B. *anflunkern, angeifern*).

    V2-Nebensätze werden typischerweise durch doxastische Einstellungs-, Gewissheits-, Äußerungs- und Präferenzprädikate lizenziert (Reis 1997); faktive Prädikate sowie viele inhärent negative Prädikate selegieren in der Regel keine V2-Sätze; allerdings kann eine Umdeutung wie in (4) das Einbettungsverhalten verändern.

    Für die Lizenzierung von Interrogativkomplementen (siehe Karttunen 1977; Dipper 1997) kommen neben Frageprädikaten auch Wissensprädikate (z.B. *wissen*), Wissenserwerbsprädikate (z.B. *erfahren*), Äußerungsprädikate, Verben des Entscheidens, Vermutens und der Meinungsbekundung, Relevanzprädikate (z.B. *wichtig sein*) und Verben zur Bezeichnung von Dependenzrelationen (z.B. *abhängen von*) in Frage. Faktive Prädikate erlauben nur W-Komplemente, keine eingebetteten Polaritätsfragen.

    Deutsch ist bzgl. Infinitivkomplementen weniger restriktiv als viele andere Sprachen, was sich bspw. daran festmachen lässt, dass auch faktive Verben mit Infinitivkomplement auftreten können. Allerdings wird dann häufig das Infinitivkomplement temporal wie in (21a) über das infinite Perfektauxiliar oder modal wie in (21b) über das Modalverb erweitert:

(21)   a. Wir fragten, ob er denn **bereue**, 1974 zurückgetreten zu sein. (ZDB 2223: DWDS BZ 1994)

b. Es ist das erste Mal in meinem Leben, dass ich **bereue**, nicht tanzen zu können. (DWDS Zeit 2013)

Strukturell sind Infinitivkomplemente bei intensionalen Frageprädikaten ausgeschlossen, da das Standarddeutsche keine eingebetteten W-Infinitive zulässt. Weitere strukturelle Bedingung ist die Etablierung einer Kontrollrelation, sofern nicht alternativ eine Einbettung durch ein Anhebungsverb vorliegt.[11]

Infinitivkomplemente können auch bei inhärenten oder umgedeuteten Äußerungsprädikaten auftreten, allerdings deutlich infrequenter. Auch hier ist in den meisten Fällen eine temporal/modale Erweiterung des Infinitivkomplements zu beobachten:

(22)   … bei 180 Volt **schreit** er, den Schmerz nicht länger ertragen zu können. (DWDS Zeit 1969)

Nominalisierte Satzkomplemente unterliegen der strukturellen Beschränkung, dass das satzeinbettende Prädikat dem Satzargument Kasus zuweisen können muss. Verben wie *sich weigern*, die dem Satzargument keinen Kasus zuweisen, erlauben dementsprechend auch kein nominalisiertes Satzkomplement. Korpusbelege wie der folgende dürften für sehr viele Sprecher inakzeptabel sein (da hier augenscheinlich eine Verwechslung mit *sich wehren* vorliegt und somit auch der implikative Charakter von *sich weigern* verlorengeht).

(23)   Bauern, bei denen nichts mehr zu holen war oder die sich lange gegen eine Herausgabe von Nahrungsvorräten **geweigert** hatten, wurde der »Schwedentrunk« verabreicht. (ZDB 17237: IDS nuz 2004)

---

11 Nicht immer kann eine direkte Kontrollrelation etabliert werden. Zulässig ist optionale oder obligatorische implizite Kontrolle (z.B. bei *anordnen*), mitunter erfolgt die Selektion eines Infinitivkomplements nur in Kombination mit einem Kontrollwechselkontext (Stiebels 2010; Brandt/Trawiński/Wöllstein 2016) wie im folgenden Beispiel (Passivierung des eingebetteten Verbs):

a. Doch durch Zufall entdeckt sie, als Köder für ein politisches Komplott mißbraucht zu werden. (ZDB 10739: DWDS BZ 1994)

Bei einigen (Dis-)Präferenzprädikaten (wie *dafür/dagegen sein*) ist auch nicht-lokale Kontrolle möglich.

Faktive Prädikate und Prädikate, die ereignisbezogene Komplemente selegieren (z.b. *absagen*), gehören zu den kanonischen NOML-Lizenzierern. Die meisten Äußerungsprädikate treten nicht mit nominalisierten Satzkomplementen auf, wobei man nicht klar trennen kann, ob dies als Kasusrestriktion zu interpretieren ist oder als fehlende Eignung von nominalisierten Satzkomplementen als Sprechaktberichte. Sofern Äußerungsverben überhaupt mit nominalisierten Satzkomplementen auftreten, ist zu beobachten, dass die NOML-Komplemente auf den Äußerungsgegenstand referieren und der implizierte Redebericht nicht weiter spezifiziert wird:

(24)   Sie **erzählen** von der Vertreibung durch die Rebellen und von ihren Mühen im Lager. (DWDS Zeit 2015)

5.2 Potenzielle Konflikte bei der parallelen Lizenzierung von Satzkomplementen

Aus obigen Ausführungen wird deutlich, dass es Konvergenzen bei den verschiedenen Komplementtypen geben kann, dass aber auch inkompatible Lizenzierungsbedingungen vorliegen. Die Konflikte bestehen einerseits zwischen den verschiedenen Satzkomplementtypen: So sind V2-Sätze und nominalisierte Satzkomplemente zumeist inkompatibel, insbesondere dort, wo es sich um Redeberichte handelt. Andererseits bestehen Konflikte auf Prädikatsseite. Intensionale Frageprädikate sollten keine Infinitivkomplemente selegieren. Faktive Verben sollten nicht mit V2-Sätzen und eingebetteten Polaritätsfragen auftreten. Äußerungsprädikate sollten Infinitiv- und nominalisierte Komplemente nur bedingt zulassen. Implikative Prädikate treten tendenziell nicht mit den finiten Komplementtypen auf. Mir geht es im Folgenden jedoch nicht um Selektionspräferenzen (siehe z.B. Rapp 2015 zu *dass*-Sätzen vs. Infinitiven, ebenso Brandt/Trawiński/Wöllstein 2016 und Rapp et al. 2017), sondern nur um eine grundsätzliche Kompatibilität.

Tabelle 6 zeigt einige sehr frequente Komplementationsmuster (belegt für jeweils mehr als 40 Prädikate) und die nicht belegten Komplementationsmuster in der ZAS-Datenbank.

Bei den Prädikaten, die nur mit zwei Komplementtypen belegt sind, wird die potenzielle Inkompatibilität von Infinitiv- und Interrogativkomplementen einerseits und V2-Sätzen und NOML-Komplementen andererseits bestätigt. Insgesamt gibt es jedoch keine absolut gültigen Implikationsbeziehungen zwischen den verschiedenen Komplementtypen.

Tab. 6: Ausgewählte Komplementationsmuster laut ZAS-Datenbank

Beispiel	*dass*	V2	INTER	INF	NOML	#Prädikate
betrauern	✓				✓	43
		✓			✓	0
			✓	✓		0
abgewöhnen	✓			✓	✓	439
aufarbeiten	✓		✓		✓	68
		✓	✓	✓		0
abwägen	✓		✓	✓	✓	257
abmahnen	✓	✓		✓	✓	203
aufdecken	✓	✓	✓		✓	65
anblaffen	✓	✓	✓	✓		43
		✓	✓	✓	✓	0
ahnen	✓	✓	✓	✓	✓	435

5.3 Faktoren der syntaktischen Flexibilität

Wie bereits angedeutet, kann die syntaktische Flexibilität durch Umdeutungen des Matrixprädikats oder semantische Anreicherung eines Infinitivkomplements begünstigt werden.[12]

Umdeutungen spielen auch bei Frageprädikaten, die eigentlich nicht mit Infinitivkomplementen und nur eingeschränkt mit *dass*-Sätzen auftreten sollte, eine Rolle. So können *anfragen/nachfragen* mittels Reinterpretation als direktives Prädikat mit der Bedeutung ‚bitten‘ Infinitive einbetten:

(25)   a.   wenn die Feuerwehr bei uns **angefragt** hätte, ihre Anlage unterzu-
              bringen ... (DWDS BZ 2001)
        b.   Wir haben mehrfach **nachgefragt**, das Gold sehen zu dürfen. (ZDB
              25230: DWDS PNN 2005)

Diese Reinterpretation ist nicht ungewöhnlich. Sprachvergleichend gibt es eine Reihe von Sprachen, in denen ‚fragen‘ und ‚bitten‘ wie Englisch *ask* systematisch „kolexifiziert“ werden (siehe CLICS-Datenbank, List et al. 2014).

---

12 Auch bei V2-Sätzen (z.T. auch bei *dass*-Sätzen) finden sich modale Anreicherungen, z.B. deontische Modale bei direktiven Matrixprädikaten:

i.   Und deshalb befahl er den Ammen und Pflegerinnen, sie sollten den Kindern Milch geben ...
      (ZDB 1574: DWDS K-Ge 1969).

Ebenso kann man z.T. *dass*-Komplemente bei Frageprädikaten beobachten. In (26a) scheint eine Reinterpretation von *erkundigen* zu ‚in Erfahrung bringen‘ als Verschiebung der Handlungssequenz Fragen – Erfahren zugrundezuliegen.

(26) a. Allerdings hat er sich beim Badischen Handball-Verband inzwischen **erkundigt**, dass die Abmeldung einer Mannschaft 1200 Euro und den Abstieg in die Landesliga kostet. (ZDB 18718: IDS mm 2006)

  b. Wer **fragt** danach, dass die barocken Fassaden in Berlin nur drei Fünftel des Baues umschlossen? (ZDB 24005: DWDS BZ 2004)

Anders gelagert ist ein Beispiel für (*danach*) *fragen* wie (26b), das bevorzugt in rhetorischen Fragen auftritt. Erwartungsgemäß referiert der *dass*-Satz nicht auf einen Fragesprechakt, sondern einen Sachverhalt, zu dem eine Frage gestellt werden kann. Hier liegt also ein anderer propositionaler Typ vor.

Der Bezug auf unterschiedliche Propositionen/Sachverhalte löst in vielen Fällen auch den Konflikt zwischen Komplementtypen, konkret zwischen V2-Sätzen und NOML-Komplementen. In (27a) bezeichnet das NOML-Komplement das von der Agitation intendierte Ziel, während der V2-Satz in (27b) den bei der Agitation geäußerten Sprechakt denotiert.

(27) a. Dadurch habe die Bevölkerung zum Sturz der Regierung **aufgeputscht** werden sollen. (ZDB 18343: DWDS K-Ze 1962)

  b. Schließlich kommt er dahinter, daß es der Küchenmeister ist, der den Arbeitsinspektor **aufputscht**, er soll ihn nicht aus dem Kartoffelkeller rauslassen. (ZDB 1031: DWDS K-Be 1934)

5.4 Koverte Lizenzierung

In einigen Fällen scheint das Satzargument durch ein kovertes vermittelndes Prädikat lizenziert zu sein. In (28) ist anzunehmen, dass nicht *beharren* das Interrogativkomplement selegiert, sondern dass ein verstecktes Einstellungsverb wie *wissen* (also *beharren zu wissen* ...) als Lizenzierer des Komplements fungiert:

(28) Ich möchte auch nicht darauf **beharren**, [wer nun wirklich für „Mad The Swine" verantwortlich ist]. (ZDB 20569: IDS wpd 2011)

Ebenso ist *abbringen*, das Satzkomplemente, die eine zu erwartende Handlung charakterisieren, selegiert, kein plausibler Lizenzierer des V2-Satzes in (29). Hier könnte man alternativ ein verstecktes Einstellungsverb wie *glauben* oder ein Äußerungsprädikat wie *behaupten* als eigentliche Lizenzierer annehmen.

(29)   Nur war er nicht davon **abzubringen,** [er sei auf der anderen Seite des Berges heruntergefallen]. (ZDB 7: DNB 2006 S20 974566632)

Wie systematisch solche koverten Prädikate auftreten können, muss noch durch weitere Untersuchungen abgeklärt werden.

6 Zusammenfassung und Ausblick

Aus den vorausgegangenen Ausführungen dürfte deutlich geworden sein, dass die Polysemie eine wichtige Rolle in der Satzeinbettung spielt. Dies gilt sowohl für lexikalisierte Formen der Polysemie (Beispiel *absehen*) als auch für produktive Umdeutungsprozesse (wie der Instantiierung einer Sprechaktinterpretation bei *bedauern*). Weil das Einbettungsverhalten häufig nicht global dem satzeinbettenden Prädikat zugeordnet werden kann, sondern einer spezifischen Interpretation/ Variante zugeordnet werden muss, wird deutlich, dass der semantischen Selektion (S-Selektion) der Satzkomplemente eine zentrale Rolle zukommt.

Die Diskussion hat auch gezeigt, dass Faktoren wie Argumentstruktur/-realisierung des satzeinbettenden Prädikats, modale Operatoren im Matrixsatz, Komplementtyp (inkl. Komplementierer) und Verbmodus/Modalität, Tempus und evtl. weiteren Partikeln im eingebetteten Satz eng mit der Interpretation des satzeinbettenden Prädikats assoziiert sein können. Daraus ergibt sich unmittelbar die Frage, ob diese Faktoren die Lesart bestimmen oder umgekehrt die Lesart die Realisierung der genannten Eigenschaften lizenziert. Zur Beantwortung dieser Frage sind umfassende (auch sprachvergleichende) Untersuchungen zur Distribution und Systematik von Polysemiemustern bei satzeinbettenden Prädikaten erforderlich.

Die syntaktische Flexibilität der satzeinbettenden Prädikate wird durch verschiedene Faktoren begünstigt: (a) die Umdeutung des satzeinbettenden Prädikats, (b) die Realisierung von Satzargumenten in unterschiedlichen Argumentpositionen (wie bspw. bei *Experiencer*-Verben), (c) die semantische Anreicherung des Satzkomplements (insbesondere bei Infinitivkomplementen), (d) die Option, dem Satzargument z.T. unterschiedliche Propositionstypen zuordnen zu können, und (e) die Verwendung von koverten Lizenzierern. Die beiden ersten Faktoren sind Ausdruck der Polysemie eines satzeinbettenden Prädikats.

Insgesamt zeigt sich, dass die Satzeinbettung aus einem komplexen Zusammenspiel von Modifikation bzw. Anreicherung des Matrixprädikats und Modifikation/Anreicherung des eingebetteten Satzes resultiert, was auch Konsequenzen für die theoretische Modellierung hat. Während Bogal-Allbritten (2016) für das generische Einstellungsprädikat *nízin* in Navajo noch überzeugend eine Analyse annehmen kann, in der das Einstellungsprädikat eher ein desemantisiertes Funktionsverb als Träger von Tempus etc. ist und die spezifische Interpretation durch Material aus dem eingebetteten Satz bestimmt wird, ist diese Analyse nicht ohne Weiteres auf Prädikate anderer Sprachen übertragbar, insbesondere dann nicht, wenn die Interpretation eng mit der Argumentstruktur/-realisierung des betreffenden Prädikats verknüpft ist. Nichtsdestotrotz müssen die Bedeutungskomponenten des Satzkomplements, die die Interpretation des Matrixprädikats beeinflussen, in die Modellierung aufgenommen werden.

Abschließend möchte ich anmerken, dass meine Ausführungen hier nur exemplarisch sind und die verschiedenen Lesarten polysemer satzeinbettender Prädikate noch systematischer abgeglichen werden müssen.

Literatur

Asher, Nicholas (2011): Lexical meaning in context. A web of words. Cambridge.

Askedal, John Ole (1997): *drohen* und *versprechen* als sog. ‚Modalitätsverben' in der deutschen Gegenwartssprache. In: Deutsch als Fremdsprache 34, S. 12–19.

Bogal-Allbritten, Elizabeth (2016): Building meaning in Navajo. Dissertation. Amherst.

Brandt, Patrick/Trawiński, Beata/Wöllstein, Angelika (2016): (Anti-)Control in German: Evidence from comparative, corpus- and psycholinguistic studies. In: Reich, Ingo/Speyer, Augustin (Hg.): Co- and subordination in German and other languages. In: Linguistische Berichte (LB). Sonderhefte 21, S. 77–98.

Cornillie, Bert (2004): The shift from lexical to subjective readings in Spanish prometer ‚to promise' and amenazar ‚to threaten'. A corpus-based account. In: Pragmatics 14, 1, S. 1–30.

Dipper, Stefanie (1997): Zur Selektion von Fragesatzkomplementen. (= Arbeitspapiere des Sonderforschungsbereichs (SFB) 340: Sprachtheoretische Grundlagen der Computerlinguistik 122). Stuttgart.

Engelberg, Stefan (2009): *Blätter knistern über den Beton*: Zwischenbericht aus einer korpuslinguistischen Studie zur Bewegungsinterpretation bei Geräuschverben. In: Winkler, Edeltraud (Hg.): Konstruktionelle Varianz bei Verben. (= OPAL-Sonderheft 4/2009). Mannheim, S. 75–97.

Heine, Bernd/Miyashita Hiroyuki (2008): Accounting for a functional category: German *drohen* ‚to threaten'. In: Language Sciences 30, 1, S. 53–101.

Horn, Laurence (1978): Remarks on NEG-Raising. In: Cole, Peter (Hg.): Syntax and semantics. Bd. 9: Pragmatics. New York u.a., S. 129–220.

Karttunen, Lauri (1977): Syntax and semantics of questions. In: Linguistics and Philosophy 1, 1, S. 3–44.

Kaufmann, Ingrid (1995): Konzeptuelle Grundlagen semantischer Dekompositionsstrukturen. Die Kombinatorik lokaler Verben und prädikativer Komplemente. (= Linguistische Arbeiten 335). Tübingen.

Levin, Beth/Rapoport, Tova R. (1988): Lexical subordination. In: Chicago Linguistic Society (CLS) 24, 1, S. 275–289.

List, Johann-Mattis et al. (2014): CLICS. Database of Cross-Linguistic Colexifications. Version 1.0. Marburg. Internet: http://CLICS.lingpy.org (Stand: 27.4.2017).

Nerlich, Brigitte et al. (Hg.) (2003): Polysemy. Flexible patterns of meaning in mind and language. Berlin.

Popp, Marie-Luise (2016): NEG-Raising in crosslinguistic perspective. Masterarbeit. Leipzig.

Pustejovsky, James (1995): The generative lexicon. Cambridge, MA.

Pustejovsky, James/Boguraev, Branimir (Hg.) (1996): Lexical semantics. The problem of polysemy. Oxford.

Rapp, Irene (2015): Zur Distribution von infiniten Komplementsätzen im Deutschen. Fragen, Fakten und Faktoren. In: Engelberg, Stefan et al. (Hg.): Argumentstruktur zwischen Valenz und Konstruktion. (= Studien zur Deutschen Sprache 68). Tübingen, S. 177–200.

Rapp, Irene et al. (2017): Lexikalisch-semantische Passung und argumentstrukturelle Trägheit – eine korpusbasierte Analyse zur Alternation zwischen *dass*-Sätzen und *zu*-Infinitiven in Objektfunktion. In: Deutsche Sprache 45, S. 193–221.

Reis, Marga (1997): Zum syntaktischen Status unselbständiger Verbzweit-Sätze. In: Dürscheid, Christa/Ramers, Karl-Heinz/Schwarz, Monika (Hg.): Sprache im Fokus. Festschrift für Heinz Vater zum 65. Geburtstag. Tübingen, S. 121–144.

Reis, Marga (2005): Zur Grammatik der sog. ‚Halbmodale‘ drohen/versprechen + Infinitiv. In: D'Avis, Franz J. (Hg.): Deutsche Syntax. Empirie und Theorie. Symposium in Göteborg 13.–15. Mai 2004. (= Göteborger Germanistische Forschungen 46). Göteborg, S. 125–145.

Stiebels, Barbara (2010): Inhärente Kontrollprädikate im Deutschen. In: Linguistische Berichte 224, S. 391–440.

Stiebels, Barbara et al. (2017): ZAS database of clause-embedding predicates. Version 0.2. Mannheim. Internet: http://www.owid.de/plus/zasembed2017.

Talmy, Leonard (1985): Lexicalization patterns: Semantic structure in lexical forms. In: Shopen, Timothy (Hg.): Language typology and syntactic description. Bd. 3.: Grammatical categories and the lexicon. Cambridge, S. 57–149.

Traugott, Elizabeth C. (1993): The conflict *promises/threatens* to escalate into war. In: Berkeley Linguistics Society (BLS) 19, S. 348–358.

Troyke-Lekschas, Stephanie (2013): Korpuslinguistische Untersuchungen zum Phänomen der Satzeinbettung bei deutschen Geräuschverben. Magisterarbeit. Berlin.

Verhagen, Arie (2000): „The girl that promised to become something": An exploration into diachronic subjectification in Dutch. In: Shannon, Thomas F./Snapper, Johan P. (Hg.): The Berkeley Conference on Dutch Linguistics 1997. The Dutch Language at the Millennium. (= Publications of the American Association for Netherlandic Studies 12). Lanham, S. 197–208.

Viberg, Åke (1983): The verbs of perception: A typological study. In: Linguistics. An Interdisciplinary Journal of the Language Sciences 21, 1, S. 123–162.

Wechsler, Stephen (2017): Clause embedding sound emission verbs. Vortrag auf der 39. DGfS-Jahrestagung, 8.–10.3.2017. Saarbrücken.

Kookkurrenz und Konstruktion

Stefan Th. Gries (Santa Barbara)

Operationalizations of domain-general mechanisms cognitive linguists often rely on: a perspective from quantitative corpus linguistics

Abstract: In this paper, I discuss ways to corpus-linguistically operationalize and explore four domain-general cognitive mechanisms that have figured prominently in cognitive-linguistic studies of the lexicon/constructicon.

1 Introduction

Over the last few decades, linguistics has changed considerably, both with regard to theory and methodology. As for theory, after a long time during which "theoretical linguistics" was fairly synonymous with "generative linguistics", more and different theories have emerged; of interest for this paper is the 'family of theories' variously referred to as *cognitive linguistics*, *(cognitive) construction grammar*, and/ or *usage-based linguistics*, which hold that much of linguistic acquisition, representation, processing, use, and change can be explained with regard to actual usage of language. In these approaches, 'the stimulus' is considered to be less impoverished than is often assumed, and frequency matters (cf. Bybee 2010). Also, language is considered less modular than often assumed: Much of language learning, processing, etc. is argued to be explainable by domain-general cognitive processes/mechanisms (or should be until this approach breaks down and needs domain-specific mechanisms); examples of such mechanisms include *frequency*, *contingency*, *context*, and *recency* (cf. Ellis 2011; Gries/Ellis 2015 for overviews).

As for methods, after a long time during which much of "theoretical linguistics" was dominated by judgment data, more studies are now using a wider range of empirical data, including experimental, observational, and simulation data. Observational data in the form of corpus data have seen a particularly strong increase, as have, more slowly, statistical methods.

These two developments can be seen as somewhat related because corpus data are distributional in nature and, thus, often require statistical methods to make sense of. However, when cognitive linguists study the mental lexicon or, since cognitive linguists/construction grammarians typically eschew a qualitative distinction between lexis and syntax, the constructicon, using corpora, then

DOI 10.1515/9783110579963-005

corpus and psycholinguists cannot help but feel that corpora are considerably underutilized. More bluntly, while there is a lot of talk about multidimensional exemplar space and cognitive mechanisms, cognitive-linguistic studies using corpus data often do not go beyond observed frequencies and what those mean for entrenchment and processing. In this paper, I will discuss the role of the above four domain-general mechanisms and how they might be studied using corpus-linguistic tools in ways that help cognitive linguists do more justice to what is captured in the well-known and much-endorsed 'cognitive commitment', "to make one's account of language accord with what is generally known about the mind and brain from disciplines other than linguistics" (Lakoff 1991, p. 54).

2 Frequency

In this section, I will discuss an example of how sometimes raw or relative *frequency* is really all that a cognitive/usage-based approach to language requires (based on case study 1 in Gries 2011). I am concerned with the question of whether the frequency of a certain phenomenon, within-unit alliteration, is higher than one might expect. For this, we need to first define a central concept in Langacker's Cognitive usage-based Grammar, the unit:

> a structure that a speaker has mastered quite thoroughly, to the extent that he can employ it in largely automatic fashion, without having to focus his attention specifically on its individual parts for their arrangement [...] he has no need to reflect on how to put it together. (Langacker 1987, p. 57)

In Cognitive/Construction Grammar, units can exhibit different degrees of complexity; from low-complexity/abstractness cases (morphemes, monomorphemic words) via polymorphemic words, fully-fixed multi-word expressions, and partially filled multi-word expressions to high-complexity/abstractness syntactic/ argument structure constructions. In Cognitive Grammar, symbolic units are conventionalized associations of a phonological pole (the form aspect of a unit/ construction) and a conceptual pole (the meaning aspect of a unit/construction), whose relationships can be looked at in various ways: For instance, relations between the different conceptual poles of a unit are instances of polysemy or homonymy and have been widely studied in cognitive work. For instance, relations between the phonological and the conceptual pole of a unit are addressed in work on the Sapir-Whorf hypothesis, sound symbolism, phonaesthemes, onomatopoeia, and the arbitrariness-vs.-motivation of the sign in general. However, relations within the phonological pole of a unit have received much less attention (although see Boers/Lindstromberg 2005; Lindstromberg/Boers 2008a, b; Gries 2011; Boers/Lindstromberg/Eyckmans 2012).

While annotating data for a conceptual-pole study, I noticed that many of the idioms *run* participated in involved alliterations: *run rampant, run riot, run roughshod, run the risk*, which raised the question of whether this pattern was systematic in the sense of 'non-random'. To any quantitatively-minded reader, this means one will need to compare some observed frequency of alliteration against an expected/random one – the questions remaining are where to get such frequencies and what kinds of frequencies to use for this.

To study this effect, I retrieved V-NP idioms from the "Collins Cobuild Dictionary of Idioms" (2002); the V had to be a full lexical verb with no additional complements/adjuncts and the idioms had to occur ≥1/2m words in the corpus on which the dictionary was based; examples include *spill the beans, gain some ground, get the boot*, etc. For the observed frequency of alliteration, I noted the initial segments of the verb, the head of the NP_{DO}, and any other content word (e.g., *fight a losing battle*) and computed an observed relative frequency of alliterations, 11.3%.

For the expected frequency – the baseline to compare 11.3% to – things are more complex because, even though frequency appears to be a straightforward notion, that simplicity is deceptive: the question arises as to how to compute it or what to put into the denominator of the fraction that computes the expected frequency. In that study, to insure against statistical artifacts, four different questions were asked whose answers determined the denominator of the relative frequencies:

- how many *different phonemes* are there that English words begin with (47 in the CELEX database, Baayen/Piepenbrock/Gulikers 1995) and what is, thus, the chance that two content words from the same idiom begin with the same phoneme?
- in how many *word types* do different phonemes occur word-initially and what is, thus, the chance that two content words from the same idiom begin with the same word token?
- in how many *word tokens* do different phonemes occur word-initially and what is, thus, the chance that two content words from the same idiom begin with the same one?
- in how many of a random sample of transitive clauses from a corpus (the British Component of the International Corpus of English) do two content words begin with the same phoneme?

Here, all results led to the same conclusion: The baselines of the above strategies amounted to 2.1%, 6%, 4.7%, and 4.8%, which are all significantly lower than the observed alliteration percentage in the idioms: idiom status seems correlated with phonological similarity, at least when operationalized as alliteration.

There are various implications of this findings and various follow-up questions. As for the former, Gries (2011) explored how this finding can be related to idiom lexicalization from a Cognitive Grammar perspective (using Langacker's 1997 definition of phonological and conceptual constituents), and much of the work by Boers, Lindstromberg and colleagues is concerned with mnemonic effects of alliteration (plus assonance and rhyme) on the learnability of phrasal chunks, etc. As for the latter, it would be useful to explore what the exact locus of similarity is – just the beginning sound, the onset, the rhyme, etc., but crucially, studying any of these still requires the analyst to decide on ways to compute the right baseline. This is not as trivial a question as it may seem: First, not all studies have computed baselines in the first place (e.g. Boers/Lindstromberg 2009) and, second, not all studies compute even the observed frequencies correctly, which can impact the results.

As for the latter point, Schlüter (2005) reports frequencies of present perfects for several different corpora, but does so by dividing the observed numbers of present perfects by the numbers of words of the corpus, not the numbers of verbs. Thus, any differences found may be due to different frequencies of present perfects, but also just due to different frequencies of verbs! Thus, even though the notion of frequency appears straightforward, it need not be: trivially, how observed and expected frequencies are computed affects the results.

That being said and in spite of the huge role that frequency plays in cognitive-linguistic publications, it is also necessary to 'put it in its place' a bit: Not only is it probably always necessary to augment it with other information (such as contingency or entropy), but a consensus seems to emerge that frequency as a mere repetition-counter is much less a proxy of entrenchment than is often assumed and requires more fine-grained data on context and recency.

3 Contingency

Given the important role of frequency in cognitive-linguistic publications, why exactly would it needed be put in its place and what would contingency add to the picture? As in particular Ellis has argued in a variety of insightful overview papers (see esp. Ellis 2011), frequency is not the only determinant of learning, but the three other central notions at the core of this paper – contingency, recency, and context – are all relevant, too (as are others), to understand how the human processor deals with our probabilistic uncertain world. For contingency in particular, Ellis (ibid., p. 7) discusses (referencing Peterson/Beach 1967) how "human learning is to all intents and purposes perfectly calibrated with normative statistical measures of contingency like r, χ^2 and ΔP" and how "it [is] contingency, not temporal pairing, that generated conditioned responding" in classical conditioning; he concludes that "[l]anguage learning can thus be viewed as a statistical process in that it requires the learner to acquire a set of likelihood-weighted associations between constructions and their functional/semantic interpretations" (Ellis 2011, p. 12).

One area in corpus linguistics in which contingency has played a huge role is that of co-occurrence of lexical items (collocations) and of lexical items with syntactic constructions (colligations/collostructions) and much debate has been concerned with finding measures of contingency, so-called association measures (AMs), whose application to data yields results that appear reasonable/useful and/or are correlated with other (often experimental) data; two examples of such studies include Mollin (2009) and Michelbacher/Evert/Schütze (2011). As different AMs are being debated, the perhaps most important question is actually a somewhat more general one: Should an AM be a measure that reflects both frequency/sample size and effect size (such as (logged) $p_{\text{Fisher-Yates exact}}$, the log-likelihood statistic G^2, χ^2, t, ...) or a measure that reflects only effect size (odds ratio, Cramer's V / φ, ΔP, ...).

Currently, G^2 is probably the most widely-used measure, which is largely due to the reasons that (i) it is the best approximation to $p_{\text{Fisher-Yates exact}}$, (ii) Dunning (1993) did much to popularize it, and (iii) several software packages provide it even for corpus linguists with no statistical and/or programming knowledge. In this section, I will discuss a recent proposal to use G^2 not just for collocate rankings of x collocates to one node word, but for the bottom-up identification of multi-word units (MWUs)/constructions, or n-grams, where n is not set by the user, but 'decided' by an algorithm.

This approach (Wahl/Gries under review a, b) is called MERGE (for Multi-word Expressions from the Recursive Grouping of Elements). Similar to some other work, it embodies a recursive 2-gram approach, but unlike other work, our algorithm is designed to extract all MWUs in a corpus and not just those that contain a particular node word. MERGE begins by extracting all 2-gram tokens in a corpus, which may include contiguous 2-grams, as well as bigrams with gaps (at present, we have only experimented with 1-word gaps). The tokens for each 2-gram type are counted, as are the tokens for each individual word type as well as the corpus size. Next, these values are used to calculate G^2-scores. The highest-scoring 2-gram is selected as 'the winner' and merged into a unit and all instances of that 2-gram are replaced by instances of the new, merged unit. That means that all frequency information – 1-gram and 2-gram statistics and the corpus size –

must be updated as new candidate n-grams are created through the co-occurrence of individual 1-grams with tokens of the newly-merged 2-gram. After all these adjustments have been made, new 2-gram strengths can be calculated and the cycle iteratively repeats from the point at which a winning 2-gram is chosen above; this continues until the lexical association strength of the winning 2-gram reaches some minimum cutoff threshold or a user-defined number of iterations has been processed, after which the output of the algorithm is a corpus, parsed in terms of MWUs, and a list of 1- to n-grams of different sizes, with and without gaps.

As discussed above, MERGE uses an AM that conflates frequency/sample size and contingency, a decision that, in spite of the widespread use of G^2, is not uncontroversial – MERGE needs to be demonstrated to work in and of itself, but maybe also in comparison with competing approaches such as O'Donnell's (2011) Adjusted Frequency List (AFL), which uses only frequency and not also contingency. Specifically, the AFL works by first identifying all n-grams up to some size threshold in a corpus. Then, only n-grams exceeding some frequency threshold – 3 in O'Donnell (2011) – are retained along with their frequency and, for each n-gram, starting with those of threshold length and descending by order of length, the two component n-minus-1-grams are derived. Finally, the number of tokens in the frequency list of each n-minus-1-gram is decremented by the number of n-grams in which it is a component and no smaller n-grams can be 'taken out of' larger n-grams anymore. In the next two sub-sections, I discuss results of two case studies (from Wahl/Gries under review a, b) that aim at testing MERGE's performance against the AFL; for two additional case studies, see those two papers.

3.1 Validation 1: MERGE vs. AFL in ratings

The input data for the algorithm comprised two corpora: The Santa Barbara Corpus of Spoken American English (SBC; Du Bois et al. 2000-2005) and the spoken component of the Canadian subcorpus of the International Corpus of English (ICE-Canada Spoken; Newman/Columbus 2010). SBC includes about 250K words, while ICE-Canada Spoken includes about 450K. First, the formatting of both corpora was standardized: All tags and transcription characters not part of the lexical representation of the words were removed, including markers of overlap in talk, laughter, breathing, incomprehensible syllables, pauses, and other non-lexical vocalizations, among other features.

Next, both MERGE and the AFL were run and the top 1000-ranked items from the output of each were selected for further consideration. In the case of MERGE, this involved simply running the algorithm for 1000 iterations. In the case of the AFL, the minimum frequency threshold was set to five and the 1000 items with highest frequencies were selected. We then decided to focus on the MWEs that the two algorithms did not agree on rather than the MWEs that they had in common. Two groups of items were created: The first group was those items found in the AFL output but not in MERGE's; the second group was those items found in MERGE's output but not in the AFL's. This allowed a highly tractable examination of how the respective performances of the two algorithms contrasted, as stimulus items fell into one of two categories. From each of the two groups of disjunctive outputs, 180 items were then randomly sampled and an even distribution of sampling from across the range of items was achieved by partitioning the two rank-ordered item groups into 10 bins and randomly sampling 18 items from each bin. We then created four different questionnaires of 90 items each by combining 45 randomly-chosen MERGE items with 45 randomly-chosen AFL items and randomized their presentation orderings per subject. Study participants were asked to rate sequences based on whether, in their opinion, they represented a *complete unit of vocabulary*. The hope was that participants' understanding of the notion of *vocabulary* would be compatible with the notion of a lexicon, since these U.S. students would have grown up learning vocabulary lists in spelling classes, etc. 20 participants were recruited from an introductory linguistics course at the University of California, Santa Barbara and each participant was placed in a quiet room by themselves and given as much time as they needed to complete the survey. Only data from native speakers of English was used in the final analysis.

Table 1: Results for the fixed-effects part of the regression model (REML)

Predictor	coef	se	df	t	$p_{\text{one-tailed}}$
Intercept	3.93	0.27	19.7	14.6	$<10^{-11}$
ORIGIN: *AFL → MERGE*	0.59	0.25	22.8	2.31	0.0151

The data were analyzed with a linear mixed-effects model. The dependent variable was RATING, i.e., the numerical rating provided by subjects for the MWUs; the independent variable was the binary variable ORIGIN, which specified where the rated MWU was from – AFL vs. MERGE; the random-effects structure was maximal. The linear mixed-effects model we fitted resulted in a significant fit (LR chi-squared = 5, df=1, p=0.0254, from a ML-comparison to a model without fixed effects) but only a weak correlation: R^2_{marginal}=0.02, $R^2_{\text{conditional}}$=0.37; see Table 1 for the corresponding results. As is obvious from the above statistics, the overall effect is weak – although the product-moment correlation between the observed ratings and the one predicted by our model is r=0.68 – and the random-effects structure explains more of the variance than the fixed effects. Nevertheless, the significant main effect of ORIGIN, while not strong and variable across subjects/ MWUs, provides support for the hypothesized usefulness of the MERGE algorithm: The randomly-sampled MWUs from MERGE score higher average formulaicity judgments than those from the AFL. Given the small effect size, the evidence is probably not conclusive but, here, the measure that combines, in fact conflates, frequency and contingency outperforms the one that only uses frequency.

3.2 Validation 2: MERGE vs. AFL in finding the BNC's multi-word units

In the second small case study to be reported here, we test which of MERGE and AFL is better at finding the ≈400 MWUs that corpus compilers annotated in the spoken component of the British National Corpus. In other words, while in the previous study we assessed the performance via naïve intuitions, here we are testing performance via specialist knowledge. Specifically, we applied both MERGE and AFL to the complete spoken component of the BNC to determine how well both methods can identify 388 expressions that were tagged as multi-word units (using <mw></mw>). We took the top 10,000 items from either approach and used one-tailed exact binomial tests to compare the proportions of BNC MWUs that either approach would identify; given the previous results and our belief that contingency information is vital (even if only conflated with frequency rather than kept separately), we expected MERGE to find a higher percentage of MWUs than the AFL.

Then, we checked how many of the 388 formulaic sequences from the BNC spoken were identified by the top 10,000 MERGE and AFL items: MERGE found 112 of the 388 MWUs whereas the AFL found only 93. According to a one-tailed binomial test, MERGE finds a significantly higher number than the AFL ($p_{\text{one-tailed}}$ =0.0152); conversely, according to a second one-tailed binomial test, the AFL performs significantly worse than MERGE ($p_{\text{one-tailed}}$=0.0178).

Again, the effect is not large, but in the predicted direction and significant, lending another bit of support for the view that contingency is useful. While undoubtedly more study is necessary, these results are instructive insofar as they support previous work on collostructions – the occurrence of verbs in syntactically-defined slots of constructions – and their experimental validation, which has also provided results in favor of AMs that reflect frequency *and* contingency over AMs that only reflect frequency (see Gries/Hampe/Schönefeld 2005, 2010; Gries 2015; among others). That being said, the main point of what follows is that any study of co-occurrence cannot be reliably, replicably, sufficient if it only includes frequency and contingency.

4 Context

The previous two sections discussed ways in which two central notions in cognitive linguistics – frequency and contingency – can be operationalized and instructive. However useful these two notions are, they nevertheless only scratch the surface of how cognitive linguists would need to characterize the multidimensional exemplar space they postulate constitutes linguistic (and other) knowledge. While both corpus-linguistic and psycholinguistic work has discussed useful extensions, some important findings have not yet led to an adjustment/extension of the main cognitive-linguistic toolbox. The first of these is concerned with a quantitative, more big-picture view of the context of linguistic expressions under consideration.

Much corpus-/cognitive-linguistic work explores the context of a linguistic item under consideration on the basis of concordance lines. While that allows an analyst to discover potentially every detail of each usage event, it also makes it harder to recognize higher-level patterns of usage and what they reveal about mental representation as well as how that may force us to rethink certain notions. For example, for many decades now frequency of use (as operationalized by (logged) corpus frequencies) has been seen as a major determinant of speed of access (as operationalized by, e.g., reaction times in experiments). However, for some time now, it has been suggested that frequency as a mere repetition counter may not be as useful as often assumed but that frequency is epiphenomenal due to its high correlation with other, truly relevant, measures. One of these is McDonald/Shillcock's (2001) contextual distinctiveness (*CD*). Measuring the *CD* of some lemma *l* involves

- retrieving all instances of *l* within its context;
- computing the relative frequencies of a set of *n* collocates within a context window around *l* (e.g., ±5 words); this is the so-called *posterior distribution*, essentially the list of conditional probabilities $p(\text{collocate}|l)$;
- computing the relative frequencies of those *n* collocates in the corpus in general; this is the so-called *prior distribution*, essentially the list of probabilities $p(\text{collocate})$;
- compute the relative entropy/Kullback-Leibler divergence from the prior to the posterior distribution as in (1).

(1)
$$CD = \sum_{i=1}^{n} p(\text{coll}_i|\text{lemma}) \cdot \log_2 \frac{p(\text{coll}_i|\text{lemma})}{p(\text{coll}_i)}$$

This measure is correlated with observed raw frequency, but its computation does not involve it – *CD* is blind to the sparseness of the posterior distribution (if necessary or appropriate, smoothed relative frequencies can be used). In addition,

CD incorporates prior knowledge (in the form of the probabilities of collocates in the corpus at large) and, most importantly, in McDonald/Shillcock (2001, exp. 1), *CD* accounts for variance in reaction times even when word frequency and length are statistically controlled for, whereas frequency did not when word length and *CD* were statistically controlled: "[w]ords that appear in relatively constrained (or distinctive) linguistic contexts have high *CD*-scores and tend to attract longer lexical decision latencies" (ibid., p. 312).

Interestingly, this result is corroborated in a very comprehensive study of Baayen (2010), who found that

> the word frequency effect in the sense of pure repeated exposure accounts for only a small proportion of the variance in lexical decision, and that local syntactic and morphological co-occurrence probabilities are what makes word frequency a powerful predictor for lexical decision latencies. (Baayen 2010, p. 436)

This is of crucial theoretical interest to cognitive linguistics, which has emphasized the role of frequency as a repetition counter and, thus, as one of the most important driving forces of entrenchment (e.g., Langacker 1987, p. 59, 100; Schmid 2010, pp. 118 f.); this in turn has influenced the discussion of (interactive) activation in the cognitive-linguistic literature (e.g., Langacker 1991, p. 45). However, findings such as the above are very compatible with many recent findings of the relevance of other information-theoretic notions such as surprisal in corpus-based psycholinguistics. For example, Jaeger (2011) studies subject-extracted relative clauses (SRC) and finds that using the full version is highly significantly correlated with the surprisal of seeing an SRC given the noun as well as the surprisal of seeing an SRC given the participle. Similarly, Linzen/Jaeger (2015) find that the entropy reduction of potential parse completions is correlated with reading times of sentences involving the DO/SC alternation. In other words, in more and more studies, there is evidence for the importance of predictors involving planning (to produce) and predicting (to comprehend) upcoming constituents in ways that go beyond frequency/entrenchment *per se* and that point to the need to re-conceptualize frequency as maybe just a crude proxy towards contextual diversity (e.g., within Anderson's 1990 theory of rational analysis as discussed in detail by Ellis 2011).

5 Recency

The last domain-general cognitive notion to be discussed here is recency. Recency is obviously strongly related to acquisition/learning as well as forgetting because "the extent to which the number of repeated exposures to a particular item affects that item's later retrieval depends on the separation of the exposures in time and context" (Adelman/Brown/Quesada 2006, p. 814). The corpus-linguistic equivalent to this "separation of the exposures in time and context" is dispersion, the degree to which occurrences of something are spread out evenly in, say, a corpus (even dispersion) or are concentrated in maybe just a small part of it (uneven/clumpy dispersion). Dispersion is as important as it is underutilized in corpus-linguistic but especially cognitive-linguistic studies. The reason it is so important is that it can provide a more reliable view of how regularly some linguistic item appears in language, or how likely it is that some speaker would encounter that item, than a frequency estimate, a claim that is supported in Figure 1.

In both panels, logged word frequency (from the spoken BNC for all words occurring 10+ times) is on the x-axis. In the first/upper panel, a dispersion measure called *DP* (Deviation of Proportions) is on the y-axis: $DP{\approx}1$ means a word is distributed extremely clumpily whereas $DP{\approx}0$ means a word is distributed extremely evenly; correspondingly, the dots to the very right are all function words. In the second/lower panel, the y-axis is range, i.e. the number of files (out of all 905) in which a word is attested. In both panels, word frequency has been binned into 10 equally wide bins and, for each bin, the interval represents the minimum and maximum of the *DP*/range values, with the corresponding ranges at the bottom (left panel) and the top (right panel). It is plain to see that there is a huge variability in dispersion in particular in the middle range of frequencies where many 'normal content words' are. For instance, a relatively 'specialized' word like *council* is in the same (6th) frequency bin (*freq*=4386, *DP*=0.72, range=292 out of 905) as intuitively more 'common/widespread' words like *nothing*, *try*, and *whether* (*freqs*=4159, 4199, 4490; *DPs*=0.28, 0.28, 0.32; ranges=652, 664, 671 out of 905). Also, even just in the 6th frequency band, the extreme range values values that are observed are $^{85}/_{905}$=9.4% vs. $^{733}/_{905}$=81% of the corpus files, i.e. huge differences between words that in some less careful study might well be considered 'similar in frequency'.

The above study by Adelman/Brown/Quesada (2006) is concerned with dispersion, although they refer to it as *contextual diversity* – an unfortunate misnomer, given that the use of a word in different corpus files does by no means imply that the actual contexts of the word are different: No matter in how many different files *hermetically* is used, it will probably nearly always be followed by *sealed*. That mislabeling aside, they do show that dispersion is a better and more unique predictor of word naming and lexical decision times and they, too, draw an explicit connection to Anderson's rational analysis of memory and conclude "number of contexts has an effect because the more contexts an item has occurred in, the more likely that item is to be needed in any new context" (ibid., p. 822), a finding that chimes in well with the kind of information-theoretic results mentioned above and some others to be briefly mentioned below in the conclusion.

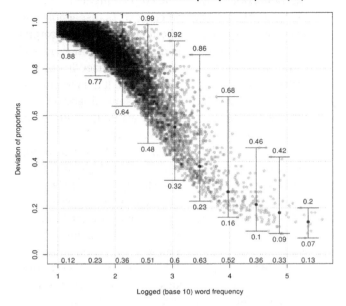

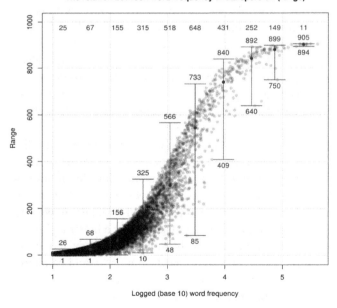

Fig. 1: The relation between frequency and dispersion in the spoken part of the BNC

6 Conclusion

What follows from all this? Starting out from the observation how cognitive-linguistic or usage-based linguistics has developed into a widely-used alternative theoretical framework to the generative framework that has been predominant for decades, I discussed a variety of domain-general cognitive mechanisms that cognitive linguistics often relies on to explain acquisition, representation, processing, use, and change: frequency, contingency, context, and recency. However, while the rise of cognitive-linguistic work has coincided with a greater use of corpus data in linguistics, it is my impression that cognitive/usage-based linguistics under-utilize what corpus data have to offer and what they have already contributed in neighboring fields such as corpus linguistics proper and psycholinguistics. Maybe a bit polemically, it seems as if (large? parts of) cognitive linguistics are falling into a similar trap as the field did in the 1990s when polysemy and network analyses were proposed left and right that, as convincingly shown especially in Sandra/ Rice's (1995) landmark article, were simplistic and/or vague when it came to expli-cating the status of network notations, the role of different kinds of evidence etc. etc. How so? Well, from a quantitative corpus linguist's point of view, now there still seems to be too much simplifying 'frequency is proportional to entrenchment' or 'frequency/entrenchment is proportional to resting levels of activation/connec-tion weights' and similar talk around – how many publications in cognitive lin-guistics talk about frequency and entrenchment and their role for acquisition, pro-cessing etc. compared to how many relate their data to findings like those discussed ever so briefly above – like how contingency adds to frequency (as long argued by Ellis), how context is more uniquely important than frequency-as-repetition (as long argued in some psycholinguistic circles), how dispersion may be more reli-able than frequency in particular for anything having to do with learning?

Maybe it is about time that we let go of the relatively simple ways in which we have been using 'frequency' as a cure-all and realize that frequency is just one and, at least in some case, apparently quite epiphenomenal notion and that more refined and in particular information-theoretic measures have more to offer in terms of explanation and convergence with neighboring fields (recall Lakoff's cognitive commitment). Just two examples of findings that an overly strong reli-ance on 'frequency → entrenchment → processing speed' could never have uncov-ered: First, Lester/Moscoso del Prado Martín (2016) find that nouns that project a diverse array of structures are produced faster and conclude

> words are finely articulated syntactic entities whose history of use partially determines how efficiently they are processed [...] Perhaps words and syntactic structures are much more tightly linked than is typically acknowledged. (ibid., p. 2589)

More concisely, entropies of syntactic distributions affect response times of nouns in isolation and the ordering in coordinate NPs. Second and more interestingly even, Lester/Feldman/Moscoso del Prado Martín (2017) find that words occurring in similar distributions of syntactic constructions prime each other: Nouns' representations appear to be connected to syntactic structures in proportion to how often they occur in them in a way modular accounts do not predict. And what exactly is the connection between notions I haven't talked about in this paper – e.g., salience – and information-theoretic measures such as surprisal?

These kinds of findings and these kinds of questions should trigger something in the field, both for their content – empirical priming results appearing to support the position of abandoning the lexis-syntax boundary that cognitive linguistics has adopted, how great is that? and there are corpus-based measures for cognitively relevant notions such as salience? – but also for how they are and would be arrived at, by rigorous and comprehensive analysis of corpus data that goes beyond what is found in much cognitive-linguistic corpus work. I hope this paper can provide a small impetus in this direction ...

References

Adelman, James S./Brown, Gordon D.A./Quesada, Jose F. (2006): Contextual diversity, not word frequency, determines word-naming and lexical decision times. In: Psychological Science 19, 9, pp. 814–823.

Anderson, John R. (1990): The adaptive character of thought. Hillsdale, NJ.

Baayen, R. Harald (2010): Demythologizing the word frequency effect. A discriminative learning perspective. In: The Mental Lexicon 5, 3, pp. 436–461.

Baayen, R. Harald/Piepenbrock, Richard/Gulikers, Leon (1995): The CELEX lexical database. Philadelphia.

Boers, Frank/Lindstromberg, Seth (2005): Finding ways to make phrase-learning feasible: The mnemonic effect of alliteration. In: System 33, 2, pp. 225–238.

Boers, Frank/Lindstromberg, Seth (2009): Optimizing a lexical approach to instructed second language acquisition. Basingstoke.

Boers, Frank/Lindstromberg, Seth/Eyckmans, June (2012): Are alliterative word combinations comparatively easy to remember for adult learners? In: RELC Journal 43, 1, pp. 127–135.

Bybee, Joan (2010): Language, usage, and cognition. Cambridge/New York/Melbourne.

Collins Cobuild (2002): Collins Cobuild Dictionary of Idioms. For use with the Collins Cobuild Dictionary of Idioms. 2nd ed. London.

Du Bois, John W. et al. (2000–2005): Santa Barbara corpus of spoken American English. Part 1–4. Philadelphia.

Dunning, Ted (1993): Accurate methods for the statistics of surprise and coincidence. In: Computational Linguistics 19, 1, pp. 61–74.

Ellis, Nick C. (2011): Language acquisition as rational contingency learning. In: Applied Linguistics 27, 1, pp. 1–24.

Gries, Stefan Th. (2011): Phonological similarity in multi-word symbolic units. In: Cognitive Linguistics 22, 3, pp. 491–510.

Gries, Stefan Th. (2015): More (old and new) misunderstandings of collostructional analysis: On Schmid and Küchenhoff (2013). In: Cognitive Linguistics 26, 3, pp. 505–536.

Gries, Stefan Th./Ellis, Nick C. (2015): Statistical measures for usage-based linguistics. In: Language Learning 65, 1, pp. 1–28.

Gries, Stefan Th./Hampe, Beate/Schönefeld, Doris (2005): Converging evidence: Bringing together experimental and corpus data on the association of verbs and constructions. In: Cognitive Linguistics 16, 4, pp. 635–676.

Gries, Stefan Th./Hampe, Beate/Schönefeld, Doris (2010): Converging evidence II: More on the association of verbs and constructions. In: Rice, Sally/Newman, John (eds.): Empirical and experimental methods in cognitive/functional research. (= Conceptual Structure, Discourse and Language 9). Stanford, pp. 59–72.

Jaeger, T. Florian (2011): Corpus-based research on language production: Information density and reducible subject relatives. In: Bender, Emily M./Arnold, Jennifer (eds.): Language from a cognitive perspective: grammar, usage, and processing. Stanford, pp. 161–197.

Lakoff, George (1991): Cognitive versus generative linguistics. How commitments influence results. In: Language and Communication 11, 1/2, pp. 53–62.

Langacker, Ronald W. (1987): Foundations of Cognitive Grammar. Vol. 1: Theoretical prerequisites. Stanford.

Langacker, Ronald W. (1991): Foundations of Cognitive Grammar. Vol. 2: Descriptive applications. Stanford.

Langacker, Ronald W. (1997): Constituency, dependency, and conceptual grouping. In: Cognitive Linguistics 8, 1, pp. 1–32.

Lester, Nicholas A./Moscoso del Prado Martín, Fermín (2016): Syntactic flexibility in the noun: Evidence from picture naming. In: Papafragou, Anna et al. (eds.): Proceedings of the 38th Annual Conference of the Cognitive Science Society (CogSci 2016), Austin, TX, pp. 2585–2590.

Lester, Nicholas A./Feldman, Laurie B./Moscoso del Prado Martín, Fermín (2017): You can take a noun out of syntax…: Syntactic similarity effects in lexical priming. In: Gunzelmann, Glenn et al. (eds.): Proceedings of the 39th Annual Conference of the Cognitive Science Society (CogSci 2017). Austin, TX, pp. 2537–2542.

Lindstromberg, Seth/Boers, Frank (2008a): The mnemonic effect of noticing alliteration in lexical chunks. In: Applied Linguistics 29, 2, pp. 200–222.

Lindstromberg, Seth/Boers, Frank (2008b): Phonemic repetition and the learning of lexical chunks: The power of assonance. In: System 36, 3, pp. 423–436.

Linzen, Tal/Jaeger, T. Florian (2015): Uncertainty and expectation in sentence processing: evidence from subcategorization distributions. In: Cognitive Science 40, 6, pp. 1382–1411.

McDonald, Scott A./Shillcock, Richard C. (2001): Rethinking the word frequency effect: The neglected role of distributional information in lexical processing. In: Language and Speech 44, 3, pp. 295–323.

Michelbacher, Lukas/Evert, Stefan/Schütze, Hinrich (2011): Asymmetry in corpus-derived and human word associations. In: Corpus Linguistics and Linguistic Theory 7, 2, pp. 245–276.

Mollin, Sandra (2009): Combining corpus linguistic and psychological data on word co-occurrences: corpus collocates versus word associations. In: Corpus Linguistics and Linguistic Theory 5, 2, pp. 175–200.

Newman, John/Columbus, Georgie (2010): The International Corpus of English – Canada. Edmonton.

O'Donnell, Matthew Brook (2011): The adjusted frequency list: A method to produce cluster-sensitive frequency lists. In: ICAME Journal 35, pp. 135–169.

Peterson, Cameron R./Beach, Lee Roy (1967): Man as an intuitive statistician. In: Psychological Bulletin 68, 1, pp. 29–46.

Sandra, Dominiek/Rice, Sally (1995): Network analyses of prepositional meaning: Mirroring whose mind—the linguist's or the language user's? In: Cognitive Linguistics 6, 1, pp. 89–130.

Schlüter, Norbert (2005): How reliable are the results? Comparing corpus-based studies of the present perfect. Paper presented at the workshop 'The scope and limits of corpus linguistics – empiricism in the description and analysis of English'. Berlin.

Schmid, Hans-Jörg (2010): Entrenchment, salience, and basic levels. In: Geeraerts, Dirk/Cuyckens, Hubert (eds.): The Oxford handbook of Cognitive Linguistics. Oxford, pp. 118–138.

Wahl, Alexander/Gries, Stefan Th. (under review a): Multi-word expressions: A novel computational approach to their bottom-up statistical extraction.

Wahl, Alexander/Gries, Stefan Th. (under review b): Computational extraction of formulaic sequences from corpora: two case studies of a new extraction algorithm.

Martin Hilpert (Neuchâtel)

Wie viele Konstruktionen stecken in einem Wortbildungsmuster?

Eine Problematisierung des Produktivitätsbegriffs aus konstruktionsgrammatischer Sicht

Abstract: Dieser Beitrag geht der Frage nach, wie sich der Begriff der Produktivität konstruktionsgrammatisch fassen lässt und zu welchen neuen Einsichten ein solches Verständnis von Produktivität führt. Zu diesem Zweck werden einige Aspekte von Produktivität diskutiert und auf das konstruktionsgrammatische Konzept eines Netzwerks von sprachlichen Mustern bezogen. Während Produktivität typischerweise als globale Eigenschaft eines Wortbildungsmusters verstanden wird, erlaubt die Konstruktionsgrammatik eine differenziertere Sicht. Am Beispiel englischer Partizipialkomposita wird illustriert, dass verschiedene Teile eines Konstruktionsnetzwerks unterschiedlich produktiv sein können, und dass Produktivität in niedrigen Ebenen des Netzwerks nicht mit der Produktivität höherer Netzwerkknoten gleichzusetzen ist.

1 Einleitung

Zur morphologischen Produktivität existiert eine weitläufige Literatur, in der dieser Begriff unterschiedlich ausgelegt und ihm auch eine gewisse inhärente Unklarheit bescheinigt wird (z.B. Aronoff 1976; Mayerthaler 1981; Bauer 2001; Baayen 2005). Der vorliegende Beitrag widmet sich der Frage, ob die Konstruktionsgrammatik (Goldberg 1995, 2006; Ziem/Lasch 2013) etwas Nützliches zum Verständnis des Begriffes beitragen kann und ob eine konstruktionsgrammatische Perspektive auf Produktivität (wie sie auch in Baròdal 2008 oder Perek 2016 erarbeitet wird) zu Einsichten führt, die über das bisher gesagte hinausgehen. Wie im Titel dieses Beitrags bereits angedeutet, wird dabei eine Rolle spielen, dass ein einzelner Wortbildungsprozess als eine Vielzahl von mehr oder minder abstrakten, untereinander verbundenen Konstruktionen aufgefasst werden kann. Anhand empirischer Daten soll gezeigt werden, dass diese Konstruktionen in Bezug auf den Grad ihrer jeweiligen Produktivität variieren, und dass mehrere produktive Konstruktionen sich nicht notwendigerweise zu einem einzigen produktiven Wortbildungsprozess aufaddieren. Als Fallstudie wird die historische Entwicklung von

DOI 10.1515/9783110579963-006

Partizipialkomposita wie *doctor-recommended* oder *chocolate-covered* im Amerikanischen Englisch der letzten 150 Jahre untersucht.

Der vorliegende Beitrag gliedert sich wie folgt. Abschnitt 2 skizziert zunächst einige Grundzüge der Konstruktionsgrammatik und erörtert, wie morphologische Produktivität aus einer konstruktionsgrammatischen Sichtweise heraus verstanden werden kann. Abschnitt 3 stellt die empirische Datengrundlage dieses Beitrags vor und diskutiert die Methoden, die für ihre Untersuchung herangezogen wurden. Im Anschluss werden die Ergebnisse präsentiert und im Kontext der theoretisch motivierten Frage nach einem konstruktionsgrammatischen Verständnis von Produktivität interpretiert. Abschnitt 4 schließt mit einigen weiterführenden Überlegungen.

2 Produktivität aus konstruktionsgrammatischer Sicht

Die gebrauchsbasierte Konstruktionsgrammatik (Goldberg 1995; 2006; Ziem/Lasch 2013) konnte sich in den vergangenen Jahren als neuer theoretischer Ansatz in der Sprachwissenschaft etablieren. Ein Grundgedanke dieser Theorie ist es, dass sich sprachliches Wissen als ein strukturiertes Inventar von symbolischen Einheiten, sogenannten Konstruktionen, verstehen lässt (Hilpert 2014, S. 2). Das Konstruktionsinventar wird von Sprechern aus dem Sprachgebrauch heraus induziert (Tomasello 2003) und unterliegt fortwährender Veränderung durch jedes neue Sprachereignis (Bybee 2010). Die Konstruktionen in diesem Inventar variieren in Komplexität und Schematizität, so dass die vertretene Bandbreite von monomorphemischen Wörtern bis hin zu abstrakten syntaktischen Gefügen reicht. Einheitliches Merkmal von Konstruktionen ist lediglich, dass sie eine Formseite und eine Inhaltsseite haben, was sie zu bedeutungstragenden Strukturen macht. Der theoretische Anspruch der Konstruktionsgrammatik ist es, sprachliches Wissen in seiner Gesamtheit auf diese Strukturen zu reduzieren. Dieser Ansatz, für den Goldberg (2006, S. 18) den Slogan „it's constructions all the way down" geprägt hat, wendet sich damit gegen eine modulare Auffassung von sprachlichem Wissen, in der Lexikon und Grammatik strikt getrennt sind.

Ein zentraler Punkt der konstruktionsgrammatischen Theorie ist die Metapher eines Netzwerks, in dem Konstruktionen miteinander verbunden und hierarchisch geordnet sind. Da dieses Netzwerk sprachliches Wissen abbilden soll, ist es als eine kognitive Struktur zu verstehen. Innerhalb dieser Struktur sind Konstruktionen durch verschiedene Typen assoziativer Verbindungen miteinander verknüpft, die sich auf mehrere Prinzipien gründen. Das wichtigste dieser Prinzipien, das für sogenannte Vererbungsrelationen eine zentrale Rolle spielt, ist Kategorialität: Eine Kollokation wie *You drive me crazy* instanziiert die übergeordnete Kategorie eines idiomatischen Musters, in dem das Verb *drive* mit einem Objekt und einem Element wie *mad*, *nuts*, oder eben *crazy* kombinierbar ist. Dieses idiomatische Muster wiederum instanziiert eine abstraktere Kategorie, nämlich die englische Resultativkonstruktion (z.B. *John hammered the metal flat*). Diese Konstruktion kombiniert ein Verb mit einem Objekt und einem resultativen Element. Die Resultativkonstruktion ihrerseits instanziiert die noch abstraktere Konstruktion einer Verbalphrase, die sämtliche möglichen Kombinationen eines Verbs mit seinen Begleitern abbildet. Verbindungen zwischen abstrakten Konstruktionen und ihren konkreteren Instanziierungen werden unter dem Begriff der Vererbung (*inheritance*, Goldberg 1995, S. 72) diskutiert. Die theoretische Annahme hinter dieser Begriffswahl ist, dass abstrakte Konstruktionen Informationen an ihre konkreten Instanziierungen „vererben", so dass grammatische Informationen, die auf der höchsten Hierarchieebene repräsentiert sind, von dort aus von sämtlichen konkreteren Instanziierungen abgerufen werden können. Innerhalb der Konstruktionsgrammatik konkurrieren zu der Idee der Vererbung zwei Sichtweisen. Die Theorie der vollständigen Vererbung (vgl. Fillmore et al. 1988) vertritt den Standpunkt, dass vererbbare Informationen ausschließlich auf der höchstmöglichen Ebene repräsentiert sind. Verfechter einer gebrauchsbasierten Konstruktionsgrammatik (Goldberg 2006) nehmen dahingegen an, dass grammatische Informationen im Netzwerk sprachlichen Wissens redundant repräsentiert sind, sich also auf mehreren Ebenen des Netzwerks in identischer Form wiederfinden.

Neben Kategorialität ist Ähnlichkeit ein weiteres Prinzip, nach dem Konstruktionen im Netzwerk geordnet sind. Wenn Konstruktionen in Bezug auf Form oder Bedeutung Überlappungen aufweisen, dann führen diese Überlappungen dazu, dass die Konstruktionen miteinander assoziiert werden. Ein Beispiel für solche Assoziationen wäre etwa die Verbindung zwischen der ditransitiven Konstruktion und der transitiven Konstruktion. Ein Satz wie *John wrote Mary a letter* ähnelt *John wrote a letter* in Form und Bedeutung, so dass Sprecher die beiden miteinander assoziieren. Ähnlich lässt sich argumentieren, dass die deutschen Subjunktionen *dass*, *ob* und *weil* im Sprecherwissen miteinander verbunden sind, da sie alle mit Verbletztstellung auftreten.

Neben Kategorialität und Ähnlichkeit spielt auch das Prinzip der Kontiguität eine Rolle für die Verknüpfungen zwischen Konstruktionen. Zwei Konstruktionen sind dann assoziativ miteinander verbunden, wenn der Gebrauch der einen Konstruktion im Hörer die Erwartung der anderen weckt, wie es etwa bei Kollokationen wie *Bescheid geben* oder *eine Genehmigung einholen* der Fall ist. Das jeweils erste Element evoziert hier das zweite Element des Wortpaares. Kontiguität besteht auch zwischen morpho-syntaktischen Mustern und lexikalischen Elementen. Assoziationen dieser Art sind vielfach durch die sogenannte Kollostruktions-analyse nach Stefanowitsch/Gries (2003) untersucht worden.

Wie passt jetzt das Konzept der Produktivität in dieses Verständnis von sprach-lichem Wissen? Davon ausgehend, dass die Konstruktionsgrammatik eine Theo-rie sprachlichen Wissens ist, versteht sich Produktivität in diesem Beitrag als eine kognitive Größe. Angelehnt an eine Definition in van Marle (1985) soll der Begriff hier beschreiben, mit welchem Maß an kognitivem Aufwand komplexe Formen prozessiert werden. Diese Definition impliziert, dass Produktivität kein diskretes Phänomen ist, sondern ein graduelles. Sie beinhaltet weiterhin, dass die Produk-tivität einer Konstruktion umso stärker ist, je leichter es Sprechern fällt, neue Instanzen der Konstruktion zu produzieren oder zu prozessieren. Der Umgang mit neuen Instanzen einer Konstruktion soll im Folgenden anhand von Wortbil-dungsmustern näher diskutiert werden.

Wortbildungsmuster, wie beispielsweise das englische Nominalisierungs-schema *Adjektiv + ness*, sind ebenfalls als Konstruktionen zu verstehen (Booij 2010). Sie stellen eine schematische Verbindung dar, in der ein Affix mit einem abstrakten Platzhalter kombiniert wird und diese Kombination eine bestimmte Bedeutung trägt. Eine Auffassung von Wortbildungsprozessen als Konstruktionen ist mehr als nur eine neue Benennung morphologischer Phänomene. Die Idee eines hierarchisch geordneten Netzwerks impliziert, dass die abstrakte Form eines Wortbildungsmusters (wie etwa im Englischen *Adjektiv + ness*, *Verb + er*, etc.) lediglich den obersten Knotenpunkt in einem Netzwerk mit vielen weiteren Ver-ästelungen darstellt. Die untersten dieser Verästelungen sind konkrete Worttypen wie etwa *darkness* oder *sweetness*. Zusätzlich zu der schematischen Form eines Wortbildungsmusters und dessen Worttypen erlaubt die Konstruktionsgrammatik aber die Annahme weiterer Knotenpunkte im Netzwerk, die sich auf einer mitt-leren Abstraktionsebene zwischen diesen beiden Extremen befinden. Diese Kno-tenpunkte lassen sich als untergeordnete Muster oder Subschemata bezeichnen. Traugott (2008, S. 236) schlägt hierfür den Begriff der Meso-Konstruktion vor und steckt mit den Termini der Makro-, Meso- und Mikro-Konstruktion das gesamte Kontinuum der unterschiedlichen Abstraktionsgrade ab. Als konkretes Beispiel für Meso-Konstruktionen lassen sich für die englische Konstruktion *Verb + er* mehrere untergeordnete Muster annehmen, die in ihrer Semantik jeweils spezifi-scher sind als das abstrakte, übergeordnete Muster. Formen wie *worker*, *singer* oder *teacher* bringen agentive Rollen zum Ausdruck, Formen wie *opener*, *grinder* oder *stapler* bezeichnen Werkzeuge. Weiterhin finden sich idiosynkratische For-men wie *fiver*, die sich in die genannten semantischen Kategorien nicht ohne weiteres einfügen und auch morphologisch von dem übergeordneten Schema abweichen, da mit dem Zahlwort *five* kein verbaler Stamm vorliegt. Eine kon-struktionsgrammatische Analyse von Wortbildungsprozessen erklärt diese Befunde durch die Annahme eines Netzwerks von unterschiedlich abstrakten Subschemata, die Aspekte ihrer Form und Bedeutung teilen, aber jeweils auch eigenständige Züge aufweisen. Wie weiter unten dargelegt werden soll, können sich diese Subschemata in ihrer jeweiligen Produktivität stark unterscheiden.

Die Netzwerkmetapher der Konstruktionsgrammatik erlaubt eine neue Perspektive auf bestehende korpuslinguistische Ansätze zur Produktivität. Über verschiedene Aspekte von Produktivität herrscht trotz der Vielfalt der Definitionen weitgehende Einigkeit. So ist etwa unstrittig, dass die Typenfrequenz eines Wortbildungsmusters einen wesentlichen Aspekt von Produktivität ausmacht. Je höher die Typenfrequenz eines Musters, desto wahrscheinlicher ist es, dass das Muster stark produktiv ist (Bybee 2010, S. 67; Barðdal/Gildea 2015, S. 33). Ausnahmen von dieser Generalisierung wie etwa das frequente, aber unproduktive englische Derivationssuffix *-ment* (Hilpert 2013, S. 113) zeigen allerdings, dass weitere Aspekte eine Rolle spielen. Korpuslinguistische Messungen von Produktivität (Baayen 2005) beziehen daher üblicherweise die Frequenz von niederfrequenten Typen in die Berechnungen mit ein. Die Überlegung hier ist, dass das häufige Auftreten von seltenen Formen ein Indiz dafür ist, dass Sprecher einen Wortbildungsprozess dazu nutzen, Neologismen zu produzieren. Hapax Legomena aus einem Korpus sind zwar nicht notwendigerweise Neologismen, andererseits haben echte Neologismen eine überproportional große Wahrscheinlichkeit, mit niedriger Frequenz im Korpus aufzutreten. Aus den Kennzahlen von Tokenfrequenz und Anteil der Hapax Legomena lassen sich Produktivitätswerte berechnen, die sich mit Ergebnissen aus psycholinguistischen Experimenten gut in Einklang bringen lassen (ebd., S. 245), so dass hiermit ein nützliches Werkzeug vorliegt. Als weitere Komplikation lassen sich allerdings Beschränkungen diskutieren, die selbst hochproduktive Muster betreffen. Das Nominalisierungssuffix *-er* ist nach allen verfügbaren Maßen stark produktiv, aber trotzdem ist es nicht grundsätzlich mit allen bestehenden Verben kombinierbar. Verbstämme wie *have, die* oder *seem* führen bei einer Kombination mit *-er* zu Nominalisierungen, die von Muttersprachlern entweder abgelehnt oder als unidiomatisch eingestuft werden. Goldberg (2016, S. 371) führt als weitere Beispiele Kombinationsbeschränkungen von Verben in Argumentstrukturkonstruktionen an. So kann etwa die hochproduktive ditransitive Konstruktion nicht mit dem Verb *explain* verwendet werden (*Can you explain me the problem?*), und das Verb *vanish* passt nicht zur ebenfalls hochproduktiven transitiven Konstruktion (*The magician vanished the rabbit*). Wie erklären sich solche Beschränkungen?

Goldberg (ebd., S. 375) nähert sich dieser Frage mithilfe des Konzeptes eines semantischen Raums, in dem sich die etablierten Typen eines produktiven Musters befinden. Nach Goldberg hängt die Akzeptabilität eines Neologismus von zwei Punkten ab. Zum einen spielt die Verteilung der etablierten Typen im semantischen Raum eine Rolle. Goldberg unterscheidet hier zwischen einer flächendeckenden Streuung (*high coverage*), bei der ein semantischer Raum gleichmäßig ausgefüllt ist, und einer spärlichen Streuung (*low coverage*), bei der weite Teile des semantischen Raums unausgefüllt bleiben oder aber starke Ungleichmäßigkeit in ihrer Füllung aufweisen. Zum anderen ist die Position eines Neologismus im semantischen Raum. Neologismen in flächendeckend gefüllten semantischen Räumen sollten dabei einen hohen Grad von Akzeptabilität aufweisen, während Neologismen in spärlich gefüllten semantischen Räumen eine geringere Akzeptabilität erfahren. Suttle/Goldberg (2011) weisen in einem psycholinguistischen Experiment mit einer künstlich erstellten Sprache nach, dass dieselben Stimuli, abhängig von der Streuung etablierter Typen in einem semantischen Raum, tatsächlich als verschieden akzeptabel eingestuft werden.

Ein fiktives Beispiel hilft, das Phänomen zu veranschaulichen: Zwei Lerner des Englischen haben kein Vorwissen zum Wortbildungsmuster mit dem Suffix *-ness*. Der erste der beiden erhält Lernmaterialien mit den Typen *sickness*, *illness*, *dizziness* und *queasiness*, die sich semantisch stark ähneln. Der zweite erlernt *sickness*, *sweetness*, *greatness* und *softness*, die semantisch heterogener sind. Nach dieser Vorbereitung wird beiden ein neuer Typ präsentiert, nämlich *carefulness*. Wie reagieren die beiden Lerner? Für den ersten Lerner war mit den ersten vier Typen ein relativ enger semantischer Rahmen gesteckt, der mit der Akzeptanz der neuen Form nun erheblich erweitert werden müsste. Durch die Akzeptanz ergäbe sich zudem eine spärliche, ungleichmäßige Streuung im semantischen Raum. Der zweite Lerner konnte bereits in den Lernmaterialien eine flächendeckende semantische Streuung beobachten, so dass der neue Typ keine allzu große Überraschung darstellt. Durch das jeweilige Vorwissen wurden also verschiedene Erwartungshaltungen geprägt, die sich auf die relative Akzeptabilität eines neuen Typen auswirken: Neologismen in flächendeckend gefüllten semantischen Räumen sind akzeptabel, Neologismen in spärlich gefüllten semantischen Räumen sind es nur dann, wenn sie eine semantische Nähe zu bereits etablierten Typen aufweisen.

Zusammenfassend lässt sich festhalten, dass mit Typenfrequenz, dem Anteil niederfrequenter Typen sowie der Verteilung etablierter Typen im semantischen Raum Kriterien vorliegen, die für die korpusbasierte Vermessung von Produktivität nützlich sind und die sich durch Triangulierung mit den Ergebnissen psycholinguistischer Forschung auch durch Verhaltensdaten bestätigt sehen. Im Folgenden sollen diese Konzepte daher nicht an sich kritisiert werden, sondern es soll lediglich argumentiert werden, dass ein weiterer Aspekt von Bedeutung ist, der in der bisherigen Diskussion zu Produktivität zu wenig Beachtung gefunden hat. Dieser Aspekt betrifft die Tatsache, dass zwei Konstruktionen mit gleichen Typenfrequenzen, gleichen Anteilen von Hapax Legomena und identischer semantischer Streuung ihrer Typen dennoch unterschiedlich in der Struktur ihres Konstruktionsnetzwerks sein können, was mit Auswirkungen auf ihre Produktivität verbunden ist.

Die bis jetzt diskutierten Operationalisierungen von Produktivität teilen das zentrale Merkmal, dass sie einem sprachlichen Muster einen globalen Produktivitätswert zuweisen. Sie beziehen sich also immer auf die schematische Form eines Musters, das den höchsten Knotenpunkt in einem hierarchischen Netzwerk von Konstruktionen darstellt. Bei Derivationsmorphemen wie -*ness* oder -*er* wären es also die Schemata *Adjektiv* + *ness* bzw. *Verb* + *er*, denen ein Produktivitätswert zugewiesen wird. Ist es aber gerechtfertigt, Produktivität als Eigenschaft eines einzigen Knotenpunkts in einem solchen Netzwerk anzunehmen? Im Folgenden soll gezeigt werden, dass dies eine gewisse Vereinfachung darstellt. Mit der Konstruktionsgrammatik lässt sich fragen, welche Subschemata im Netzwerk eines bestimmten abstrakten Musters mehr oder weniger produktiv sind. Im Hinblick auf das bereits erwähnte Beispiel von -*er* wird deutlich, dass die Produktivität eines Subschemas mit agentiven Verbstämmen nahezu unbeschränkt ist (*talker, builder, runner*, etc.), während stative Verbstämme stärkeren Beschränkungen unterliegen (*believer, lover, owner, ?preferer, ?knower*) und Zahlwörter als Stämme nur sehr bedingt verwendet werden (*fiver, sixer, tenner, ?twoer, ?hundreder, ?thousander*). Ein konstruktionsgrammatisches Verständnis von Produktivität sollte daher über etablierte Operationalisierungen hinausgehen, indem es die Netzwerkstruktur zwischen dem übergeordneten, abstrakten Muster, davon ausgehenden Subschemata und konkreten Instanziierungen dieser Subschemata mit einbezieht. Wie dies konkret bewerkstelligt werden soll, wird in den nun folgenden Abschnitten diskutiert.

3 Daten, Methoden und Ergebnisse

Der empirische Teil dieses Beitrags wendet sich englischen Partizipialkomposita zu. Formen wie *chocolate-covered* oder *road-tested* exemplifizieren ein hochproduktives Wortbildungsmuster, das in Standardwerken zur Wortbildung im Englischen (Fabb 2001, S. 68; Plag 2003, S. 153; Bauer 2006, S. 490; Bauer/Lieber/Plag 2012, S. 470) sowie in Referenzgrammatiken (Biber et al. 1999, S. 534; Huddleston/ Pullum 2002, S. 1659; Quirk et al. 1985, S. 1577) Erwähnung findet. Die Analyse in diesem Beitrag stützt sich auf Daten aus dem COHA (Corpus of Historical American English; Davies 2010). Das Korpus, das insgesamt 400 Millionen Tokens enthält, repräsentiert vier schriftsprachliche Textsorten (Belletristik, Zeitschriften, Zeitungstexte, und Fachliteratur), die in ihrer Verwendung von 1810 bis 2009 abgebildet sind. Die vorliegende Untersuchung verwendet einen bereits bestehenden Datensatz, den Hilpert (2015) daraufhin untersucht, ob die Entwicklung englischer Partizipialkomposita einen Fall von Grammatikalisierung darstellt. Für diesen Datensatz wurden adjektivisch getaggte Komposita wie *government-sponsored*, die sich aus einem Substantiv und einem Partizip in der Vergangenheitsform zusammensetzen, aus dem COHA extrahiert. Der Datensatz enthält 127.000 Tokens, die sich auf etwa 32.000 Typen aufteilen. Bei einzelner Betrachtung der Substantive und Partizipien ergeben sich Typenfrequenzen von 8.300 für die Substantive und 3.200 für die Partizipien. In den Daten zeigt sich ein substanzieller diachroner Anstieg von Token- und Typenfrequenzen (Hilpert 2015, S. 2). Der relative Anteil von Hapax Legomena dagegen bleibt über die gesamte Zeit des COHA hinweg auf hohem Niveau stabil (ebd., S. 13). Eine Untersuchung der Daten im Hinblick auf die Partizipien zeigt, dass die ansteigenden Token- und Typenfrequenzen primär durch Entwicklungen in einer relativ geringen Anzahl von Partizipien bedingt sind. Abbildung 1 (ebd., S. 15) gibt einen Einblick in diesen Prozess. Das Schaubild zeigt die zwanzig Partizipien, die in dem Datensatz mit den größten Wortfamilien auftreten. Auf der x-Achse ist der Verlauf der Zeit abgebildet, die y-Achse zeigt normalisierte Typenfrequenzen (Typen per Million Wörter in der jeweiligen Dekade des COHA). Im Vergleich wird deutlich, dass insbesondere das Partizip *based* sich in der zweiten Hälfte des zwanzigsten Jahrhunderts überdurchschnittlich stark entwickelt. Andere Partizipien, wie *sized*, *related*, und *driven*, zeigen ein ähnliches Profil, wachsen aber weniger stark. Wieder andere, wie *colored*, *shaped*, und *covered*, weisen ein langsames, aber stetiges Wachstum auf.

Die Abbildung legt nahe, dass sich Muster wie *Substantiv + based* und *Substantiv + related* als produktive Subschemata etablieren. Wenn also im Jahr 1997 eine neue Form wie *silicone-based* im COHA aufkommt, ist dies nicht auf die Produktivität des abstrakten Musters *Substantiv + Partizip* zurückzuführen, sondern auf die Produktivität des konkreteren Subschemas *Substantiv + based*.

Die Frequenzverläufe in Abbildung 1 liefern einige Anhaltspunkte dazu, welche konkreten Partizipien sich zu produktiven Subschemata herausbilden, allerdings erlauben sie keine Rückschlüsse auf Subschemata, an denen gleichzeitig mehrere, semantisch verwandte Partizipien beteiligt sind. Mit Goldberg (2016) kann die Frage gestellt werden, wie sich die Partizipien aus dem Datensatz im semantischen Raum verteilen und ob die englischen Partizipialkomposita einen Fall flächendeckender Streuung oder eher spärlicher Streuung darstellen. Um sich dieser Frage zu nähern, kann das Instrument einer semantischen Vektorraumanalyse (Turney/Pantel 2010; Levshina 2015) benutzt werden, die es erlaubt, die im Datensatz vertretenen Partizipien im Hinblick auf ihre semantische Ähnlichkeit hin zu vergleichen. Aus einem solchen Vergleich lässt sich ableiten, ob es im semantischen Raum dieser Partizipien Bereiche mit ungewöhnlich hoher oder ungewöhnlich niedriger Typendichte gibt. Die nächsten Absätze skizzieren die Funktionsweise dieser Methode und wie sie im vorliegenden Fall angewendet wurde.

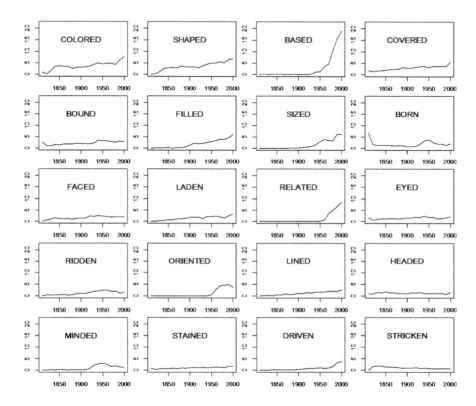

Abb. 1: Normalisierte Typenfrequenzen der 20 Partizipien mit den größten Wortfamilien im COHA

Im ersten Arbeitsschritt wurden Frequenzvektoren für sämtliche Partizipialtypen erstellt. Hierzu wurde für jedes einzelne Partizip eine Konkordanz aus dem COCA-Korpus (Davies 2008) abgerufen. Kollokatfrequenzen wurden ermittelt, indem alle Wörter innerhalb eines Kontextfensters von vier Wörtern links und rechts vom Suchbegriff ausgezählt wurden. Funktionswörter und Satzzeichen wurden von diesen Zählungen ausgenommen. Der zweite Arbeitsschritt ist die Erstellung einer Datentabelle aus den Frequenzvektoren. Jede Spalte in dieser Tabelle repräsentiert ein Partizip, jede Zeile repräsentiert ein Kollokat, das mit unterschiedlichen Frequenzen (oder auch gar nicht) mit jedem einzelnen Partizip auftreten kann. In einem dritten Arbeitsschritt wurde für sämtliche Frequenzwerte in der Tabelle das statistische Maß der *Pointwise Mutual Information* (PMI; Levshina 2015, S. 234) errechnet. Die Ähnlichkeiten zwischen Kollokatvektoren, die im Folgenden diskutiert werden, stützen sich also nicht auf rohe Kookkurrenzfrequenzen, sondern auf Vektoren von PMI-Werten. Als vierter Arbeitsschritt wird aus der Datentabelle eine Distanzmatrix gewonnen, indem für sämtliche paarweisen Kombinationen von Kollokatvektoren ein Ähnlichkeitsmaß mithilfe des Kosinus berechnet wird. Wenn zwei Partizipien große Überlappungen in ihren jeweiligen Kollokaten aufweisen und diese Kollokate mit ähnlichen Frequenzen auftreten, so ergibt sich ein hoher Wert, der diese starke Ähnlichkeit reflektiert. Eine Distanzmatrix dieser Art kann in einem fünften Arbeitsschritt durch ein Verfahren der Dimensionsreduktion auf ein zweidimensionales Schaubild projiziert werden, das dann als semantische Karte interpretierbar ist. In der vorliegenden Analyse wurde für diesen Arbeitsschritt das sogenannte t-SNE Verfahren (van der Maaten/Hinton 2008) zum Einsatz gebracht.

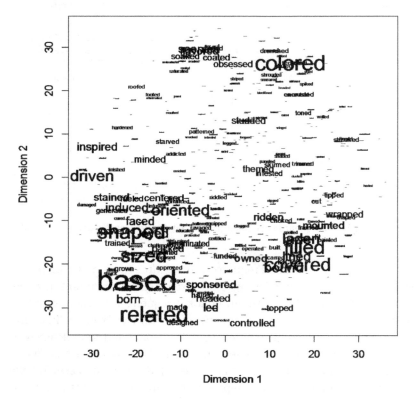

Abb. 2: Semantische Distribution einer Auswahl hochfrequenter Partizipien

Abbildung 2 zeigt als Resultat der fünf Arbeitsschritte die Verteilung der Partizipien, die in der letzten Dekade des COHA Korpus am häufigsten auftreten. Distanzen zwischen den einzelnen Formen zeigen an, ob zwei oder mehrere Partizipien mit ähnlichen Kollokaten auftreten; Textgröße bildet normalisierte Tokenfrequenzen in der letzten Dekade des COHA ab.

Die in der Abbildung zu erkennenden Partizipialtypen geben einen ersten Anhaltspunkt dazu, wie der semantische Raum von englischen Partizipialkomposita beschaffen ist. In der linken unteren Ecke des Schaubilds sind die hochfrequenten Partizipien *based*, *sized*, und *shaped* erkennbar, die zwar nah beieinander abgebildet sind, aber trotzdem klar eigene Kollokationsprofile aufweisen. In der rechten unteren Ecke lässt sich eine erste semantische Gruppierung ausmachen. Die Partizipien *covered*, *filled* und *laden* verdecken weitere Formen wie *packed*, *crammed*, oder *littered*. Gemeinsam ist diesen Partizipien, dass sie einen Sachverhalt zum Ausdruck bringen, der hier als applikativ bezeichnet werden soll. Komposita wie *chocolate-covered* oder *trash-littered* bezeichnen einen Zustand, bei dem ein Objekt mit einer Substanz bedeckt ist. Weiter oben im Schaubild ist das Partizip *colored* zu sehen, das hinter sich eine Reihe von semantisch verwandten Formen verdeckt, wie etwa *tinted*, *dyed*, *lacquered*, *glazed*, und *sprayed*, die ebenfalls auf Farben referieren. Ebenfalls in dieser Region des Schaubilds finden sich Partizipien wie *crowned*, *styled* und *engraved*, die visuelle Qualitäten verbalisieren. Etwas links von der Gruppe visueller Partizipien befindet sich eine dicht gestreute Ansammlung von Partizipien, deren frequenteste Mitglieder *flavored* und *scented* sind, die fast übereinanderliegen. In ihrer unmittelbaren Nähe findet sich eine große Gruppe niederfrequenter Partizipien mit übereinstimmenden semantischen Merkmalen, nämlich *cooked*, *chopped*, *sliced*, *sweetened*, *charred*, *fried*, *baked*, *roasted*, *heated*, *dried*, *grilled* neben vielen weiteren. Diese Gruppe lässt sich auf den gemeinsamen Nenner der kulinarischen Bedeutung bringen.

Was kann nun aus diesem Rundgang durch den semantischen Raum der englischen Partizipialkomposita gefolgert werden? Der erste Eindruck legt nahe, dass verschiedene Regionen innerhalb des semantischen Raumes unterschiedliche Streuungsdichten aufweisen, sowohl was die relative Dichte von Typen angeht als auch die Dichte von Tokens, die sich aus der Frequenz der Typen ergibt. Weiterhin zeigt sich in dem Schaubild ein Unterschied zwischen den dicht bevölkerten Regionen des semantischen Raums. Bei der applikativen Gruppe und der visuellen Gruppe lassen sich die Partizipien *filled* und *covered* beziehungsweise *colored* als hochfrequente Prototypen identifizieren, die das Zentrum einer semantischen Kategorie mit mehreren Mitgliedern bilden. Die kulinarische Gruppe ist anders aufgebaut, nämlich als Verbund niederfrequenter, semantisch verwandter Partizipien, die ohne ein prototypisches, hochfrequentes Mitglied auskommt. Der entgegengesetzte Fall betrifft Partizipien wie *based* oder *related*, die als einzelne

Partizipien zu einer Gruppe Komposita mit hoher Typen- und Tokenfrequenz gehören. Diese Heterogenität in der Füllung des semantischen Raumes reflektiert die Struktur des Netzwerks, in dem die englischen Partizipialkomposita organisiert sind. Das abstrakte Wortbildungsmuster, nach dem Substantive und Partizipien zu einem Kompositum zusammengesetzt werden können, gliedert sich in ein Netzwerk von Subschemata, zu denen „Solitäre" wie Substantiv-*based* gehören, aber auch „Kollektive" wie die Verbindung eines Substantivs mit einem kulinarischen Partizip. Ein möglicher Einwand gegen diese Interpretation ist, dass Abbildung 2 die tatsächliche Dichte der semantischen Streuung nur unvollkommen wiedergibt, da die kleine Schriftgröße niederfrequenter Typen eine spärliche Streuung suggeriert. Um diesem Einwand zu begegnen, zeigt Abbildung 3 die semantische Streuung auf eine andere Weise. Das Schaubild stützt sich auf dieselben Urdaten, die auch Abbildung 2 zugrunde liegen. Anstatt jedoch die einzelnen Partizipien typographisch im Raum zu zeigen, werden die Tokenfrequenzen aller Typen für jedes Planquadrat im semantischen Raum aufaddiert, so dass sich eine Karte der semantischen Streuungsdichte ergibt, die sämtliche Partizipien mit in Betracht zieht. Das Schaubild gliedert sich in vier Graphen, die Veränderungen in der Streuungsdichte über die letzten vier Dekaden des COHA abbilden.

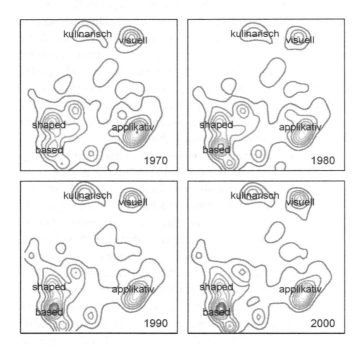

Abb. 3: Veränderungen im semantischen Raum 1970–2000

Am deutlichsten sichtbar ist in Abbildung 3 der Frequenzanstieg des Partizips *based*. Die weiter oben besprochenen semantisch motivierten Gruppierungen sind als relativ konstante Verdichtungen im semantischen Raum zu erkennen. Darüber hinaus zeigen sich kleinere Schwankungen in verschiedenen Bereichen. Das Schaubild untermauert die These, dass sich das Netzwerk der englischen Partizipialkomposita in einige Subschemata aufteilt, von denen manche aus einzelnen Partizipien bestehen und andere größere Gruppen von Partizipien beinhalten.

4 Schlussfolgerungen

In der Einleitung dieses Beitrags wurde die Frage aufgeworfen, wie sich der Begriff der Produktivität konstruktionsgrammatisch fassen lässt und ob ein solches Bemühen zu neuen theoretischen Einsichten führt. Ein Teil der Antwort liegt in der Netzwerkmetapher der Konstruktionsgrammatik begründet. Während sich bestehende Ansätze zur Produktivität generell auf die höchste Abstraktionsebene von Wortbildungsprozessen oder syntaktischen Konstruktionen beziehen, eröffnet die Konstruktionsgrammatik einen Blickwinkel, der auch konkretere Subschemata fokussieren kann. Im vorliegenden Fall lässt sich die zweifellos vorhandene Produktivität der englischen Partizipialkomposita feiner zergliedern, und zwar in die Produktivität einzelner Konstruktionen wie beispielsweise „Substantiv-*based*" oder die Kombination eines Substantivs mit einem Partizip mit visueller Bedeutung. Diese Sichtweise liefert mehr als nur eine etwas detailliertere Betrachtung der Datenlage. Sie erlaubt auch differenzierte Vorhersagen zum kognitiven Aufwand, den Sprecher für das Verständnis neu geformter Komposita aufbringen müssen. Die Partizipien in Formen wie *ginger-steamed* oder *chipotle-spiced* haben zwar an sich keine hohen Typenfrequenzen, die das Prozessieren erleichtern würden, dafür aber befinden sie sich in einem flächendeckend gefüllten Bereich des semantischen Raums und können daher mit wenig Aufwand prozessiert werden. Zum Vergleich dazu weist ein Kompositum wie *case-hardened* ein Partizip auf, das sich im semantischen Raum in einem spärlich besiedelten Bereich befindet (vgl. Abb. 2, x=-22, y=12). Das abstrakte Wortbildungsmuster erlaubt prinzipiell neue Formationen in allen Regionen des semantischen Raums, aber wie aus Abbildung 3 deutlich wird, orientieren sich Sprecher an bereits bestehenden Formen. Diese Beobachtung deckt sich mit dem in Perek (2016) diskutierten Ergebnis, dass Dichte im semantischen Raum eine Vorhersage darüber erlaubt, was für neue Typen im weiteren Verlauf der Zeit hinzukommen. Dieses Phänomen lässt sich als Matthäus-Effekt in der Wortbildung bezeichnen: Wo bereits eine hohe Konzentration von Typen vorhanden ist, werden wahrscheinlich auch noch weitere Typen hinzukommen.

Die Regionen im semantischen Raum einer Konstruktion repräsentieren daher verschiedene Subschemata, die sich in ihrer jeweiligen Produktivität unterscheiden. Was in der weiterführenden Forschung noch zu klären sein wird, ist der genaue Aufbau des Konstruktionsnetzwerks. In der vorliegenden Analyse wurden Typen- und Tokenfrequenzen sowie ein qualitativ untersuchter semantischer Vektorraum dazu genutzt, Subschemata eines Wortbildungsprozesses zu identifizieren. Es wäre wünschenswert, die Unterteilung eines Netzwerks in verschiedene Abstraktionsebenen und Subschemata auf eine solidere Basis zu stellen, die intersubjektiv reproduzierbare Ergebnisse liefert. Gries (2011) liefert dazu bereits einige Denkanstöße, die sich auf aktuelle Ansätze wie Goldberg (2016), Perek (2016) und den vorliegenden Beitrag anwenden lassen. Von einer weiteren konstruktionsgrammatischen Auseinandersetzung mit dem Begriff der Produktivität sind also interessante Ergebnisse zu erwarten.

Literatur

Aronoff, Mark (1976): Word formation in generative grammar. 2. Aufl. Cambridge.

Baayen, R. Harald (2005): Morphological productivity. In: Köhler, Reinhard/Altmann, Gabriel/ Piotrowski, Rajmund G. (Hg.): Quantitative linguistics. An international handbook. (= Handbücher zur Sprach- und Kommunikationswissenschaft/Handbooks of Linguistics and Communication Science 27). Berlin, S. 243–256.

Barðdal, Jóhanna (2008): Productivity. Evidence from case and argument structure in Icelandic. (= Constructional Approaches to Language 8). Amsterdam.

Barðdal, Jóhanna/Gildea, Spike (2015): Diachronic construction grammar. Epistemological context, basic assumptions and historical implications. In: Barðdal, Jóhanna et al. (Hg.): Diachronic construction grammar. (= Constructional Approaches to Language 18). Amsterdam, S. 1–50.

Bauer, Laurie (2001): Morphological productivity. Cambridge.

Bauer, Laurie (2006): Compounds and minor word-formation types. In: Aarts, Bas/McMahon, April (Hg.): The handbook of English linguistics. Malden, S. 483–506.

Bauer, Laurie/Lieber, Rochelle/Plag, Ingo (2012): The Oxford reference guide to English morphology. Oxford.

Biber, Douglas et al. (1999): The Longman grammar of spoken and written English. Harlow.

Booij, Geert (2010): Construction morphology. In: Language and Linguistics Compass 3, 1, S. 1–13.

Bybee, Joan L. (2010): Language, usage, and cognition. Cambridge.

Davies, Mark (2008): The Corpus of Contemporary American English (COCA): 450+ million words, 1990–present. Internet: http://corpus.byu.edu/coca (Stand: 31.5.2017).

Davies, Mark (2010): The Corpus of Historical American English (COHA): 400+ million words, 1810-2009. Internet: http://corpus.byu.edu/coha (Stand: 31.5.2017).

Fabb, Nigel (2001): Compounding. In: Zwicky, Arnold /Spencer, Andrew (Hg.): The handbook of morphology. Oxford, S. 66–83.

Fillmore, Charles J./Kay, Paul/O'Connor Mary Catherine (1988): Regularity and idiomaticity in grammatical constructions: The case of *Let alone*. In: Language 64, 3, S. 501–538.

Goldberg, Adele E. (1995): Constructions. A construction grammar approach to argument structure. (= Cognitive Theory of Language and Culture Series). Chicago.

Goldberg, Adele E. (2006): Constructions at work: The nature of generalization in language. (= Oxford Linguistics). Oxford.

Goldberg, Adele E. (2016): Partial productivity of linguistic constructions: Dynamic categorization and statistical preemption. In: Language and Cognition 8, 3, S. 369–390.

Gries, Stefan Th. (2011): Corpus data in usage-based linguistics. What's the right degree of granularity for the analysis of argument structure constructions? In: Brdar, Mario/Gries, Stefan Th./Žic Fuchs, Milena (Hg.): Cognitive linguistics. Convergence and expansion. (= Human Cognitive Processing 32). Amsterdam, S. 237–256.

Hilpert, Martin (2013): Constructional change in English. Developments in allomorphy, word formation, and syntax. Cambridge.

Hilpert, Martin (2014): Construction grammar and its application to English. Edinburgh.

Hilpert, Martin (2015): From hand-carved to computer-based: Noun-participle compounding and the upward-strengthening hypothesis. In: Cognitive Linguistics 26, 1, S. 1–36.

Huddleston, Rodney/Pullum, Geoffrey K. (2002): The Cambridge grammar of the English language. Cambridge.

Levshina, Natalia (2015): How to do linguistics with R. Data exploration and statistical analysis. Amsterdam.

Mayerthaler, Willi (1981): Morphologische Natürlichkeit. (= Linguistische Forschungen 28). Wiesbaden.

Perek, Florent (2016): Using distributional semantics to study syntactic productivity in diachrony: A case study. In: Linguistics 54, 1, S. 149–188.

Plag, Ingo (2003): Word-formation in English. (= Cambridge Textbooks in Linguistics). Cambridge.

Quirk, Randolph et al. (1985): A comprehensive grammar of the English language. New York u.a.

Stefanowitsch, Anatol/Gries, Stefan Th. (2003): Collostructions: Investigating the interaction of words and constructions. In: International Journal of Corpus Linguistics 8, 2, S. 209–243.

Suttle, Laura/Goldberg, Adele E. (2011): The partial productivity of constructions as induction. In: Linguistics 49, 6, S. 1237–1269.

Tomasello, Michael (2003): Constructing a language. A usage-based theory of first language acquisition. Cambridge.

Traugott, Elizabeth C. (2008): Grammaticalization, constructions and the incremental development of language: Suggestions from the development of degree modifiers in English. In: Eckardt, Regine/Jäger, Gerhard/Veenstra, Tonjes (Hg.): Variation, selection, development: Probing the evolutionary model of language change. (= Trends in Linguistics. Studies and Monographs (TiLSM) 197). Berlin, S. 219–250.

Turney, Peter D./Pantel, Patrick (2010): From frequency to meaning: Vector space models of semantics. In: Journal of Artificial Intelligence Research 37, S. 141–188.

van der Maaten, Laurens/Hinton, Geoffrey (2008): Visualizing data using t-SNE. In: Journal of Machine Learning Research 9, S. 2579–2605.

van Marle, Jaap (1985): On the paradigmatic dimension of morphological creativity. (= Publications in Language Sciences 18). Dordrecht.

Ziem, Alexander/Lasch, Alexander (2013): Konstruktionsgrammatik. Konzepte und Grundlagen gebrauchsbasierter Ansätze. (= Germanistische Arbeitshefte 44). Berlin.

Kathrin Steyer/Katrin Hein (Mannheim)

Usuelle satzwertige Wortverbindungen und gebrauchsbasierte Muster

Abstract: Die Analyse sprachlicher Massendaten zeigt, wie zentral mehr oder weniger feste Wortverbindungen als Lexikoneinheiten für die Sprachkompetenz sind. Der Beitrag geht zunächst kurz auf aktuelle Entwicklungen in der Phraseologie ein: eine Abkehr von der starken Betonung des Idiosynkratischen einerseits und die Hinwendung zum Vorgeprägten andererseits. Wir führen hierzu den Terminus ‚lexikalisch geprägte Muster' (LGM) ein. In einer Detailanalyse beschäftigen wir uns mit satzwertigen Wortverbindungen im Spannungsfeld zwischen ausgeprägter Lexikalisierung, die auf eine gesonderte kognitive Verankerung hindeutet, und der Konstitution abstrakter Spruchmuster als LGM-Subtyp. Im zweiten Teil zeigen wir, wie usuelle Wortverbindungen innerhalb von Phrasenkomposita zur Lexembildung beitragen.

1 Einleitung

Wortverbindungsphänomene rücken zunehmend ins Zentrum anderer linguistischer Disziplinen wie Computerlinguistik, Framesemantik oder kognitive Linguistik (vgl. Schmid 2014). Dies ist ein umso bemerkenswerterer Fakt, als Phraseologisches in der Vergangenheit häufig in die Peripherie linguistischer Theoriebildung verbannt und allenfalls als hübsche Folklore betrachtet wurde, die aus dem Regulären ausschert und deshalb für das Sprachsystem nicht relevant ist. Eine Ausnahme bildeten immer schon die Fremdsprachdidaktik und -lexikografie, die naturgemäß Kollokationen und Phraseme als Schlüssel der Sprachbeherrschung verstehen mussten oder anders herum ausgedrückt: als größte Hürde beim Fremdsprachenerwerb.

Die europäische Phraseologie besitzt jedoch eine lange Tradition, die bis zu Charles Ballys ‚Traité de stilistique française' 1909 zurückreicht (Burger et al. (Hg.) 2007, S. V).[1] So ist etwa das Handbuch der Phraseologie von Burger/Buhofer/Sialm (vgl. Burger/Buhofer/Sialm (Hg.) 1982) ein beredtes Zeugnis für die frühe Beschäftigung mit heute so aktuellen Aspekten der Lexikalisierung und Reproduzierbar-

---

[1] Zur Herausbildung der Phraseologie als wissenschaftliche Disziplin vgl. auch ausführlich Fleischer (1997, S. 4–28).

DOI 10.1515/9783110579963-007

keit von Mehrwortausdrücken, mit der Frage also, unter welchen Bedingungen eine Abfolge von Wörtern nicht nur eine bloße syntaktische Kombination lexikalischer Elemente, sondern eine *autonome* sprachliche Einheit darstellt.

In der Phraseologie haben sich in den letzten beiden Jahrzehnten zwei folgenreiche Paradigmenwechsel vollzogen: Der erste betrifft die Liberalisierung des Gegenstandsbereichs, weg von einer starken Fokussierung auf Irreguläres hin zu einem weiten Verständnis von Mehrworteinheiten, zu einer Sicht auf Sprache, die durch ‚idiomatische Prägung' (vgl. Feilke 1996) an sich bestimmt ist. Die Erweiterung des Objektbereichs wurde maßgeblich durch die korpuslinguistische Wende getragen, durch die Möglichkeit, auf der Basis sprachlicher Massendaten Strukturen, Muster und Vernetzungen zu erkennen, die sich dem analytischen Blick bis dato verschlossen hatten (vgl. Steyer 2013). Es wurde mehr und mehr deutlich, dass Kollokationen ebenso auf dem Prinzip funktionaler Verfestigung basieren wie Idiome oder jegliche Form vorfabrizierter sprachlicher Äußerungen. Dieser Erkenntnis Rechnung tragend, hat Steyer bereits 2000 den Terminus ‚Usuelle Wortverbindungen' (UWV) vorgeschlagen (vgl. Steyer 2000) (siehe Abschn. 2).

Den zweiten Paradigmenwechsel könnte man als „Muster-Wende" bezeichnen. Die neuen empirischen Erkenntnisse verdeutlichten, dass der sprachliche Normalfall nicht das Okkasionelle, sondern das Vorgeprägte ist (Ágel 2004, S. 67). Und es wurde evident, dass auch mehr oder weniger lexikalisierte Wortverbindungen viel stärker solchen Vorprägungen folgen, als das in der Zeit vor den Korpora erkannt werden konnte. Auch diesbezüglich gab es der Phraseologie bereits früh Denkansätze, beispielsweise zu ‚Modellbildungen' oder ‚Phraseoschablonen'.[2] In letzter Zeit hat besonders die Konstruktionsgrammatik zu dieser Muster-Wende in der phraseologischen Forschung beigetragen (vgl. Lasch/Ziem (Hg.) 2011; Steyer (Hg.) i.Vorb.).

Die folgenden Ausführungen basieren auf Ergebnissen unserer langjährigen Forschungen, in denen wir korpuslinguistische Vorgehensmodelle entwickelt und für eine musterbasierte Phraseologie(theorie) und deren lexikografische Umsetzung fruchtbar gemacht sowie experimentelle Studien zu neuartigen datennahen Präsentationsformen durchgeführt haben.

---

2 Vgl. dazu Burger in der mittlerweile fünften und gerade unter diesem Aspekt stark aktualisierten Auflage seiner Einführung in die Phraseologie (Burger 2015).

2 UWV und lexikalisch geprägte Muster

2.1 Begriffsbestimmung

UWV sind durch häufigen Gebrauch zu autonomen Mehrworteinheiten geronnen, weil sie als verfestigte Einheit sehr effizient spezifische Aufgaben in der Kommunikation erfüllen. Dies ergibt sich unabhängig davon, ob sie idiomatisch im Sinne der Definition von Burger (2015) oder eher kompositionell sind, welche strukturellen Merkmale sie aufweisen oder ob eine opake Bedeutung etymologisch herleitbar ist. Sie werden häufig fragmentarisch oder verschachtelt verwendet und finden sich in einer komplexen Verflechtung innerhalb des Wortschatzes wieder, etwa mit Monolexemen, wobei nie eine vollkommene Synonymie existiert, sondern immer ein Mehr an Ausdrucksqualität auf der einen oder anderen Seite (sonst würde es nicht beide Lexemtypen geben).

UWV stellen aber auch fast immer Realisierungen unterschiedlich abstrakter Schemata dar und sind in einem Gefüge von anderen Lexemen und Mustern zu verorten.[3] Wir schlagen hierfür den Terminus ‚lexikalisch geprägte Muster‘ (LGM) vor. LGMs sind partiell gefüllte Schemata mit mindestens einer festen lexikalischen Komponente und variablen Slots, deren Füller auch unterschiedlichen morphosyntaktischen Klassen angehören können. Lexikalisch geprägten Mustern können holistische Bedeutungen und/oder Funktionen zugeschrieben werden. Demzufolge gehen wir von einer gesonderten Verankerung im Lexikon aus. Das LGM-Konzept nimmt stärker als ‚Konstruktion‘[4] die lexikalische Verfestigung von Syntagmen in den Blick, die nicht immer Realisierungen ein- und derselben syntaktischen Konstruktion darstellen müssen (vgl. Steyer 2013; Steyer i.Vorb.). Wir unterscheiden generell zwischen a) Mustern, deren Slots obligatorisch sind (Wortverbindungsmuster), und b) lexikalischen Erweiterungsmustern. Wortverbindungsmuster können nicht auf den lexikalischen Kern reduziert werden, ohne die eigenständige Bedeutung zu verlieren (z.B. [in ADJ (*absehbarer/nächster/…*) *Zeit*] in der Bedeutung ‚demnächst‘ vs. *in Zeit). Bei Erweiterungsmustern treten Füller als rekurrente Kotexte fakultativ hinzu und differenzieren den Kern kontextuell aus, (z.B. [*mit* ADJ (*großer/grimmiger/…*) *Genugtuung*]: Kern: *mit Genugtuung* in der Bedeutung ‚positiv konstatierend‘).

---

3 Zum schillernden Musterbegriff verweisen wir auf Dürscheid/Schneider (2015).
4 Zum verwandten Terminus ‚Phrasem-Konstruktion‘ vgl. Dobrovol'skij (2011).

UWV und lexikalisch geprägte Muster können formal sowohl unterhalb als auch auf der Satzebene angesiedelt werden (siehe Abschn. 3).[5]

Der entscheidende Punkt ist, dass wir Muster als Ergebnis einer Bottom-up-Modellierung verstehen. Sie stellen Abstraktionen über rekurrente Syntagmen ähnlicher Art dar, wobei „immer wieder Instanzen einer bestimmten Phrase als Muster (als Vorbilder) für die Produktion weiterer Instanzen dienten" (Bubenhofer 2009, S. 24).

2.2 Empirische Methoden

Solche Musterbildungen sind a priori und regelbasiert kaum vorhersagbar, sondern nur durch eine induktive Korpusmusteranalyse (vgl. auch Hanks 2013) zu rekonstruieren. Unser Vorgehen ist iterativ (von den Daten zu den Hypothesen wieder zu den Daten). Das bedeutet, dass wir jedem Analyseschritt eigene Interpretationen vorschalten und somit mit einem höheren qualitativen Anteil arbeiten als quantitative Ansätze.[6]

Neben iterativen Suchprozessen nach syntagmatischen Einheiten im Korpus stellen die statistische Kookkurrenzanalyse (Belica 1995) als kontextualistischer Zugang zum Gebrauch (vgl. Sinclair 1991) und Slotanalysen auf der Basis von Keyword-in-Context-Zeilen (KWICs) die zentralen Analysemethoden dar. Mithilfe des Analysewerkzeugs LEXPAN[7] können wir sowohl Kookkurrenzdaten und KWICs qualitativ annotieren und systematisieren, also auch die Slotbesetzungen von Suchmustern untersuchen.

---

5 Satzwertige Einheiten beziehen sich, so Lüger, auf Sachverhalte und geben Aussagen wieder (sind also Propositionen); bilden relativ abgeschlossene Sinneinheiten; müssen nicht immer syntaktisch vollständig sein, verkörpern aber in jedem Fall funktional vollständige Einheiten (1999, S. 54–57). Einen instruktiven Überblick über Satzkonzepte innerhalb der Phraseologie und in anderen Forschungszusammenhängen gibt Finkbeiner (2008).

6 Unsere primäre Datenbasis ist das Deutsche Referenzkorpus (DEREKO); vgl. Institut für Deutsche Sprache (2017).

7 Das einzelsprachenunabhängige Analyseprogramm LEXPAN wurde in unserem Projekt „Usuelle Wortverbindungen" zur Unterstützung der linguistischen Interpretation großer Sprachdatenmengen aus Korpora entwickelt. LEXPAN dient der explorativen Untersuchung von Festigkeit, Varianz, Slotbesetzungen und kontextuellen Einbettungsmustern syntagmatischer Strukturen. Es ermöglicht, aus Korpora exportierte Daten in einer eigenen Arbeitsumgebung weiter zu bearbeiten, zu strukturieren und zu kommentieren sowie die Ergebnisse in gesonderten Dateien darzustellen (vgl. LEXPAN).

SVZ14	Hin und wieder liest man doch	mit	Genugtuung	von solchen Erfolgen der Polizei bei der Verbrecherjagd.
V12	der Mittagessen wieder deutlich an", stellt Direktor Andreas Mäser	mit	Genugtuung	fest. Derzeit werden an den Tagen mit
SKU04	der Hut/ Die Gemeinderäte vernahmen es in ihrer jüngsten Sitzung	mit	Genugtuung	: In Sachen Sicherheit ist Furtwangen jedenfalls nach der

SZE03	im Auditorium Maximum der Polizeifachhochschule, dass es ihn	mit	großer	Genugtuung	erfülle, wenn er mit dieser Feier den bisher
SAZ11	Israel könnte dies	mit	großer	Genugtuung	sehen, schreibt der intime Kenner der
TVF04	Ortsbürgermeister Klaus Juchmes hat die Nachricht am Mittwoch	mit	großer	Genugtuung	zur Kenntnis genommen. Insgesamt kostet das

WBL07	die man nicht überall verwirklichen kann. Das erfüllt mit	mit	Stolz	und	Genugtuung	.
TLZ09	macht mitunter wütend; und der neue Kinderspielplatz erfüllt uns	mit	Freude	und	Genugtuung	. Ein Sachthemen-Sonderfall wiederum ist es
THA00	einem offiziellen Besuch willkommen hieß. Österreich reagierte	mit	Erleichterung	und	Genugtuung	auf die Entscheidung der EU-Partner.

Abb. 1: KWIC-Bündel *mit X Genugtuung* (LEXPAN: Ausschnitt)

Lückenfüller	Anzahl	Prozentanteil	Kwics
	7587	76,08	Kwics
einen	1267	12,71	Kwics
einen glücklichen	206	2,07	Kwics
puren	102	1,02	Kwics
den	92	0,92	Kwics
einen dummen	92	0,92	Kwics
einen unglücklichen	65	0,65	Kwics
reinen	64	0,64	Kwics
Glück und	21	0,21	Kwics
einen puren	20	0,20	Kwics
diesen	16	0,16	Kwics
glücklichen	16	0,16	Kwics
bloßen	15	0,15	Kwics
irgendeinen	14	0,14	Kwics
einen blöden	11	0,11	Kwics
einen reinen	11	0,11	Kwics
Kommissar	9	0,09	Kwics
Glück oder	7	0,07	Kwics
einen historischen	7	0,07	Kwics
den glücklichen	6	0,06	Kwics
schieren	6	0,06	Kwics
einen schönen	5	0,05	Kwics
einen seltsamen	5	0,05	Kwics
welchen	5	0,05	Kwics

Abb. 2: Automatisch erstellte Lückenfüllertabelle: *mit* (0–3 Leerstellen) *Genugtuung* (LEXPAN: Ausschnitt)

Wir konzentrieren uns im Folgenden auf die Analyse satzwertiger Muster und speziell auf so genannte ‚Spruchmuster'. Dieser LGM-Typ steht in der Tradition der parömiologischen Forschung. Die Untersuchung von Spruchmustern ermöglicht gleichzeitig aber auch Erkenntnisse, die für aktuelle Forschungsvorhaben zu Fragen der sprachlichen Verfestigung herangezogen werden können.

3 Der Satz ist die Botschaft

3.1 Satzwertige Musterhaftigkeit

Werfen wir ein Blick auf folgende drei Beispiele:

(1)   *Jetzt heißt es Daumen drücken!*

(2)   *Mailand oder Madrid, Hauptsache Italien.*

(3)   *Andere Länder, andere Sitten.*

Auf den ersten Blick sind diese Sätze sehr unterschiedlicher Natur, und man würde spontan wahrscheinlich nur (3) einen UWV-Status zuschreiben. Aber bei allen Beispielen handelt es sich um verfestigte, wenn man so will, „lexikalisierte" Sätze, die eine gewisse Vorkommenshäufigkeit in DEREKO aufweisen. Das Syntagma *Jetzt heißt es* in (1) stellt eine rekurrente Erweiterung der UWV *Daumen drücken* dar, und der gesamte Satz hat immerhin eine Häufigkeit von 671 Vorkommen (im Folgenden „V"). Der Satz in (2) ist ein gern zitierter Klassiker aus der Welt der Fußballsprüche (426 V) und bei (3) handelt es sich um ein gebräuchliches deutsches Sprichwort (4.042 V).[8] Allen Beispielen aber liegen satzwertige Muster zugrunde: (1) [*Jetzt heißt es* X; (2) [X *Hauptsache* Y] und (3) [*Andere* X, *andere* Y]. Betrachten wir zunächst kurz die Muster in (1) und (2).

Zu (1): Die Analyse der nachgelagerten Slotbesetzungen des Syntagmas *Jetzt heißt es* ergibt eine auffällige Häufung somatischer Füller, die jeder für sich eine andere Teilbedeutung aufweisen:

(4)   *Ärmel hochkrempeln:*   ,etwas anpacken'
      Nerven/kühlen Kopf bewahren: ,nicht hektisch werden'
      Mund abputzen: ,das Negative schnell vergessen und
                                    weitermachen'

      Kopf hoch: ,nicht verzagen'
      Augen zu und durch: ,nicht auf das Schwere, Negative
                                    schauen, sondern durchhalten bzw.
                                    weitermachen'

---

8 DEREKO-Archive: W, W2, W3, W4; COSMAS II-Queries:
(1) ($jetzt /+w1:1 heißt /+w2:4 Daumen) /s0 drücken; (2) Mailand /+w2:2 Madrid /+w1:3 Hauptsache /+w1:3 Italien; (3) $andere /+w1:3 Länder /+w1:3 $andere /+w1:3 Sitten

Trotz dieser unterschiedlichen Teilbedeutungen instantiieren alle Realisierungen ein übergeordnetes satzwertiges Muster, das funktional restringiert ist: Es wird eine Ermutigung oder Aufforderung ausgedrückt. Diese Illokution wird auch in anderen Vorkommen mit nichtsomatischen, verbalen Ergänzungen realisiert wie *Jetzt heißt es {nach vorn schauen/anpacken/weiter kämpfen/fleißig trainieren}*. Dass es sich hierbei um eine funktionale Gebrauchsbeschränkung eines Musters handelt, verdeutlicht der Vergleich mit anderen *Jetzt heißt es*-Verwendungen:

(5) O94 *Jetzt heißt es* wieder überall, die Kärntner SP wird von Wien gegängelt

R98 *Jetzt heißt es* wieder Schlange stehen auf der verwinkelten Steintreppe

Beispiel (2) ist insofern interessant, als die satzwertige Musterhaftigkeit quasi in einem Monolexem angelegt ist: Das Lexem *Hauptsache* wird in ca. 50 Prozent der Vorkommen (W:[9] 79.410 V) in der folgenden Struktur verwendet:

(6) [flexibler Slot *Hauptsache* flexibler Slot]

Wurscht, *Hauptsache* gewonnen

Egal, ob die Katze schwarz oder weiß ist, *Hauptsache* sie fängt Mäuse

Das Aussehen ist für ihn zweitrangig, *Hauptsache* sie akzeptiert seine glühende Leidenschaft für Bierdeckel

Die holistische Musterfunktion könnte man so umschreiben: ‚Unabhängig von der Bewertung eines vorgelagerten Sachverhalts A ist Sachverhalt B positiv zu bewerten'. Ein zweiter häufiger Strukturtyp sind Vorkommen mit *Hauptsache* am Satzanfang (ca. 35 Prozent des Gesamtvorkommens in W) (z.B. *Hauptsache, du bist gesund*). Hier wird ein anaphorischer Bezug zu einem im vorausgegangenen Satz ausgedrückten Sachverhalt hergestellt. Dies ändert jedoch nichts an der Musterfunktion.[10]

Die Beispiele (1) und (2) verdeutlichen, dass auch okkasionelle oder gar irrwitzig scheinende Äußerungen auf kognitiven Musterprägungen basieren, und dies ganz unabhängig von der individuellen mentalen Verfassung eines Sprechers.

Das Beispiel (3) zugrunde liegende Muster [*Andere* X, *andere* Y] gehört zu den so genannten ‚Spruchmustern', auf die wir nun näher eingehen.

---

9 Die Abkürzung W steht für das DₑRₑKₒ-Archiv W.

10 Der dritte Verwendungstyp *in der Hauptsache* (15%) ist eine textsortengebundene UWV (juristischer Terminus).

3.2 Spruchmuster

Unser Interesse für lexikalisierte Sätze resultiert aus der Arbeit im EU-Projekt „Sprichwort. Eine multilinguale Internetplattform für das Sprachenlernen" (vgl. SWP; Steyer (Hg.) 2012).[11] In diesem Kontext haben wir 2.000 Sprichwörter (SW) aus Wörterbüchern und DaF-Lehrwerken mit Hilfe einer iterativen und sehr komplexen Suchheuristik in DEREKO überprüft,[12] wobei sich das Kriterium der Satzwertigkeit im Sinne von Lüger (siehe oben) für diese Zwecke gut operationalisieren ließ. Zwei Beispiele sollen dies illustrieren: Für den SW-Kandidaten *Niemand ist unersetzlich* konnte anhand der Korpusbelege eine lexikalisierte Satzwertigkeit nachgewiesen werden:

(7)   NUZ10 Für die Partei wäre es eine Zäsur. *„Niemand ist unersetzlich"*
        RHZ01 sagt Wilfried Pauly augenzwinkernd: *„Niemand ist unersetzlich, warum sollte ich es also sein?"*
        NUN15 *Niemand ist unersetzlich.* Wir haben prima andere Rennen

Der SW-Kandidat *Niemand ist ohne Fehl und Tadel* kann dagegen nicht als fester Satz angesehen werden:

(8)   F95 Wer ohne *Fehl und Tadel* ist, der werfe den ersten Stein
        N92 löste diese Aufgabe ohne *Fehl und Tadel*
        O94 die Musik ist *ohne Fehl und Tadel*
        M98 selbst Heilige sind nicht frei von *Fehl und Tadel*

Die Zwillingsformel *Fehl und Tadel* (W: 2.243 V) ist zwar hochgradig usuell (fast immer mit der Präposition *ohne*), aber nur sechsmal mit *niemand*. Keines dieser Vorkommen weist jedoch eine lexikalisierte Satzstruktur auf. Damit ist *Niemand ist ohne Fehl und Tadel* kein fest geprägter Satz.

Unsere Korpuserhebung hat gezeigt, dass Sprecher wenig bis gar nicht zwischen Sprichwort, geflügeltem Wort, Slogan und dergleichen unterscheiden, dass sie sehr wohl aber ein ausgeprägtes Bewusstsein von festen Sätzen und ihren Funktionen haben. Wenn sprachliche Einheiten beispielsweise als Sprichwort gekennzeichnet werden, dann realisieren diese Ausdrücke zumeist auch die typischen

---

11 Der von uns erarbeitete deutsche Wörterbuchteil wurde nach Abschluss des EU-Projekts als „Sprichwörterbuch" in OWID überführt und seither modular ausgebaut (vgl. SWB).

12 Ca. 900 waren belegt, davon ca. 500 in seriösen Frequenzbereichen (die häufigsten liegen bei 3.000 bis 4.000 Vorkommen und mehr).

Spruch-Funktionen in kondensierter Form wie das Vermitteln von Alltagsurteilen oder -erfahrungen bzw. Illokutionen wie Warnung, Mahnung, Aufforderung. Im Folgenden verwenden wir deshalb den Terminus ‚Spruch' als Oberbegriff (vgl. Fix 2007), und für lexikalisch partiell gefüllte Sprucheinheiten ‚Spruchmuster'.

In der traditionsreichen Parömiologie wurden Spruchmuster bereits vielfach diskutiert, etwa als ‚proverbial patterns', ‚proverb formula', ‚proverb frames', ‚Bauformen' oder ‚Denkschablonen' (vgl. z.B. Taylor 1934; Röhrich/Mieder 1977). Spruchmuster finden sich im OWID-Wörterbuch in großer Zahl, wie die folgenden Beispiele zeigen (in Klammern jeweils ein prototypisches Sprichwort):

(9)   [*Was* X, (*das*) Y] (*Was lange währt, wird gut*)
       [*Wenn* X, (*dann*) Y] (*Wenn es dem Esel zu wohl wird, geht er aufs Eis*)
       [*Wer* X, (*der*) Y] (*Wer sucht, der findet*)
       [*Wie* X, *so* Y] (*Wie der Vater, so der Sohn*)
       [*Wo* X *ist, ist* (*auch*) Y] (*Wo ein Wille ist, ist auch ein Weg*)
       [*Erst* X, *dann* Y] (*Erst die Arbeit, dann das Vergnügen*)
       [*Kein* X *ohne* Y] (*Kein Nachteil ohne Vorteil*)

Spruchmuster kann man auf verschiedenen Abstraktionsebenen ansiedeln, von Mustern, die durch die lexikalischen Komponenten stark aufgeladen werden und bei denen die Slots im Grunde kontextuelle Modifikationen desselben Spruchs darstellen wie *Übung macht den {Meister/Handballmeister/Champion/Virtuosen}*, bis hin zu relativ abstrakten Mustern, die von Strukturformeln gesteuert werden und dementsprechend ein breites Spektrum an Ausfüllungen bis in den nichtspruchhaften Bereich aufweisen. Dies diskutieren wir jetzt an den SW-Beispielen *Andere Länder, andere Sitten* [*Andere* X, *andere* Y] und *Besser spät als nie* [*Besser* X *als* Y].

3.3 Gebrauchsrestriktionen bei Spruchmustern

Das Spruchmuster [*Andere* X, *andere* Y] weist allein in W eine Frequenz von 5.283 auf[13] und lässt sich wie folgt paraphrasieren: ‚Wenn etwas vom Eigenen oder Geltenden abweicht, dann weicht auch das Dazugehörende ab'. Aufgrund dieser Bedeutung könnte man sich produktive Ausfüllungen jeglicher Art vorstellen, wie man auch an bestimmten Ad-hoc-Vorkommen sieht, z.B. *Andere Produkte, andere Preise* oder *Andere Ärzte, andere Diagnosen*. Die Füllertabelle zeigt danebenaber auch folgendes Bild:

---

13 Query: $andere /+w2:2 andere

Füller-Tabelle

Die Suchanfrage erfasst 2222 KWICs.

Füller zur Suchanfrage "Andere # andere #", Feld 3+5

901 unterschiedliche Füller

Lückenfüller	Anzahl	Prozentanteil	Kwics		Lückenfüller	Anzahl	Prozentanteil	Kwics
Länder ... Sitten	878	39,51	Kwics		Kultur ... Sitten	1	0,05	Kwics
Zeiten ... Sitten	79	3,56	Kwics		Kulturen ... Astro-Mythen	1	0,05	Kwics
Stimmen ... Räume	50	2,25	Kwics		Kulturen ... Essgewohnheiten	1	0,05	Kwics
Räume ... Träume	22	0,99	Kwics		Kulturen ... Fragen	1	0,05	Kwics
Völker ... Sitten	15	0,68	Kwics		Kulturen ... Gärten	1	0,05	Kwics
Länder ... Regeln	10	0,45	Kwics		Kulturen ... Gerüchte	1	0,05	Kwics
Städte ... Sitten	10	0,45	Kwics		Kulturen ... Kämpfe	1	0,05	Kwics
Länder ... Sorgen	8	0,36	Kwics		Kulturen ... Landschaften	1	0,05	Kwics
Länder ... Zeiten	8	0,36	Kwics					
Länder ... Gesetze	7	0,32	Kwics					
Länder ... Ideen	7	0,32	Kwics					
Länder ... Preise	7	0,32	Kwics					
Länder ... Spender	7	0,32	Kwics					
Länder ... Kulturen	6	0,27	Kwics					
Länder ... Küsse	6	0,27	Kwics					

Abb. 3: Automatisch erstellte Lückenfüllertabelle *Andere* X, *andere* Y (LEXPAN: Ausschnitt)

Es wird zum einen ersichtlich, dass das Sprichwort *Andere Länder, andere Sitten* mit knapp 40 Prozent die prototypische Realisierung ist und in knapp 60 Prozent eine Vielzahl anderer Realisierungen zu verzeichnen ist. Die überproportional häufige sprichwörtliche Realisierung ist kein Einzelfall, sondern kann für fast alle Spruchmuster beobachtet werden. Dies deutet ganz klar auf eine separate kognitive Verankerung von Sprichwörtern hin (siehe Abschn. 5). Aber auch bei den anderen Füllern liegt eine Präferenz vor: Ein Großteil der Füller referiert auf Konzepte wie NATIONALITÄT – KULTUR – VERHALTEN, was ebenso im Bereich der Füller untermauert wird, die nur einmal belegt und als Ad-hoc-Vorkommen anzusehen sind. Möglicherweise ist hier das Sprichwort prägend für das Muster; dem müsste man allerdings in musteretymologischen empirischen Untersuchungen nachgehen.

Das zweite Beispiel ist das Spruchmuster [*Besser* X *als* Y]. Bereits Seiler (1922, S. 191) sieht *besser – als* als häufigste Komparativformel des Deutschen an. Er nimmt u.a. die folgende Klassifikation typischer Füllungen vor, die wir ebenso im Korpus nachweisen konnten:

a) Substantive: ***Besser** Hammer **als** Amboss*;

b) Adjektive und Partizipien: ***Besser** arm in Ehren **als** reich in Schanden*;

c) Infinitive: ***Besser** betteln **als** stehlen*;

d) Sätze: ***Besser** es fresse mich ein Wolf **als** ein Schaf*

Die Slotanalyse ergibt ein breites Spektrum an Füllergruppen und Konzepten: In ca. 30 bis 35 Prozent realisieren die Füllungen ein temporales Konzept, die prototypische Realisierung (22 Prozent) ist ***Besser** spät **als** nie*. Andere temporale Verwendungen sind ***Besser** heute **als** morgen/jetzt **als** nie/früher **als** später* bzw. das SW ***Besser** ein Ende mit Schrecken **als** ein Schrecken ohne Ende*.

Die zweite signifikante Füllergruppe stellen Wortpaare dar wie die Folgenden:

(10)   **besser** *gemeinsam* **als** *einsam; aktiv* **als** *passiv*
         overdressed **als** *underdressed*
         besser *vorbeugen* **als** *heilen; verwerten* **als** *verbrennen*
         besser *Prävention* **als** *Repression; Minijobs* **als** *Schwarzarbeit*

Diese Wortpaare sind teilweise im echten Sinne antonymisch (wie *gemeinsam – einsam*), teilweise drücken sie aber nur stark diskurs-kontextabhängige Präferenzrelationen aus (wie *Minijob – Schwarzarbeit*).

Eine dritte Füllergruppe umfasst Syntagmen wie diese:

(11)   **Besser** *den Spatz in der Hand* **als** *die Taube auf dem Dach*
         Besser *ein Ende mit Schrecken* **als** *ein Schrecken ohne Ende*
         Besser *mehrere dünne Schichten übereinanderstreifen* **als** *wenige dicke*

Hier ist interessant, dass einerseits wieder Sprichwörter, andererseits aber auch nichtsprichwörtliche Feststellungen Instantiierungen darstellen. Sprecher bedienen sich des Spruchmusters, um eine Aussage gleichsam als Erfahrungserkenntnis zu positionieren wie beim Beispiel **Besser** *mehrere dünne Schichten übereinanderstreifen* **als** *wenige dicke*.

Die Realisierungen des [*Besser* X *als* Y]-Musters weisen einen unterschiedlichen Grad an semantischer Eigenständigkeit auf: Während Sätze wie *Besser vorbeugen als heilen* oder *Besser ein Ende mit Schrecken als ein Schrecken ohne Ende* tatsächlich allein als Erfahrungssätze stehen können, ist dies bei vielen anderen Beispielen nicht so eindeutig der Fall. *Besser früher als später* ist zwar semantisch noch relativ autonom, erfordert aber eine stärkere kontextuelle Anbindung (Was soll besser früher als später geschehen?).

Die folgenden beiden Beispiele illustrieren, wie sich der autonome Status ganz auflöst und in den Text verlagert:

(12)   <u>Bei den Azzurri stimmten bislang nur die Ergebnisse.</u> **Besser** *so* **als** *umgekehrt – siehe Spanien.* (DEREKO, Hamburger Morgenpost, 30.6.2006, S. 2)

(13)   „Über die Bezahlung rede ich nicht. <u>Aber ansonsten ist der Job ok. Es macht Spaß.</u> **Besser** *jedenfalls,* **als** *Papier und Müll von den Straßen zu sammeln, was andere Ein-Euro-Jobber tun müssen [...]"* (DEREKO, Nordkurier, 11.5.2010)

Hier ist die Präferenzrelation eines Sachverhalts gegenüber einem anderen nicht mehr allein in den elliptischen Besser-als-*Sätzen* inkorporiert, sondern wird wiederum erst durch die Referenz auf eine Proposition im Satz davor hergestellt. Trotz dieses graduellen autonomen Status der Realisierungen lässt sich aber mit Permjakov eine gemeinsame abstrakte Musterbedeutung für alle Realisierungen formulieren:

> Wenn eine Sache eine bestimmte Eigenschaft hat, und eine andere Sache hat eine andere Eigenschaft oder dieselbe zu einem unterschiedlichen Grad, so ist eine der Sachen der anderen vorzuziehen. (Permjakov 2000, S. 75)
> [Gruppe 22: Qualitative Überlegenheit ↔ Unterlegenheit von Sachen]

Neben dieser abstrakten Bedeutung kann man diesem Muster in vielen Fällen eine zusätzliche – graduelle – Konnotation zuschreiben: ‚X ist ZWAR AUCH NICHT perfekt, ABER IMMER NOCH positiver als Y'. Die holistischen Musterfunktionen sind immer Absicherung, Rat oder Mahnung.

3.4 (Folgenlose) Spruchtransformationen

Das dritte Beispiel beruht auf dem Satz *Wer zu spät kommt, den bestraft das Leben*, der zu einem neuen deutschen Sprichwort geworden ist. Über den Prozess der Ersetzung des eigentlich am 6.10.1989 in damaligen Ostberlin von Michail Gorbatschow geäußerten Satzes *Gefahren warten nur auf jene, die nicht auf das Leben reagieren*, ist viel geschrieben worden (z.B. Mieder 2010). Aber um diese Genese geht es hier nicht. In unserem Argumentationszusammenhang ist interessant, dass die lexikalische Komplettersetzung (bis auf das Wort *Leben*) an dem Konsequenz-Topos (vgl. dazu Wirrer 2007) und an der abstrakten Bedeutung nichts geändert hat: ‚WENN jemand etwas Bestimmtes tut/unterlässt, DANN hat das für ihn negative Folgen'. Bei der Ersetzung des ursprünglichen Satzes wurde die klassische *Wer-der*-Struktur aktualisiert,[14] die dann wiederum das Weiterleben dieses Spruchs und die neuerliche Musterbildung ermöglicht hat. Interessant ist nun der Verweis Mieders auf das Sprichwörter-Lexikon von Friedrich Wilhelm Wander (Hg.) (1876), der bereits einige *Wer zu spät kommt*-Sätze auflistet (Sp. 667):

---

14 Eine prototypische SW-Realisierung ist z.B. **Wer** *rastet,* **der** *rostet*. Auch hier kann man das Kontinuum bis in den nichtsprichwörtlichen Bereich verfolgen bei Vorkommen wie: **Wer** *nicht hundertprozentig bei der Sache ist,* (**der**) *baut den Gegner auf.*

53 Wer spät kommt, dem bleiben die Knochen.
Dän.: Forsømmelse tager hvad hende bydes, og rekker
efter meere. *(Prov. dan.,* 184.)
54 Wer spät kommt, der kommt auch.
55 Wer spät kommt, der wohnt schlecht.
It.: Chi tardi arriva, mal alloggia. *(Pazzaglia,* 369, 1.)
56 Wer spat kompt, der sitze hinder der Thür.
— *Lehmann, II,* 852, 340; *Suringar,* CLXXXIII, 6;
Körte, 5970.
It.: Chi tarde arriva, male alloggia.
Lat.: Sero venientes male sedentes.
Schwed.: Den sist kommer, får sämsts säte. *(Marin,* 8.)
57 Wer spat komt gesessen, der muss vbel essen.
— *Henisch,* 1558, 69; *Suringar,* CXVIII, 2.
Dän.: Hvo til gilde kommer silde, han skal sidde ilde, og
æde ilde. *(Prov. dan.,* 231.)
58 Wer zu spät kommt, esse mit den Gemalten
an der Wand. — *Körte,* 5623; *Simrock,* 9664; *Su-*
ringar, 78, 2.
59 Wer zu spät kommt, findet leere Schüsseln.
Holl.: Die te laat komt, vindt den schotel omgekeerd.
(Harrebomée, II, 260ᵃ.)
60 Wer zu spät kommt, hat das Nachessen (Nach-
sehen). — *Eiselein,* 482; *Simrock,* 7270; *Braun, I,* 2870.

Abb. 4: Auszug aus dem Artikel „Spät" des Deutschen Sprichwörter-Lexikons

Nun ist nicht davon auszugehen, dass die Reformulierer den Spruch in den Wir-
ren jener Wende-Tage 1989 im Wander nachgeschlagen haben. Aber augenscheinlich gibt es unterschiedliche kognitiv verfestigte Inventare, derer Sprecher sich
bewusst oder unbewusst je nach kommunikativer Aufgabe bedienen: In unserem
Fall des *Wer-der*-Musters und des Konzepts des Zu-Spät-Kommens als Mahnung,
etwas zu verpassen und negative Folgen zu erleiden.

In Abschnitt 4 wollen wir abschließend zeigen, inwieweit diese Muster-Mecha-
nismen auch bei einem Wortbildungstyp, den Phrasenkomposita, greifen.

4 Feste Sätze in Phrasenkomposita

Wortverbindungen können nicht nur Lexemstatus haben, sondern innerhalb komplexer morphologischer Strukturen wiederum selbst zur Lexembildung und Mus-
terkonstitution beitragen: Sie sind als „frozen syntactic fragments" (Toman 1985,
S. 411) in Phrasenkomposita (PKs) wie *Die-Zukunft-kann-mich-mal-Handy* (siehe
Abb. 5) integrierbar:

Abb. 5: Beschreibung des Nokia 150 (www.spiegel.de/netzwelt/gadgets/nokia-150-im-test-das-die-zukunft-kann-mich-mal-handy-a-1133990.html)

4.1 Was sind Phrasenkomposita?

Bei PKs handelt es sich um Komposita, deren „Erstglied bzw. [...] Bestimmungs-wort keine lexikalische Kategorie, sondern eine phrasale Komponente [...]" ist (Lawrenz 2006, S. 7), d.h. eine syntaktische Phrase oder ein Satz (vgl. u.a. Hein 2015, 2017; Meibauer 2003; Trips 2016). Anhand einer Bildung wie *„Geiz ist geil"-Parole* lässt sich exemplarisch illustrieren, dass PKs prinzipiell genauso funktionieren wie prototypische Determinativkomposita (z.B. *Baumhaus*): Die Bildung ist in zwei Unmittelbare Konstituenten zerlegbar, zwischen denen ein hierarchisches Verhältnis (grammatische und semantische Dominanz des Zweit-glieds) besteht: [„*Geiz ist geil"*]$_{Erstglied}$-[*Parole*]$_{Zweitglied}$.

4.2 Perspektiven auf sprachliche Verfestigung

Die Spielarten sprachlicher Verfestigung, die sich in PKs manifestieren, lassen sich aus unterschiedlichen Perspektiven betrachten.

Zum einen kann die Phrasenkomposition – wie in der konstruktionsgrammatisch ausgerichteten Modellierung in Hein (2015) – ausgehend von den Eigenschaften der Grundwörter durch die Annahme von Konstruktionen auf unterschiedlichen Abstraktionsebenen *bottom up* systematisiert werden.[15]

Zum anderen lassen sich PKs ausgehend von den Wortverbindungen (WV) in Erstgliedposition als Fall sprachlicher Verfestigung betrachten und in das UWV-Modell integrieren. Unter Einnahme dieser Perspektive steht im Folgenden die Frage im Mittelpunkt, welche Funktion satzwertige Einheiten wie *Geiz ist geil* in PKs wie „*Geiz ist geil*"-*Parole*[16] haben. Die Datenbasis bildet das auf DEREKO basierende PK-Korpus aus Hein (2015), das insgesamt 1.576 substantivische PK-Types umfasst. Die Subgruppe der PKs mit satzwertigem Erstglied macht ca. 22 Prozent dieses Untersuchungskorpus aus; sie weist gegenüber den PKs mit satzgliedwertigem Erstglied (78 Prozent des Untersuchungskorpus, z.B. *5-Tage-Woche*, *Heile-Welt-Gerede*) einen erhöhten Expressivitätsgrad auf.[17]

4.3 Typen von festen Sätzen

Im Folgenden wird exemplarisch aufgezeigt, dass sich innerhalb der satzwertigen PK-Erstglieder das gesamte Kontinuum zwischen lexikalisierten WVs und Realisierungen abstrakter WV-Muster manifestiert, das wir im Rahmen unseres UWV-Modells rekonstruiert haben.

---

15 Vgl. Hein (2015) für eine ausführliche empirische Untersuchung (u.a. Untersuchungskorpus, Analysekategorien) und eine theoretische Modellierung der Phrasenkomposition im Rahmen der Konstruktionsgrammatik.

16 Alle PK-Beispiele stammen aus Hein (2015) und werden in ihrer Originalschreibung aus DEREKO wiedergegeben (z.B. Gebrauch von Bindestrichen, Art und Position der Anführungszeichen).

17 Dies wird auch durch den Vergleich der Type-Token-Relation untermauert: Der TTR-Wert der Gruppe der PKs mit satzwertigem Erstglied (0,77) ist deutlich höher als der TTR-Wert der Gruppe der PKs mit satzgliedwertigem Erstglied (0,08). Dies deutet auf eine hohe Anzahl von Hapaxen/ Ad-hoc-Bildungen innerhalb der hier fokussierten Subgruppe hin.

Satzwertigkeit wird in den phrasalen Erstgliedern formal durch ganz unterschiedliche Typen, d.h. durch WVs unterschiedlichen syntaktischen Komplexitätsgrades, realisiert:[18]

(14) **Vollsätze**
 - *„Wir sitzen alle in einem Boot"-Gerede*
 - *„Jetzt geht's los"-Motto*

(15) **Elliptische Sätze**
 - *Schwach-wie-Flasche-leer-Rede*
 - *„Jetzt erst recht!'-Parole*

(16) **Elliptische Satzschemata**[19]
 - *Sowohl-als-auch-Verhalten*
 - *Einerseits-andererseits-Geschwafel*

(17) **Syntaktische Phrasen**
 („selbstständige Phrasenstrukturen', vgl. Finkbeiner 2008)
 - *„Freie Fahrt"-Ruf*
 - *„Ab in den Süden"-Motto*[20]

4.3.1 Lexikalisierte satzwertige Wortverbindungen

In Erstgliedposition von PKs finden sich zahlreiche lexikalisierte Spruch-WVs. Die Übergänge zwischen einzelnen Spruchtextsorten wie z.B. Slogan oder Sprichwort sowie die Bewusstheit der Autorschaft sind hier – wie an anderer Stelle schon als Charakteristikum von UWV herausgestellt – oft fließend.

Um klassische Sprichwörter handelt es sich bei den PK-Erstgliedern des Untersuchungskorpus interessanterweise nur sehr selten (18). Häufig vertreten sind vielmehr zahlreiche WVs aus dem Übergangsbereich zwischen Sprichwort und Slogan (19–20):

---

18 Auch in Bezug auf die Grundwörter, die durch satzwertige PK-Erstglieder bevorzugt modifiziert werden, lassen sich Tendenzen erkennen (z.B. Grundwörter wie *Motto*, die einen Standpunkt wiedergeben), eine gezielte empirische Überprüfung steht jedoch noch aus.
19 Diese Bildungen sind insofern ‚schematisch', als sie nur paarige Konnektoren enthalten, aber keine zu verknüpfenden Inhalte (vgl. strukturelle Phraseologismen, Burger 2015).
20 Das Erstglied *Ab in den Süden* zeigt, inwiefern der expressivere Subtyp der Phasenkomposition auch spezifische kommunikative Funktionen (hier: appellativ, direktiver Sprechakt) übernehmen kann.

(18) *Wo-gehobelt-wird-fallen-Späne*-Aspekt
      *Tatsächlich ist das Interessanteste und gleichzeitig Bedrückendste an diesem
      Brief aber gar nicht der* **Wo-gehobelt-wird-fallen-Späne-Aspekt** *seines
      Arguments für den Amoklauf* (DeReKo, die tageszeitung, 22.11.2006, S. 13)

(19) *Weniger-ist-mehr*-Motto; *„Less is more"*-Credo

(20) *Geiz-ist-geil*-{*Verhalten/Parole/Devise/Aspekt/Motto*}

Das Erstglied *Geiz-ist-geil* (20) tritt musterhaft im Untersuchungskorpus auf; seine
beobachtbare Kombinierbarkeit mit verschiedenen substantivischen Grundwör-
tern lässt sich wiederum *bottom up* durch die Ansetzung eines abstrakten Musters beschreiben: [*Geiz-ist-geil*-X]. Ursprünglich als erfolgreicher Werbeslogan der
Elektronikkette Saturn geprägt, lässt sich für diesen Spruch mittlerweile eine
abstraktere, d.h. breitere Verwendung – und somit die Entwicklung in Richtung
Sprichwort – konstatieren.[21]
    Ein weiterer verbreiteter Erstgliedtyp sind außerdem Sprüche aus dem Bereich
Politik, bei denen die Autorschaft noch sehr präsent ist, vgl. z.B. das berühmte
Zitat Martin Luther Kings in (21):

(21) *„I have a dream"*-Rede

(22) *„Ich bin ein Berliner-Rede"*

(23) *„The Medium is the message"*-Gerede

(24) *‚America-first'*-Credo

Bei der Erstgliedbildung von PKs vermehrt genutzt werden außerdem Zitate aus
dem Bereich Sport. Dies wird im Folgenden (25–27) exemplarisch durch den Rückgriff auf diverse PKs rund um Giovanni Trapattonis legendäre Rede auf einer
Pressekonferenz im Jahr 1998 illustriert. Diese Erstglieder sind auch insofern
interessant, als es sich durchweg um grammatisch nicht wohlgeformte Syntagmen handelt – ihrer Integration in ein Wortbildungsprodukt steht dies aber offenbar nicht im Weg.

(25) *»Was-erlauben-Strunz«*-Rede

(26) *Schwach-wie-Flasche-leer*-Rede

---

21 Die abstrakte Bedeutung von *Geiz ist geil* wird in unserem OWID-Sprichwörterbuch wie folgt
beschrieben: „Sagt man dafür, dass es positiv ist und Freude macht, möglichst wenig Kosten für
etwas aufzuwenden" (www.owid.de/artikel/404075; vgl. Steyer/Polajnar 2014).

(27)   *Ich-habe-fertig-Rede: Oder der FC Bayern München ohne die tragikomischen Inszenierungen seines Personals, das dem Fußball-Branchenführer einst den Beinamen FC Hollywood eingebracht hat? Man denke nur an die legendäre* **Ich-habe-fertig-Rede** *des Fußball-Maestros Giovanni Trapattoni [...].* (DEREKO, Frankfurter Allgemeine, 7.7.1999)

4.3.2 Stereotype

Neben diesen lexikalisierten WVs ist ein Erstglied-Typ identifizierbar (28), der zwar an der sprachlichen Oberfläche nicht oder nicht zwingend verfestigt ist, dem aber bestimmte konzeptuelle Muster bzw. Stereotype zugrunde liegen. Die Auflösung von Gesamtkomplexen mit solchen WVs ist dementsprechend nicht ohne den Einbezug von Weltwissen möglich.

(28)   *„Der tut nichts"-Hund*
Bekannte mußten vor wenigen Tagen ihren sechs Jahre alten Dackel einschläfern lassen. Der ist beim Spazierengehen von solch einem **„Der tut nichts"-Hund** *gebissen worden.* (DEREKO, Rhein-Zeitung, 4.12.1998)

Das – auch strukturell verfestigte – Erstglied in *„Der tut nichts"-Hund* evoziert eine bestimmte Szene: Es handelt sich um eine typische Aussage von Hundebesitzern, wenn ihr Hund außer Kontrolle geraten ist und umstehende Passanten davon überzeugt werden sollen, dass keine Gefahr von dem freilaufenden Hund ausgeht.
In (29) und (30) sind weitere Beispiele für PKs angegeben, in denen mit solchen Stereotypen gespielt wird. Versprachlicht werden Letztere durch die Integration von „original or fictional quotation" (Finkbeiner/Meibauer 2016, S. 39; vgl. auch Pascual/Królak/Janssen 2013).

(29)   *„die Gabi fand das aber gar nicht schön"-Softie*

(30)   *„Wir-haben-alles-besser-gemacht"-Geplapper*

Solche PKs haben eine stark kondensierende Funktion; sie spielen indirekt auf stereotype, charakteristische Eigenschaften eines Personentypus und dessen klischeehaften Verhaltensweisen an.[22]

---

22 In (29) wird der spezifizierte Personentypus direkt im Grundwort genannt (,Softie'), während in (30) durch die Beschreibung typischer Argumentationsstrategien (,Geplapper') eine indirekte Spezifizierung des Personentypus ,Politiker' vorgenommen wird.

Entsprechende WVs werden auch genutzt, um konkrete Personen (also nicht nur Personen-Typen) indirekt, aber markant zu umschreiben – ein Paradebeispiel im Untersuchungskorpus sind PK-Bildungen rund um Franz Beckenbauer (31–33):

(31)   *Ich-kann-Golf-und-Schi-und-Wandern-und-bin-schöner-als-die-andern-Franz*

(32)   *Ich-kanns-Franz*

(33)   *Wo-ich-bin-ist-vorne-Franz*

Die Funktion der Zitate im Erstglied ist mit der Funktion vergleichbar, die die eingeschobenen Zitate in so genannten ‚komplexen Personennamen-Konstruktionen' (*middle-name constructions*) vom Typ [N „CP" N] übernehmen (Finkbeiner/Meibauer 2016), beispielsweise *Boris „Ich bin drin" Becker* oder *Oliver „Ich will den Erfolg sofort" Kahn.*

4.3.3 Satzwertige WV-Muster

Neben lexikalisierten WVs und konzeptuellen Mustern handelt es sich bei vielen Erstgliedern zugleich auch um lexikalische Realisierungen abstrakter (satzwertiger) WV-Muster. Zwei Prämissen sind in diesem Zusammenhang zentral: Erstens ist der Musterstatus primär extern begründet, d.h. er hängt nicht davon ab, wie usuell ein bestimmtes Muster für die Phrasenkomposition ist. Zweitens werden WV-Muster in PKs – wie im Folgenden noch ersichtlich wird – in ganz unterschiedlichem Maße realisiert.

Zunächst zu einem Muster, das bei der Erstglied-Bildung von PKs sehr frequent ist und somit auch durch die Phrasenkomposition selbst konstituiert wird:

(34)   [X {*oder/und/statt*} Y]

Bei den Instantiierungen dieses Musters handelt es sich um ‚phraseologische Wortpaare' (vgl. Fleischer 1997) bzw. ‚Paarformeln', d.h. um Verbindungen von „zwei Wörter[n] der gleichen Wortart oder auch zweimal dasselbe Wort [...]" (Burger 2015, S. 55). Diese Wortpaare werden im Untersuchungskorpus entweder implizit oder explizit, d.h. mit Hilfe von Konjunktionen (*und, oder, statt*), verknüpft:

(35)   *Friß-**oder**-stirb-Rede; „Zu mir oder zu dir"-Gequatsche; Alles-oder-Nichts-Devise*

(36)   *Ora-**et**-labora-Woche; Raus-und-Weg-Bedürfnis; Pleiten-Pech-und-Pannen-Woche*

(37)   *„Freiheit **statt** Sozialismus"-Parole; Versöhnen-statt-spalten-Rede; Kinder-statt-Inder-Parole*

(38)   *Veni-Vidi-Vici-Devise; Friede-Freude-Eierkuchen-Parole*[23]

Aber auch in Fällen, die innerhalb der PKs nicht produktiv sind, kommt Muster-haftigkeit ins Spiel: Das abstrakte WV-Muster in (39) wird in Erstgliedposition nur mit einer geringen Frequenz realisiert (*„Ab in den Süden"-Motto*). Seine Muster-haftigkeit ist extern begründet, d.h. sie konstituiert sich durch seine frequente Realisierung außerhalb morphologischer Strukturen:

(39)   [*Ab in* ART SUBST]

In der Forschungsliteratur wurde das Muster [*Ab in* ART SUBST] (außerhalb von PKs) bereits als produktive ‚Adv-PP-Direktiv-Konstruktion' erfasst (mit Realisie-rungen wie *Ab durch die Mitte* (Finkbeiner 2008) oder *Raus aus meinem Haus!* (Jacobs 2008)). Zudem ist die extern begründete Musterhaftigkeit auch in DEREKO nachweisbar; besonders frequente Realisierungen sind etwa *Ab in {den Urlaub/ den Süden/die Wüste/die Ferien/...}*.

5 Resümee

Wir konnten anhand sprachlicher Spuren in Massendaten zeigen, dass Sprecher auf unterschiedliche Inventare verfestigter lexikalischer Mehrworteinheiten und lexikalisch geprägter Muster zurückgreifen, und zwar:
a)   verfestigte Wortverbindungen (z.B. *Geiz-ist-geil-X*),
b)   teilspezifizierte Muster (z.B. [*Andere X, andere Y*]),
c)   eher abstrakte Strukturmuster (z.B. [*Wer X, der Y*]).

Die Entscheidung, welches Inventar in welchen Teilstrukturen mit welchen Fül-lungen zu aktivieren ist, ist abhängig vom kommunikativen Ziel. In der Regel haben wir es mit Mehrfacheinträgen im Lexikon zu tun, als verfestigte lexikali-sche Exemplare und als Musterrealisierungen. Die LGM-Slots werden am oberen

---

[23] Zur Diskussion des Phrasenstatus solcher implizit verknüpfter Wortpaare vgl. Hein (2015, S. 194 f.).

Pol der Häufigkeitsskala häufig durch prototypische Füller besetzt (bei Spruchmustern z.b. Sprichwörter), aber auch Ad-hoc-Bildungen folgen in systematischer
Weise diesen Vorprägungen. Sowohl bei Spruchmustern als auch in PKs mit satzwertigem Erstglied liegt ein Kontinuum vor, von stark lexikalisierten, autonomen
UWV, die für sich genommen auch kontextfrei funktionieren, bis hin zu Einheiten, die nur durch die textuelle Einbettung decodiert werden können.

Eine systematische Untersuchung solcher Musterbildungen kann nicht nur
für die Erhellung kognitiver Mechanismen sprachlicher Verfestigung gewinnbringend sein, sondern eröffnet auch Perspektiven für eine neuartige Musterlexi-
kografie und -didaktik. Diese basiert auf der grundlegenden Unterscheidung
zwischen lexikalisierten Wortverbindungen, die man aufgrund ihres Verfesti-
gungsgrads quasi wie Vokabeln lernen muss, und lexikalisch geprägten Mustern,
bei denen man die Bildung verstehen muss.

Internetquellen

Institut für Deutsche Sprache (2017): Deutsches Referenzkorpus/Archiv der Korpora
    geschriebener Gegenwartssprache 2017-II (Release vom 1.10.2017). Mannheim. Internet:
    www.ids-mannheim.de/DeReKo (Stand: 24.10.2017).
LEXPAN: Lexical Pattern Analyzer (Version 2017-04-13). Ein Analysewerkzeug zur Untersuchung
    syntagmatischer Strukturen auf der Basis von Korpusdaten. Entwickelt vom Projekt
    „Usuelle Wortverbindungen", Institut für Deutsche Sprache, Mannheim. Internet: www1.
    ids-mannheim.de/lexik/uwv/lexpan.html (Stand: 15.7.2017).
SWB: Sprichwörterbuch in OWID. Internet: www.owid.de/wb/sprw/start.html (Stand:
    24.10.2017).
SWP: EU-Sprichwortplattform. Internet: www.sprichwort-plattform.org (Stand: 24.10.2017).

Literatur

Ágel, Vilmos (2004): Phraseologismus als (valenz)syntaktischer Normalfall. In: Steyer, Kathrin
    (Hg.): Wortverbindungen – mehr oder weniger fest. (= Jahrbuch des Instituts für Deutsche
    Sprache 2003). Berlin/New York, S. 65–86.
Belica, Cyril (1995): Statistische Kollokationsanalyse und Clustering. Korpuslinguistische
    Analysemethode. Mannheim.
Bubenhofer, Noah (2009): Sprachgebrauchsmuster. Korpuslinguistik als Methode der Diskurs-
    und Kulturanalyse. (= Sprache und Wissen 4). Berlin u.a.
Burger, Harald (2015): Phraseologie. Eine Einführung am Beispiel des Deutschen. 5., neu bearb.
    Aufl. Berlin.
Burger, Harald/Buhofer, Annelies/Sialm, Ambros (Hg.) (1982): Handbuch der Phraseologie.
    Berlin u.a.

Burger, Harald et al. (Hg.) (2007): Phraseologie. Ein internationales Handbuch der zeitgenössischen Forschung. Bd. 1. (= Handbücher zur Sprach- und Kommunikationswissenschaft 28.1). Berlin u.a.

Dobrovol'skij, Dmitrij (2011): Phraseologie und Konstruktionsgrammatik. In: Lasch/Ziem (Hg.), S. 111–130.

Dürscheid, Christa/Schneider, Jan Georg (2015): Handbuch Satz, Äußerung, Schema. (= Handbücher Sprachwissen 4). Berlin/Boston.

Feilke, Helmuth (1996): Sprache als soziale Gestalt. Ausdruck, Prägung und die Ordnung der sprachlichen Typik. Frankfurt a.M.

Fleischer, Wolfgang (1997): Phraseologie der deutschen Gegenwartssprache. 2., durchges. u. erg. Aufl. Tübingen.

Finkbeiner, Rita (2008): Idiomatische Sätze im Deutschen. Syntaktische, semantische und pragmatische Studien und Untersuchung ihrer Produktivität. Stockholm.

Finkbeiner, Rita/Meibauer, Jörg (2016): Boris ‚Ich bin drin' Becker (‚Boris I am in Becker'). Syntax, semantics and pragmatics of a special naming construction". In: Lingua 181, S. 36–57.

Fix, Ulla (2007): Der Spruch – Slogans und andere Spruchtextsorten. In: Burger et al. (Hg.), S. 459–468.

Hanks, Patrick (2013): Lexical analysis. Norms and exploitations. Cambridge, MA.

Hein, Katrin (2015): Phrasenkomposita im Deutschen. Empirische Untersuchung und konstruktionsgrammatische Modellierung. (= Studien zur Deutschen Sprache 67). Tübingen.

Hein, Katrin (2017): Modeling the properties of German phrasal compounds within a usage-based constructional approach. In: Trips, Carola/Kornfilt, Jaklin (Hg.): Further investigations into the nature of phrasal compounding. Berlin, S. 119–148.

Jacobs, Joachim (2008): Wozu Konstruktionen? In: Linguistische Berichte 213, S. 3–44.

Lasch, Alexander/Ziem, Alexander (Hg.) (2011): Konstruktionsgrammatik III. Aktuelle Fragen und Lösungsansätze. (= Stauffenburg Linguistik 58). Tübingen.

Lawrenz, Birgit (2006): Moderne deutsche Wortbildung. Phrasale Wortbildung im Deutschen. Linguistische Untersuchung und sprachdidaktische Behandlung. (= Schriftenreihe Philologia 91). Hamburg.

Lüger, Heinz-Helmut (1999): Satzwertige Phraseologismen. Eine pragmalinguistische Untersuchung. Wien.

Meibauer, Jörg (2003): Phrasenkomposita zwischen Wortsyntax und Lexikon. In: Zeitschrift für Sprachwissenschaft 22, 2, S. 153–188.

Mieder, Wolfgang (2010): „Spruchschlösser (ab)bauen". Sprichwörter, Antisprichwörter und Lehnsprichwörter in Literatur und Medien. Wien.

Pascual, Esther/Królak, Emilia/Janssen, Theo A.J.M. (2013): Direct speech compounds: Evoking socio-cultural scenarios through fictive interaction. In: Cognitive Linguistics 24, 2, S. 345–366.

Permjakov, Gregorij L. (2000): Die Grammatik der sprichwörtlichen Weisheit. In: Grzybek, Peter (Hg.): Die Grammatik der sprichwörtlichen Weisheit von G.L. Permjakov. Mit einer Analyse allgemein bekannter deutscher Sprichwörter. (= Phraseologie und Parömiologie 4). Baltmannsweiler, S. 43–104.

Röhrich, Lutz/Mieder, Wolfgang (1977): Sprichwort. (= Sammlung Metzler 154). Stuttgart.

Schmid, Hans-Jörg (2014): Lexico-grammatical patterns, pragmatic associations and discourse frequency. In: Herbst, Thomas/Schmid, Hans-Jörg/Faulhaber, Susen (Hg.): Constructions, collocations, patterns. (= Trends in Linguistics. Studies and Monographs 282). Berlin/Boston, S. 239–293.

Seiler, Friedrich (1922): Deutsche Sprichwörterkunde. (= Handbuch des deutschen Unterrichts an höheren Schulen 4/3). München.

Sinclair, John (1991): Corpus, concordance, collocation. Oxford.

Steyer, Kathrin (2000): Usuelle Wortverbindungen des Deutschen. Linguistisches Konzept und lexikografische Möglichkeiten. In: Deutsche Sprache 28, S. 101–125.

Steyer, Kathrin (Hg.) (2012): Sprichwörter multilingual. Theoretische, empirische und angewandte Aspekte der modernen Parömiologie. (= Studien zur Deutschen Sprache 60). Tübingen.

Steyer, Kathrin (2013): Usuelle Wortverbindungen. Zentrale Muster des Sprachgebrauchs aus korpusanalytischer Sicht. (= Studien zur Deutschen Sprache 65). Tübingen.

Steyer, Kathrin (Hg.) (i.Vorb.): Sprachliche Verfestigung. Wortverbindungen, Muster, Phrasem-konstruktionen. (= Studien zur Deutschen Sprache 79). Tübingen.

Steyer, Kathrin (i.Vorb.): Lexikalisch geprägte Muster – Modell, Methoden und Formen der Onlinepräsentation. In: Steyer (Hg.) (i.Vorb.).

Steyer, Kathrin/Polajnar, Janja (2014): Werbesloagans. Modul des Sprichwörterbuchs in OWID. Internet: http://owid.de/wb/sprw/start.html (Stand: 9.11.2017).

Taylor, Archer (1934): Problems in the study of proverbs. In: Journal of American Folklore 47, 183, S. 1–21.

Toman, Jindřich (1985): A discussion of coordination and word syntax. In: Toman, Jindřich (Hg.): Studies in German grammar. Dordrecht u.a., S. 407–432.

Trips, Carola (2016): An analysis of phrasal compounds in the model of parallel architecture. In: ten Hacken, Pius (Hg.): The semantics of compounding. Cambridge, S. 153–177.

Wander, Karl Friedrich Wilhelm (Hg.) (1867): Deutsches Sprichwörter-Lexikon. Ein Hausschatz für das deutsche Volk. Bd. 4. Leipzig.

Wirrer, Jan (2007): Phraseme in der Argumentation. In: Burger et al. (Hg.), S. 175–187.

Kognition und Semantik

Petra Schulz (Frankfurt a.M.)

Zur Semantik von Verben im Spracherwerb[1]

Abstract: Nomen werden vermeintlich früher erworben als Verben, da sie dem *Noun Bias* zufolge konzeptuell einfacher sind. In Studien zum frühen Wortschatzerwerb spielen Verben folglich häufig keine prominente Rolle. Am Beispiel des Deutschen zeigt dieser Beitrag auf, wie sich die Verbbedeutung entwickelt. Dem hier vertretenen Ansatz des *Event Structural Bootstrapping* zufolge erschließen Kinder sich die Verbbedeutung durch eine Fokussierung auf den Endzustand. Daher spielen telische Verben für den frühen Spracherwerb eine zentrale Rolle. Ergebnisse aus verschiedenen Spracherwerbsstudien zur Produktion und zur Interpretation von Verben bestätigen, dass deutschsprachige Kinder eine klare *Endzustandsorientierung* zeigen. Dass Verben und deren Semantik früher erworben werden als bis dato angenommen, spricht gleichzeitig gegen einen starken *Noun Bias*.

1 Verben im frühen Spracherwerb

Vertraut man typischen Bildwörterbüchern wie „Meine allerersten Wörter", dann gehören zu den ersten Wörtern, die Kinder erwerben, ausschließlich Nomen wie *Apfel*, *Ente*, *Schnuller* oder auch *Kipplader*. Verben kommen in diesen Büchern nicht vor. Die damit verbundene Alltagsüberzeugung, dass Nomen eher als Verben erworben werden, hat auch in der Linguistik und insbesondere in der Spracherwerbsforschung viele Anhänger. Der privilegierte Status der Nomen gegenüber Verben wird häufig als *Noun Bias* bezeichnet – ein Ansatz, der wesentlich auf Dedre Gentner zurückgeht, die folgende zwei Grundannahmen als Kern ihrer *Natural Partition Hypothesis* formuliert:

> (i) The linguistic distinction between nouns and predicate terms, such as verbs and prepositions, is based on a preexisting perceptual-conceptual distinction between concrete concepts such as persons or things and predicative concepts of activity, change-of-state, or causal relations;
> (ii) the category corresponding to nouns is, at its core, conceptually simpler or more basic than those corresponding to verbs and other predicates. (Gentner 1982, S. 301)

---

1 Die diesem Beitrag zugrundeliegende Forschung wurde durch die DFG (SFB 471; FOR 381, PI: Z. Penner) sowie durch die LOEWE-Initiative der Hessischen Landesregierung (IDeA Zentrum, Projekt MILA, PI: P. Schulz) gefördert. Mein Dank geht an die teilnehmenden Kinder und deren Eltern sowie an die beteiligten Institutionen für die Unterstützung. Den Teilnehmer/innen der IDS-Jahrestagung danke ich für hilfreiche Fragen und Anregungen.

DOI 10.1515/9783110579963-008

Nomen sollten demnach eher und leichter gelernt werden als Verben und den frühen kindlichen Wortschatz dominieren. Daten aus Spontansprachanalysen von deutschsprachigen Kindern sprechen jedoch gegen einen *Noun Bias*. Tatsächlich tauchen die ersten Ausdrücke, die Ereignisse denotieren, bereits sehr früh – in der Einwortphase – auf (z.B. Tracy 1991). Es handelt sich dabei um Verbpartikeln wie *auf* oder *aus*, wie die Beispiele (1) und (2) veranschaulichen (siehe Penner/ Schulz/Wymann 2003):

(1) Erik (1;03 Jahre)   *auf*   versucht einen Regenschirm zu öffnen

(2) Lucy (1;05 Jahre)   *aus*   versucht ihren Pullover auszuziehen

Die Äußerungen in (1) und (2) zeigen auch, dass die Verbpartikeln in der Funktion von lexikalischen Verben verwendet werden (vgl. Penner et al. 2003). So lässt sich aufgrund des Kontexts in (1) *auf* als Vorläufer oder Kurzform von *aufmachen* interpretieren, nicht jedoch als lokale Präposition. Für die Analyse als Verbform spricht zudem, dass auch wir als kompetente Sprecher des Deutschen durchaus in manchen Kontexten isolierte Verbpartikeln statt der Partikelverben verwenden, beispielsweise bei Befehlen wie *Fenster auf!* oder *Licht aus!*

Die vermeintliche Dominanz von Nomen im frühkindlichen Wortschatz resultiert folglich aus dem Umstand, dass Verbvorläufer wie Verbpartikeln nicht als Verben analysiert werden. So klassifiziert beispielsweise Szagun (2006) in ihrer Spontansprachanalyse von Kindern im Alter von 1;4 und 1;8 Jahren zwar *anziehen, haben, geht, nehmen, malen, spielen, fahren, machen, gucken, holen* und *abmachen* als Verben. *Auf, weg, ab, an, zu* und *rein* werden jedoch genauso wie *da, ja, nein, hier, das, die, so, auch, mehr, hallo, ein* und *alle* als Funktionswörter kategorisiert. Mit dieser Kategorisierung geht verloren, dass die ersteren ausnahmslos Verbpartikeln sind, die vermutlich in der Funktion von Verben verwendet wurden. Für die Prominenz von Verbpartikeln spricht zudem, dass Partikelverben keineswegs später als Simplexverben erworben werden. Sie tauchen, wie auch in Szagun (2006) ersichtlich, bereits vor dem zweiten Geburtstag im Wortschatz der Kinder auf und werden häufig verwendet. Verbpartikeln wie *auf* und *ab* sind besonders produktiv. So fand Behrens (1998) in einer Einzelfallstudie (Simone-Korpus), dass *aufmachen, abmachen* und *kaputtmachen* zu den häufigsten Partikelverben gehörten.

Das frühe Auftauchen von Verbvorläufern im kindlichen Lexikon sollte nicht darüber hinwegtäuschen, dass der Erwerb der Verbbedeutung eine komplexe Aufgabe ist. Dies hat mehrere Gründe. Der Sprachlerner kann sich anders als bei Nomen nicht darauf verlassen, dass das, worauf sich das Wort bezieht, im Moment der Äußerung auch für Zuhörer und Sprecher sichtbar ist. Im Gegensatz zu

Objekten sind Ereignisse typischerweise flüchtig, und die Benennung eines Ereignisses erfolgt selten gleichzeitig mit seinem Auftreten. Verben nehmen auf Ereignisse Bezug, die typischerweise entweder vor oder nach der Äußerung auftreten. Man stelle sich vor, wie häufig ein Sprecher Anlass zur Äußerung *Ich mache (gerade) die Tür zu* hat, im Vergleich zu Aufforderungen wie *Mach' die Tür zu* oder Erwiderungen wie *Ich hab' die Tür (doch) zugemacht.* Zweitens ist der Bezug zwischen Verb und Ereignis weniger klar als zwischen Nomen und Objekt. Verben beschreiben typischerweise eine spezifische Perspektive auf ein Ereignis. Daher kann mit unterschiedlichen Verben auf das gleiche Ereignis verwiesen werden wie in *Sie machte die Tür auf, Sie trat in das Haus* und *Sie kam nachhause.* Drittens zeichnen sich Verben anders als Nomen sprachübergreifend durch einen großen Variationsspielraum hinsichtlich der Realisierung von Ereignistypen in Lexikon oder Syntax aus. So würde *Sie rannte in das Haus* zwar im Englischen ähnlich mit *She ran into the house* übersetzt werden, im Französischen jedoch mit *Elle entrè dans la maison en courant.* Schließlich ist, anders als bei Nomen wie *Hund* oder *Apfel*, die auf Objekte referieren, die lexikalische Repräsentation von Verben selbst komplex. Für die Verbbedeutung sind u.a. folgende Aspekte relevant: (i) die sogenannte Kernbedeutung, die beispielsweise den Unterschied zwischen *aufmachen* und *aufhebeln* oder *auftreten* erklärt, (ii) Selektionsrestriktionen des Verbs, die beispielsweise erfassen, warum wir Türen und Weine *aufmachen* können, *nicht* aber Häuser, (iii) die Argumentstruktur, die beschreibt, dass Sätze mit transitiven Verben wie *aufmachen* ein zweites Argument verlangen (*Lisa macht die Tür auf* vs. *?Lisa macht auf*); und (iv) die Ereignisstruktur, die beispielsweise zwischen telischen Prädikaten wie *aufmachen* und atelischen Prädikaten wie *lachen* unterscheidet. Letzterer Aspekt steht im Mittelpunkt dieses Beitrags.

2 Telizität

2.1 Die Ereignisstruktur von Verben

Verben lassen sich hinsichtlich ihrer Ereignisstruktur klassifizieren. In Anlehnung an Pustejovsky (1995) werden folgende Ereignistypen unterschieden (siehe auch Engelberg 2011; Maienborn 2011; Levin 1993): Zustände (*states*, kurz S) wie *krank sein* und Prozesse (*processes*, kurz P) wie *lachen* sowie Transitionen (*transitions*), d.h. komplexe Ereignisse wie *aufmachen*, die aus den Grundtypen S und P zusammengesetzt sind (z.B. T[P,S]). Während Ereignisse wie *aufmachen/öffnen* oder *finden* einen inhärenten Kulminations- bzw. Endpunkt besitzen, weisen Ereignisse wie *krank sein* oder *lachen* keinen solchen inhärenten Kulminationspunkt auf. Letztere können prinzipiell unbegrenzt lange andauern oder in einem beliebigen Moment aufhören und wären grob gesprochen immer noch das gleiche Ereignis. Im Gegensatz dazu hat ein *Aufmachen*-Ereignis einen klar definierten Endpunkt; endet die Aktivität vorher, handelt es sich nicht um *aufmachen*, dauert die Aktivität an, wird also beispielsweise eine Tür aufgemacht und dann wieder zu- und aufgemacht, handelt es sich um zwei *Aufmachen*-Ereignisse. Das Konzept der Telizität charakterisiert diese interne zeitliche Beschaffenheit von Ereignissen und beschreibt, ob sie einen inhärenten Kulminationspunkt besitzen oder nicht (Comrie 1976; Dowty 1979). Atelisch sind Verben, die Ereignisse ohne inhärenten Kulminationspunkt denotieren, d.h. Prozesse und Zustände. Telisch sind Verben, die Ereignisse mit einem Endpunkt denotieren, d.h. Transitionen von einem Prozess zu einem Endzustand, wobei Pustejovskys Terminologie folgend das Sub-Ereignis ‚Endzustand' den Kopf des Ereignisses (*head-of-event*) darstellt, wie in (3a) illustriert. Verben wie *fegen* oder *waschen* unterscheiden sich von typischen telischen Verben darin, dass das Prozess-Sub-Ereignis prominenter ist als das Endzustands-Sub-Ereignis (vgl. Pustejovsky 1995). Rüttelt man an einer Tür, ohne sie wenigstens einen Spalt zu öffnen, kann man nicht behaupten, dass man die Tür geöffnet hat. Fegt man aber den Fußboden und bleiben Krümel übrig, so ist es wahr, dass man den Fußboden gefegt hat. Diese Verben, die laut Pustejovsky (1995) prozess-orientierte Transitionen denotieren, sind also *de facto* ambig: Entweder denotieren sie Prozesse wie *lachen* oder *gehen* oder endzustandsorientierte Transitionen wie öffnen oder *finden*. Diese Ambiguität wird durch die Struktur in (3b) erfasst (Schulz i.Ersch.). Der Endzustand ist als *head-of-event* markiert; das Endzustands-Sub-Ereignis ist jedoch optional.

(3)   a.   b.

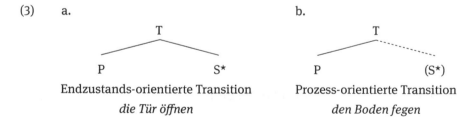

Die Ebene der lexikalisch-konzeptuellen Struktur verdeutlicht, dass Transitionen bezüglich ihres Gegenteils evaluiert werden. Für das telische Prädikat *öffnen* beispielsweise lautet die lexikalisch-konzeptuelle Struktur des Satzes *Maria öffnete die Tür* wie folgt: [act(maria, the-door) & ¬ opened(the door)] [opened(the door)] (siehe Engelberg 2011; Pustejovsky 1995).

Der bekannte Modifikationstest mit Temporaladverbialen (Dowty 1979) bestätigt die hier dargestellte Klassifikation von Verben hinsichtlich ihrer Telizität. Wie in

(4) illustriert, können Temporalausdrücke wie *in einem Tag* oder *in einer Stunde* nur telische Prädikate modifizieren (4c); durative Temporaladverbien wie *stundenlang* oder *tagelang* dagegen können nur atelische Prädikate modifizieren ((4a), (4b)).

(4) a. Tom war tagelang **krank**/ *in einem Tag **krank**.
     b. Anna hat stundenlang **gelacht**/ *in einer Stunde **gelacht**.
     c. Ben hat *stundenlang das Geschenk **aufgemacht**/ in einer Stunde das Geschenk **aufgemacht**.
     d. Jill hat stundenlang den Boden **gefegt**/in einer Stunde den Boden **gefegt**.

(4d) illustriert die Ambiguität von prozess-orientierten Transitionen: Beide Typen von Temporaladverbialen sind möglich.

2.2   Die Rolle der Verbpartikeln im Deutschen

Wie in der Einleitung erwähnt, unterscheiden sich Sprachen darin, wie die Ereignistypen lexikalisch und/oder syntaktisch realisiert werden. Im Deutschen kommt den Verbpartikeln, ähnlich wie im Englischen und Holländischen, dabei eine zentrale Rolle zu. Die Verbpartikeln lassen sich bezüglich ihres Basis-Ereignistyps einer von drei Klassen zuordnen (Schulz/Wymann/Penner 2001). Telische Verbpartikeln kodieren den prominenten Endzustand einer Transition (z.B. *auf*, *aus*, *weg*, *zu* in *aufmachen, ausmachen, weglaufen, zumachen*). Ambige Verbpartikeln kodieren den Prozess oder Endzustand einer Transition (z.B. deiktisch *runter*, *rauf* in *runtergehen* und *raufklettern*). Atelische Verbpartikeln schließlich kodieren den Prozess (*rum, hin und her* wie in *rumlaufen* oder *hin und her gehen*). Verbpartikeln treten dabei sowohl ohne Alternation zu einem Simplexverb auf (z.B. *aufmachen, abmachen*) als auch in Alternation mit Simplexverben (z.B. *auf-essen* vs. *essen; weg-laufen* vs. *laufen*).

2.3   Inhärente und kompositionelle Telizität

Telizität kann durch zwei unterschiedliche Mechanismen erreicht werden: durch die Bedeutung der Verben selbst oder durch die Interaktion eines atelischen Verbs mit anderen morpho-syntaktischen Elementen im Satz (van Hout 1996, 1998, 2000, 2008; Krifka 1989). Im ersten Fall handelt es sich um inhärente Telizität, im zweiten um kompositionelle Telizität. Bei der inhärenten Telizität wird der Ereignistyp durch die lexikalische Bedeutung des Verbs determiniert. Inhärent telische Verben wie *aufmachen, öffnen, schließen, finden* und *ankommen* denotieren Ereignisse mit einem inhärenten Kulminationspunkt. Telizität entsteht hier aufgrund einer Implikation (*entailment*), die *per definitionem* nicht annullierbar ist, wie Beispiel (5) illustriert.

(5)   Rosi *öffnete die Tür*, (#aber sie war nicht offen).

Der Endzustand ‚die Tür ist offen' ist die Implikation der Verbbedeutung; annulliert man diese Implikation, ist der Satz semantisch unzulässig (siehe Schulz et al. 2001; van Hout 1998). Da die telische Interpretation hier mittels Implikation entsteht, spricht man auch von semantischer Telizität (Jeschull 2007; Schulz i.Ersch.). Im Gegensatz zur inhärenten Telizität resultiert kompositionelle Telizität aus der Interaktion eines atelischen Verbs mit den ereignissemantischen Eigenschaften anderer morpho-syntaktischer Elemente im Satz. Zu den Elementen, die eine solche Verschiebung des Ereignistyps von atelisch zu telisch auslösen können, zählen u.a. resultative Verbpartikeln in Partikelverben (*essen* → *auf-essen*) und gequantelte Nomen (*essen* → *den Apfel essen*) (Krifka 1989, 1998). Resultative Verbpartikeln und gequantelte Nomen unterscheiden sich darin, dass die telische Interpretation nur im ersten Fall zwangsläufig ausgelöst wird. Resultative Verbpartikeln sind sogenannte starke Telizitätsmarker, d.h. sie verschieben den Ereignistyp obligatorischerweise von atelisch zu telisch. Die telische Interpretation entsteht, wie bei den inhärent telischen Verben, mittels Implikation. Und diese kann nicht annulliert werden, wie die Beispiele in (6) belegen.

(6)   a. Sie hat **auf**gegessen, # aber es ist noch was übrig.

        b. Er hat **aus**getrunken, # aber es ist noch Wein im Glas.

Gequantelte Nomen sind sogenannte schwache Telizitätsmarker, d.h. sie können den Ereignistyp von atelisch zu telisch verschieben. Die telische Interpretation entsteht, anders bei den inhärent telischen Verben (zumindest mit Kontakt- und Nahrungsverben) mittels Implikatur. Und diese kann durchaus annulliert werden, wie die Beispiele in (7) belegen.[2]

---

2 Dies heißt nicht zwangsläufig, dass *fegen* und *essen* aktionsartlich in jeder Hinsicht identisch sind. Man vergleiche den Unterschied zwischen (i) und (ii) (danke an Stefan Engelberg für den Hinweis):

(i)   Sie hat den Boden gefegt, aber er ist immer noch ganz dreckig.

(ii)   ??Sie hat den Apfel gegessen, aber er liegt noch unberührt auf dem Teller.

(7) a. Er hat **den Boden** gefegt, aber er ist noch nicht sauber.
    b. Sie hat **den Apfel** gegessen, aber es ist noch was übrig.
    c. She ate **the sandwich** but as usual she left a few bites.
        (Hay et al. 1999, S. 139)

In diesem Fall spricht man auch von pragmatischer Telizität. Tabelle 1 fasst die unterschiedlichen Telizitätstypen zusammen.

Tab. 1: Kodierung von Telizität im Deutschen (vgl. Schulz i.Ersch.)

Telizitätstyp	Quelle	Kodierung	Beispiele
Inhärent	Implikation (entailment)	Lexikalische Verbbedeutung	*finden, aufmachen, öffnen*
Kompositionell	Implikation (entailment)	Resultative Verbpartikeln (starke Telizitätsmarker)	auf- (z.B. *aufessen*) aus- (z.B. *austrinken*) ab- (z.B. *absägen*)
	Implikatur	Gequantelte Nomen (schwache Telizitätsmarker)	Spezifische definite NPs (z.B. *den Apfel essen, den Boden fegen*)

Die Telizität inhärent telischer Verben ist semantischer Natur und entsteht mittels Implikation des Kulminationspunktes. Die Telizität kompositionell telischer Verben ist semantischer oder pragmatischer Natur; pragmatische Telizität entsteht dabei mittels Implikatur des Kulminationspunktes (vgl. Filip 2008; Hay/Kennedy/Levin 1999; Jeschull 2007).

3 Wie wird Telizität erworben?

3.1 Die Erwerbsaufgabe

Angesichts der im vorigen Abschnitt ausgeführten Komplexität des Konzepts Telizität verwundert es nicht, dass auch die Erwerbsaufgabe, die (A-)Telizität von Verben und Prädikaten zu erkennen, vielschichtig ist. Zunächst muss das Kind die lexikalischen ereignissemantischen Eigenschaften individueller Verben erwerben; d.h. es muss wissen, ob es sich um inhärent telische oder um atelische Verben handelt oder um Verben, die ihren Ereignistyp ändern können. Mit anderen Worten, es muss den Unterschied zwischen inhärenter und kompositioneller Telizität erkennen. Darüber hinaus muss der Sprachlerner den Unterschied zwischen semantischer und pragmatischer Telizität, d.h. zwischen Telizität mittels Implikation und mittels Implikatur, erwerben. Schließlich muss das Kind die Funktion der unterschiedlichen morpho-syntaktischen Elemente seiner Sprache wie resultative Verbpartikeln und gequantelte Nomen erkennen sowie deren Rolle für den Ereignistyp des Prädikats.

3.2 Die Erwerbsstrategie *Endstate Orientation*

Wie können Lerner diese komplexe Aufgabe – den Erwerb der Bedeutung von Verben – meistern? In früheren Arbeiten (Penner et al. 2003; Schulz et al 2001; Schulz/Penner/Wymann 2002) haben wir als eine Antwort auf diese Frage den *Event-Structural Bootstrapping Account* vorgeschlagen und dafür argumentiert, dass für den Sprachlerner zunächst die Ereignisstruktur der Verben im Mittelpunkt steht und nicht die Kernbedeutung oder die Argumentstruktur. Anekdotische Evidenz für diese Annahme liefern nichtzielsprachliche Äußerungen von Kleinkindern wie *Wasser auf* für *Wasserhahn zumachen* oder *auf die Kita* statt *in die Kita gehen*. Beim Erwerb der Ereignistypen gehen die Sprachlerner schrittweise vor. Der frühe Erwerb der Verbbedeutung wird durch die Endzustandsorientierung (*Endstate Orientation*) gesteuert (Schulz et al. 2002). Den Anfang machen endzustandsorientierte Transitionen; die anderen Ereignistypen (Prozesse, Zustände, prozess-orientierte Transitionen) folgen später. Endzustandsorientierte Transitionen, die durch telische Verben realisiert werden, eignen sich deswegen besonders gut für den Einstieg, weil sie eine eindeutige Ereignisstruktur aufweisen. Telische Verben wie *aufmachen*, *öffnen* und *finden* denotieren, anders als Verben wie *fegen*, nur Ereignisse, deren inhärenter Kulminationspunkt erreicht wurde. Innerhalb der Kategorie der telischen Verben kodieren Partikelverben des Typs *aufmachen* und *zumachen* die Endzustandsorientierung am transparentesten. Die – betonten und trennbaren – resultativen Verbpartikeln *auf* und *zu* kodieren den Endzustand eindeutig als Kopf der Transition, und das semantisch leichte Verb *machen* kodiert das Prozess-Sub-Ereignis als weniger prominent. Daraus folgt zugleich, dass bei beschränktem Ausdrucksvermögen anfänglich nicht das Verb *machen*, sondern der Endzustand (d.h. der Kopf) als *auf* oder *zu* realisiert wird.[3]

---

3 Auch Betonung und Trennbarkeit spielen hier eine wichtige Rolle: Verbpartikeln wie *auf* und *zu* unterscheiden sich in dieser Hinsicht von Präfixen mit resultativer Bedeutung wie *zer-* in *zer-*

Das Primat des Endzustandes bzw. des Resultats von Handlungen gegenüber anderen Handlungsarten wie Ausgangspunkten oder Bewegungen ist vermutlich universell und beruht auf einer kognitiv-perzeptuellen Präferenz für Endzustände. So zeigen Perzeptionsstudien, dass Säuglinge bei der Betrachtung von visuellen Szenen Endpunkte gegenüber Startpunkten präferieren (Lakusta/DiFabrizo 2016). Zudem beziehen Kinder im Kindergartenalter unbekannte Verben eher auf Szenen, die Zustandsveränderungen zeigen, als auf Szenen, die Prozesse zeigen (Kelly/ Rice 1994). Nicht zuletzt belegen auch Produktionsstudien eine Präferenz der Kinder dafür, das Resultat einer Handlung und nicht deren Ausgangspunkt zu verbalisieren (Lakusta et al. 2016). Kurz gesagt beschreibt die sprachübergreifend geltende linguistische Strategie der *Endstate Orientation* die sprachliche Kodierung der konzeptuellen kindlichen Präferenz für Endzustände/Resultate. Daraus folgt erstens, dass die Reihenfolge, in der das Kind Verben erwirbt, nur unwesentlich von seiner Umgebung, sprich beispielsweise von der Häufigkeit, mit der bestimmte Verben im Input auftauchen, beeinflusst wird. Zweitens folgt aus der angenommenen Universalität dieser Lernstrategie, dass sich Kinder auch in Sprachen, in denen Verbpartikeln nicht die gleiche Rolle für das Verblexikon spielen wie in den germanischen Sprachen, anfänglich bei der Produktion und beim Verstehen auf Endzustände konzentrieren. Nur wie diese endzustandsorientierten Transitionen dann anfänglich sprachlich realisiert werden, unterscheidet sich je nach Sprachtyp.

3.3 Vorhersagen für Produktion und Verstehen

Aus der Strategie der *Endstate Orientation* lassen sich konkrete Vorhersagen für den frühen Verberwerb im Deutschen ableiten. Generell ist zu erwarten, dass Kinder, wenn sie sich beim Bedeutungserwerb von Verben auf deren Ereignisstruktur konzentrieren, bereits früh Unterschiede zwischen Ereignistypen erkennen. Hinsichtlich der Sprachproduktion ist zu erwarten, dass Ereignisausdrücke, die Endzustände denotieren, früh erworben werden und dass der Einstieg ins Verblexikon mit telischen Verbpartikeln wie *auf* und *zu* erfolgt. Telische Partikelverben wie *aufmachen* sollten dagegen später erworben werden ebenso wie morphologisch einfache telische Verben wie *öffnen* oder *finden*. Nicht-telische Verben, die Prozesse, Zustände und prozess-orientierte Transitionen denotieren, sollten ebenfalls später erworben werden.

---

brechen, die unbetont und nicht trennbar sind und im frühen Verberwerb nicht auftauchen (danke an Stefan Engelberg für den Kommentar).

Hinsichtlich der Interpretation von Verben ist zu erwarten, dass sprachun-
auffällige Kinder früh zwischen telischen und nicht telischen Verben unterscheiden.[4] Inhärent telische Verben wie *aufmachen* oder *zumachen* sollten früh zielsprachlich interpretiert werden. Auch kompositionell telische Verben mit starken
Telizitätsmarkern wie *aufessen* und *austrinken* sollten früh beherrscht werden, da
sie durch den Kontrast mit den morphologisch einfachen atelischen Prozessverben *essen* bzw. *trinken* eindeutige Hinweise auf den Ereignistyp liefern. Der Erwerb schwacher Telizitätsmarker wie beispielsweise gequantelter Nomen (z.B. *den
Apfel essen*) ist komplexer und erfolgt daher u.U. später, da diese den Endzustand
lediglich implikatieren, d.h. auch in Kontexten verwendet werden können, in
denen der Endzustand nicht erreicht ist.

4 Die Produktion von Verben im frühen Spracherwerb

4.1 Studiendesign

Für diese Studie wurden die Daten von 47 Kindern aus der Berliner Longitudinal-
studie GLAD im Zeitraum von 14 bis 24 Monaten ausgewertet (für Details siehe
Kieburg/Schulz 2010; Schulz 2005). Die Eltern der Kinder füllten jeweils zweimo-
natlich den Elternfragebogen RWI (Schulz 2002) aus, der explizit nach der Produktion von Verbpartikeln fragt. Neben 15 Verbpartikel-Items (telisch: *auf, zu, …*;
ambig: *runter, hoch, …*; atelisch: *rum*; andere: *dran, drauf, …*) umfasst der RWI 19
Simplexverben (*malen, essen, haben, …*) sowie 15 Partikelverben (*aufmachen,
zumachen, …*). Abbildung 1 zeigt einen Ausschnitt des RWI; berichtet werden hier
nur die Ergebnisse für die Rubrik „versteht und spricht", d.h. für die aktive
Verwendung.

Außerdem fanden im Alter von 14, 16 und 18 Monaten Spontansprachauf-
nahmen statt, die v.a. im Hinblick auf die Verwendung von Verben und Verbvorläufern (*types* und *token*) analysiert wurden. Es wurden alle Kinderäußerungen,
die Bezugsäußerungen der Erwachsenen und der jeweilige situative Kontext
analysiert.

---

4 Für Studien zur Verbinterpretation bei Kindern mit Spezifischen Sprachentwicklungsstörun-
gen (SSES) vgl. Schulz et al. (2001) und Penner et al. (2003).

RWI-Elternfragebogen

Sagt Ihr Kind Wörter wie "auf" und meint so etwas wie "Mach das auf" oder "aufgemacht"?

	versteht	versteht und spricht		versteht	versteht und spricht
auf	○	○	rauf	○	○
zu	○	○	runter	○	○
aus	○	○	hoch	○	○
ab	○	○	...		

Abb. 1: Ausschnitt aus dem Relationalen Wortinventar (Schulz 2002)

4.2 Ergebnisse

Die Daten des RWI (Schulz 2002) zeigen, dass isolierte Verbpartikeln erstmals im Alter von 14 bis 22 Monaten produziert werden. Die meisten der 39 Kinder, von denen auswertbare Daten vorlagen, verwendeten zunächst ausschließlich Verbpartikeln als Ereignisausdrücke; einige produzierten Verbpartikeln und Verben gleich früh, und nur drei der 39 Kinder (rund 8%) verwendeten zuerst ausschließlich Verben (siehe Abb. 2).

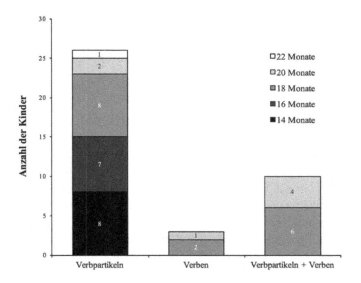

Abb. 2: Anzahl der Kinder je Altersgruppe, die laut RWI mit Verbpartikeln, Verben oder Verbpartikeln und Verben in das Verblexikon einsteigen (siehe Schulz 2005)

Eine Analyse der Ereignistypen der verwendeten Verbpartikeln ergab, dass 90% der Kinder laut RWI als erstes Partikeln produzierten, die in der Zielsprache als telisch gelten: *aus, zu, auf, an* und *ab*. Diese klare Präferenz für telische Verbpartikeln bestand interessanterweise unabhängig davon, in welchem Alter die Kinder zum ersten Mal Ereignisausdrücke produzierten.

Die Spontansprachanalyse von 43 Kindern aus der GLAD-Stichprobe bestätigt die Dominanz der telischen Verbpartikeln im frühen Verblexikon: 108 von 126 Ereignisausdrücken (86%) waren isolierte telische Verbpartikeln (Types: *auf, ab, zu, aus, rein, an*), verglichen mit lediglich 2% sogenannten ambigen Verbpartikeln, 9% Simplexverben und 3% Partikelverben. Dass die Kinder die telischen Verbpartikeln überwiegend in Kontexten produzierten, in denen eine Zustandsveränderung zu beobachten war (entweder unmittelbar vorher, währenddessen oder im Anschluss als Beschreibung des Resultats), untermauert die Annahme, dass diese Verbpartikeln in der Tat die Funktion von Zustandsveränderungsverben haben (vgl. auch Penner et al. 2003).

Eine Analyse des Inputs hinsichtlich der von den Eltern in der Interaktion mit ihren einjährigen Kindern verwendeten Ereignisausdrücke (3.034 Äußerungen, von 3 Eltern) ergab, dass Verbpartikeln sehr selten produziert wurden (Kieburg/Schulz 2010). Verbpartikeln ohne Verb machten lediglich 3% der Ereignisausdrücke aus, verglichen mit 31% Partikelverben und 64% Simplexverben (jeweils *tokens*). Die telischen Partikeln, die die Eltern am häufigsten verwendeten, lauteten *her, an, hin* und *weg* – und damit anders als die von den drei Kindern dieser Eltern am häufigsten produzierten, nämlich *auf, aus, ab* und *zu*. Damit bestätigen diese Daten die in Abschnitt 3.3 aufgestellte Vorhersage, dass die kindliche Präferenz für telische Verbpartikeln unabhängig vom elterlichen Input ist (für Details, vgl. Kieburg/Schulz 2010).

4.3 Zusammenfassung: Produktion von Verbpartikeln

Die Elternfragebogendaten zeigen, dass telische Verbpartikeln zu den ersten Ereignisausdrücken gehören, die Kinder verwenden. 92% aller untersuchten Kinder stiegen mit Verbpartikeln in das Verblexikon ein, und 90% aller Kinder produzierten als erste Verbpartikeln telische Partikeln wie *aus, zu* und *auf*. Die Spontansprachanalysen belegen darüber hinaus, dass telische Verbpartikeln im frühen Erwerb wesentlicher häufig produziert werden als Verben (86% vs. 12%) und überwiegend in der Funktion von Verben verwendet werden. Folglich sollten die eingangs erwähnten früh auftauchenden ‚Funktionswörter' (siehe Abschn. 1) angemessener als Verbvorläufer bzw. Ereignisausdrücke bezeichnet werden. Eine Analyse der elterlichen Verwendung von Ereignisausdrücken bestätigte darüber hinaus, dass die kindliche Präferenz für telische Verbpartikeln unabhängig vom elterlichen Input ist, der wesentlich mehr Simplex- und Partikelverben aufwies als isolierte Verbpartikeln.

5 Die Interpretation von Verben

5.1 Experimentdesign

Der Strategie der *Endstate Orientation* zufolge sollten Kinder früh zwischen telischen und nicht telischen Verben unterscheiden. Insbesondere ist zu erwarten, dass inhärent telische Verben wie *aufmachen* und *zumachen* früh zielsprachlich interpretiert werden. Um der kindlichen Repräsentation dieser Verbklassen auf die Spur zu kommen, werden typischerweise sogenannte Wahrheitswertaufgaben (*truth-value-judgment task*, siehe Crain/McKee 1986) eingesetzt, in denen die Probanden entscheiden müssen, ob eine Aussage auf einen visuell (als Bildfolge, Video oder als ausagierte Szene) präsentierten Kontext zutrifft. Abbildung 3a illustriert ein typisches Item für die relevante Testbedingung, in der der Endzustand nicht erreicht ist; Abbildung 3b illustriert die Testbedingung, in der der Endzustand erreicht ist (vgl. die Studie von Schulz et al. 2001).

Abb. 3a: Endzustand nicht erreicht
Testfrage: *Hat sie die Schachtel aufgemacht?*
Zielantwort: Nein.

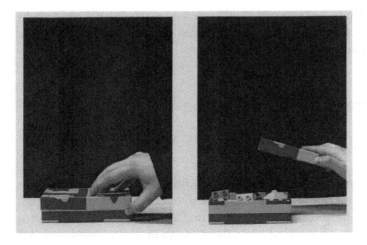

Abb. 3b: Endzustand erreicht
Testfrage: *Hat sie die Schachtel aufgemacht?*
Zielantwort: Ja.

Nein-Antworten in der Bedingung ‚nicht erreichter Endzustand' (siehe Abb. 3a) lassen darauf schließen, dass die Telizität dieser Verben erkannt wurde. *Ja*-Antworten in dieser Bedingung dagegen zeigen an, dass das Erreichen des Endzustands nicht als obligatorisch angesehen wird. In diesem Fall interpretieren Probanden telische Verben wie atelische Verben, bei denen der Endzustand kein obligatorischer Teil der Verbbedeutung ist, da sie ja Prozesse oder prozess-orientierte Transitionen denotieren (siehe Abschn. 2.1).

5.2 Studien zur Interpretation inhärent telischer Verben

Inzwischen liegen zahlreiche Studien vor, die mittels der in Abschnitt 5.1 beschriebenen Methode der Wahrheitswertaufgaben Belege dafür liefern, dass Kinder bereits sehr früh, ab dem Alter von zwei Jahren, in der Lage sind, inhärent telische Verben zielsprachlich zu interpretieren und sie von nicht-telischen Verben zu unterscheiden. Dies ist interessanterweise unabhängig davon, ob Videosequenzen, Bildreihen oder ausagierte Spielszenen genutzt wurden (vgl. Schulz i.Ersch.). So fand Wittek (2002) in ihrem videogestützten Experiment, dass dreijährige Kinder die Verben *aufmachen*, *zumachen*, *abmachen* und *ausmachen* zielsprachlich interpretierten. Die Studien von Schulz und Penner (Penner et al. 2003; Schulz et al. 2001, 2002), die Bildsequenzen wie in Abbildung 3a und b verwendeten, sprechen ebenfalls für eine frühe *Endstate Orientation*: Bereits Zweijährige wiesen in 78% der Fälle das Verb *aufmachen* in der Bedingung ‚Endzustand nicht erreicht' (siehe Abb. 3a) korrekt zurück. Die Folgestudie von Schulz/Wittek (2003), die die Kontexte mittels ausagierter Szenen präsentierte und auch atelische Verben testete, bestätigt zum einen, dass Kinder zwischen Vier und Sechs die zielsprachliche Interpretation von telischen Verben gemeistert haben (getestet wurden *aufmachen, zumachen, anmachen abmachen*). Zum anderen zeigte sich, dass sie auch atelische Verben (getestet wurden *fegen, malen, wischen, bauen, schneiden, bürsten, pusten, puzzeln*) zielsprachlich interpretierten, d.h. in Situationen akzeptierten, in denen kein Endzustand erreicht wurde. Fegte beispielsweise eine Puppe auf dem Boden verstreutes Konfetti nur halb auf, antworteten die Kinder auf die Frage „Hat sie gefegt?" durchgängig zielsprachlich mit *Ja*. Zusammengefasst belegen diese Studien eindrucksvoll, dass inhärent telische Verben bereits in dem frühesten Alter, in dem man die Methode der Wahrheitswertsaufgaben einsetzen kann, d.h. mit etwa zwei Jahren, hinsichtlich ihrer Ereignisstruktur zielsprachlich interpretiert und von atelischen Verben unterschieden werden.

5.3 Studien zur Interpretation kompositionell telischer Verben

Wie meistern Sprachlerner die Interpretation kompositionell telischer Verben wie *aufessen* (starker Telizitätsmarker) bzw. *den Apfel essen* (schwacher Telizitätsmarker), die durch eine Veränderung des atelischen Ereignistyps von Prozessverben wie *essen* und *trinken* entstehen? Der Hypothese der *Endstate Orientation* zufolge sollten starke Telizitätsmarker wie Partikelverben früh beherrscht werden, während schwache Telizitätsmarker wie gequantelte Nomen aufgrund der Ambiguität im Input u.U. später erworben werden.

Ausgehend von van Houts Studien (1998, 2000) zum Holländischen und Englischen, in denen ebenfalls Wahrheitswertaufgaben verwendet wurden, liegen inzwischen mehrere Studien zu kompositionell telischen Verben mit deutschsprachigen Kindern vor (Schulz/Penner 2002; Schulz/Ose 2008; Schulz/Wenzel 2005; für einen sprachvergleichenden Überblick siehe van Hout i.Ersch.). Getestet wurden in den beiden Testbedingungen ‚Endzustand erreicht' und ‚Endzustand nicht erreicht' die vier in (8) illustrierten Bedingungen, die jeweils *essen* oder *trinken* als Basisverben enthielten.

(8) a. Hat die Maus gegessen? Prozessverb
b. Hat die Maus **auf**gegessen? Partikelverb
c. Hat die Maus **den Käse** gegessen? Prozessverb, definite NP
d. Hat die Maus **Käse** gegessen? Prozessverb, bloßes Nomen

Erwartet wurde, dass in der entscheidenden Nicht-Endzustandsbedingung Items
(8a) und (8d) akzeptiert und (8b) zurückgewiesen werden; für (8c) waren aufgrund
der zugrundeliegenden Implikatur des Endzustandes beide Reaktionen möglich.
Diese Erwartungen wurden im Wesentlichen bestätigt: Die Verben *essen* und *trinken*
wurden von Kindern und Erwachsenen ebenso wie Verben mit bloßen Nomen wie
Käse essen korrekt als atelisch interpretiert. Die Partikelverben *aufessen* und *aus-*
trinken wurden wie erwartet zurückgewiesen, wenn der Endzustand nicht erreicht
war, wenn also der ganze Käse nur halb gegessen oder der Saft nur halb getrunken
wurde. Die Anzahl korrekter Antworten lag hier für die Dreijährigen bei 87%, für die
Vierjährigen bei 96% und für die Erwachsenen bei 100% (vgl. Schulz/Ose 2008).
Erwartungsgemäß wurden definite NPs als ambig interpretiert. Kinder akzeptierten
wie Erwachsene häufig Prädikate wie *den Käse essen* in der Bedingung ,Endzu-
stand nicht erreicht'. Vorausgesetzt, dass die Erwachsenen sich zielsprachkonform
verhalten, bedeutet das, dass Kinder bereits im Alter von drei schwache Telizitätsmarker wie gequantelte Nomen erworben haben. Die Streuung der Akzeptanzraten
(Schulz/Penner 2000: 50%; Schulz/Ose 2008: 80%) unterstützt die Hypothese,
dass es sich hier um eine Implikatur handelt, die wie erwähnt annulliert werden
kann. Zusammengefasst weisen die Ergebnisse aus den Studien zur kompositionel-
len Telizität darauf hin, dass gequantelte Nomen überwiegend keine Telizitätsim-
plikatur auslösen. Zudem belegen sie, dass Kinder im Alter von drei Jahren bereits
zwischen starken Telizitätsmarkern wie Verbpartikeln und schwachen Telizitätsmarkern wie gequantelten Nomen unterscheiden. Anders als erwartet stellen letztere also, zumindest für die getesteten Verben, keine besondere Erwerbshürde dar.

6 Fazit

Die Studien zur Produktion und zum Verstehen im unauffälligen Spracherwerb
unterstützen die Hypothese, dass der Beginn des Bedeutungserwerbs von Verben durch die Lernstrategie der *Endstate Orientation* bestimmt ist, die auf die
vermutlich universelle konzeptuelle Präferenz für Endzustände bzw. Resultate
von Zustandsveränderungen gründet. Kinder fokussieren folglich zunächst telische Verben, die endzustandsorientierte Transitionen denotieren, in deren ereig-
nissemantischer Repräsentation der Endzustand als Kopf des Ereignisses mar-

kiert ist. Im Deutschen und anderen germanischen Sprachen markieren telische Verbpartikeln eindeutig den Endzustand einer Transition.[5] Die daraus abgeleitete Vorhersage, dass telische Verbpartikeln im frühen Verberwerb eine zentrale Rolle spielen, bestätigen Ergebnisse von Produktions- und Verstehensstudien gleichermaßen. Telische Verbpartikeln werden bereits ab 14 Monaten – meist früher als Verben – produziert und gehören im Wortschatz von Einjährigen zu den häufigsten Ereignisausdrücken. Diese Präferenz für telische Verbpartikeln ist unabhängig vom elterlichen Input. Beeindruckend ist, dass bereits Dreijährige das Konzept der Telizität erworben haben. Sie unterscheiden zielsprachlich zwischen atelischen und telischen Verben, und sie interpretieren Verben mit inhärenter ebenso wie mit kompositioneller Telizität gleichermaßen korrekt. Auch die Unterscheidung zwischen starken Telizitätsmarkern wie Verbpartikeln und schwachen Telizitätsmarkern wie gequantelten Nomen haben sie im Alter von drei bereits gemeistert. Diese Befunde sprechen klar gegen einen starken *Noun Bias*, wie ihn u.a. Gentner (1982) aufgrund der Referenz von Nomen auf die vermeintlich konzeptuell einfachere Kategorie ‚Objekte' annimmt. Die hier vorgestellten Befunde sprechen nahezu für das Gegenteil: Es sind die kognitiv und perzeptuell prominenten Endzustände von Zustandsveränderungen, die Kinder im frühen Erwerbsstadium als wichtig und als einfach empfinden. Autoren von Büchern wie „Meine allerersten Wörter" kann man also guten Gewissens empfehlen, das Repertoire um Wörter wie *auf* und *zu*, *aufmachen* und *zumachen* zu erweitern.

Literatur

Behrens, Heike (1998): How difficult are complex verbs? Evidence from German, Dutch and English. In: Linguistics 36, 4, S. 679–712.

Comrie, Bernard (1976): Aspect. An introduction to the study of verbal aspect and related problems. (= Cambridge Textbooks in Linguistics 2). Cambridge, MA.

Crain, Stephen/McKee, Cecile (1986): The acquisition of structural restrictions on anaphora. In: Berman, Stephen/Choe, Jae-Woong/McDonough, Joyce (Hg.): Proceedings of the Northeastern Linguistic Society 15. Amherst, S. 94–110.

Dowty, David Roach (1979): Word meaning and Montague grammar. (= Studies in Linguistics and Philosophy 7). Dordrecht.

Engelberg, Stefan (2011): Lexical decomposition. Foundational issues. In: Maienborn/Heusinger/Portner (Hg.), S. 122–142.

---

5 Nicht-germanische Sprachen, in denen der Endzustand nicht als Verbpartikel lexikalisiert wird, sollten den Endzustand durch ein einzelnes Lexem realisieren, d.h. durch den komplexen Kopf [CAUSE[BECOME [STATE]]] (vgl. u.a. Engelberg 2011).

Filip, Hana (2008): Events and maximalization. The case of telicity and perfectivity. In: Rothstein, Susan (Hg.): Theoretical and crosslinguistic approaches to the semantics of aspect. (= Linguistik Aktuell/Linguistics Today 110). Amsterdam, S. 217–256.

Gentner, Dedre (1982): Why nouns are learned before verbs: Linguistic relativity versus natural partitioning. In: Kuczaj, Stan (Hg.): Language development. Bd. 2: Language, thought, and culture. Hillsdale, NY, S. 301–334.

Hay, Jennifer/Kennedy, Christopher/Levin, Beth (1999): Scalar structure underlies telicity in „degree achievements". In: Mathews, Tanya/Strolovitch, Devon (Hg.): Proceedings. Semantics and Linguistic Theory (SALT) 9. Ithaca, S. 127–144.

van Hout, Angeliek (1996): Event semantics of verb frame alternation. A case study of Dutch and its acquisition. Dissertation. Tilburg. [Veröffentlicht New York 1998 Garland Publishing in der Reihe „Outstanding Dissertations in Linguistics"].

van Hout, Angeliek (1998): On the role of direct objects and particles in learning telicity in Dutch and English. In: Greenhill, Annabel et al. (Hg.): Proceedings of 22nd Annual Boston University Conference on Language Development (BUCLD). Somerville, MA, S. 397–408.

van Hout, Angeliek (2000): Event semantics in the lexicon-syntax interface: Verb frame alternations in Dutch and their acquisition. In: Tenny, Carol/Pustejovsky, James (Hg.): Events as grammatical objects. The converging perspectives of lexical semantics and syntax. (= CSLI Lecture Notes 100). Stanford, S. 239–282.

van Hout, Angeliek (2008): Acquiring telicity cross-linguistically. On the acquisition of telicity entailments associated with transitivity. In: Bowerman, Melissa/Brown, Penelope (Hg.): Crosslinguistic perspectives on argument structure. Implications for learnability. Hillsdale, NY, S. 255–278.

van Hout, Angeliek (i.Ersch.): On the acquisition of event culmination. In: Syrett/Arunachalam (Hg.).

Jeschull, Liane (2007): The pragmatics of telicity and what children make of it. In: Belikova, Alyona/Meroni, Luisa/Umeda, Mari (Hg.): Proceedings of the 2nd Conference on Generative Approaches to Language Acquisition North America (GALANA). Somerville, MA, S. 180–187.

Kelly, Donna/Rice, Mabel (1994): Preferences for verb interpretation in children with specific language impairment. In: Journal of Speech and Hearing Research 37, 1, S. 182–192.

Kieburg, Anja/Schulz, Petra (2010): Input factors in early verb acquisition: Do word order variability and word frequency of verbs matter? In: Anderssen, Merete/Berentzen, Kristen/ Westergaard, Marit (Hg.): Optionality in the Input. Papers from the GLOW 30 Workshop. Berlin, S. 95–127.

Krifka, Manfred (1989): Nominal reference, temporal constitution, and quantification in event semantics. In: Bartsch, Renate/van Benthem, Johannes Franciscus Abraham Karel/van Emde Boas, Peter (Hg.): Semantics and contextual expression. (= Groningen-Amsterdam Studies in Semantics 11). Dordrecht, S. 75–115.

Krifka, Manfred (1998): The origins of telicity. In: Rothstein, Susan (Hg.): Events and grammar. Dordrecht, S. 197–235.

Levin, Beth (1993): English verb classes and alternations. A preliminary investigation. Chicago.

Lakusta, Laura/DiFabrizio, Stephanie (2016): And, the winner is… A visual preference for endpoints over starting points in infants' motion event representations. In: Infancy 22, 3, S. 1–21.

Lakusta, Laura et al. (2016): Does making something move matter? Representations of goals and sources in causal motion events with causal sources. In: Cognitive Science 41, 3, S. 1–13.

Maienborn, Claudia (2011): Event semantics. In: Maienborn/Heusinger/Portner (Hg.), S. 802–829.

Maienborn, Claudia/Heusinger, Klaus von/Portner, Paul (Hg.) (2011): Semantics. An international handbook of natural language meaning. Bd. 1. (= Handbücher zur Sprach- und Kommunikationswissenschaft/Handbooks of Linguistics and Communication Science (HSK) 33.1). Berlin/New York.

Penner, Zvi/Schulz, Petra/Wymann, Karin (2003): Learning the meaning of verbs: What distinguishes language-impaired from normally developing children? In: Linguistics 41, 2, S. 289–319.

Pustejovsky, James (1995): The generative lexicon. Cambridge, MA.

Schulz, Petra (2002): Relational Word Inventory (RWI). Berlin. [Unveröffentlichtes Manuskript, Humboldt Universität Berlin].

Schulz, Petra (2005): Are children's first event expressions telic? Evidence from child German. Vortrag, Xth International Congress for the Study of Child Language (IASCL), Berlin.

Schulz, Petra (i.Ersch.): Telicity in typical and impaired acquisition. In: Syrett/Arunachalam (Hg.).

Schulz, Petra/Ose, Julia (2008): Semantics and pragmatics in the acquisition of telicity. Vortrag, 29. Jahrestagung der Deutschen Gesellschaft für Sprachwissenschaft (DGfS), Bamberg.

Schulz, Petra/Penner, Zvi (2002): How you can eat the apple and have it too: Evidence from the acquisition of telicity in German. In: Costa, João/Freitas, Maria João (Hg.): Proceedings of the GALA' 2001 Conference on Language Acquisition. Lissabon, S. 239–246.

Schulz, Petra/Penner, Zvi/Wymann, Karin (2002): Comprehension of resultative verbs in normally developing and language impaired children. In: Windsor, Fay/Kelly, M. Louise/ Hewlett, Nigel (Hg.): Investigations in clinical phonetics and linguistics. Mahwah, NJ, S. 115–129.

Schulz, Petra/Wenzel, Ramona (2005): Acquisition of compositional telicity by German-speaking children with specific language impairment. Vortrag, Symposium „Crosslinguistic Acquisition of Telicity". Xth International Congress for the Study of Child Language (IASCL), Berlin.

Schulz, Petra/Wittek, Angelika (2003): Opening doors and sweeping floors. What children with specific language impairment know about telic and atelic verbs. In: Beachley, Barbara/ Brown, Amanda/Colin, Frances (Hg.): Proceedings of the 27th Annual Boston University Conference on Language Development (BUCLD). Somerville, MA, S. 727–738.

Schulz, Petra/Wymann, Karin/Penner, Zvi (2001): The early acquisition of verb meaning in German by normally developing and language impaired children. In: Brain and Language 77, S. 407–418.

Syrett, Kristen/Arunachalam, Sudha (Hg.) (i.Ersch.): Semantics in language acquisition. (= Trends in Language Acquisition Research). Amsterdam.

Szagun, Gisela (2006): Sprachentwicklung beim Kind. Ein Lehrbuch. Vollst. überarb. Neuausg. Weinheim/Basel.

Tracy, R. (1991): Sprachliche Strukturentwicklung. Linguistische und kognitionspsychologische Aspekte einer Theorie des Erstspracherwerbs. (= Tübinger Beiträge zur Linguistik (TBL) 13). Tübingen.

Wittek, Angelika (2002): Learning the meaning of change-of-state verbs. A case study of German child language. (= Studies on Language Acquisition 17). Berlin.

Sabine Schulte im Walde (Stuttgart)

Kognitive und Distributionelle Perspektiven auf deutsche Partikelverben

Abstract: Deutsche Partikelverben repräsentieren eine äußerst produktive Klasse von komplexen Verben im Lexikon, die sich durch idiosynkratische Eigenschaften auf der Syntax-Semantik-Schnittstelle auszeichnet: Zum einen sind die abtrennbaren Partikeln extrem ambig. Zum anderen entstehen durch die Komposition von Partikel und Basisverb in Abhängigkeit von der semantischen Klasse des Basisverbs (reguläre) Verschiebungen bezüglich der Argumentstruktur und des Grades der Kompositionalität des Partikelverbs. In diesem Artikel stelle ich eine breite Auswahl von kognitiven und computerlinguistischen Studien vor, die verschiedene Perspektiven auf das Zusammenspiel von semantischen Verbklassen, Partikel-Bedeutungen sowie Argumentstruktur und Kompositionalität von Partikelverben ermöglichen.

1 Einleitung[1]

Deutsche Partikelverben repräsentieren eine äußerst produktive Klasse von komplexen deutschen Verben, die aus Präfix-Partikeln und Basisverben zusammengesetzt werden. Die Partikeln können den Haupt-Wortklassen entnommen werden und ein- oder zweistellig sein. Der Fokus dieser Arbeit liegt auf Partikelverben mit einstelligen präpositionalen Partikeln. Um ein umfassendes Bild über deren Eigenschaften zu bekommen, befassen wir uns in den meisten perspektivischen Betrachtungen mit den 11 Partikeln *ab, an, auf, aus, durch, ein, hinter, über, um, unter, zu*. Ein besonderer Fokus liegt auf den drei Partikeln *ab, an* und *auf*, für die uns bereits detaillierte theoretische semantische Beschreibungen vorlagen (Kliche 2009; Lechler/Roßdeutscher 2009; Springorum 2011).

Deutsche Partikelverben stellen aus empirischer Sicht aus mehreren Gründen eine Herausforderung dar. Im Folgenden stellen wir einen kurzen Überblick vor und beschränken uns dabei auf die Phänomene, die für diesen Artikel relevant

---

1 Die Arbeiten in diesem Jahrbuch-Artikel sind in Zusammenarbeit mit meinen Mitarbeiter/innen und Kollaborationspartner/innen Dr. Stefan Bott, Dr. Diego Frassinelli, Nana Khvtisavrishvili, Maximilian Köper, Dr. Silke Scheible, Sylvia Springorum und Jason Utt entstanden.

DOI 10.1515/9783110579963-009

sind. Ausgiebige theoretische Untersuchungen zu deutschen Partikelverben können zum Beispiel Stiebels/Wunderlich (1994), McIntyre (2007) oder Dehé (2015) entnommen werden.

Wie in den Beispielen (1a–c) vs. (1d) dargestellt, können Partikelverben sowohl zusammen als auch getrennt geschrieben werden. Die Zusammen-/Getrenntschreibung hängt grundsätzlich vom Satzstrukturtyp ab und von der morphologischen Realisierung des Partikelverbs. Für Korpus-basierte Untersuchungen stellt die Getrenntschreibung ein Problem dar, da eine abgetrennte Partikel ambig ist in Bezug auf ihre Wortart und daher selbst nach syntaktischer Annotation durch einen Parser keine sichere Wortart-Zuweisung erfolgen kann.

(1)   (a) Das Kind wird/will *ankommen*.
        (b) Das Kind ist *angekommen*.
        (c) Er bittet das Kind, pünktlich *anzukommen*.
        (d) Das Kind *kommt* pünktlich *an*.

Ebenso eine empirische Herausforderung stellen die Verschiebungen der Argumentstruktur von Partikelverben in Bezug auf ihre Basisverben dar. Beispiel (2a) stellt eine Instanz von Argument-Sättigung vor: Die Partikel *an* des Partikelverbs *anschrauben* sättigt die Präpositionalphrase *auf die Öffnung*, was beim Basisverb *schrauben* nicht möglich ist. Beispiel (2b) stellt eine Instanz von Argument-Erweiterung vor: Das Partikelverb *anlächeln* erlaubt ein direktes Objekt *ihre Mutter*, was beim Basisverb *lächeln* nicht möglich ist. Obwohl diese Verschiebungen in den meisten Fällen regelmäßig sind, verlangen sie spezifische Korpus-basierte Vorverarbeitungen, denn die grundsätzlich empirisch wertvolle Annahme von Levin (1993), dass Verbverhalten einher geht mit Verbbedeutung, ist nur eingeschränkt einsetzbar.

(2)   (a) Der Chef *schraubt* den Deckel auf die Öffnung.
            *Der Chef *schraubt* den Deckel.
            Der Chef *schraubt* den Deckel an.

        (b) Sie *lächelt*.
            *Sie *lächelt* ihre Mutter.
            Sie *lächelt* ihre Mutter an.

Auf der Bedeutungsebene sind die Partikeln semantisch äußerst ambig. Zum Beispiel hat die Partikel *an* in *anbeißen* eine partitive Bedeutung, in *anhäufen* eine kumulative Bedeutung und in *anbinden* eine topologische Bedeutung (Springorum 2011). Außerdem weisen die Partikelverben als Ganzes unterschiedliche Grade von Kompositionalität in Bezug auf ihre Basisverben auf. Ohne diachrone Untersuchungen hinzuzuziehen würde man zum Beispiel intuitiv dem Verb *abholen* eine relativ kompositionelle Bedeutung zuschreiben, dem Verb *anfangen* eine nicht-kompositionelle Bedeutung, und bei dem Verb *einsetzen* würde man mindestens eine eher kompositionelle Bedeutung (im Sinne von *in etwas einsetzen/einstecken*) und eine eher nicht-kompositionelle Bedeutung (im Sinne von *beginnen*) feststellen.

In diesem Artikel stelle ich eine breite Auswahl von Studien vor, die verschiedene Perspektiven auf das Zusammenspiel von semantischen Verbklassen, Partikel-Bedeutungen sowie Argumentstruktur und Kompositionalität von Partikelverben ermöglichen: Für Kapitel 2 habe ich zwei kognitive Studien ausgewählt. Ein Produktions-Experiment untersucht die Interaktion von Partikel-Bedeutungen und semantischen Basisverb-Klassen bezüglich Partikelverb-Neologismen. Ein Priming-Experiment spezialisiert sich auf die spatialen Bedeutungen der Verb-Partikeln *an* und *auf* und erforscht aus spatialen Konflikten resultierende Bedeutungsverschiebungen. Für Kapitel 3 habe ich zwei komputationelle Studien ausgewählt. Nach einer kurzen Einleitung in die Thematik von distributionellen Modellen untersuchen Klassifikations-Experimente die Kompositionalität und (nicht-)wörtliche Sprachverwendung von deutschen Partikelverben auf der Basis von Korpus-Daten, Bild-Informationen und affektiven Normen, mit und ohne Einbezug von syntaktischen Alternationen.

2 Kognitive Perspektiven

2.1 Kompositionalitätsforschung anhand von Neologismen

Im Hinblick auf die Forschungsfragen, ob deutsche Partikelverben generell kompositionell sind, und ob es prototypische Bedeutungsbeiträge der Partikeln und der (semantischen Klassen der) Basisverben gibt, haben wir eine Produktionsstudie durchgeführt, die als Datenbasis frei verfügbar ist (Springorum 2014): Wir haben für fünf nicht notwendigerweise disjunkte semantische Klassen jeweils fünf Basisverben ausgewählt, die mit den fünf Partikeln *ab, an, auf, aus* und *nach* zu 125 Partikelverben kombiniert wurden. Aufgrund der systematischen Kompositionsmethode entstanden sowohl existierende als auch nicht-existierende Partikelverben. Tabelle 1 gibt einen Überblick über die Basisverben und ihre Klassen.

Tab. 1: Systematische Komposition von Partikelverben: semantische Klassen und Basisverben

Semantische Klasse	Basisverben (Beispiele)
De-Adjectival	*kürzen, röten, töten*
Achievement/Accomplishment	*finden, platzen, treffen*
Physical Process	*nageln, rühren, stricken*
Mental Process	*denken, meinen, sorgen*
State	*freuen, wissen, wundern*

Die Partikelverben wurden als Typen (also ohne Kontext) Teilnehmern in einer Produktionsstudie vorgelegt. Die Aufgabe war, gezwungenermaßen zu jedem Partikelverb einen Satz zu generieren. Unsere Hypothesen zur Interpretation der Sätze waren wie folgt: (i) Wenn Partikelverben kompositionell und produktiv sind, sollten auch die Bedeutungen der Partikelverb-Neologismen in den generierten Sätzen interpretierbar sein. (ii) Sofern den Sätzen mit Partikelverb-Neologismen eine Interpretation zugewiesen werden kann, sollte diese regelbasiert und nicht idiosynkratisch sein.

Die generierten Sätze werden zurzeit noch systematisch analysiert, sowohl im Hinblick auf lexikalisch-semantische Beschreibungen als auch im Hinblick auf Korpus-basierte Untersuchungen zu Bedeutungsindikatoren. Im Folgenden führe ich einige Beispielsätze auf, zusammen mit vorläufigen Ideen für die Interpretation. In den Beispielen (3) und (4) finden wir zwei Kontexte, die für den Neologismus *anlauschen* generiert wurden. Satz (3) kann eine Interpretation bezüglich topologischen Kontakts zugewiesen werden, der Kontext in (4) bezieht sich auf eine partitive Lesart der Zeit-Dimension. Die meisten generierten Sätze mit *anlauschen* können tatsächlich einer dieser beiden Interpretationen zugewiesen werden. In Satz (5) haben wir eine Interpretation von *nachwundern*, die die Fortführung eines Zustands charakterisiert, analog zu der Fortführung eines Prozesses wie zum Beispiel beim existierenden Verb *nachreifen*. In Satz (6) haben wir einen Satz zu einer eigentlich implausiblen Partikelverb-Kombination *antöten* von partitiver Partikelbedeutung mit einem Basisverb der Zustandsänderung. Satz (7) zeigt, dass auch metaphorische Interpretationen generiert wurden, wie hier für *abnageln* analog zu *abschminken*. In beiden Fällen findet die Separation eines abstrakten Kontakt-Basisverbs statt.

(3) Er hatte an der Wand *angelauscht* und wusste Bescheid.
(4) Ich muss das Gespräch *anlauschen*. Dann weiß ich mehr.
(5) Ich musste mich noch lange Zeit *nachwundern*.
(6) Ich werde den Zombie schon mal *antöten*, damit du ihn erledigen kannst.
(7) Das Gespräch lief nicht gut, den Job kann ich mir *abnageln*.

Die Teilnehmer in der Studie haben zusätzlich zur Generierung des Satzes eine Angabe dazu gemacht, ob ihnen das Partikelverb bekannt war oder nicht, und ob es schwierig zu verstehen war oder nicht (jeweils auf einer 4-Punkt-Skala). Diese Information können wir nutzen, um Aussagen über das Vorliegen eines Partikelverb-Neologismus zu machen.

Zusammenfassend kann zu diesem Zeitpunkt berichtet werden, dass Teilnehmer in einer Produktionsstudie sowohl literale als auch nicht-literale Sätze für Partikelverb-Neologismen bilden konnten. Die generierten Sätze ermöglichen uns die Erkennung von Konstruktionsmustern, und Analogien zu existierenden Partikelverben werden offensichtlich. Kontext-Untersuchungen und -Vergleiche werden die Gemeinsamkeiten von Partikel-Basisverb-Kombinationen vertiefen, und ein Priming-Experiment wird die (Nicht-)Plausibilität von Partikelbedeutungen und semantischen Basisverb-Klassen weiter untersuchen.

2.2 Spatiale Bedeutungen der Partikeln *an* und *auf*

Eine zweite kognitive Studie hatte als Ziel, in die Bedeutungen von zwei spezifischen Partikeln zu zoomen (Frassinelli et al. 2017). Unsere Hypothese war, dass die Partikel *an* eine starke horizontale Richtungsbedeutung hat, während die Partikel *auf* eine starke vertikale Richtungsbedeutung hat (ohne dabei gänzlich andere Bedeutungen auszuschließen). Auf Basis dieser Hypothese haben wir bei der Kombination von *an* und Basisverben mit horizontaler Richtungsbedeutung (zum Beispiel *schieben*) einen Match zwischen den Bedeutungen von Partikel- und Basisverb-Bedeutungen (mit tendenziell literaler Partikelverb-Lesart) erwartet, während wir bei der Kombination von *an* und Basisverben mit vertikaler Richtungsbedeutung einen Mismatch zwischen den Bedeutungen von Partikel- und Basisverb-Bedeutungen (mit tendenziell nicht-literaler Partikelverb-Lesart) erwartet haben. Entsprechend für *auf*. Anhand eines Priming-Experiments haben wir getestet, ob Verben mit konzeptueller Übereinstimmung (Match) schneller verarbeitet werden („facilitation") als Verben mit konzeptueller Nicht-Übereinstimmung (Mismatch: „inhibition").

Für die Auswahl der Experiment-Verben haben deutsche Muttersprachler 230 Basisverben bezüglich ihrer prominentesten Richtungsbedeutung (horizontal, vertikal) klassifiziert. Pro Basisverb gab es 15 Bewertungen. Anhand der Klassifikationen wurden die Basisverben hinsichtlich ihrer präferierten Richtungsbedeutung kategorisiert. Zum Beispiel wurde das Basisverb *schieben* zu 80% als horizontales Basisverb klassifiziert und somit der Kategorie „horizontal" zugewiesen. Insgesamt haben wir 11 horizontale und 11 vertikale Basisverben ausgewählt, die in Kombination mit den beiden Partikeln *an* und *auf* vorkommen. Die horizontalen Basisverben bilden zusammen mit der Partikel *an* einen Partikel-verb-Match und zusammen mit der Partikel *auf* einen Mismatch. Entsprechend für die vertikalen Basisverben.

Die Experiment-Durchführung beinhaltete eine Lexical Decision Task, mit den Partikeln als Primes und den Basisverben als Targets. 66 deutsche Muttersprach-ler haben an dem Experiment teilgenommen. Abbildung 1 zeigt den Unterschied in der Reaktionszeit zwischen Match- und Mismatch-Kombinationen, $\beta_{mismatch}$ = 0,05, p<0,001. Die Teilnehmer verarbeiten ein Verb in einer Match-Bedingung signifikant schneller (729 ± 10ms Standardabweichung) als in einem Mismatch (768 ± 8ms).

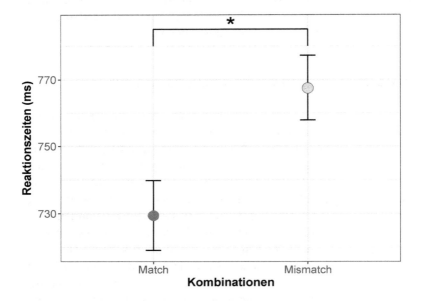

Abb. 1: Reaktionszeiten bei Match- vs. Mismatch-Bedingungen

Eine qualitative Analyse hat für die einzelnen Partikelverben untersucht, ob die Partikelverben in der Mismatch-Bedingung abstrakter sind als in der Match-Bedingung, weil der Mismatch eventuell mit einer Bedeutungsverschiebung ein-her geht. Der Grad der Abstraktheit wurde dabei in einer semi-automatisch er-stellten Datenbasis abgelesen (Köper/Schulte im Walde 2016a). Insgesamt wurde unsere Vermutung bei 13 von 22 Partikelverben bestätigt.

Abbildung 2 zeigt sowohl die Unterschiede in Match/Mismatch-Reaktionszei-ten für alle horizontalen Basisverben als auch die Unterschiede bezüglich des Gra-des der Abstraktheit. In der horizontalen Ebene wird der Unterschied in Reaktionszeiten dargestellt. Bei den positiven Fällen (rechts der Null-Achse) war die Reaktionszeit bei einem Match geringer als bei einem Mismatch. Die mit einer Schraffur von links oben nach rechts unten versehenen Balken zeigen an, dass der Grad der Abstraktheit bei einem Mismatch größer war (und somit auf eine Bedeutungsverschiebung hindeutet); die von links unten nach rechts oben schraffierten Balken zeigen an, wann der Grad der Abstraktheit entgegen unserer Hypothese bei einem Match größer war. Bei den diesen Balken zugeordneten Verben liegen interessanterweise oft mehrere Bedeutungen vor, von denen mindestens eine einer Bedeutungsverschiebung unterliegt und mindestens eine synonym ist zu der des entsprechenden Match-Partikelverbs. Zum Beispiel ist *aufdrehen* im Sinne von *den Hahn aufdrehen* synonym zu einer Bedeutung von *andrehen*, aber das Verb hat auch eine nicht-literale Bedeutung im Sinne von *in Stimmung kommen*. Zurzeit untersuchen wir diese neue Hypothese anhand von Partikelverb-Sätzen mit Bedeutungsannotationen.

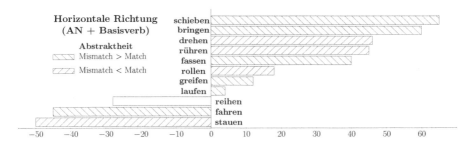

Unterschiede in Reaktionszeiten (Mismatch - Match)

Abb. 2: Unterschiede in Reaktionszeiten und Abstraktheit

Zusammenfassend lässt sich sagen, dass Partikel-Basisverb-Paare mit spatialer Bedeutungs-Übereinstimmung signifikant schneller verarbeitet werden als Paare mit spatialer Nichtübereinstimmung. Wir folgern daraus, dass die Partikeln *an* und *auf* starke horizontale bzw. vertikale Richtungsbedeutungen haben. Auf Basis einer qualitativen Analyse vermuten wir, dass dieser Effekt außerdem mit einer Bedeutungsverschiebung der ambigen Partikelverben einhergeht. Dieser Vermutung wird aktuell durch eine Bedeutungsannotation literaler und nicht-literaler Partikelverb-Kontexte nachgegangen.

3 Distributionelle Perspektiven

3.1 Distributionelle Modelle

Distributionelle Modelle gehen zurück auf mindestens zwei grundlegende Zitate.

Each language can be described in terms of a distributional structure, i.e., in terms of the occurrence of parts relative to other parts. (Harris 1954, S. 146)

You shall know a word by the company it keeps. (Firth 1957, S. 179)

Beide Zitate sagen im Kern aus, dass der Kontext einer linguistischen Einheit Indikatoren für deren Verwendung und Bedeutung enthält. Die Summe von Kontext-Beschreibungen einer linguistischen Einheit würde in einer idealisierten Vorstellung dann der lexikalischen Beschreibung dieser Einheit entsprechen. Korpusbasierte quantitative Untersuchungen machen sich diese Idee zu Nutze, indem sie Korpus-Daten für die Induktion und Definition von lexikalischen Eigenschaften linguistischer Einheiten verwenden. Ein Vergleich der Korpus-basierten Eigenschaften von zwei linguistischen Einheiten bietet entsprechend die Möglichkeit, Aussagen zu dem Grad der Ähnlichkeit der linguistischen Einheiten zu machen.

Die Repräsentation einer linguistischen Einheit auf Basis distributioneller Merkmale nutzt typischerweise eine mathematische Formulierung im Vektorraum (siehe Turney/Pantel 2010 für eine detaillierte Beschreibung): Eine linguistische Einheit (in unserem Fall: ein Wort) wird als Vektor bzw. als Punkt im Vektorraum dargestellt. Ein fünf-dimensionaler Vektor wie zum Beispiel $\overrightarrow{Maus} = \langle 23, 116, 0, 0, 346 \rangle$ stellt die Bedeutung des Wortes *Maus* dar. In diesem Fall bezieht sich der Vektor auf fünf Dimensionen, die je nach Forschungsziel unterschiedliche relevante Korpus-Merkmale quantifizieren. Typischerweise basieren die Werte der Merkmale auf Frequenzen, die durch Assoziationsmaße normalisiert werden können (Evert 2005). A priori können die Wort-Vektoren nicht zwischen verschiedenen Wortbedeutungen unterscheiden, d.h. sie subsumieren die Merkmale aller Wortvorkommen im Korpus.

Die Merkmale, die als Vektor-Dimensionen ausgewählt werden, sollten möglichst salient sein in Bezug auf die Aufgabenstellung. Typische Kriterien für die Auswahl sind a) Kookkurrenzen in einem bestimmten Wortfenster, dem Satz, Paragraphen oder Dokument; b) dito, aber zusätzlich unter Einbezug bestimmter syntaktischer Abhängigkeiten (zum Beispiel könnten nur direkte Objekte von Verben betrachtet werden); c) lineare Sequenzen von Kontext-Wörtern. Der Vergleich von zwei Wort-Vektoren soll Aufschluss geben über die (semantische) Ähnlichkeit der entsprechenden beiden Wörter.

Im Folgenden nutzen wir distributionelle Vektoren (Modelle) für die Repräsentation und den Vergleich von deutschen Partikelverben und ihren Basisverben. Die unterliegenden Korpus-Daten entstammen je nach Aufgabenstellung und zeitlicher Einordnung den Web-Korpora *deWaC* (Baroni et al. 2009), *SdeWaC* (Faaß/Eckart 2013) oder Varianten von *DECOW* (Schäfer/Bildhauer 2012). Für die morphologische und syntaktische Aufbereitung und Darstellung der Korpus-Daten haben wir *SMOR* (Faaß/Heid/Schmid 2010), *MarMoT* (Müller/Schmid/Schütze 2013), den *MATE*-Parser (Bohnet 2010) sowie die Subkategorisierungs-Datenbank (Scheible et al. 2013) genutzt.

3.2 Modellierung von Kompositionalität

Partikelverben sind zu unterschiedlichen Graden kompositionell in Bezug auf ihre Konstituenten: die Partikeln und die Basisverben. Eine traditionelle Aufgabe im Bereich der Computerlinguistik ist es, diesen Grad der Kompositionalität vorherzusagen, denn in der automatischen Textverarbeitung ist es wichtig zu wissen, inwieweit ein komplexer Ausdruck wörtlich oder nicht-wörtlich in Bezug auf seine Konstituenten zu interpretieren ist. In den letzten zwei Dekaden wurden – hauptsächlich fürs Englische und fürs Deutsche– Bewertungen gesammelt, um einen Einblick in die wahrgenommenen Grade der Kompositionalität zu bekommen, und auch um Goldstandards für die Evaluation der automatischen Vorhersagen zu erstellen (Baldwin et al. 2003; Bannard et al. 2003; Bott et al. 2016; McCarthy/Keller/Carroll 2003; Cook/Stevenson 2006; Hartmann 2008). Abgesehen von wenigen Ausnahmen (Baldwin et al. 2003; Bannard et al. 2003; Cook/Stevenson 2006) beschränken sich die Kompositionalitätsbewertungen auf den Grad der Kompositionalität des Partikelverbs in Bezug auf das Basisverb. Der semantische Beitrag der typischerweise sehr ambigen Partikel wird dabei weitestgehend ignoriert.

Unseren Arbeiten liegen zwei Goldstandards für deutsche Partikelverben zugrunde: *GS-99* enthält 99 zufällig ausgewählte Partikelverben mit 11 verschiedenen präpositionalen Partikeln und ist ausbalanciert über 8 Frequenzbereiche (Hartmann 2008). *GhoSt-PV* enthält eine Zufallsauswahl von 400 Partikelverben mit 9 verschiedenen präpositionalen Partikeln und ist ausbalanciert über drei Partikeltyp-spezifische Frequenzbereiche basierend auf den drei Korpora *DECOW12*, *SdeWaC* und *HGC* (Bott et al. 2016). Tabelle 2 enthält Beispiele der Kompositionalitätsbewertungen aus Ghost-PV. Neben der durchschnittlichen Kompositionalitätsbewertung auf einer Skala von 1 (sehr opak) bis 7 (sehr kompositionell), der Anzahl der Bewertungsteilnehmer (Teiln.) und der Standardabweichung (σ) enthält der Goldstandard Informationen zu der harmonischen Frequenz (Harm. Freq.) der Partikelverben, zu einer Kategorisierung in hoch-, mittel- und niedrig-frequente Partikel-spezifische Frequenzbereiche (H/M/N), und die Anzahl der Bedeutungen laut Duden (Amb(iguität)).

Tab. 2: Beispiele aus dem Kompositionalitäts-Goldstandard

Verb	Komp.	Teiln.	σ	Harm. Freq.		Amb.
abkratzen	5,29	14	2,52	39,8	M	>3
abwinken	3,31	16	2,06	157,0	H	2
anfressen	5,47	15	1,41	35,0	H	3
anleuchten	5,95	20	1,50	6,4	N	1
aufhorchen	4,55	29	1,97	74,6	H	1
ausreizen	3,62	29	2,13	19,4	M	2
nachkochen	4,83	23	4,83	19,8	M	1
nachtragen	4,47	15	2,03	3,9	N	2
zulegen	3,86	14	2,07	4,0	N	>3

Im Folgenden vergleichen wir drei verschiedene Vektorräume bezüglich ihrer automatischen Vorhersage der Kompositionalitätsbewertungen. Dabei wurden sowohl für die Partikel- als auch für die Basisverben Vektoren erzeugt, und ihre Ähnlichkeit wurde durch den Kosinus der beiden Vektoren als Ähnlichkeitsmaß berechnet: Je kleiner der Winkel der beiden Vektoren im Raum ist, umso stärker wird der Grad der Kompositionalität vorhergesagt. Die Vorhersagen wurden anschließend mit den Goldstandard-Bewertungen anhand des Spearman-Rangkorrelationskoeffizienten evaluiert (Siegel/Castellan 1988).

Der erste Vektorraum ist ein Text-basiertes distributionelles Modell und beruht auf Kookkurrenzen zwischen Verben und Kontext-Wörtern in einem bestimmten Kontext-Fenster des *SdeWaC* (Bott/Schulte im Walde 2014a). Die Größe des Kontext-Fensters wurde variiert: 1, 2, 5, 10, und 20 Wörter (jeweils links und rechts). Tabelle 3 zeigt die Ergebnisse für GS-99 über die verschiedenen Fenstergrößen hinweg. Außerdem wurde verglichen, welchen Unterschied es gibt, wenn nur die Partikelverben-Vorkommen betrachtet werden, die im Korpus zusammengeschrieben werden (*zusammen*), im Vergleich dazu, dass auf Basis von syntaktischen Parses auch getrennt geschriebene Partikelverben betrachtet werden (*zusammen + getrennt*). Die Tabelle zeigt, dass eine Fenstergröße von fünf Wörtern optimal ist für die Vorhersage, und dass das Modell deutlich besser ist, wenn auch getrennt geschriebene Partikelverb-Vorkommen beachtet werden.

Tab. 3: Vorhersage von Kompositionalität (zusammen- vs. getrenntgeschriebene Partikelverben)

	1	2	5	10	20
zusammen	0.2102	0.2507	0.2308	0.2416	0.2668
zusammen+ *getrennt*	0.3058	0.2910	**0.3696**	0.3008	0.1859

Abbildung 3 vergleicht die Vorhersagen für ambige vs. nicht-ambige Partikelverben in GS-99 und macht deutlich, dass Kompositionalitäts-Vorhersagen für nicht-ambige Partikelverben deutlich besser sind. Tabelle 4 vergleicht die Vorhersagen für unterschiedliche Frequenz-Bereiche von Partikelverben. Die Kompositionalitäts-Vorhersagen für niedrig-frequente und hoch-frequente Partikelverben sind schlechter als die für mittel-frequente Partikelverben. Dies ist nicht überraschend, da hoch-frequente Wörter typischerweise ambiger sind als mittel-frequente Wörter, und da niedrig-frequente Wörter typischerweise an spärlichen Datenbelegen im Korpus kranken.

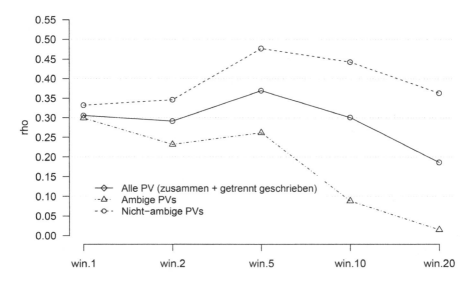

Abb. 3: Vorhersage von Kompositionalität (ambige vs. nicht-ambige Partikelverben)

Tab. 4: Vorhersage von Kompositionalität über Frequenzbereiche der Partikelverben

Frequenz	ρ
(2,5]	0,16
(5,10]	0,27
(10,18]	0,26
(18,55]	**0,59**
(55,110]	0,25
(110,300]	0,06
(300,6000]	0,13

Der zweite Vektorraum ist ebenfalls ein Text-basiertes distributionelles Modell, bezieht aber syntaktische Dependenzen mit ein (Bott/Schulte im Walde 2015). Die Hypothese ist, dass Kompositionalitäts-Vorhersagen durch syntaktische Komplement-Vorauswahl verbessert werden können. Mit anderen Worten, ein distributionelles Modell, das nicht einfach alle (Inhalts-)Wörter der Kontexte von Partikel- und Basisverben miteinander vergleicht, sondern stattdessen deren direkte Objekte, bestimmte Präpositional-Objekte etc. sollte gezielter den Grad der Kompositionalität bestimmen können. Wie bereits erwähnt, kommen hier Verschiebungen der Argumentstruktur als empirisches Problem ins Spiel. Während zwei Basisverben problemlos auf Basis ihrer Komplement-Realisierungen hin verglichen werden können, müssen bei dem Vergleich von Partikel- und Basisverben Unterschiede in der Realisierung der Komplemente mit einbezogen werden.

Bott/Schulte im Walde (2014b) haben eine Methode vorgestellt, die für die wahrscheinlichsten Argumentrahmen von Partikel- und Basisverben sämtliche Komplement-Realisierungen miteinander vergleicht und dadurch die stärksten Korrespondenzen zwischen Komplement-Typen identifiziert. Abbildung 4 vergleicht die Modelle des ersten Fenster-Vektorraums (win.20) mit den Syntax-Modellen dieses Vektorraums. Die Schwellenwerte geben an, wie hoch eine Kosinus-Ähnlichkeit zwischen Komplement-Realisierungen mindestens sein muss, damit eine Korrespondenz zwischen den entsprechenden Komplement-Typen überhaupt instanziiert wird: Je höher der Schwellenwert, umso weniger Korrespondenzen werden angenommen.

Grundsätzlich erreichen die Syntax-Modelle nur einen ρ-Wert von 0.13 (bei einem Schwellenwert von 0.3) und liegen somit weit unter den Durchschnittsergebnissen für die Fenster-Modelle (0.37, vgl. auch Tab. 3). Durch Generalisierungen der Komplement-Realisierungen auf Basis der GermaNet-Hierarchie (Hamp/Feldweg 1997; Kunze 2000) bzw. nach Anwendung von Singular Value Decomposition (SVD) erreichen die Syntax-Modelle ρ-Werte von 0.23 (GermaNet Hierarchie-Level 2: gn.lv2, Schwellenwert: 0.2) bzw. 0.28 (SVD mit 20 Dimensionen: svd.20, Schwellenwert: 0.3). Die Syntax-Modelle sind somit signifikant schlechter als die Fenster-Modelle. Wir vermuten, dass die deutlich spärlicheren Daten der Grund für die schlechteren Modelle sind. Diese Vermutung wird dadurch erhärtet, dass die Generalisierungen durch GermaNet bzw. SVD, die die Spärlichkeit vermindern, zu besseren Vorhersagen führen.

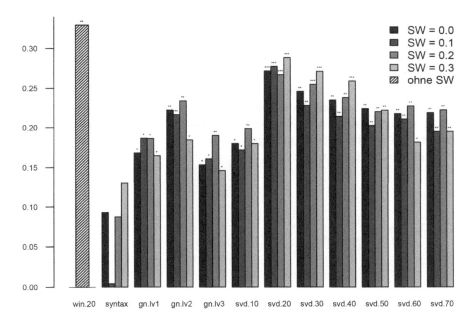

Abb. 4: Vorhersage von Kompositionalität unter Einbezug syntaktischer Abhängigkeiten (Bei der Notation einiger Dezimaltrennzeichen wurden statt Kommata Punkte verwendet.)

Der dritte Vektorraum untersucht für Ghost-PV, inwieweit Text-basierte distributionelle Modelle durch Bildinformationen verbessert werden können (Köper/Schulte im Walde 2017). Die Idee fußt auf der Basis von „Grounded Cognition" (Barsalou 2008), dass Kognition nicht nur auf sprachlichen Daten beruht, sondern Situationen und Perzeption mit einbezieht. Entsprechend haben wir Text- und Bild-Vektoren miteinander verknüpft. Die Bildinformation wurde wie bei Modellierungen vorhergehender Arbeiten (Kiela et al. 2014) entweder komplett für alle Partikel- und Basisverben hinzugefügt oder nur für eine gefilterte Auswahl. Wir haben drei verschiedene Filter angewandt: (i) Basierend auf der visuellen Vorstellbarkeit von Partikelverben (deren Einschätzung wir aus der semiautomatisch erstellten Datenbasis von Köper/Schulte im Walde (2016a) ablesen konnten) haben wir nur Bilder hinzugefügt für Partikelverben, deren Vorstellbarkeit einen bestimmten Schwellenwert erreicht hat. (ii) Entsprechend der paarweisen Dispersion der Partikelverb-Bilder haben wir nur die Bilder genommen für Partikelverben, die eine hohe durchschnittliche Ähnlichkeit aufwiesen. (iii) Wir haben die Bild-Vektoren geclustert und nur die Vektoren der Bilder genommen, die in dem größten Cluster waren.

Abbildung 5 zeigt die Ergebnisse der multi-modalen Modellierungen. Die Text-basierten Vorhersagen erreichen einen ρ-Wert von 0.22. Dieser Wert ist anders als bei den ursprünglichen Fenster-Modellen, da er auf „Embeddings" beruht, distributionellen Vektoren auf Basis von Neuronalen Netzen. Das Hinzufügen von ungefilterter Bild-Information kann die Vorhersagen nicht verbessern. Die multi-modalen Modellierungen werden erst dann besser als die Text-Modelle, wenn nur die Bilder der visuellsten Partikelverben verwendet wurden bzw. wenn nur die Bilder verwendet wurden, die dem größten Cluster entstammen. Bei Embeddings, die bessere Text-basierte Vorhersagen machen (nicht Teil der Abbildung), hilft Bild-Information überhaupt nicht.

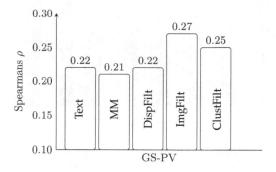

Abb. 5: Vorhersage der Kompositionalität in einem multi-modalen Modell mit Embeddings

Zusammenfassend können wir sagen, dass die Vorhersage des Grades von Partikelverb-Kompositionalität mit einem maximalen ρ-Wert von 0.37 (siehe Tab. 3) einigermaßen erfolgreich ist, aber deutlich schlechter als zum Beispiel bei Nomen-Komposita mit 0.65 (Schulte im Walde/Müller/Roller 2013; Köper/Schulte im Walde 2017). Wir führen den Unterschied darauf zurück, dass erstens die Vorhersage der Kompositionalität auf den Bedeutungsbeitrag des Basisverbs reduziert wird (was aus theoretischer Sicht unzureichend ist), und dass zweitens Partikelverben aufgrund ihrer stärkeren Neigung zu Ambiguitäten, ihrer syntaktischen Idiosynkrasien und schlechterer Visualisierung eine größere Herausforderung darstellen als Nomen-Komposita.

3.3 Nicht-literale Bedeutungen von Partikelverben

Die Vorhersage des Grades der Kompositionalität wird offensichtlich der lexikalischen Ambiguität und syntaktischen Vielfalt von Partikelverben nicht gerecht. Im Folgenden präsentiere ich daher ein Klassifikationsexperiment, das sich auf der Token- statt auf der Typen-Ebene bewegt (Köper/Schulte im Walde 2016b). Die Aufgabe des Experiments war es, die (Nicht-)Wörtlichkeit von Partikelverben im Kontext vorherzusagen. Beispiel (8) zeigt zwei Beispielsätze mit dem Verb *abschminken*. In (8a) ist das Verb in wörtlichem Sprachgebrauch zu finden, in (8b) in nicht-literalem Sprachgebrauch.

(8) (a) Den Lippenstift kannst du dir *abschminken*.
     (b) Den Job kannst du dir *abschminken*.

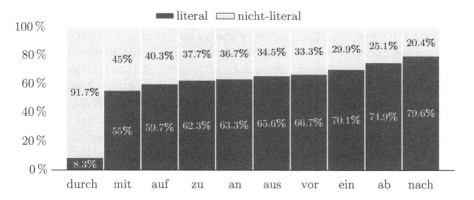

Abb. 6: Literale vs. nicht-literale Sätze über Partikeltypen

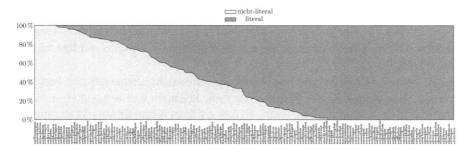

Abb. 7: Literale vs. nicht-literale Sätze über Partikelverben

Für die automatische Klassifikation haben wir 159 Partikelverben über 10 präpositionale Partikeln hinweg aus einer Vorstudie (Springorum/Utt/Schulte im Walde 2013) ausgewählt. Für diese Partikelverben haben wir jeweils 50 Sätze zufällig aus dem DECOW14-Korpus gesucht und von jeweils drei deutschen Muttersprachlern auf einer Skala von 0 (sehr wörtlich) bis 5 (sehr nicht-literal) annotieren lassen. Die Übereinstimmung der Annotatoren lag bei 43%, Fleiss' κ = 0.35. Bei einer binären, disjunktiven Unterteilung in [0,2] für wörtliche und [3,5] für nicht-literale Sprachbedeutungen ergab sich eine Übereinstimmung von 79%, Fleiss' κ = 0.70. Aus der Gesamtmasse der annotierten Sätze haben wir diejenigen genommen, bei denen es eine hundertprozentige Übereinstimmung der drei Annotatoren bezüglich der binären Klassifikation gab, insgesamt 6.436 Sätze (4.174 literale und 2.262 nicht-literale Sätze). Abbildung 6 zeigt, wie sich die Proportionen von literalen vs. nicht-literalen Sätzen pro Partikeltyp unterscheiden. Abbildung 7 zeigt dasselbe über alle Partikelverben hinweg. Die Abbildungen machen deutlich, dass es pro Verb und pro Partikeltyp unterschiedliche Präferenzen gibt.

Die automatische Klassifikation wurde anhand eines Random-Forest-Klassifikators durchgeführt. Ein Hauptinteresse lag auf der Identifikation von salienten Korpus-basierten Merkmalen für die Unterscheidung von literalen und nicht-literalen Partikelverb-Sätzen. Dafür haben wir folgende Merkmale verglichen und kombiniert: (i) alle Inhaltswörter des entsprechenden Satzes („Unigramme") und deren Generalisierung auf Basis von k-Means-Clustering; (ii) die Grade der Abstraktheit und der Vorstellbarkeit der Inhaltswörter, auf Basis der semi-automatisch erstellten Datenbasis von Köper/Schulte im Walde (2016a); (iii) die kontextuelle Passung von Basisverben in Partikelverb-Kontexten, auf Basis von distributioneller Ähnlichkeit; (iv) wahlweise die Information zu dem Partikel-Typen. Tabelle 5 zeigt die Ergebnisse der Klassifikation in Accuracy-Werten, mit und ohne Information zur Partikel. Die Tabelle zeigt deutlich, dass die Kontextwörter (vor allem in generalisierter Form), die Information zu ihrer Abstraktheit sowie die Passung von Basisverben in Partikelverb-Kontexten die salientesten Korpus-Merkmale sind bei einer Unterscheidung in literalen und nicht-literalen Sprachgebrauch. Die Vorgabe des Partikel-Typs ist ebenfalls relevant. Insgesamt treffen wir bei einer Kombination dieser Merkmale zu 86,8% richtige binäre Entscheidungen.

In einer qualitativen Analyse haben wir untersucht, inwieweit sich Partikelverben, die gegenseitig die Wörtlichkeit ihrer Kontexte vorhersagen können, in Bedeutungsaspekten ähneln. Dafür haben wir drei automatische Klassifikationen von Teilmengen von Partikelverben mit dem erfolgreichsten Klassifikator durchgeführt. In jeder dieser zusätzlichen Klassifikationen wurde der Klassifikator auf den Kontexten eines Partikelverbs trainiert und auf den Kontexten eines anderen Partikelverbs evaluiert. Die relevanten Paarungen von Partikelverben waren wie folgt: (i) „BVSyn": Die Basisverben von zwei Partikelverben mit identischen Partikeln sind synonym (Quelle: Duden), zum Beispiel *aufreißen* vs. *aufplatzen*. (ii) „PVSyn": Die Partikelverben sind in mindestens einer Bedeutung synonym zueinander (Quelle: Duden), zum Beispiel *auftragen* vs. *auftischen*. (iii) „SameBV": Das Trainings- und das Test-Verb haben dasselbe Basisverb, zum Beispiel *abgraben* vs. *aufgraben*.

Tab. 5: Vorhersage von (nicht-)literalem Sprachgebrauch

	Accuracy (ohne P)	Accuracy (mit P)
1 Baseline	64,9	–
2 Unigramme	75,6	76,5
3 Unigramme + Cluster	76,3	79,3
4 Abstraktheit	74,7	76,3
5 Visuelle Vorstellbarkeit	68,6	71,6
6 PV/BV-Passung	76,5	80,2
Kombination 2+4+6	84,8	86,6
Kombination 3+4+6	85,0	**86,8**

Abbildung 8 stellt die Ergebnisse der drei zusätzlichen Klassifikationen dar, im Vergleich zum Gesamtexperiment. Die linken Boxen zeigen die Vorhersagen von literalen, die rechten Boxen die Vorhersagen von nicht-literalen Kontexten. In BVSyn verbessern sich die Vorhersagen sowohl für literale als auch für nicht-literale Kontexte. Wir interpretieren dieses Ergebnis als ein Indiz für reguläre Bedeutungsverschiebung, d.h. Basisverben, die aus einer gemeinsamen semantischen Klasse stammen und mit derselben Partikel kombiniert werden, resultieren in ähnliche literale und nicht-literale Bedeutungen der Partikelverben. Bei PVSyn verschlechtern sich die Vorhersagen für literale Kontexte, aber die Vorhersagen für nicht-literale Kontexte verbessern sich. Unabhängig von den Bedeutungen der Basisverben entsprechen sie offensichtlich den nicht-literalen Bedeutungen der Partikelverben, aber da sich die Basisverben in ihrer Bedeutung unterscheiden können (wie in unserem Beispiel bei *tragen* und *tischen*), sind Vorhersagen für literale Kontexte ungenau. Bei SameBV sehen wir sehr starke Vorhersagen für literale Kontexte, da literale Kontexte mit den identischen Bedeutungen der Basisverben zusammenhängen. Nicht-literale Kontexte werden sehr schlecht vorhergesagt, da die unterschiedlichen Partikeln unterschiedliche Bedeutungsbeiträge leisten.

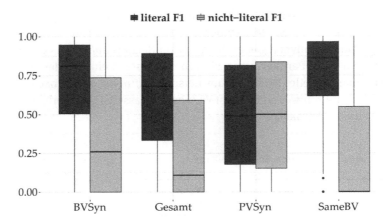

Abb. 8: Vorhersage von (nicht-)literalem Sprachgebrauch bei Unter-Klassifikationen

Zusammenfassend können wir sagen, dass die Vorhersage der (Nicht-)Wörtlich-keit mit einem Standard-Klassifikator und Partikelverb-salienten Merkmalen sehr erfolgreich ist: Wir können literale und nicht-literale Kontexte zu 86,8% richtig klassifizieren. Die salientesten Merkmale schließen Kontext-Wörter, die Abstrakt-heit des Kontexts sowie Information zur Partikel ein. Eine qualitative Studie zeigte zudem, dass die semantische Klasse der Basisverben, die Bedeutungen der Parti-keln sowie regelmäßige Bedeutungsverschiebungen einen Beitrag zu (nicht-)lite-ralem Sprachgebrauch bei Partikelverben leisten.

4 Zusammenfassung

Ich habe in diesem Artikel viele Puzzlesteine vorgestellt, die für die Komposition von deutschen Partikelverben relevant sind: (i) Unsere Datensammlung zur Gene-rierung von Kontexten für Partikelverb-Neologismen hat gezeigt, dass es bei der Komposition von Partikelverben eine Systematik gibt bezüglich der Kombination von Partikelbedeutungen und semantischen Basisverb-Klassen. (ii) Ein Priming-Experiment konnte bezüglich der Partikeln *an* und *auf* spatiale Bedeutungs-aspekte nachweisen. (iii) Distributionelle und multi-modale Modelle können empirische Bedeutungsaspekte für die Kompositionalität von Partikelverben aufdecken und den Grad der Kompositionalität modellieren. (iv) Distributionelle Klassifikationsmodelle geben Hinweise auf saliente Korpus-basierte und affek-tive Merkmale von literalen vs. nicht-literalen Kontexten von Partikelverben, und können die (Nicht-)Wörtlichkeit bestimmen.

Diese Puzzlesteine erzeugen offensichtlich noch kein vollständiges Bild von den (regulären) Mechanismen, die bei der Komposition von deutschen Partikelverben zusammenwirken, aber sie zeigen erste methodische Wege sowie kognitive und empirische Einsichten auf. Unsere zukünftige Arbeit zu Partikelverben wird die Modellierung auf der Token-Ebene vertiefen und mit Partikelverb-Kontexten arbeiten. Nach und nach werden wir hierbei Bedeutungsunterscheidungen bei Partikeln und Basisverbklassen integrieren. Ein mittelfristiges Ziel dabei sind Datensammlungen und Modellierungen von Analogien bei Bedeutungsverschiebungen.

Literatur

Baldwin, Timothy et al. (2003): An empirical model of multiword expression decomposability. In: Levin/Tokunaga/Lenci (Hg.), S. 89–96.

Bannard, Colin/Baldwin, Timothy/Lascarides, Alex (2003): A statistical approach to the semantics of verb-particles. In: Levin/Tokunaga/Lenci (Hg.), 65–72.

Baroni, Marco et al. (2009): The WaCky Wide Web: A collection of very large linguistically processed web-crawled corpora. In: Language Resources and Evaluation 43, 3, S. 209–226.

Barsalou, Lawrence W. (2008): Grounded cognition. In: Annual Review of Psychology 59, S. 617–645.

Bohnet, Bernd (2010): Top accuracy and fast dependency parsing is not a contradiction. In: Proceedings of the 23rd International Conference on Computational Linguistics. Peking, S. 89–97.

Bott, Stefan (2016): Ghost-PV: A representative gold standard of German particle verbs. In: Proceedings of the 5th Workshop on Cognitive Aspects of the Lexicon (CogALex V). Osaka, S. 125–133.

Bott, Stefan/Schulte im Walde, Sabine (2014a): Optimizing a distributional semantic model for the prediction of German particle verb compositionality. In: Proceedings of the 9th Conference on Language Resources and Evaluation. Reykjavik, S. 509–516.

Bott, Stefan/Schulte im Walde, Sabine (2014b): Modelling regular subcategorization changes in German particle verbs. In: Proceedings of the 1st Workshop on Computational Approaches to Compound Analysis. Dublin, S. 1–10.

Bott, Stefan/Schulte im Walde, Sabine (2015): Exploiting fine-grained syntactic transfer features to predict the compositionality of German particle verbs. In: Proceedings of the 11th Conference on Computational Semantics. London, S. 34–39.

Cook, Paul/Stevenson, Suzanne (2006): Classifying particle semantics in English verb-particle constructions. In: Proceedings of the Workshop on Multiword Expressions: Identifying and exploiting underlying properties. Sydney, S. 45–53.

Dehé, Nicole (2015): Particle verbs in Germanic. In: Ohnheiser, Peter O. et al. (Hg.): Word formation. An International Handbook of the Languages of Europe. Bd. 1. (= Handbücher zur Sprach- und Kommunikationswissenschaft 40). Berlin, S. 611–626.

Evert, Stefan (2005): The statistics of word co-occurrences: Word pairs and collocations. Diss., Universität Stuttgart. Internet: https://elib.uni-stuttgart.de/bitstream/11682/2573/1/Evert2005phd.pdf (Stand: 18.8.2017).

Faaß, Gertrud/Eckart, Kerstin (2013): SdeWaC – A corpus of parsable sentences from the web. In: Proceedings of the International Conference of the German Society for Computational Linguistics and Language Technology (GSCL 2015). Darmstadt, S. 61–68.

Faaß, Gertrud/Heid, Ulrich/Schmid, Helmut (2010): Design and application of a gold standard for morphological analysis: SMOR in validation. In: Proceedings of the 7th International Conference on Language Resources and Evaluation. Valletta, S. 803–810.

Firth, John R. (1957): Papers in Linguistics 1934–51. London/New York.

Frassinelli, Diego et al. (2017): Meaning (mis-)match in the directionality of German particle verbs. Poster, 30th Annual CUNY Conference on Human Sentence Processing. Cambridge, MA.

Hamp, Birgit/Feldweg, Helmut (1997): GermaNet – a lexical-semantic net for German. In: Proceedings of the ACL Workshop on Automatic Information Extraction and Building Lexical Semantic Resources for NLP Applications. Madrid, S. 9–15.

Harris, Zellig (1954): Distributional structure. In: Word 10, 23, S. 146–162.

Hartmann, Silvana (2008): Einfluss syntaktischer und semantischer Subkategorisierung auf die Kompositionalität von Partikelverben. Studienarbeit, Universität Stuttgart.

Kiela, Douwe et al. (2014): Improving multi-modal representations using image dispersion: Why less is sometimes more. In: Proceedings of the 52nd Annual Meeting of the Association for Computational Linguistics. Baltimore, S. 835–841.

Kliche, Fritz (2011): Semantic variants of German particle verbs with „ab". In: Leuvense Bijdragen 97, S. 3–27.

Köper, Maximilian/Schulte im Walde, Sabine (2016a): Automatically generated norms of abstractness, arousal, imageability and valence for 350 000 German lemmas. In: Proceedings of the 10th Conference on Language Resources and Evaluation. Portoroz, S. 2595–2598.

Köper, Maximilian/Schulte im Walde, Sabine (2016b): Distinguishing literal and non-literal usage of German particle verbs. In: Proceedings of the 15th Annual Conference of the North American Chapter of the Association for Computational Linguistics: Human Language Technologies. San Diego, S. 353–362.

Köper, Maximilian/Schulte im Walde, Sabine (2017): Complex verbs are different: Exploring the visual modality in multi-modal models to predict compositionality. In: Proceedings of the 13th Workshop on Multi-Word Expressions. Valencia, S. 200–206.

Kunze, Claudia (2000): Extension and use of GermaNet, a lexical-semantic database. In: Proceedings of the 2nd International Conference on Language Resources and Evaluation. Athen, S. 999–1002.

Lechler, Andrea/Roßdeutscher, Antje (2009): German particle verbs with „auf". Reconstructing their composition in a DRT-based framework. In: Linguistische Berichte 220, S. 439–478.

Levin, Beth (1993): English verb classes and alternations. A preliminary investigation. Chicago.

Levin, Lori/Tokunaga, Takenobu/Lenci, Alessandro (Hg.) (2003): Proceedings of the ACL Workshop on Multiword Expressions: Analysis, acquisition and treatment. (= Computational Linguistics 18). Stroudsburg.

McCarthy, Diana/Keller, Bill/Carroll, John (2003): Detecting a continuum of compositionality in phrasal verbs. In: Levin/Tokunaga/Lenci (Hg.), S. 73–80.

McIntyre, Andrew (2007): Particle verbs and argument structure. In: Language and Linguistics Compass 1, 4, S. 350–397.

Müller, Thomas/Schmid, Helmut/Schütze, Hinrich (2013): Efficient higher-order CRFs for morphological tagging. In: Proceedings of the 2013 Conference on Empirical Methods in Natural Language Processing. Seattle, S. 322–332.

Schäfer, Roland/Bildhauer, Felix (2012): Building large corpora from the web using a new efficient tool chain. In: Proceedings of the 8th International Conference on Language Resources and Evaluation. Istanbul, S. 486–493.

Scheible, Silke et al. (2013): A compact but linguistically detailed database for German verb subcategorisation relying on dependency parses from a web corpus: Tool, guidelines and resource. In: Proceedings of the 8th Web as Corpus Workshop. Lancaster, S. 63–72.

Schulte im Walde, Sabine/Müller, Stefan/Roller, Stephen (2013): Exploring vector space models to predict the compositionality of German noun-noun compounds. In: Proceedings of the 2nd Joint Conference on Lexical and Computational Semantics. Atlanta, S. 255–265.

Siegel, Signey/Castellan, N. John (1988): Nonparametric Statistics for the Behavioral Sciences. 2., überarb. Aufl. Boston.

Springorum, Sylvia (2011): DRT-based analysis of the German verb particle *an*. In: Leuvense Bijdragen 97, S. 80–105.

Springorum, Sylvia/Utt, Jason/Schulte im Walde, Sabine (2013): Regular meaning shifts in German particle verbs: A case study. In: Proceedings of the 10th International Conference on Computational Semantics. Potsdam, S. 228–239.

Springorum, Sylvia (2014): (Re)constructing German verb particle meanings for familiar and novel verbs. Vortrag, International Conference on the Cross-linguistic Comparison of Indo-Germanic and Semitic Languages. Konstanz.

Stiebels, Barbara/Wunderlich, Dieter (1994): Morphology feeds syntax: The case of particle verbs. In: Linguistics 32, 6, S. 913–968.

Turney, Peter D./Pantel, Patrick (2010): From frequency to meaning: Vector space models of semantics. In: Journal of Artificial Intelligence Research 37, S. 141–188.

Silvia Hansen-Schirra/Katharina Oster/Jean Nitzke/
Anne-Kathrin Gros (Mainz)

Die Rolle der Entropie im Übersetzungsprozess

Abstract: Die Sprachverarbeitung beim Übersetzen unterliegt zwei gegenläufigen Forderungen: der ausgangstextbasierten Äquivalenzforderung und der funktionalistischen Zielpublikumsorientierung. So können Übersetzungen mehr oder weniger wie eine Kopie des Ausgangstextes in einer anderen Sprache wirken, je nachdem wie wörtlich oder frei übersetzt wurde. Dieses Entscheidungskontinuum lässt sich mit dem Entropiebegriff operationalisieren. Je höher die Entropie, desto mehr Übersetzungsvarianten gibt es für einen ausgangssprachlichen Ausdruck. Welche Rolle hierbei das mentale Lexikon spielt und inwiefern die Entropie die kognitiven Prozesse beim Übersetzen beeinflusst, kann durch experimentelle Forschung untersucht werden.

In einer ersten Studie haben wir den Einfluss des mentalen Lexikons auf die Übersetzungsentropie und dessen Entwicklungspotenzial bei Studierenden am Beispiel von Kognaten untersucht. Die zweite Studie belegt den Zusammenhang zwischen Entropie und der kognitiven Belastung am Bespiel verschiedener Wortarten. Durch die Datentriangulation von produkt- und prozessbasierten Ergebnissen lassen sich spezifische Verwendungsmuster ableiten.

1 Entscheidungskontinuum beim Übersetzen

Beim Übersetzen liegt ein generelles Entscheidungskontinuum zwischen wörtlichen und freien Übersetzungsvarianten vor (Catford 1965; Wilss 1996). Hierbei sind die wörtlichen Varianten eher ausgangssprachenorientiert, die freien Varianten eher zielsprachenorientiert. Diese Ausprägungen wurden korpuslinguistisch auch als *Shining-through* (Teich 2003) vs. *Normalisierung* (Baker 1996) getestet. Halverson (2003) verfolgt bei der Ursachenbestimmung dieser Phänomene einen kognitiven Ansatz. Ihre *Literal Translation Hypothesis* besagt Folgendes: Bei der Wahl zwischen einer wörtlichen Lösung, deren Verarbeitung nicht viel kognitiven Aufwand benötigt, und einer Lösung, die mehr Verarbeitung benötigt, entscheidet sich der Übersetzer für die wörtliche, da er so Verarbeitungszeit und kognitive Leistung einspart (vgl. ebd., S. 223). Halversons Erklärungsansatz fußt

DOI 10.1515/9783110579963-010

auf de Groots *Distributed Conceptual Feature Model* (de Groot 1992, S. 393), nach dem Übersetzungsäquivalente über gemeinsame semantische Merkmale auf der konzeptuellen Ebene des bilingualen Lexikons verfügen. Wörter, die viele gemeinsame semantische Merkmale aufweisen, können leichter übersetzt werden. Halverson argumentiert, dass semantische und phonologische Informationen grammatikalischer Einheiten in komplexen Netzwerken verbunden sind. Durch regelmäßige Nutzung einer dieser Verbindungen werden sie verstärkt und es bildet sich eine prototypische Verknüpfung, die bei mentalen Auswahlprozessen bevorzugt wird. Der Prototyp wird „angezogen". Halverson (2003) nennt diesen Effekt *Gravitational Pull*. In Bezug auf die *Literal Translation Hypothesis* wird die bevorzugte Auswahl einer wörtlichen Übersetzung mittels Halversons *Gravitational Pull Hypothesis* dargelegt: „highly salient structures will exert a gravitational pull, resulting in an overrepresentation in translation of the specific TL lexical and grammatical structures" (ebd., S. 218).

Englund Dimitrova (2005) und Chesterman (2011) ziehen vor allem psycholinguistische Erklärungsansätze für die *Literal Translation Hypothesis* in Erwägung. Sie bezeichnen die Neigung zur *Literal Translation* und auch deren Revidierung als Übersetzungsstrategie. Krings (1986) definiert Übersetzungsstrategien als „potentiell bewusste Pläne eines Übersetzers zur Lösung konkreter Übersetzungsprobleme im Rahmen einer konkreten Übersetzungsaufgabe" (ebd., S. 175). Das Wort *potentiell* soll an dieser Stelle hervorgehoben werden, da Strategien auch unbewusst und automatisiert greifen können. Englund Dimitrova sieht einen potentiellen Zusammenhang zwischen translatorischer Kompetenz und dem Automatisierungsgrad übersetzerischer Strategien:

> The professional translator can be assumed to have worked out, or perhaps explicitly learnt, certain (types of) solutions to recurring textual phenomena in his/her particular language combination. In the translation process, such ready-made solutions can be assumed to be automated to a certain extent. (Englund Dimitrova 2005, S. 59)

Hier wird vermutet, dass bei professionellen Übersetzern auch erlernte Übersetzungsstrategien in einem hohen Maße verinnerlicht sind, sodass man von automatisierten Strategien sprechen kann. Strittig bleibt jedoch, ob erlernte Strategien derartig in das übersetzerische Verhalten eingehen können, als dass von einer automatisierten mentalen Reaktion gesprochen werden kann.

Tirkkonen-Condit (2004) und Halverson (2015) (ebenso Schaeffer/Carl 2013) argumentieren für eine kognitive Grundlage der *Literal Translation Hypothesis* und sehen die Ursprünge des Phänomens in der Struktur des bilingualen Lexikons. Sollte diese Interpretation und damit der Ursprung von *Literal Translations* in mentalen Prozessen, v.a. im sogenannten *Priming* bewiesen werden können, kann angenommen werden, dass *Literal Translations* automatisch produziert werden und nicht steuerbar sind. Somit qualifiziert sich das Phänomen als Übersetzungsuniversalie.

Um das Entscheidungskontinuum zwischen wörtlicher vs. freier Übersetzung zu operationalisieren, haben Schaeffer et al. (2016), wie im Folgenden ausgeführt, den Entropiebegriff für die Übersetzungswissenschaft adaptiert. Die Entropie ist ein Konzept aus der Thermodynamik und wird häufig als Maß der Unordnung beschrieben. Claude E. Shannon (1948), Begründer der Informationstheorie, nutzte den Entropiebegriff zur theoretischen Betrachtung von Kommunikation. In diesem Zusammenhang verknüpft Entropie das Konzept des Informationsgehalts I einer Nachricht mit der Auftrittswahrscheinlichkeit dieser Nachricht. Der Informationsgehalt I einer Nachricht in Abhängigkeit ihrer Auftrittswahrscheinlichkeit p errechnet sich nach Shannon (1948, S. 48) wie folgt:

$$I(p) = -\log 2(p)$$

Dies bedeutet, dass eine Nachricht mit einer geringen Auftrittswahrscheinlichkeit einen höheren Informationsgehalt besitzt als eine Nachricht, die oft auftritt. Diese Abhängigkeit des Informationsgehaltes von der Auftrittswahrscheinlichkeit wird von Shannon als logarithmisch angenommen. Um auszudrücken, wie unsicher das Auftreten einer Information ist, wird aus dem Informationsgehalt der Auftrittswahrscheinlichkeit die Entropie H über die folgende Formel berechnet:

$$H = \Sigma pin_{i=1} I(p_i) = -\Sigma pin_{i=1} \log 2(p_i)$$

Der Entropiebegriff wurde in der Translationswissenschaft als Maß der Unsicherheit (*Degree of Uncertainty*; Schaeffer et al. 2016, S. 191) operationalisiert und beschreibt gleichzeitig die Anzahl von Übersetzungsalternativen einer lexikalischen Einheit und die Wahrscheinlichkeit ihres Vorkommens (bzw. dass sie als Alternative ausgewählt werden) in einem Korpus.

Wird angenommen, dass alle Übersetzungsalternativen einer lexikalischen Einheit gleich wahrscheinlich sind, so fällt der Entropiewert hoch aus. Existieren zwar viele Übersetzungsalternativen, jedoch kommen einige nur sehr selten vor und eine sehr häufig, ist der Entropiewert niedrig. In der Praxis bedeutet das, wenn ein Wort n mal übersetzt und von m Übersetzern immer gleich übersetzt wurde, weist dieses Wort in Bezug auf den Korpus der m Übersetzer eine Entropie von 0 auf und wird laut Schaeffer et al. (2016) als prototypische *Default Translation* angesehen. Welche Rolle das mentale Lexikon auf die Übersetzungsentropie hat und diese wiederum auf die kognitive Verarbeitung beim Übersetzen, wird im Folgenden empirisch untersucht.

2 Übersetzungsentropie in Abhängigkeit des mentalen Lexikons

Welchen Einfluss hat das mentale Lexikon auf die Entropie? Eine Methode, das mentale Lexikon zu untersuchen, sind *Word Translation Tests*. Bei diesen Experimenten werden einzelne Wörter von Probanden so schnell wie möglich mündlich in eine andere Sprache übersetzt. Durch eine experimentelle Manipulation der Stimuli können so die Reaktionszeiten auf verschiedene linguistische Parameter untersucht werden. Je kürzer dabei die Reaktionszeiten sind, desto schneller ist die mentale Verarbeitung. Bei *Word Translation Tests* bedeutet dies, dass die Übersetzung zum Beispiel von Wörtern bestimmter Wortklassen einfacher ist.

Ein bekannter Effekt, der bei diesen Experimenten untersucht werden kann, ist der *Cognate Facilitation Effect*. Es wurde festgestellt, dass Kognaten (Übersetzungsäquivalente mit einer ähnlichen Form, z.B. *system* (Englisch) und *System* (Deutsch)) schneller übersetzt werden als Nicht-Kognaten (Übersetzungsäquivalente mit unterschiedlicher Form, z.B. *health* (Englisch) und *Gesundheit* (Deutsch)) (Christoffels/de Groot/Kroll 2006). Die Differenz in der Reaktionszeit ist der *Cognate Facilitation Effect*. Dieses Ergebnis wird damit erklärt, dass Kognaten auf Grund ihrer ähnlichen Form im mentalen Lexikon eng miteinander verknüpft sind. Während der Rezeption werden daher Kognaten voraktiviert und können während der Übersetzung somit leichter produziert werden als Nicht-Kognaten.

Es wäre nun möglich, dass dieser Erleichterungseffekt nicht nur mit der Reaktionszeit, sondern auch mit der Art des Outputs in Verbindung gebracht werden kann. Dies könnte dann ein erster Hinweis darauf sein, dass die Struktur des mentalen Lexikons auch eine Rolle für die Entropie spielt. Um dies zu untersuchen, haben wir einen *Word Translation Test* durchgeführt und neben den Reaktionszeiten auch gemessen, wie viele ausgangssprachliche Kognaten mit zielsprachlichen Kognaten bzw. Nicht-Kognaten übersetzt wurden. Diese Messmethode steht in direktem Zusammenhang zu den Parametern des *Word Translation Tests* und ist relativ einfach zu messen. Sie stellt zudem ein grobes Maß für Entropie dar. Für weitere Auswertungen ist natürlich auch eine genauere Analyse der Entropie denkbar.

An dem *Word Translation Test* nahmen 20 Übersetzungsstudierende teil. Als Stimuli dienten jeweils 44 abstrakte Kognaten und Nicht-Kognaten, die sich nicht hinsichtlich der Wortlänge in Buchstaben, der Frequenz (BNC) und der möglichen Übersetzungen (www.linguee.de) unterscheiden (siehe Tab. 1). Die Probanden erhielten den Auftrag, die Wörter so schnell und so präzise wie möglich aus dem Englischen ins Deutsche zu übersetzen.

Tab. 1: Beispielstimuli für den Word Translation Test

Kognaten	Nicht-Kognaten
activity	complaint
comment	decrease
factor	amount
project	growth
method	fear

Das Experiment bestand aus einem Probeblock und 10 experimentellen Blöcken. Jeder Block beinhaltete vier Kognaten und vier Nicht-Kognaten, die jeweils viermal wiederholt wurden. Die Anzeige der Stimuli erfolgte dabei in einer pseudorandomisierten Reihenfolge. Insgesamt bestand das Experiment somit aus 32 Stimuli im Probeblock und 320 Stimuli im experimentellen Teil.

Vor jedem Stimulus erschien ein Fixationskreuz für 500–800 ms, gefolgt von einem schwarzen Bildschirm, der auch 500 ms eingeblendet wurde. Der Stimulus erschien für 500 ms auf dem Bildschirm gefolgt von einem schwarzen Bildschirm für 2000 ms. Die nächsten Fixationskreuze und Stimuli erschienen automatisch, ohne dass der Proband weiterklicken musste. Nach jedem Block konnten die Probanden eine Pause machen und selbst entscheiden, wann sie weitermachen wollten.

Die Präsentation der Stimuli erfolgte mit der Software *Psychopy*, der Sprachoutput der Probanden wurde mit *Audacity* und die Reaktionszeiten mit Hilfe eines *Voice Keys* (*Cedrus Stim Tracker*) aufgezeichnet.

Die mit Hilfe des *Voice Keys* aufgezeichneten Reaktionszeiten wurden für jeden Probanden für Kognaten und Nicht-Kognaten gemittelt. Dabei fanden nur korrekte Antworten Berücksichtigung. Zudem entfernten wir Antworten, vor denen ein Störgeräusch in den Audioaufzeichnungen zu hören war, wie zum Beispiel ein Husten oder ein *ähm*, da dies den *Voice Key* fälschlicherweise zu früh hätte auslösen können.

Um den *Cognate Facilitation Effect* zu berechnen, wurde dann die Reaktionszeit für Kognaten von der Reaktionszeit für Nicht-Kognaten abgezogen:

$$RT\_Non\_Cognates - RT\_Cognates = CFE$$

Da wir untersuchen wollten, ob die Art, wie Wörter übersetzt werden, mit dem *Cognate Facilitation Effect* korreliert, werteten wir außerdem aus, bei wie vielen Kognaten die Übersetzung durch die entsprechenden Kognaten bzw. durch Nicht-Kognaten erfolgte. Beispiel: *project* wurde nicht mit *Projekt*, sondern mit *Vorhaben* übersetzt.

In einem letzten Schritt haben wir dann den Zusammenhang zwischen der Anzahl der übersetzten Nicht-Kognaten und dem *Cognate Facilitation Effect* berechnet (siehe Abb. 1). Dabei stellte sich heraus, dass der *Cognate Facilitation Effect* stark mit der Anzahl der Nicht-Kognaten korreliert: $r(18)=-.67$, $p=.0012$.

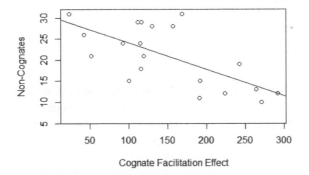

Abb. 1: Verhältnis von *Cognate Facilitation Effect* zu übersetzten Nicht-Kognaten

Die Ergebnisse des *Word Translation Tests* zeigen, dass es einen Zusammenhang zwischen den für eine Übersetzung gewählten Wörtern und dem *Cognate Facilitation Effect* und damit dem mentalen Lexikon gibt. Diese Studie wurde nur mit 20 Probanden durchgeführt und andere Variablen außer dem *Cognate Facilitation Effect* und der Anzahl der übersetzten Nicht-Kognaten wurden nicht berücksichtigt. Eine Ausweitung der Studie ist daher geplant (siehe Oster i.Vorb.). Diese ersten Ergebnisse weisen allerdings darauf hin, dass es nicht nur eine Verbindung zwischen der Struktur des mentalen Lexikons und Reaktionszeiten gibt, sondern dass auch eine Verbindung zwischen dem mentalen Lexikon und der Art des Outputs gibt. Es könnte sich daher lohnen, Experimente zum mentalen Lexikon in Betracht zu ziehen, wenn unterschiedliche Entropiewerte zwischen verschiedenen Populationen beim Übersetzen beobachtet werden.

Um zu überprüfen, inwiefern sich das mentale Lexikon beim Übersetzen mit steigender Kompetenz entwickelt, haben wir ein weiteres Experiment durchgeführt, in dem 43 Übersetzungsstudierende (alle deutsche Muttersprachler) des Fachbereichs Translations-, Sprach- und Kulturwissenschaft (FTSK) in Germersheim aufgefordert wurden, einen Text aus dem Englischen zu übersetzen. Der Text umfasste 187 Wörter und enthielt 49 englisch-deutsche Kognaten, die wir als Stimuli für die Übersetzungsentscheidungen untersuchten. Für die Auswertung zählten wir, wie oft die Kognaten in der Übersetzung mit Kognaten bzw. mit Nicht-Kognaten übersetzt wurden und korrelierten den Befund mit der Semesterzahl, die die Probanden in den Metadatenfragebögen angaben.

Die Ergebnisse in Abbildung 2 zeigen, dass die Anzahl der Kognaten-Übersetzung negativ mit der Semesterzahl korreliert. Das heißt, je fortgeschrittener die Probanden im Studienverlauf sind, desto häufiger übersetzen sie die Kognaten-Stimuli mit Nicht-Kognaten. Dies lässt vermuten, dass sich ein Mechanismus bei Übersetzungsstudierenden entwickelt, der die Auswahlentscheidung für Nicht-Kognaten präferiert. Dies könnte durch Veränderungen im mentalen Lexikon bedingt sein, denn es wurde bereits gezeigt, dass auch im Erwachsenenalter neue Wörter gelernt werden können und Verbindungen in der netzwerkähnlichen Struktur des mentalen Lexikons verstärkt oder geschwächt werden können (Aitchison 2012). Der Grund könnte aber auch auf einen ausgeprägten Monitoring-Mechanismus zurückzuführen sein (Hansen-Schirra/Nitzke/Oster i.Dr.; Oster i.Vorb.; siehe auch Levelt 1999). Allerdings haben mehrere Studien festgestellt, dass sich das Monitoring nach der Kindheit nicht mehr entwickelt (z.B. Wiersema/van der Meere/Roeyers et al. 2007), dessen Ausprägung und Intensität hängt jedoch von den vorhandenen mentalen Ressourcen ab: z.B. Motivation (Ganushchak/Schiller 2008) oder Zeitdruck (Ganushchak/Schiller 2006).

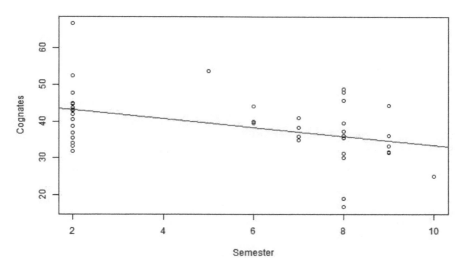

Abb. 2: Negative Korrelation zwischen Kognaten-Übersetzung und Semesterzahl ($r(41) = -.42$, $p = .005$)

Unsere Hypothese lautet demnach, dass sich das mentale Lexikon weiter entwickelt. Die Verbindungen zwischen Nicht-Kognaten werden stärker, da Kognaten ständig durch den Monitoring-Prozess gefiltert werden. Wir vermuten, dass sich der Kontrollmechanismus selbst nicht weiterentwickelt. Aber da der Übersetzer weniger kognitive Ressourcen benötigt, um Nicht-Kognaten zu aktivieren (die Ko-Aktivierungsschwelle wird im Laufe der Zeit gesenkt), stehen mehr kognitive Ressourcen für die Monitoring-Prozesse zur Verfügung. Es muss jedoch bedacht werden, dass die Ergebnisse nicht nur auf die Übersetzerausbildung zurückzuführen sind, sondern auch auf eine erhöhte bilinguale Kompetenz. Daher ist zu vermuten, dass diese Expertise mit der Entwicklung des mentalen Lexikons einhergeht.

3 Kognitive Prozesse in Abhängigkeit der Übersetzungsentropie

Wie oben bereits beschrieben, gibt die Entropie in der Translationswissenschaft die Unsicherheit der Übersetzung wieder, d.h. je höher ein Entropiewert ist, umso mehr Übersetzungsmöglichkeiten gibt es für die ausgangssprachliche Einheit. Dabei spielt zum einen die Anzahl der Übersetzungsmöglichkeiten eine Rolle, zum anderen aber auch die Wahrscheinlichkeiten, dass diese Möglichkeiten gewählt werden. Wenn in einem parallelen Korpus eine Texteinheit sehr selten mit einer Variante mit einer anderen hingegen sehr häufig übersetzt wurde, ist der Entropiewert für die seltene Einheit kleiner, als wenn beide Übersetzungsmöglichkeiten ungefähr gleich häufig gewählt wurden (vgl. Bangalore et al. 2016, S. 213–214).

Um den Effekt von Entropie auf die kognitiven Übersetzungsprozesse in verschiedenen Übersetzungs- und Bearbeitungsmodi messbar zu machen, wurden in einer Experimentreihe 24 Übersetzer (12 professionelle Übersetzer, 12 Studierende der Translation) gebeten, sechs Texte vom Englischen ins Deutsche zu übersetzen, zu post-editieren und monolingual zu post-editieren.[1] Die Texte waren jeweils 110–160 Wörter lang und beschäftigten sich mit eher allgemeinsprachlichen Themen. Außerdem wurden von jedem Probanden Keylogging- und Eyetracking-Daten mithilfe der Software *Translog II* (Carl 2012) und einem *Tobii TX300* aufgezeichnet. Die Daten sind frei zugänglich in der CRITT TPR-DB-Datenbank[2] (Carl/Bangalore/Schaeffer (Hg.) 2016), initiiert von der *Copenhagen Busi-*

---

[1] Post-Editing bezeichnet die Nachbearbeitung maschineller Übersetzung durch einen Übersetzer. Der Begriff bezieht sich in der Regel auf das bilinguale Post-Editing, bei dem dem Übersetzer auch der Ausgangstext zur Verfügung steht. Beim monolingualen Post-Editing steht dem Übersetzer nur die maschinelle Übersetzung zur Verfügung.
[2] https://sites.google.com/site/centretranslationinnovation/tpr-db.

ness School. Die Datenbank besteht aus Translationsprozessdaten, aufgenommen in verschiedenen Experimentszenarien und in unterschiedlichsten Sprachkombinationen. Die vorliegende Datenreihe wurde beispielsweise nicht nur vom Englischen ins Deutsche, sondern auch ins Japanische, Spanische, Chinesische, Dänische und in Hindi über die verschiedenen Modi transferiert. Für die Auswertung wurde Version 2.310 der Datenbank verwendet.

Die Entropiewerte wurden automatisch probanden- und aufgabenübergreifend berechnet, d.h. dass alle Translationsvarianten in die Werte einfließen, egal ob ohne maschinelle Vorarbeit übersetzt oder (monolingual) post-editiert wurde. Im Folgenden werden allerdings nur die Keylogging- und Eyetracking-Daten der Humanübersetzungen ausgewertet.

Zu untersuchen ist die Hypothese, ob sich die Entropie der einzelnen Wörter auf die kognitive Verarbeitung (gemessen an Keylogging- und Eyetracking-Daten, d.h. kognitiver Aufwand für die Schreib- und Leseprozesse beim Übersetzen) auswirkt (Nitzke i.Vorb.). Vermutet wird, dass die Entropiewerte einen statistisch signifikanten Einfluss auf die Prozessdaten haben – je höher die Entropie, desto höher der kognitive Aufwand (H_1). Weiterhin gehen wir davon aus, dass einige Wortarten bei hoher Entropie mehr kognitiven Aufwand als andere veranschlagen (H_2).

Für die Auswertung wurde ein lineares gemischtes Modell in R erstellt (R Core Team 2000), um herauszufinden, welchen Einfluss Wortentropie (*HTra*) auf die Prozessdaten hat. Als weitere Einflussfaktoren wurden Status und Erfahrung der Probanden mit ins Modell aufgenommen. Der Status der Probanden ist in Studierende und professionelle Übersetzer aufgeteilt. Da die Gruppen in sich selbst sehr heterogen sind, wurde ein Erfahrungsfaktor eingeführt, um besser abzubilden, wie viel Erfahrung die Probanden haben. In diesem Faktor werden Studienjahre einfach, Jahre professioneller Übersetzererfahrung doppelt gezählt (ausführliche Beschreibung in Nitzke 2016). Die einzelnen Probanden sowie die verschiedenen Texte wurden als Zufallseffekte aufgenommen. Das statistische Modell wurde somit mit dem folgenden Aufruf berechnet:

lmer(Prozessparameter ~
HTra + Status + Exp + (1|Part) + (1|Text), dataset)

Wenn kein signifikanter Einfluss von Status und Erfahrung (Exp) nachgewiesen werden konnte, wurden die entsprechenden Faktoren aus dem Modell ausgeschlossen. Die getesteten Prozessparameter (vgl. Carl/Bangalore/Schaeffer (Hg.) et al. 2016) umfassen die Produktionsdauer (*Dur*), die Gesamtdauer der Fixationen im Ausgangstext (*TrtS*), die Gesamtzahl der Fixationen im Ausgangstext (*FixS*), die Gesamtdauer der Fixationen im Zieltext (*TrtT*) und die Gesamtzahl der Fixationen im Zieltext (*FixT*). Der Einfluss der Wortentropie wurde sowohl auf die Gesamtdaten als auch auf die einzelnen Wortarten getestet.[3] Aufgrund geringen Vorkommens in den Texten, wurden Adjektive, Adverbien und deren Komparationen, sowie *wh*-Wörter (Determinativ, Pronomen und Adverbien) zusammengefasst. Des Weiteren wurden zusätzlich zu den Unterkategorien inkludierende Kategorien für Nomen und Verben erstellt.

Wenn alle Datenpunkte in Betracht gezogen werden, sind die Ergebnisse signifikant für Gesamtdauer (t= 3.56, p= 0.0004) und Anzahl der Fixationen auf den Zieltext (t= 3.17, p= 0.0015), die Entropie eines Wortes beeinflusst also das Blickverhalten auf den Zieltext. Jedoch kann dieses Ergebnis nicht auf alle Wortarten übertragen werden. Die Ergebnisse, die im Folgenden diskutiert werden, beziehen sich auf alle sechs Texte, wobei jeder dieser Texte sieben bis acht[4] Mal übersetzt wurde. Es muss daher berücksichtigt werden, dass die teilweise geringen Vorkommen in dem recht kleinen Textkorpus dafür gesorgt haben können, dass die Entropiewerte keinen signifikanten Einfluss hatten, da die Stichproben zu klein sind. In den wenigen Fällen, in denen sowohl Entropie als auch Status/ Erfahrung der Probanden einen signifikanten Effekt hatten, wurden die Variablen auf Kollinearität überprüft.[5] All diese Tests verliefen negativ, weshalb kein Faktor aus dem Modell entfernt werden musste.

Die Produktionsdauer (*Dur*) scheint allein bei Präpositionen und Verben durch die Wortentropie beeinflusst zu sein. Des Weiteren hat eine große Variation in der Übersetzung von Präpositionen auch einen Einfluss auf das Leseverhalten im Zieltext. Während Entropie bei den einzelnen Unterkategorien der Verben, wenn überhaupt, einen Einfluss auf die Blickbewegung im Zieltext hat, besteht für die Gesamtgruppe Verben ein Zusammenhang zwischen Entropie und Blickbewegung im Ausgangstext. Auch bei den Nomen beeinflusst die Entropie das Leseverhalten im Ausgangstext und die Anzahl der Fixationen im Zieltext. Überraschenderweise zeigen Kardinalzahlen sowohl im Leseverhalten im Ausgangs- als auch Zieltext signifikante Zusammenhänge zur Entropie. Dies könnte daran liegen, dass man im Allgemeinen nicht viel Variation bei der Übersetzung von Zahlen erwartet und an den Stellen, an denen verschiedene Übersetzungsmöglichkeiten abgewogen werden müssen, der kognitive Aufwand signifikant höher ist (da auch davon auszugehen ist, dass die Übersetzung von Zahlen i.d.R. keine großen Schwierigkeiten verursacht, wenn bspw. keine Einheiten umgerechnet werden müssen).

---

3 Das Part-of-Speech-Tagging ist bereits in der Datenbank enthalten und richtet sich nach der Kategorien der Penn Treebank (vgl. Marcus/Marcinkiewicz/Santorini 1993).
4 Aus technischen Gründen wurden einige Sitzungen fehlerhaft oder gar nicht aufgezeichnet.
5 Das entsprechende Skript wurde von Austin F. Frank entwickelt und ist verfügbar unter: https://raw.github.com/aufrank/R-hacks/master/mer-utils.R.

Des Weiteren werden die Schreib- und Blickdaten der Adjektive gar nicht von Entropie beeinflusst, was wiederum daran liegen könnte, dass sich deren Bedeutung aus dem Kontext oft unproblematisch erschließen lässt oder sie feste Bestandteile in Kollokationen darstellen.

Bei den meisten Ergebnissen ist der t-Wert positiv, d.h. die Ergebnisse sind positiv gerichtet. Wenn die Entropie also hoch ist, sind auch die Fixationsdauer sowie die Anzahl der Tastaturbewegungen erhöht. Jedoch gibt es auch einige wenige Fälle, bei denen die Ergebnisse negativ gerichtet sind, die Fixationsdauer und die Anzahl an Tastaturbewegungen sinken, wenn die Entropie steigt, z.B. bei den Adverbien, deren Lesezeiten im Ausgangstext signifikant von der Entropie beeinflusst werden. Ein Grund dafür könnte sein, dass englische Adverbien mit deutschen Adverbialphrasen übersetzt werden, was eine standardisierte Strategie und daher kognitiv wenig aufwändig ist. Dieses Phänomen erfordert allerdings noch weitere Forschung.

Die Hypothesen können zusammenfassend nur teilweise bestätigt werden. Einerseits hat sich gezeigt, dass Entropie oft einen signifikanten Einfluss auf die kognitiven Übersetzungsprozesse hat, aber nicht auf jeden Parameter. Auch hat sich gezeigt, dass einige Wortarten, wie z.B. die Kardinalzahlen, sensibler auf Entropie reagieren als andere. Adjektive beispielsweise wurden überhaupt nicht signifikant von Entropie beeinflusst, obwohl sie im Vergleich zu anderen Wortarten relativ häufig vorkommen. Inwiefern dies auf automatisierte Prozesse beim Übersetzen schließen lässt, muss Gegenstand weiterführender Studien sein (siehe z.B. die EEG-Studie von Oster i.Vorb.).

4 Zusammenfassung und Ausblick

Das Entscheidungskontinuum zwischen wörtlicher und freier Übersetzung lässt sich empirisch mit dem Entropiebegriff operationalisieren. Unsere Studien zeigen einerseits, welche Rolle das mentale Lexikon bei der Übersetzung von Kognaten und den damit verbundenen Effekt auf die Übersetzungsentropie spielen kann. Andererseits haben wir gezeigt, dass Entropie ihrerseits Auswirkungen auf die kognitiven Prozesse und insbesondere die kognitive Belastung beim Übersetzen haben kann. Letzteres wurde mithilfe von Keylogging- und Eyetracking-Daten operationalisiert.

Als Einschränkung kann aufgeführt werden, dass bei dem *Word Translation Test* bisher nur mit Kognaten gearbeitet wurde. Dies hatte zwar den Vorteil, dass die Manipulation der Stimuli sehr systematisch erfolgen und ausgewertet werden konnte; der Nachteil besteht jedoch darin, dass man entsprechend nur die Entropiewerte für Kognaten ableiten kann. Diese Studie müsste mit einem breiten Spektrum an lexikalischen Einheiten wiederholt werden. Weiterhin wäre es spannend, ereigniskorrelierte Potentiale über EEG-Untersuchungen abzuleiten, um Priming- und Monitoring-Effekte auch physiologisch nachweisen zu können.

Die Triangulation von Entropiewerten und Eyetracking- und Keylogging-Daten aus der CRITT TPR-DB stellt eine innovative Methode dar, die vielversprechende Einblicke in die kognitiven Verarbeitungsmechanismen beim Übersetzen ermöglicht. Wie jedoch genau der Zusammenhang zwischen den Wortarten, der Entropie und der kognitiven Belastung beim Übersetzen zu erklären ist, bleibt auf der Basis dieser Datengrundlage immer noch unklar. Hierfür müssten tiefergehende und stärker kontrollierte Experimente durchgeführt werden, um die Variablen isoliert interpretieren zu können.

Literatur

Aitchison, Jean (2012): Words in the mind. An introduction to the mental lexicon. 4. Aufl. Oxford.

Baker, Mona (1996): Corpus-based translation studies. The challenges that lie ahead. In: Somers, Harold (Hg.): Terminology, LSP and translation. Studies in language engineering in honour of Juan C. Sager. (= Benjamin Translation Library 18). Amsterdam/Philadelphia, S. 175–186.

Bangalore, Srinivas et al. (2016): Syntactic variance and priming effects in translation. In: Carl/Bangalore/Schaeffer (Hg.), S. 211–238.

Carl, Michael (2012): Translog-II: A program for recording user activity data for empirical reading and writing research. In: The Proceedings of the Eighth International Conference on Language Resources and Evaluation (LREC). Istanbul, S. 4108–4112.

Carl, Michael/Bangalore, Srinivas/Schaeffer, Moritz (2016): The CRITT Translation Process Research Database. Exploring the CRITT TPR-DB. In: Carl/Bangalore/Schaeffer (Hg.), S. 13–54.

Carl, Michael/Bangalore, Srinivas/Schaeffer, Moritz (Hg.) (2016): New directions in empirical translation process research. Exploring the CRITT TPR-DB. Cham u.a.

Catford, John C. (1965): A linguistic theory of translation. An essay in applied linguistics. (= Language and Language Learning 8). London.

Chesterman, Andrew (2011): Reflections on the literal translation hypothesis. In: Alvstad, Cecilia/Hild, Adelina/Tiselius, Elisabet (Hg.): Methods and strategies of process research: Integrative approaches in translation studies. (= Benjamins Translation Library 94). Amsterdam u.a., S. 23–35.

Christoffels, Ingrid K./de Groot, Annette M.B./Kroll, Judith F. (2006): Memory and language skills in simultaneous interpreters: The role of expertise and language proficiency. In: Journal of Memory and Language 54, 3, S. 324–345.

de Groot, Annette M. (1992): Bilingual lexical representation. A closer look at conceptual representations. In: Advances in Psychology 94, S. 389–412.

Englund Dimitrova, Birgitta (2005): Expertise and explicitation in the translation process. (= Benjamins Translation Library 64). Amsterdam/Philadelphia.

Ganushchak, Lesya Y./Schiller, Niels O. (2006): Effects of time pressure on verbal self-monitoring. An ERP study. In: Brain Research 1125, 1, S. 104–115.

Ganushchak, Lesya Y./Schiller, Niels O. (2008): Motivation and semantic context affect brain error-monitoring activity: An event-related brain potentials study. In: NeuroImage 39, 1, S. 395–405.

Hansen-Schirra, Silvia/Nitzke, Jean/Oster, Katharina (i.Dr.): Predicting the use of cognates in translation. In: Hansen-Schirra, Silvia et al. (Hg.): Empirical modelling of translation and interpreting. Berlin.

Halverson, Sandra L. (2003): The cognitive basis of translation universals. In: Target 15, 2, S. 197–241.

Halverson, Sandra L. (2015): Cognitive translation studies and the merging of empirical paradigms. The case of ‚literal translation‘. In: Translation Spaces 4, 2, S. 310–340.

Krings, Hans P. (1986): Was in den Köpfen von Übersetzern vorgeht. Eine empirische Untersuchung zur Struktur des Übersetzungsprozesses an fortgeschrittenen Französischlernern. (= Tübinger Beiträge zur Linguistik 291). Tübingen.

Levelt, Willem J.M. (1999): Producing spoken language: A blueprint of the speaker. In: Brown, Colin M./Hagoort, Peter (Hg.): The neurocognition of language. New York, S. 83–122.

Marcus, Mitchell P./Marcinkiewicz, Mary A./Santorini, Beatrice (1993): Building a large annotated corpus of English: The Penn Treebank. In: Computational Linguistics 19, 2, S. 313–330.

Nitzke, Jean (2016): Monolingual post-editing. An exploratory study on research behaviour and target text quality. In: Hansen-Schirra, Silvia/Gruzca, Sambor (Hg.): Eyetracking and applied linguistics. (= Translation and Multilingual Natural Language Processing 2). Berlin, S. 83–108.

Nitzke, Jean (i.Vorb.): Problem solving activities in post-editing and human translation – a multi-method study. Dissertation. Germersheim.

Oster, Katharina (i.Vorb.): Reorganisation of the mental lexicon during translation. Dissertation. Germersheim.

R Core Team (2000): R language definition. Wien.

Schaeffer, Moritz/Carl, Michael (2013): Shared representations and the translation process. A recursive model. In: Translation and Interpreting Studies 8, 2, S. 169–190.

Schaeffer, Moritz et al. (2016): Word translation entropy: Evidence of early target language activation during reading for translation. In: Carl/Bangalore/Schaeffer (Hg.), S. 183–210.

Shannon, Claude E. (1948): A mathematical theory of communication. In: Bell System Technical Journal 27, 3, S. 379–423.

Teich, Elke (2003): Cross-linguistic variation in system and Text. A methodology for the investigation of translations and comparable texts. (= Text, Translation, Computational Processing (TTCP) 5). Berlin.

Tirkkonen-Condit, Sonja (2004): Unique items-over-or under-represented in translated language? In: Mauranen, Anna/Kujamäki, Pekka (Hg.): Translation universals: Do they exist? (= Benjamins Translation Library 48). Amsterdam/Philadelphia, S. 177–186.

Wiersema, Jan R./van der Meere, Jacob J./Roeyers, Herbert (2007): Developmental changes in error monitoring: An event related potential study. In: Neuropsychologia 45, 8, S. 1649–1657.

Wilss, Wolfram (1996): Knowledge and skills in translator behavior. (= Benjamins Translation Library 15). Amsterdam/Philadelphia.

Sebastian Löbner (Düsseldorf)

Barsalou-Frames in Wort- und Satzsemantik

Abstract: Der Beitrag ist ein Plädoyer für die Verwendung von Barsalou-Frames in einem neuen formalen Ansatz in der Semantik. Als Anwendungen werden illustriert: die Framerepräsentation der lexikalischen Bedeutung von Nomen, Verben und Adjektiven; die Modifikation von Nomen durch Adjektive; die Modellierung der Ableitung deverbaler Nomen und der Bedeutung von N-N-Komposita; das Zusammenspiel von syntaktischer und semantischer Komposition in Frames, die beide Strukturebenen integrieren; die Einbettung eines Satzes in einen Äußerungskontext in der Bezugswelt. Das besondere Potenzial des Frameansatzes ist darin begründet, dass er modellieren kann, wie Information zusammengeführt wird – sowohl innerhalb einer Beschreibungsebene als auch ebenenübergreifend.

1 Barsalou-Frames

1.1 Warum Barsalou-Frames?

In den 1960er und 1970er Jahren entstand in Psychologie, Linguistik und Künstlicher Intelligenz ein konvergierender Begriff für eine Struktur von größeren organisierten Wissenseinheiten, für den sich die englische Bezeichnung *Frame* einbürgerte; ein entsprechender deutscher Begriff wurde nicht geprägt.[1] Der Frame-Begriff wurde von Barsalou wesentlich präzisiert und experimentell unterfüttert. In seinen grundlegenden Ausführungen formuliert er die **Frame-Hypothese:**[2] Frames sind das allgemeine Format jeglicher Repräsentationen in der menschlichen Kognition. Eine Düsseldorfer Forschungsinitiative hat diese Hypothese zum Ausgangspunkt eines disziplinär breit gefächerten Verbundprojekts genommen, das die Tragfähigkeit dieser Annahme untersucht.[3] In diesem Rahmen ent-

---

1 Für eine ausführliche Darstellung der Entwicklung des Framebegriffs und seiner historischen Wurzeln vgl. Busse (2012).
2 Die Bezeichnung „Frame-Hypothese" wurde in Löbner (2014) geprägt. Barsalou (1992, S. 21): „[...] I propose that frames provide the fundamental representation of knowledge in human cognition."
3 DFG-Forschergruppe 600 „Funktionalbegriffe und Frames" (2005–2011) und SFB 991 „Die Struktur von Repräsentationen in Sprache, Kognition und Wissenschaft" (seit 2011).

DOI 10.1515/9783110579963-011

wickelt sich Hand in Hand mit der Anwendung des Frame-Ansatzes auf verschiedenen Ebenen eine zunehmend formalisierte und reichere Theorie von Frames als Repräsentationsformat.

Ich möchte hier Potenziale dieses Ansatzes illustrieren, die in anderen semantischen Paradigmen so nicht gegeben sind bzw. nicht entwickelt wurden. Mithilfe von Frames lassen sich lexikalische Bedeutungen explizit dekomponieren. Auf dieser Basis kann man semantische Wortbildungsprozesse und Komposition modellieren. Bereits in diesen beiden Anwendungen zeigt sich das Potenzial des Frame-Ansatzes: Frames organisieren und strukturieren Information, die durch Unifikation zusammengeführt wird. Die verknüpften Inhalte treten in Wechselwirkung miteinander und bereichern sich gegenseitig. Das Vernetzungspotenzial von Frames erstreckt sich darüber hinaus auf andere Ebenen: Bedeutungsframes verknüpfen sich in übergeordneten Frames einerseits mit den sie tragenden Ausdrücken und andererseits mit dem Äußerungskontext in der „Welt".

1.2 Barsalou-Frames: eine informelle Definition

Barsalou-Frames sind komplexe Bedingungen über Gegenstände im weitesten Sinne. Die Bedingungen sind in Form von Wertzuweisungen für Attribute formuliert. Daraus ergeben sich Typisierungen; z.B. besagt für einen Gegenstand die Wertzuweisung ‚Grün' für das Attribut ‚Farbe', dass er vom Typ ‚grüner Gegenstand' ist. Zusammen mit anderen Attributen ergibt ein Frame dann eine komplexe Typbeschreibung.

Die Werte der Attribute sind Gegenstände, die ihrerseits wieder Attribute mit Werten tragen können: Die Struktur ist rekursiv. Damit sind Frames beliebig komplexe Netzwerke aus Gegenständen und Attributrelationen.

Für Barsalou-Frames ist offen, welche Art von Gegenständen damit beschrieben werden. Nicht offen ist die Frage, welche Attribute zur Beschreibung benutzt werden können. Für eine psychologisch realistische Framebeschreibung müssen die Attribute mindestens kognitiv plausibel sein. Mit Barsalou nehmen wir *nicht* an, dass es primitive Attribute gibt. Die Menge der Attribute ist unbegrenzt, aus gegebenen Attributen können neue generiert werden. Barsalou betont, dass die Bildung von Frames und Attributen häufig kreativ im Kontext erfolgt. Das gilt natürlich nicht für Frames, die zu einem festen Wissensbestand, wie z.B. dem sprachlichen Lexikon, gehören.

Barsalou-Frames können in unterschiedlichen Formaten dargestellt werden. Ein vertrautes Format sind Tabellen: Jede Zeile entspricht der Beschreibung eines Gegenstandes durch ein Set von Attributen. Eine andere, aus der formalen Linguistik bekannte Form sind Attribut-Werte-Matrizen (AVMs), wie sie z.B. in der

HPSG[4] verwendet werden. Genau genommen sind AVMs und Framediagramme zweidimensionale *Ausdrücke*, die unter geeigneter Interpretation die Repräsentation leisten.[5]

In diesem Beitrag verwende ich Framediagramme.[6] Sie bilden ein Geflecht von Knoten ab, die die Gegenstände in dem Frame repräsentieren. Knoten werden durch Pfeile verbunden, die für die Attribute stehen; der Zielknoten eines Pfeils steht für den Wert des Attributs. Formale Definitionen von Framestrukturen werden in der Literatur zur Frametheorie vorgeschlagen und diskutiert.[7]

1.3 Ein Beispiel

Abbildung 1 ist ein etwas komplexeres Beispiel, an dem die rekursive Struktur und verschiedene Typen von Attributen illustriert werden sollen. Es gibt einen sternförmig gezeichneten Hauptknoten, der für den primär beschriebenen Gegenstand steht. Die Pfeile sind in Kapitälchen mit Attributbezeichnungen annotiert, z.B. „FARBE". An den Knoten stehen in normaler Schrift Kennzeichnungen ihres Typs; er kann präzise oder allgemeiner angegeben oder offengelassen werden. Auch ohne Angabe ergibt sich eine Typisierung durch die implizite Beschränkung auf die Werte, die für das Attribut möglich sind.

Das Beispiel ist ein Frame für einen handelsüblichen Bleistift, der aus einer Mine in einem Schaft besteht. Diese Zusammensetzung wird durch zwei Teil-von-Attribute abgebildet, SCHAFT und MINE, die dem Bleistift zwei Gegenstände vom Typ ‚Bleistiftschaft' bzw. ‚Bleistiftmine' als Teile zuordnen. Der Wert von Teil-von-Attributen ist ontologisch dadurch charakterisiert, dass er keine vom Ganzen unabhängige Existenz hat: Teile existieren nur mit dem Ganzen, und das Ganze nur durch sie. Der Schaft hat seinerseits ein Teil-von-Attribut LACKIERUNG. Die Knoten für die beiden Bleistiftteile sind durch ein zweistelliges Attribut RÄUMLICHES VERHÄLTNIS miteinander verknüpft; das Verhältnis ist als „Schaft ummantelt Mine" festgelegt. Zweistellige Attribute werden grafisch dargestellt, indem

---

4 Head-Driven Phrase Structure Grammar, eingeführt in Pollard/Sag (1994).
5 Wie in Löbner (2015a, S. 370–377) zur Übersetzbarkeit zwischen Framediagrammen und AVMs beschrieben, siehe auch Löbner (2017, § 2) und Kallmeyer/Osswald (2013, § 3.3.3) zu formalen Semantiken für Frames.
6 Auch Barsalou verwendet Diagramme zur Framedarstellung. Die Düsseldorfer Frametheorie hat eine alternative Diagrammnotation entwickelt, die z.B. in Petersen (2007) angewandt wird. Zur Diskussion der Notationsvarianten vgl. Löbner (2015b, S. 30–34).
7 Zum Beispiel Petersen (2007); Kallmeyer/Osswald (2013); Löbner (2017).

das erste Argument durch einen geradlinigen Pfeil mit dem Wertknoten verbunden wird und von dem zweiten Argument eine Linie ausgeht, die in diesen Pfeil einmündet.

Für Schaft und Mine sind jeweils die Attribute FORM und MATERIAL eingetragen, für die Mine zusätzlich die Materialeigenschaften HÄRTE und FARBE. MATERIAL ist ein Teil-von-Attribut, FORM, HÄRTE und FARBE sind Eigenschaftsattribute. Werte von Eigenschaftsattributen haben einen eigenen ontologischen Status, sie manifestieren sich am Objekt. Ein Eigenschaftsattribut kann für verschiedene Dinge denselben Wert annehmen, was für Teil-von-Attribute nicht gilt. Das Attribut HERSTELLER ordnet dem Bleistift einen Gegenstand zu, der unabhängig von ihm existiert. Ich nenne diesen Typ „Korrelatattribut".

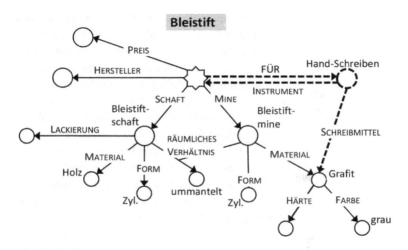

Abb. 1: Frame für einen handelsüblichen Bleistift

Die wichtigste Angabe zu einem Bleistift ist seine Affordanz,[8] der Verwendungszweck dieses Typs von Artefakt. Der Affordanzkomplex ist in der Abbildung durch gestrichelte Linien abgehoben. Das Attribut FÜR definiert den Verwendungszweck als Schreiben (oder Zeichnen) mit der Hand. Zu Handlungen dieses Typs gehören ihre semantischen Rollen, darunter ein Agens, ein Instrument und ein Schreibmittel. Semantische Rollen entsprechen Korrelatattributen für Ereignisse. Eine Affordanzzuschreibung für einen Gegenstand legt nicht nur einen Handlungstyp fest, sondern auch, welche semantische Rolle der Gegenstand in dieser Hand-

---

8 Den Begriff der Affordanz hat Werning (2008) in die Frametheorie eingeführt.

lung einnimmt. Die Zuordnung des Handlungstyps ist durch den mit „FÜR" beschrifteten Pfeil repräsentiert; der mit „INSTRUMENT" beschriftete Pfeil in der Gegenrichtung definiert die Rolle des Bleistifts. Ein weiterer Bestandteil des Affordanzkomplexes ist hier die Bedingung, dass das Material der Mine das Schreibmittel ist. Affordanzattribute finden sich in fast allen Artefaktkonzepten.

2 Frames für lexikalische Bedeutungen

2.1 Nomen und Adjektive

Die folgenden Überlegungen werden zeigen, dass der Frameansatz vielversprechende Möglichkeiten für die Dekomposition bietet. Bei der Analyse lexikalischer Bedeutung besteht die Gefahr, statt lexikalischem Wissen Weltwissen zu modellieren; gefordert ist jedoch semantische und kognitive Evidenz. Ich vertrete den Standpunkt, dass semantisches und Weltwissen theoretisch und methodisch unterschieden werden müssen.[9]

2.1.1 Eigenschaftsadjektive: das Farbadjektiv *grün*

Frames für „konkrete" Nomen sind recht komplex, und das Problem der Unterscheidung von lexikalischem Wissen und Weltwissen ist hier besonders schwierig. Frames für Adjektive sind wesentlich schlanker. Das prototypische Adjektiv drückt eine Eigenschaft für sein Argument aus. Oft legt es nur den Wert eines einzigen Attributs fest. In adnominalem Gebrauch besteht der Adjektivbeitrag dann darin, dem Frame des Nomens dieses Attribut mit seinem Wert hinzuzufügen. Farbadjektive drücken eine Eigenschaft aus, die nur das Attribut FARBE betrifft. Dementsprechend ist die Bedeutung eines Farbadjektivs wie *grün* vollständig durch den Frame in Abbildung 2 dargestellt.[10] Da Adjektive nicht referieren, ist der Haupt-

---

9 Vgl. Löbner (2015a, S. 356–364). Der Bleistift-Frame bildet Weltwissen ab. Der lexikalische Bedeutungsframe wäre wesentlich schlanker, denn er müsste auf alle möglichen und historischen Erscheinungsformen von Bleistiften zutreffen, auf Bleistifte mit einem Holzschaft ebenso wie auf Bleistifte mit Fallminen und einem Kunststoff- oder Metallgehäuse, auf Bleistifte, die nur aus einer Mine bestehen, oder auf Bleistifte mit Minen aus anderem Material. Vermutlich sind nur der Bestandteil ‚Mine' und der Affordanzkomplex als Bestandteile des Lexikonframes anzusehen.
10 Knoten für offene nicht-referenzielle Argumente werden durch Rechtecke statt Kreise dargestellt.

knoten nicht als referenziell markiert. Der Argumentknoten ist mit dem Eintrag ‚x' als Variable für das Argument indiziert. Die Typannotation ‚Grün' ist eine sprachliche Beschreibung des Farbbereichs der Grüntöne: Der Wert des Attributs FARBE ist ein Grün.

Betrachten wir zwei Beispiele für die Verknüpfung des Adjektivs mit einem Nomen, und damit bereits erste Beispiele für Komposition. Der grundlegende Mechanismus der Komposition ist die Unifikation: Die Zusammenlegung von zwei Knoten aus den zu verknüpfenden Frames, wodurch die beiden Frames zu einem vereint werden.

Abb. 2: Bedeutungsframe für das Adjektiv *grün*

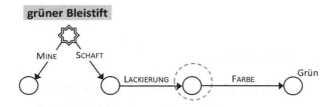

Abb. 3: Unifikation der Bedeutungsframes für *grün* und für *Bleistift*

Ein „grüner Bleistift" ist kein monochrom grünes Objekt. Wenn es sich um einen konventionellen Bleistift aus Holz mit einer üblichen Bleistiftmine handelt, sind weder das Holz noch die Mine grün, sondern das Holz ist grün lackiert. Wahrscheinlich hat der Bleistift auch noch Schrift, Firmensymbole etc. auf den Schaft aufgetragen; wir wollen das vernachlässigen. Das Prädikat „grün" verlangt von seinem Argument, dass es als Ganzes grün oder nicht grün ist. Der Argumentknoten des Adjektivframes kann daher nicht unmittelbar mit dem referenziellen Knoten des Bleistift-Frames unifiziert werden.[11] In dem Frame bleibt nur die

---

11 Ursache ist die „Unteilbarkeitspräsupposition", die für jede Prädikation gilt: Eine Prädikation betrifft ihre Argumente immer als Ganzes (vgl. Löbner 2000, S. 232–251).

Lackierung des Schafts für eine Farbspezifikation. Abbildung 3 zeigt das Ergebnis der Unifikation.[12]

Für die Kombination *grüner Kugelschreiber* würde sich ein anderes Bild ergeben. Die Farbangabe „grün" kann sich sowohl auf das Gehäuse als auch auf die Tinte beziehen. Es gibt daher zwei plausible Unifikationsmöglichkeiten.

2.1.2 Relationale Adjektive: das Beispiel *städtisch*

Das Deutsche ist reich an relationalen Adjektiven. In Kombination mit einem Nomen steuern sie nicht eine Eigenschaft des NP-Referenten bei, sondern spezifizieren die durch das Nomen denotierte Klasse weiter oder setzen das Denotat des Nomens in Beziehung zu etwas, das das Adjektiv angibt.[13] Die folgenden Belege aus dem DWDS-Korpus[14] zu dem Adjektiv *städtisch* zeigen eine Vielfalt von semantischen Beziehungen zwischen Adjektiv und Nomen, der Bedeutungsbeitrag des Adjektivs ist in jedem der folgenden Fälle verschieden.

(1)   *Die Herren legten in etwa je halbstündigem Vortrag ihre Ansichten über die Regelung des Berliner **städtischen Bauwesens** dar, …*

(2)   *…, in Krefeld wird alle sechs Monate zu einem Elternabend in die **Städtische Kinderklinik** eingeladen, …*

(3)   *Umgestaltete ältere Stadtteile haben sich zu attraktiven Bereichen des **städtischen Lebens** herausgebildet.*

(4)   *Eine sehr weit verbreitete Subvention sind die staatlichen und **städtischen Zuschüsse** für die Theater.*

(5)   *Wegen fehlender Finanzmittel beschließt der **städtische Kunstausschuß** in Essen die Schließung des Schauspielhauses zum 31. August des Jahres.*

Die weitaus meisten relationalen Adjektive sind denominal. Durch die Kombination mit einem Nomen wird eine Relation zwischen den Denotaten der Adjektivwurzel und des modifizierten Nomens ausgedrückt. Diese N-N-Verbindung ist sehr ähnlich wie bei der Bildung eines Kompositums aus zwei Nomen; es gibt viele Äquivalenzen wie *Stadttheater* und *städtisches Theater* oder *Musikerziehung* und

---

12 Knoten für referenzielle Argumente werden in den folgenden Framediagrammen doppelt umrandet. Bei Nomen und Verben ist der Hauptknoten referenziell.
13 Vgl. zum Deutschen Schlücker (2014, § 4), zum Englischen Morzycki (2016, § 2.4).
14 Alle Belege aus dem Kernkorpus (1900–1999) des Wortauskunftssystems zur deutschen Sprache in Geschichte und Gegenwart (DWDS), www.dwds.de (Stand: 24.4.2017).

musikalische Erziehung. Wir nehmen für das Beispiel *städtischer Kindergarten* die Lesart ‚Kindergarten, dessen Träger die Stadt ist' an. Der Bedeutungsframe des Adjektivs *städtisch* in relationaler Verwendung hat eine ähnliche Struktur wie der für *grün* in Abbildung 2. Das Attribut NN ist jedoch nicht spezifiziert, sondern nur dessen Wert „Stadt". Das bedeutet, die „Stadt" ist ihrem Argument in einer unbestimmten Rolle zugeordnet. Für die Beispiele in (1) bis (5) wäre die Rolle jeweils eine andere. In Abbildung 4 ist der Kindergartenframe bis auf das Attribut TRÄGER nicht weiter ausgeführt.

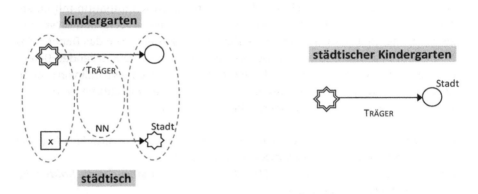

Abb. 4: Bedeutungsframes für *Kindergarten*, *städtisch* und *städtischer Kindergarten*

Bei der Unifikation von Adjektiv- und Nomenframe geschieht dreierlei. 1) Der Argumentknoten des Adjektivframes wird mit dem referenziellen Knoten des Nomenframes unifiziert. 2) Das unspezifizierte Attribut aus dem Adjektivframe „sucht" nach einer Anbindung, die den Attributwert „Stadt" zulässt. 3) Der Wert des Attributes im Adjektivframe wird mit dem im Nomenframe unifiziert. Die Unifikation betrifft also eine komplette Possessor-Attribut-Wert-Struktur in den beiden Frames. Es ist denkbar, dass der im Lexikon eingetragene Nomenframe noch kein geeignetes Attribut zur Verfügung stellt. In diesem Fall kann aus dem Kontext ein Attribut ergänzt werden, das mit der lexikalischen Beschreibung kompatibel ist.

2.2 Verben

Einer der Vorläufer von Barsalous Frames sind die von Fillmore eingeführten Verbframes (vgl. z.B. Fillmore 1982). Die häufigste Anwendung z.B. in der großen Sammlung FrameNet ist die Darstellung der Argumentstruktur von Verben. Diese Strukturen sind Frames in Barsalous Sinne, jedoch wesentlich beschränkt: Sie sind nicht rekursiv, beschreiben nur Ereignisse und nur anhand von Attributen für die semantischen Rollen. Ein Verbframe ist bei Fillmore eine Menge von „Frame-Elementen", die den semantischen Rollen des Verbs entsprechen. Wir stellen Kasusframes zum Zweck der Vergleichbarkeit wie Barsalou-Frames dar.

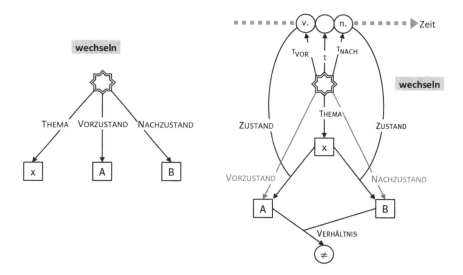

Abb. 5: Kasusframe und Bedeutungsframe für das Verb *wechseln*

Abbildung 5 zeigt links einen Kasusframe für das Verb *wechseln* in Verwendungen vom Typ *x wechselt von A auf/nach B*, z.B. *die Ampel wechselt von Grün auf Gelb*. Der Kasusframe stellt die drei semantischen Rollen Thema, Vorzustand und Nachzustand als unmittelbare Attribute des Ereignisses dar. Es besteht jedoch ein Abhängigkeitsverhältnis zwischen ihnen: Vorzustand und Nachzustand sind Zustände *des Themas* zur Zeit vor bzw. nach dem Wechsel. Damit sind A und B Werte eines Attributs des Themas zu verschiedenen Zeiten, und nur indirekt Werte eines Attributs des Ereignisses. Nicht ausgeführt ist in dem Kasusframe, dass A und B Werte *desselben* Attributs sein müssen. (Die Ampel kann nicht von grün auf schiefstehend wechseln.) Es ist auch nicht abgebildet, dass Vor- und Nachzustand zwingend verschieden sein müssen oder dass der Vorzustand vor dem Nachzustand anzusetzen ist.

Diese Verhältnisse sind dagegen in dem rechten Frame expliziert. Er setzt an der Situationsstruktur an, in diesem Fall der eines einfachen Wechsels[15] zwischen zwei Zuständen, ohne eine definierte Übergangsphase. Der referenzielle Hauptknoten repräsentiert das Ereignis. Das Attribut „τ" ordnet ihm die Zeit zu, die das Ereignis einnimmt; diese kann ein Zeitpunkt oder ausgedehnt sein. Die Attribute T_{VOR} und T_{NACH} ordnen dem Ereignis die Zeiten unmittelbar davor und danach zu. Der Anschaulichkeit halber ist eine Zeitachse hinzugefügt (die nicht Bestandteil des Frames ist). Das Ereignis hat eine THEMA-Rolle, dargestellt durch den Knoten mit dem Index „x". Das Thema befindet sich vor und nach dem Ereignis in unterschiedlichen Zuständen, die als Werte des Attributs ZUSTAND modelliert sind. Da der Wert dieses Attributs zeitveränderlich ist, hat es neben dem Thema ein Zeitargument, die Zeit davor bzw. danach. A und B sind Werte desselben Attributs und damit vom selben Typ. Das zweistellige Attribut VERHÄLTNIS legt fest, dass A ≠ B.

Der Frame bildet die Situationsstruktur des Ereignisses mit explizitem Zeitbezug ab. Auch er enthält die drei Rollen des Kasusframes (in Grau gezeichnet), modelliert aber darüber hinaus die Bezüge zwischen den Rollen. Das THEMA des Verbs ist zeitlich fest; an ihm manifestiert sich die ausgedrückte Veränderung. Sie wird mit einem zeitabhängigen Attribut des Themas erfasst. Der Frame bildet auf diese Weise ab, dass Verben eine Veränderung thematisieren.

Mit dem Frame-Ansatz kann die Dekomposition lexikalischer Bedeutungen systematisch und in einheitlicher Form angegangen werden. Dabei geht das Beschreibungspotenzial weit über das einer Merkmalsemantik hinaus. Am ehesten nähert sich die Lexikontheorie von Pustejovsky (1995) dem an, was in der Frametheorie möglich ist. Seine „Qualia"-Strukturen *sind* Frames, aber sie haben programmatisch eine stark beschränkte allgemeine Struktur.

3 Frames in der Wortbildungssemantik

Die folgenden Überlegungen zur Wortbildungssemantik beschränken sich auf produktive Muster. Das Interpretationsmuster ist zwar im Allgemeinen nicht durch die Form der Wortbildung festgelegt, die Zahl der zur Verfügung stehenden Muster ist jedoch klein. Nur unter dieser Bedingung kann der Gebrauch von Neubildungen kommunikativ erfolgreich sein.

---

15 Zur Definition dieser aspektuellen Klasse vgl. Löbner (2015a, §6.2.3).

3.1 Deverbale Nomen

Für die Modellierung der Bedeutung von deverbalen Nomen kann man mit Ausnahme weniger Muster von dem Kasusframe des Verbs ausgehen. Abbildung 6 zeigt zwei Kasusframes für das Verb *fahren*, den ersten mit den Rollen AGENS x und WEG, der wiederum in QUELLE A und ZIEL B zerlegt werden kann. Zu dieser Variante gehört die Ableitung *Fahrt*. Der zweite Kasusframe zeigt die transitive Variante mit dem Fahrzeug als zweitem Argument. Die Ableitung *Fahrer* bezieht sich (in einer Lesart) auf diesen Frame. Die vier Frames repräsentieren die Konzepte nur unvollständig, reduziert auf die Argumentstruktur.

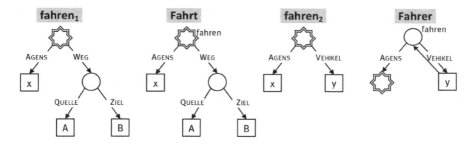

Abb. 6: Argumentstruktur-Frames für das Verb *fahren* und die Nominalisierungen *Fahrt* und *Fahrer*

Das Nomen *Fahrt* denotiert ein einzelnes Fahr-Ereignis. Das relationale Nomen hat dieselbe Argumentstruktur wie das Verb. Neben den relationalen Argumenten hat das Nomen ein referenzielles Argument vom Typ ‚fahren'. Für die Ableitung *Fahrer* gibt es mehrere Lesarten; ich lege hier die Verwendung als relationales Nomen zugrunde, das dem Fahrzeug für eine bestimmte Fahrt den Fahrer zuordnet (*Der Fahrer des Unfallwagens hatte keinen Führerschein.*). Im Kontext einer bestimmten Fahrt ordnet sich umgekehrt auch die Fahrt dem Fahrzeug zu, als dasjenige Ereignis, in dem es benutzt wurde. Daraus ergibt sich eine Zuordnung des Fahrers zu dem Fahrzeug: *Fahrer* ist in dieser Lesart ein funktionales Nomen. Gegenüber dem Kasusframe für *fahren*$_2$ verschiebt sich die Referenz von dem Ereignis auf das Agens.

Die Beispiele illustrieren, dass sich Derivationsprozesse als Operationen auf der Struktur von Bedeutungsframes modellieren lassen. In den meisten Fällen von deverbalen Nomen verschiebt sich die Referenz auf eines der Verbargumente oder sie verbleibt auf dem Ereignisargument. Dabei stellen sich bekannte Fragen aus der Wortbildungssemantik neu: Welche Beschränkungen gelten für mögliche Ableitungen? In welchen anderen Prozessen sind dieselben Operationen zu verzeichnen?[16] Welche Argumente des Ausgangswortes können Argumente des Derivats sein? Wird alle Information aus dem Ausgangsframe in den Frame des Derivats übernommen?

3.2 Nomen-Nomen-Komposita

Einige Typen von NN-Komposita lassen sich als direkte Unifikation der beiden Nomen-Frames analysieren. Dazu gehören Argumentkomposita und Wertkomposita. Erstere haben als Kopf ein relationales Nomen mit einem offenen Argument; der Modifikator spezifiziert es, sein Hauptknoten wird mit dem Argumentknoten des Kopfes unifiziert. Beispiele sind Bildungen wie *Luftdruck, Mädchenname* oder *Entenei.* Die Komposition sättigt das relationale Argument und reduziert damit die Stelligkeit des Kopfes. Bei Wertkomposita wird der Modifikatorframe mit einem Wertknoten im Kopfframe unifiziert, der jedoch kein relationales Argument des Kopfes repräsentiert; die Stelligkeit ändert sich nicht. Beispiele: *Plastiktüte, Waldsee, Stadtpark.* Die Diagramme in Abbildung 7 zeigen die angedeuteten Frames für Modifikator und Kopf und das Ergebnis der Unifikation.

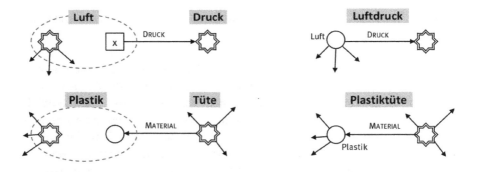

Abb. 7: Unifikation und deren Resultat für das Argumentkompositum *Luftdruck* und das Wertkompositum *Plastiktüte*

---

16 Zum Beispiel liegt die Verlagerung der Referenz auf den Wert eines Attributs auch bei vielen, wenn nicht allen Fällen von Metonymie vor. Zu ersten Überlegungen zur Metonymie im Rahmen der Frame-Theorie vgl. Löbner (2015a, § 12.3.1).

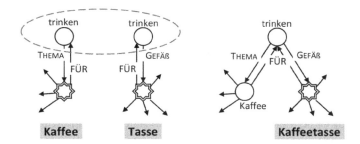

Abb. 8: Unifikation der Bedeutungsframes für *Kaffee* und *Tasse* über den *trinken*-Frame

Bei der Zusammensetzung verliert das Modifikatornomen seinen referenziellen Status. Der Kopfnomenframe wird mit der Information aus dem Modifikatorframe angereichert; die Modifikatorinformation bezieht sich auf einen bestimmten abhängigen Knoten des Kopfnomenframes; sie modifiziert daher das Kopfnomen nur in Bezug auf *ein* Attribut. Traditionelle Unterscheidungen von Kompositatypen unter den Wertkomposita lassen sich dadurch beschreiben, welches Attribut betroffen ist.

Bildungen wie *Kaffeetasse, Buchladen, Kinderbett* werden interpretiert, indem die Denotate der beiden Komponenten in einen Handlungsframe eingebettet und dadurch miteinander in Beziehung gesetzt werden: Sie nehmen beide eine semantische Rolle in derselben Handlung ein; der Kaffee [THEMA] wird aus der Tasse [BEHÄLTER] *getrunken*, in dem Laden [ORT] *kauft/verkauft* man Bücher [THEMA], ein Kind [AGENS] *schläft* in dem Bett [ORT]. In vielen Fällen ist die Handlung bereits in einem der beiden oder sogar in beiden Nomenframes als Affordanz enthalten; so auch die Trink-Affordanz im Falle von *Kaffeetasse*.

Ein Sonderfall von Framekomposita sind Rektionskomposita wie *Kaffeetrinker, Abfallvermeidung, Mopedfahrer*. Das Kopfnomen ist deverbal; sein Bedeutungsframe enthält bereits einen Ereignisframe. Das Denotat des Modifikators wird mit einer Rolle in diesem Ereignisframe unifiziert. Im Fall von *Mopedfahrer* ist der Frame des Kopfes *Fahrer* wie in Abbildung 6. Der Frame für *Moped* hat eine Fahren-Affordanz als Vehikel. Die Unifikation verläuft über die „fahren"-Knoten. Beide Frames werden also über einen Handlungsframe integriert. Außerdem wird das relationale Vehikel-Argument von *Fahrer* gesättigt, sodass *Mopedfahrer* zugleich auch ein Argumentkompositum ist.

Die Anwendungen zeigen, wie eine Analyse von semantischen Wortbildungsmustern angegangen werden kann, wenn sie auf dekomponierte Wortbedeutungsframes zurückgreifen kann. Sie zeigt umgekehrt auch, wie sich aus Wortbildungsmechanismen Aufschlüsse über Struktur und Komponenten lexikalischer Bedeutungen, z.B. über Affordanzattribute ergeben.

4 Komposition

4.1 Syntaktische Struktur: Dependenzstrukturframes

Wie aus Formalismen wie LFG, HPSG usw. bekannt, lassen sich syntaktische Strukturen ohne weiteres als AVMs oder Frames darstellen. Das gilt sowohl für Konstituenten- als auch für Dependenzstrukturen; die traditionellen Strukturbäume können im Wesentlichen als Framediagramme *gelesen* werden.

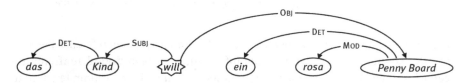

Abb. 9: Dependenzstrukturframe

Für die Modellierung der semantischen Komposition ergeben Dependenzstrukturen die direktere Entsprechung zwischen Syntax und Bedeutung. Die Dependenzstruktur in Abbildung 9 ist bereits in der traditionellen grafischen Darstellung ein Barsalou-Framediagramm (mit gebogenen Pfeilen). Die Pfeile sind als Dependentenattribute annotiert; die Ausdrücke, die deren Werte bilden, sind in die Wertknoten eingetragen. Dependentenattribute sind Korrelatattribute, während die Attribute in Konstituentenstrukturen Teil-von-Attribute für ihre Mutterknoten sind.[17]

4.2 Ausdruck, Denotat und Bedeutung

Ein Lexem lässt sich mit einem Frame beschreiben, der Attribute wie WORTART, LAUTFORM, SCHRIFTFORM, und GENUS enthält (SCHRIFTFORM und LAUTFORM sind Korrelatattribute, GENUS und WORTART Eigenschaftsattribute). Die Bedeutung eines Lexems[18] besteht in einem Konzept für sein Denotat, einen hypothetischen Referenten; für das Lexem *Bleistift* wäre dies ein Konzept für einen Bleistift in einer hinreichend allgemeinen Fassung. Nach der Frame-Hypothese ist die Bedeu-

---

17 Vgl. Löbner (2014, § 2) zur Modellierung von Konstituenten- und Dependenzstrukturen durch Frames, und zur Korrespondenz komplexer Bedeutungsframes zu beiden Typen von Syntaxstrukturen.
18 Für ein Lexem mit mehreren Bedeutungen wären verschiedene Lexikoneinträge anzunehmen.

tung von *Bleistift* also ein geeigneter Frame für einen Bleistift, konkret ein Auszug aus dem Frame in Abbildung 1.

Wir können für Lexeme ein Attribut DENOTAT annehmen und die Zuordnung des Denotats zu dem Lexem modellieren, indem wir Lexem- und Denotatframe über dieses Attribut verknüpfen. Für das Beispiel *Bleistift* würde das modellieren: „Das Denotat des Lexems *Bleistift* ist ein Bleistift". Durch die Zuordnung des Denotats besteht *auch* eine Zuordnung des gesamten Denotatframes zu dem Lexem. Sie liegt aber nicht auf der Ebene der bisher eingeführten Attribute, die stets frame-interne Gegenstände mit frame-internen korrelieren, nicht wie hier einen frame-internen Gegenstand mit einem ganzen Frame. Da die hier angewandte Frametheorie nicht so weit entwickelt ist, Frames für Frames in die Modellierung einzubeziehen, werde ich mich im Folgenden darauf beschränken, die Bedeutungszuordnung für Ausdrücke qua Denotatzuordnung zu modellieren.

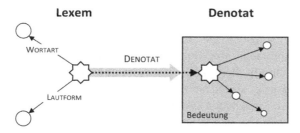

Abb. 10: Lexem, Denotat und Bedeutung

In Abbildung 10 sind die Verhältnisse zwischen Ausdruck, Denotat und Bedeutung in allgemeiner Form abgebildet. Der Lexemframe ist auf die drei Attribute WORTART, LAUTFORM und DENOTAT reduziert. Der Inhalt des Denotatframes ist nur auf arbiträre Weise angedeutet. Das Attribut DENOTAT verbindet die beiden Hauptknoten. Wegen seiner besonderen Bedeutung hier und im Folgenden wird der Pfeil für das DENOTAT-Attribut durch eine gepunktete Linie herausgehoben. Der Denotatframe ist durch das grau unterlegte Rechteck als Ganzes umfasst. Er ist die Bedeutung des Lexems. Der breite graue Pfeil verbindet den Hauptknoten des Denotatframes mit dem gesamten Bedeutungsframe; er symbolisiert das Attribut BEDEUTUNG des Lexems.

Der Umstand, dass wir die Bedeutungszuordnung nicht als frame-internes Attribut modellieren, hindert uns nicht daran, von einer *Bedeutungs*zuordnung zu sprechen, die ja durch die Denotatzuordnung auch theorie-intern gegeben ist. Er berührt auch nicht die Tatsache, dass die semantischen Prozesse, die in der Wortbildung und bei der semantischen Komposition vorliegen, im Sinne der

Frametheorie auf *Bedeutungen* (nämlich auf Denotat*frames*, nicht auf Denotaten) operieren. Die Beziehung zwischen Lexem und Denotat lässt sich auf beliebige Ausdrücke verallgemeinern, z.B. auf Sätze und die durch sie denotierte Situation. Mit dem Denotatattribut ist eine Brücke geschlagen zwischen semantischen Frames und der Ausdrucksebene.

4.3 Semantische Komposition

Wir wählen ein syntaktisch wesentlich einfacheres Beispiel als in Abbildung 9 zur Beschreibung des Zusammenspiels von syntaktischer Struktur und semantischer Komposition. Nach dem klassischen Kompositionalitätsansatz folgt die Komposition der syntaktischen Struktur.[19] Den lexikalischen Elementen des Satzes sind Bedeutungen zugeordnet; aus ihnen wird die Bedeutung des Satzes gebildet, indem schrittweise, der syntaktischen Komplexbildung folgend, Bedeutungen für die komplexen Ausdrücke gebildet werden. Für die Anwendung jeder syntaktischen Regel wird eine semantische Operation ausgeführt, z.B. die Anwendung eines Prädikats auf ein Argument, eine Quantifikation usw. Syntaktische und semantische Komposition sind in diesem Sinne homomorph. Nicht homomorph sind hingegen die *Produkte* der jeweiligen Komplexbildungen: Die Bedeutungen selber sind Funktionen von möglichen Welten auf Wahrheitswerte (oder, mathematisch äquivalent, Mengen von möglichen Welten) und haben als solche überhaupt keine Struktur. Wenn dagegen die Bedeutung komplexer Ausdrücke durch Unifikation von Frames modelliert wird, ergeben sich durch die Komposition komplexe konzeptuelle Gebilde, die ebenfalls eine Struktur haben. Die Struktur der Komplexbedeutung ist zumindest im Falle einfacher Prädikationen tatsächlich homomorph zur syntaktischen Struktur, und der Homomorphismus, die Abbildung der einen Struktur auf die andere, *ist die Bedeutungszuweisung.*

Unser Beispiel ist der einfache Satz *Pina macht eine Biskuitrolle*. Die semantische Analyse erfasst nur die Prädikat-Argument-Struktur; sie ignoriert den Artikel, Tempus, Aspekt und Modus des Verbs und den Satzmodus. Die Dependenzstruktur ist entsprechend vereinfacht. Abbildung 11 zeigt den Satz und die Denotatzuordnungen vor der Ausführung der Komposition. Wir fassen die Bedeutungsframes in ein Rechteck ein und etikettieren sie entsprechend. Die Frames für [mach-] und [Biskuitrolle] sind bis auf den Argumentframe des Verbs nicht ausgefächert; der Bedeutungsframe für den Eigennamen *Pina* ist jedoch voll ausspezi-

---

19 Vgl. etwa den formalisierten Ansatz in Montague (1970), dem die formale Semantik im Wesentlichen verpflichtet ist.

fiziert. Die gestrichelten Ellipsen deuten die Unifikationen des nächsten Schrittes an. Sie sind in Abbildung 12 ausgeführt. Jetzt besteht die Denotatzuweisung für das Verb in dem komplexen Denotat des gesamten Satzes; die Denotate der Dependenten sind darin integriert. Das Satzdenotat hat einen Hauptknoten für das Ereignis und insgesamt drei referenzielle Knoten.

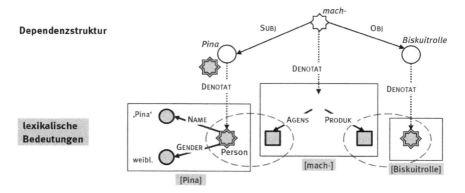

Abb. 11: *Pina mach[-t eine] Biskuitrolle* – Dependenzstruktur und lexikalische Bedeutungen

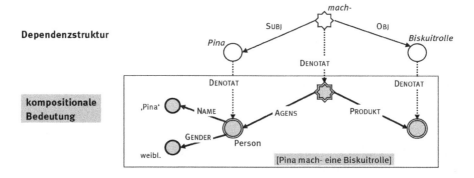

Abb. 12: *Pina mach[-t eine] Biskuitrolle* – Dependenzstruktur und kompositionale Bedeutung

In wahrheitsfunktionalen Ansätzen ist der grundlegende Mechanismus die Argumentsättigung von Prädikats- oder Funktionsausdrücken. Durch die Sättigung wird der logische Typ der Bedeutung reduziert, bis auf Satzebene der einfache Typ t (oder ⟨s,t⟩) entsteht. Bei einem Unifikationsansatz ist der grundlegende Kompositionsmechanismus die Verknüpfung der Information aus zwei Bedeutungsrepräsentationen. Wenn einer der unifizierten Knoten ein offenes Argument repräsentiert, hat Unifikation zwar auch den Effekt der Argumentsättigung, aber wesentlicher ist die Entstehung eines Informationskomplexes. Durch jede Unifikation treten die beteiligten Frames in ein Verhältnis der gegenseitigen Kontextualisierung. Aus dem Frame für [Pina] wird ein Frame für eine Person namens Pina als Agens einer Biskuitrollenzubereitung, usw. Die gegenseitige Kontextualisierung ist von eminenter Wichtigkeit für den Verlauf und das Ergebnis des Kompositionsprozesses. Die neu verknüpften Informationen wirken als Anreicherungen und als Restriktionen; dadurch werden Inputambiguitäten reduziert und gegebenenfalls Umdeutungsprozesse (coercion) ausgelöst.

Die Komposition erzeugt für einen Satz einen Frame mit meist mehreren referenziellen Knoten und damit eine komplexe Konstellation mit beschriebenen Relationen zwischen ihren Elementen. Bei der Referenzherstellung im Kontext ist diese Konstellation als Ganzes in die Bezugswelt einzubetten.

Die framebasierte Kompositionstheorie beschreibt nicht (nur) Wahrheitsbedingungen, sondern modelliert die Komposition als Zusammenführung und Integration von Information. Der Frame-Ansatz ist damit ein natürlicher Rahmen, um Wechselwirkungen zwischen den Inputbedeutungen zu beschreiben und zu erklären.[20] Der Ansatz leistet natürlich auch eine Beschreibung der Wahrheitsbedingungen, da sie ja durch den Bedeutungsframe abgebildet werden.

5 Bedeutung im Kontext

5.1 Der Äußerungsframe

Die nächste Erweiterung besteht in einer Einbettung von Sätzen mit ihrer Bedeutung in einen Äußerungsframe. Dieser kann wie ein Kasusrahmen als ein Ereignisknoten mit Rollen für (vereinfacht) einen Sprecher und eine Adressatin und für den geäußerten Text angesetzt werden, neben Situationselementen wie Zeit und Ort der Äußerung (Abb. 13). Ein *geäußerter* Text wird zu einem Token in der Welt. Er ist in eine komplexe Faktenlage, den „Kontext", eingebettet.

Unter einer strikt kognitiven Perspektive ist die Welt in den kognitiven Systemen der Äußerungsbeteiligten repräsentiert. Diese Repräsentationen sind natürlich nicht identisch, aber wir wollen der Einfachheit halber annehmen, dass sie

---

20 Daher handelt es sich bei jeglicher Komposition um Kokomposition im Sinne von Pustejovsky (1991, 1995).

in Bezug auf eine erweiterte Äußerungssituation übereinstimmen, insbesondere auch in Bezug auf die kompositionale Bedeutung des geäußerten Textes. Gemäß der Frame-Hypothese ist auch die Welt im Frameformat repräsentiert – ein gigantisches Netzwerk von Knoten, Attributen und Werten, das im Kern auf das Selbst des kognitiven Subjekts, seine Wahrnehmung, sein Gedächtnis etc. bezogen ist.

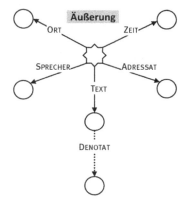

Abb. 13: Äußerungsframe

Abb. 14: Pina macht eine Biskuitrolle

5.2 Referenz

Betrachten wir eine Äußerung in einer konkreten Situation. Das Foto in Abbildung 15 zeigt Pina B. in der Küche der Familie B., sagen wir am 14. 9. 2016 um 14:23 Uhr bei der Zubereitung des Teigs für eine Biskuitrolle. Ihre Mutter Eva B. betritt die Küche. Pinas dort schon anwesender Bruder Béla B. sagt ihr: „Pina macht eine Biskuitrolle". Die Äußerung ist in diesen Weltkontext eingebettet, dessen Komplexität – und Redundanz – durch das Foto veranschaulicht werden soll. Wir wollen annehmen, dass Mutter und Sohn einvernehmlich die abgebildete Pina als den Referenten der NP *Pina* betrachten; dass sie die VP *macht eine Biskuitrolle* auf das augenblickliche Tun von Pina beziehen, das zu diesem Zeitpunkt in dem Unterheben von Mehl und Stärke unter die schaumige Eiermasse in der Schüssel besteht; dass sie akzeptieren, dass daraus demnächst der Teig einer Biskuitrolle entstehen wird, der anschließend gebacken, gefüllt und aufgerollt wird. Wir können dann davon ausgehen, dass Bélas Äußerung als zutreffende Information über die Welt in dieser Situation behandelt wird.

In Abbildung 15 ist Bélas Äußerung in ihrem Kontext (partiell) modelliert. Dabei ist die Referenz von einer dreistelligen (Sprecher x referiert mit Ausdruck A auf Gegenstand y) auf eine „objektive" zweistellige Relation (Ausdruck A referiert auf Gegenstand y) reduziert; ebenso sind die Bedeutungsrelationen in demselben Sinne objektiviert, sodass weder die Bedeutung noch der Referenzbezug einem der beteiligten kognitiven Subjekte zugeschrieben ist. Der Frame beschränkt sich auf die Referenz des Subjekts. Wir könnten für Pina ein Attribut BESCHÄFTIGUNG annehmen, das als Wert ein Ereignis des Typs ‚Biskuitrolle machen' annimmt, und so Bezugsmöglichkeiten für die anderen beiden referierenden Ausdrücke in dem Satz schaffen. Der Frame integriert eine Instantiierung des Äußerungsframes in Abbildung 13 und den Frame für den geäußerten Satz und seine kompositionale Bedeutung in Abbildung 12 mit einem Teilframe der Welt, der die Beziehungen zwischen den drei Personen erfasst.

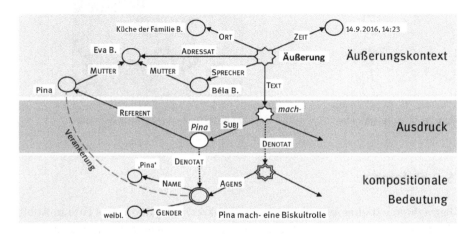

Abb. 15: Die Äußerung „Pina macht eine Biskuitrolle" im Kontext

Der abgebildete Gesamtframe enthält die entscheidenden Verbindungen zwischen den Ebenen ‚Äußerungskontext', ‚geäußerter Text' und ‚kompositionale Bedeutung'. In die eine Richtung verbinden sie ‚Äußerungsakt' mit ‚Text' mit ‚Bedeutung'. In die andere Richtung verbindet eine Verankerung die referenziellen Knoten des Bedeutungsframes mit Elementen in der Welt. Der gestrichelte Bogen für die Verankerung soll anzeigen, dass der referenzielle Hauptknoten von [Pina] mit dem Hauptknoten des Frames für die Person Pina in der Welt unifiziert wird. Damit wird ein Attribut REFERENT etabliert, das eine Verbindung zwischen dem Subjekt des Satzes und seinem Referenten in der Welt herstellt: Der NP *Pina* wird ein Referent zugeordnet. Aus der Unifikation von Knoten im Bedeutungsframe und Knoten in der Welt erwachsen Bedingungen für die Referenzherstellung: Die Information an den referenziellen Knoten muss mit der im Weltframe vorhandenen Information über den Referenten unifizierbar sein; z.B. muss der Anker für den referenziellen Knoten von [Pina] eine weibliche Person namens Pina sein, und der Ereignisknoten in [mach-] muss auf das passen, was Pina gerade tut.

Wieder wird Information zusammengeführt und vernetzt. Die Gespächsbeteiligten verknüpfen ihr Weltwissen über Pina und ihre Biskuitrollenkünste mit dem Agens der ausgedrückten Situation. Sie werden daraus ebenso eine Prognose für die Beschaffenheit der entstehenden Biskuitrolle ableiten wie beispielsweise über die Zeit, die es brauchen wird, bis sie fertig ist, oder über den Zustand der Küche danach. Damit wird in der persönlichen Interpretation der Mutter der zukünftige Referent von *Biskuitrolle* nicht einfach der abstrakten lexikalischen Beschreibung entsprechen, sondern viel konkreter der wesentlich reichhaltigeren Beschreibung von Biskuitrollen, wie die Gesprächsbeteiligten sie von Pina kennen.

5.3 Komposition in der Semantik und in aktueller Kommunikation

In der Semantik wird die Zielsetzung verfolgt, die sprachlichen Bedeutungsregularitäten zu beschreiben. Auf Wortebene bestehen diese für eine Sprachgemeinschaft im geteilten Wissen über Denotation und konzeptuellen Inhalt; sie äußern sich im einvernehmlichen Gebrauch der Wörter. Auf Satzebene regulär sind die geteilten allgemeinen Regelmechanismen, nach denen sich die Bedeutung komplexer Ausdrücke ergibt, allgemeine Mechanismen, die kontextunabhängig funktionieren. Komplexere semantische Theorien befassen sich mit Phänomenen nichtwörtlicher Bedeutung wie Metonymie, Metapher oder Umdeutung (coercion). Nie jedoch befasst sich die Semantik mit der Interpretation von konkreten Äußerungsereignissen in spezifischen Kontexten. Daten aus konkreter Sprachproduktion dienen zwar als Evidenz für semantische Regularitäten, aber nur auf indirekte Weise. Die Semantik zielt mit diesem Vorgehen auf die Ebene von Ausdrucks-Types, nicht auf die von Ausdrucks-Tokens. Das Kompositionalitätsprinzip, das die Disziplin der Semantik leitet, verpflichtet zu einem Bedeutungsbegriff für *Ausdrucks-Types*: Die Bedeutung eines Ausdrucks ergibt sich allein aus dem sprachlichen Wissen über lexikalische Bedeutung, Grammatik und Kompositionsregeln – unter Ausschluss nichtsprachlichen Kontextwissens.

Wer eine konkrete Äußerung im Kontext interpretiert, leistet kognitiv etwas anderes als das, was die Semantikerin zu modellieren versucht. Nennen wir eine interpretierende Person in aktueller Kommunikation kurz „K", im Gegensatz zu einer Semantikerin „S". Im Gegensatz zu S interpretiert K ein Äußerungs-Token in einem konkreten Kontext. K abstrahiert nicht vom Kontext, sondern *muss* diesen berücksichtigen, um an der Interaktion adäquat teilzunehmen. K bemüht sich nicht nur darum, zu einer Interpretation des geäußerten *Ausdrucks* zu gelangen, sondern zu einer Interpretation des Äußerungsaktes, wobei K versuchen wird, den sozialen Kontext und den geteilten Kenntnisstand zu berücksichtigen. K wird dabei natürlich auch von seinem semantischen Lexikon- und Regelwissen Gebrauch machen; auch K leistet semantische Komposition, aber: Der Prozess der Komposition wird mit Ks Kontextwissen interferieren.

Erstens wird K den Bottom-up-Prozess der sprachdatengeleiteten Komposition einer Top-down-Kontrolle unterwerfen: Ist das Ergebnis der Komposition mit Ks Wissen über den gegebenen Interaktionskontext vereinbar? Passt die Äußerung eines Textes bei dieser Interpretation in die soziale Interaktion zwischen K und dem Kommunikationspartner? Kurz gesagt: Kann der Kommunikationspartner das so meinen? Wenn er eine dieser oder ähnlicher Fragen mit Nein beantwortet, wird K versuchen, seine Komposition im Rahmen zulässiger Mechanismen anzupassen.

Zweitens wird K den Äußerungstext *inkrementell* interpretieren. K wird z.B. für ein satzinitiales Topik, etwa ein definites Subjekt, bereits Referenz herstellen, bevor sie den Rest des Satzes kennt. Dadurch führt sie die semantische Information über den Topikreferenten bereits während des laufenden Kompositionsprozesses mit außersprachlichem Wissen zusammen. In dem Pina-Beispiel wird die Mutter die spärliche semantische Information zum Referenten des Subjekts – ›weibliche Person mit dem Namen ‚Pina'‹ – mit dem reichhaltigen Wissen über ihre Tochter verknüpfen. Diese partielle Kontextualisierung wird die weiteren Kompositionsschritte beeinflussen, indem sie durch die zusätzliche Information die Unifikationsmöglichkeiten beschränkt. Das Ergebnis der Anwendung der Kompositionsschritte in Wechselwirkung mit dem kontextuellen Wissen ist daher nicht die Ausdrucksbedeutung auf Type-Ebene, sondern eine konkrete Interpretation des geäußerten Text-Tokens, die den gesamten relevanten Äußerungskontext berücksichtigt.

Man könnte den Unterschied zwischen den Vorgehensweisen von K und S als „Komposition online" vs. „Komposition offline" charakterisieren – offline bzw. online bezüglich des außersprachlichen Kontextwissens. Bei der Online-Komposition verbinden und vermengen sich sprachliche und außersprachliche Information während des Prozesses. Die semantische Offline-Analyse der Komposition geht dagegen nicht inkrementell vor, sondern kann den Satz als Ganzes betrachten. Sie klärt den sprachlichen *Anteil* an dem Prozess der konkreten Sprachinterpretation.

Ich habe versucht zu zeigen, wie das Zusammenfließen von sprachlicher und nichtsprachlicher Information im Rahmen eines Frame-Ansatzes behandelt werden kann. Entscheidend ermöglicht wird die Modellierung durch die Grundannahme der Frame-Hypothese, dass jegliche kognitiven Inhalte durch Frames repräsentiert werden – nicht nur sprachliche Inhalte, sondern auch jegliches Wissen über die Welt. Frames sind nicht nur selbst Netzwerke, sondern vernetzen sich ihrerseits beliebig. Kognitive Prozesse wie die Interpretation sprachlicher Daten bestehen wesentlich in der Vernetzung von Frames und dadurch in einer Zusammenführung und wechselseitigen Kontextualisierung von Information.

Für die Semantik – und weit darüber hinaus – bietet der Frameansatz ein neues Paradigma. Anders als die formalsemantischen Ansätze zielt es auf die Inhaltsebene und sucht seine Legitimation nicht nur in den Methoden der Disziplin, sondern auch in der Kognitiven Psychologie. Der Frameansatz eröffnet die Möglichkeit, die Dekomposition von Wortbedeutungen systematisch anzugehen, und damit die Theorie der Komposition auf eine Basis zu stellen, wie sie sie eigentlich haben sollte. Noch vielversprechender sind die ebenenübergreifenden Möglichkeiten des Ansatzes. Zum einen kann man Frames als Beschreibungsformat nicht nur auf der Ebene der Bedeutung, sondern höchstwahrscheinlich auf allen linguistischen Beschreibungsebenen einsetzen. Zum andern lassen sich *innerhalb* komplexer Frames durch Attribute wie DENOTAT und REFERENT Verknüpfungen *zwischen* den Ebenen modellieren, wie hier in bescheidenem Maße vorgestellt.

Literatur

Barsalou, Lawrence W. (1992): Frames, concepts, and conceptual fields. In: Lehrer, Adrienne/ Kittay, Eva Feder (Hg.): Frames, fields, and contrasts. New essays in semantic and lexical organization. Hillsdale, NJ, S. 21–74.
Busse, Dietrich (2012): Frame-Semantik. Ein Kompendium. Berlin/Boston.
Fillmore, Charles J. (1982): Frame semantics. In: The Linguistic Society of Korea (Hg.): Linguistics in the morning calm. Selected papers from SICOL-1981. Seoul, S. 111–137.
Kallmeyer, Laura/Osswald, Rainer (2013): Syntax-driven semantic frame composition in lexicalized tree adjoining grammars. In: Journal of Language Modelling 1, 2, S. 267–330.
Löbner, Sebastian (2000): Polarity in natural language: Predication, quantification and negation in particular and characterizing sentences. In: Linguistics and Philosophy 23, S. 213–308.
Löbner, Sebastian (2014): Evidence for frames from human language. In: Gamerschlag, Thomas et al. (Hg.): Frames and concept types. (= Studies in Linguistics and Philosopy 94). Heidelberg/New York, S. 23–68.
Löbner, Sebastian (2015a): Semantik. Eine Einführung. 2., aktual., stark erw. Aufl. Berlin/ Boston.

212 — Sebastian Löbner

Löbner, Sebastian (2015b): Functional concepts and frames. In: Gamerschlag, Thomas et al. (Hg.): Meaning, frames, and conceptual representation. (= Studies in Language and Cognition 2). Düsseldorf, S. 13–42. Internet: http://dup.oa.hhu.de/517/2/buch.pdf (Stand: 6.11.2017).

Löbner, Sebastian (2017): Frame theory with first-order comparators: Modeling the lexical meaning of punctual verbs of change with frames. In: Hansen, Helle Hvid et al. (Hg.): Logic, language, and computation. 11th International Tbilisi Symposium, TbiLLC 2015. Tbilisi, Georgia, September 21-26, 2015. Revised selected papers. (= Lecture Notes in Computer Science (LNCS) 10148). Heidelberg/New York, S. 98–117.

Montague, Richard (1970): Universal grammar. In: Theoria 36, 3, S. 373–398.

Morzycki, Marcin (2016): Modification. (= Key Topics in Semantics and Pragmatics). Cambridge.

Petersen, Wiebke (2007): Representation of concepts as frames. In: Skilters, Jurgis/Toccafondiva, Fiorenza/Stemberger, Gerhard (Hg.): Complex cognition and qualitative science (= The Baltic International Yearbook of Cognition, Logic and Communication 2). Riga, S. 151–170.

Pollard, Carl/Sag, Ivan A. (1994): Head-driven phrase structure grammar. Chicago/London.

Pustejovsky, James (1991): The generative lexicon. In: Computational Linguistics 17, 4, S. 409–441.

Pustejovsky, James (1995): The generative lexicon. Cambridge, MA.

Schlücker, Barbara (2014): Grammatik im Lexikon. Adjektiv-Nomen-Verbindungen im Deutschen und Niederländischen. (= Linguistische Arbeiten 553). Berlin/Boston.

Werning, Markus (2008): The „complex first" paradox. Why do semantically thick concepts so early lexicalize as nouns? In: Interaction Studies 9, 1, S. 67–83.

Komplexität und Dynamik

Hans-Jörg Schmid (München)

Ein integratives soziokognitives Modell des dynamischen Lexikons

Abstract: Dieser Beitrag liefert eine Skizze eines gebrauchsbasierten integrativen soziokognitiven Modells des dynamischen Lexikons. Das Modell besteht aus drei Kernkomponenten: Handlungen in der aktuellen Sprachverwendung, kognitiven Prozessen und sozialen Prozessen. Die Komponenten des Modells werden zunächst einzeln beschrieben und dann zusammengefügt. Es wird gezeigt und anhand von zwei Beispielen illustriert, wie das Modell durch die systematische Beschreibung der Interaktion zwischen diesen Komponenten gleichzeitig Stabilität und Struktur sowie Variation und Wandel im Lexikon vorhersagt.

1 Vorbemerkung

In diesem Beitrag werden die groben Umrisse eines soziokognitiven Modells der Struktur, Variabilität und Dynamik des Lexikons beschrieben. Die Größe dieses Vorhabens steht in einem eklatanten Missverhältnis zum verfügbaren Umfang des Texts. Dies hat zur Folge, dass die Lektüre des Beitrags einen dreifachen Vertrauensvorschuss erfordert.

Erstens können die zahlreichen Einsichten, die anderen Quellen zu verdanken sind, nur in Form einer pauschalen Danksagung an die folgenden besonders inspirierenden Autoren gewürdigt werden: Peter Auer, Harald Baayen, Karl Bühler, Joan Bybee, Bill Croft, Penelope Eckert, Nick Ellis, Charles Fillmore, Dirk Geeraerts, Adele Goldberg, H.P. Grice, Peter Harder, Rudi Keller, Roman Jakobson, William Labov, Ron Langacker, Elena Lieven, Brian MacWhinney, Herrmann Paul, Ferdinand de Saussure, John Searle, John Sinclair, Len Talmy, Michael Tomasello, Friedrich Ungerer und Alison Wray. Würde ich versuchen, auch nur die wichtigsten Arbeiten dieser Autoren zu nennen, wäre ein Großteil des Beitrags bereits durch die Bibliografie gefüllt.

Zweitens kann ich nur ebenso pauschal versichern, dass zu vielen Fragen, die sich den Lesern dieses Texts unweigerlich aufdrängen werden, bereits Antworten hinterlegt sind. Diese sind entweder in existierenden Veröffentlichungen zu finden (Schmid 2014, 2015, 2016, 2017a, b) oder in aktuell in Vorbereitung befindlichen Texten (Schmid i.Bearb.) schon ausformuliert, können aber hier aus Platzgründen nicht genannt werden.

DOI 10.1515/9783110579963-012

Drittens erfordert die Lektüre dieses Beitrags, die Ausführungen in den ersten Abschnitten mit dem Vertrauen zur Kenntnis zu nehmen, dass sich am Ende alles zu einem kohärenten Gesamtbild zusammenfügen wird.

2 Einleitung: das dynamische Lexikon

Legen wir zunächst fest, was gemeint sein soll, wenn die Rede vom *dynamischen Lexikon* ist. Zuallererst ist damit gemeint, dass das Lexikon insgesamt sowie seine Struktur und Elemente dauerhaft Variation und Wandel unterworfen sind. Die Dynamizität lexikalischer Elemente und Strukturen ist ein inhärenter Wesenszug des Lexikons. Von Variation und Wandel sind sowohl die mentalen Lexika einzelner Sprecher betroffen als auch das kollektive Lexikon einer Sprachgemeinschaft. Konkret sind damit u.a. die folgenden bekannten Aspekte angesprochen:

– Neue Lexeme werden geprägt und treten ins Lexikon ein, alte geraten außer Gebrauch, werden archaisch und obsolet.
– Lexeme sind variabel und verändern sich hinsichtlich ihrer phonologischen, graphemischen und morphologischen Formen und ihrer Bedeutungen.
– Lexeme verändern sich hinsichtlich ihres Komplementierungs- und Kollokationsverhaltens.
– Die lexikalischen Oppositionen und Kookkurrenztendenzen und -restriktionen, die einen wesentlichen Beitrag zur Struktur des Lexikons leisten, sind variabel und verändern sich.
– Lexeme verlieren und erobern typische Benutzungskontexte und verändern ihre Konnotationen und soziale Indexikalität, d.h. ihr Potenzial, Auskunft über soziale und individuelle Merkmale ihrer typischen Sprachbenutzergruppen und Sprachbenutzer zu geben.

Das vorgeschlagene Modell des dynamischen Lexikons zielt darauf ab, diese Aspekte abzubilden. Aus Gründen, die noch ersichtlich werden, bezeichne ich das Modell als „Entrenchment- und Konventionalisierungsmodell" (Schmid 2015). Im Zentrum der Betrachtungen stehen die folgenden Fragen:

1. Warum ist das Lexikon dynamisch?
2. Kann man das „Warum" und das „Wie" modellieren?
3. Kann man die Prinzipien und Pfade der Dynamik des Lexikons systematisch „vorhersagen"?

Zur Beantwortung dieser Fragen werden zunächst Annahmen darüber dargelegt, wie lexikalisches Wissen in den Köpfen einzelner Sprecher verarbeitet wird und repräsentiert ist (Abschnitt 3) und wie es zu einer Übereinkunft über das kommunikative Potenzial von Wörtern in einer Sprachgemeinschaft oder Teilen derselben kommt (Abschnitt 4). Auf der Basis dessen wird in Abschnitt 5 ein dynamisches Modell des Lexikons entwickelt, das in den darauffolgenden Abschnitten im Hinblick auf seine Vorhersagen zur Struktur und Stabilität (Abschnitt 6) und zur Variabilität und Dynamik (Abschnitt 7) geprüft wird. Abschnitt 8 liefert Illustrationen von zwei typischen Szenarien lexikalischer Dynamik.

3 Kognition: Was bedeutet es, ein Wort zu kennen?

Der hier vorgestellte Ansatz geht von der Annahme aus, dass Wissen über Wörter bzw. Lexeme in Form der folgenden vier Typen von Assoziationen repräsentiert ist:

1. Symbolische Assoziationen zwischen der Form bzw. den Formen des Lexems und der Bedeutung bzw. den Bedeutungen.
2. Paradigmatische Assoziationen zwischen einer lexikalischen Form oder Bedeutung und anderen Formen und Bedeutungen, die während der Sprachverarbeitung im assoziativen Netzwerk als Mitbewerber aktiviert werden und als solche repräsentiert sind.
3. Syntagmatische Assoziationen zwischen sequenziell angeordneten sprachlichen Formen und ihren Bedeutungen.
4. Pragmatische Assoziationen zwischen dem Gebrauch von Lexemen und den situativen Gebrauchsumständen, also v.a. Sprachbenutzern und ihrer sozialen Merkmale und Beziehungen, Ort und Zeit, Objekten usw.

Diese vier Typen von Assoziationen, und nichts außer ihnen, sind sowohl für die aktuelle kognitive Verarbeitung im Sprachgebrauch als auch für die Repräsentation von Wissen über lexikalische Einheiten verantwortlich. Im Langzeitgedächtnis repräsentiertes lexikalisches Wissen kommt durch die Verfestigung – das *Entrenchment* – der während der Verarbeitung aktivierten Assoziationsmuster zustande und verändert sich permanent unter dem Einfluss des Gebrauchs. Der kognitive Prozess, der für die Verfestigung sorgt, ist die *Routinisierung*, d.h. die Stärkung von Assoziationsmustern durch ihre wiederholte Aktivierung. Diese beruht auf der Ähnlichkeit wiederkehrender kommunikativer Anforderungen in Sprachproduktion und -rezeption, also auf der wiederholten Verarbeitung als identisch behandelter Äußerungsteile oder Gemeinsamkeiten derselben. In Abhängigkeit vom Ausmaß der Ähnlichkeit dessen, was routinisiert wird, beinhaltet dieser Prozess eine mehr oder weniger stark ausgeprägte *Schematisierung*. Bei hoher Ähnlichkeit, z.B. bei der Routinisierung der Assoziationsmuster für einzelne unregelmäßige Wortformen wie *aß*, *trank* oder *schlief* ist die Schematisierung trotz der Variabilität der verschiedenen Gebrauchsereignisse (z.b. hinsichtlich ihrer phonetischen Realisierung, Kotexte, Kontexte und aktuellen Bedeutungen) kaum bemerkbar. Bei geringer Ähnlichkeit, etwa wenn verschiedene Formen wie *isst*, *aß*, *essen* und *gegessen* als Manifestationen des Lexems ESSEN gespeichert werden, ist der Anteil der Schematisierung an der Routinisierung prominenter.

Aus lerntheoretischer Sicht lässt sich der Prozess der Routinisierung als eine Form impliziten, statistischen Lernens begreifen, das über die vier Typen von Assoziationen operiert. Bedeutungen werden auf der Grundlage sprachlicher Erfahrung probabilistisch mit Formen assoziiert; Situationen werden probabilistisch mit Bedeutungen und Formen assoziiert, die in vergleichbaren Situationen angetroffen wurden; Kookkurrenztendenzen werden ebenfalls basierend auf sprachlicher Erfahrung als probabilistische syntagmatische Assoziationen, und Konkurrenzverhältnisse als paradigmatische Assoziationen gelernt. Gedächtnistheoretisch findet einerseits die Konsolidierung von Assoziationsmustern vom episodischen zum semantischen Gedächtnis statt, andererseits aber auch eine zunehmende Proceduralisierung der sequenziellen Verarbeitung (vgl. Schmid 2017b).

Mit den kognitiven Prozessen der Assoziation, Routinisierung und Schematisierung sind die Kernelemente einer gebrauchsbasierten, kognitiven Konzeption des individuellen mentalen Lexikons skizziert. Gemäß dieser Konzeption sind der produktive und rezeptive Sprachgebrauch Voraussetzungen sowohl für die Aktivierung als auch die Repräsentation von Assoziationsmustern. Ob und wann dieser Gebrauch stattfindet, liegt – wenn man vom inneren Monolog oder dem Selbstgespräch absieht – nicht mehr allein in der Macht des einzelnen Sprachbenutzers, sondern in der Sprachgemeinschaft und den Strukturen und Prozessen, die sie kennzeichnen. Diesen wenden wir uns nun zu.

4 Gesellschaft: Wie stellt die Sprachgemeinschaft eine Übereinkunft her?

Ein Wort zu kennen, heißt nicht nur, ein bestimmtes Assoziationsmuster im assoziativen Netzwerk aktivieren zu können. Vielmehr beinhaltet die Kenntnis eines Wortes die Teilhabe an einer Konvention, d.h. an der in einer Sprachgemeinschaft vorhandenen Übereinkunft darüber, welche Formen das Wort hat und wie und unter welchen Bedingungen es mit bestimmten kommunikativen Wirkungen verwendet werden kann. Konventionen sind in Sprachgemeinschaften nicht nur distribuiert, sondern müssen stillschweigend gegenseitig anerkannt sein. Damit sind sie nicht mehr allein kognitiv repräsentiert, sondern haben eine inhärente soziale Komponente. Es gilt nun, die soziokognitiven und sozialen Prozesse zu beleuchten, die dazu führen, dass die Mitglieder einer Sprachgemeinschaft die Intuition entwickeln, dass sie gegenseitig Wissen über lexikalische Einheiten teilen und anerkennen. Aus Sicht des hier vorgestellten Modells, sind die folgenden fünf Prozesse für die Konventionalisierung lexikalischer Einheiten erforderlich bzw. ihr zuträglich.

Der erste Prozess ist die *Ko-Semiose*, d.h. die gemeinsame und gegenseitige Aushandlung der Bedeutung in einer Sprachgebrauchssituation. Wie bereits angedeutet, reicht es für erfolgreiches Verstehen nicht aus, wenn die an einer Sprachgebrauchssituation beteiligten Sprachbenutzer lediglich jeweils einzeln ausgelöst durch den Gebrauch von Wörtern mentale Repräsentationen aktivieren. Vielmehr müssen sie gleichzeitig unter dem Eindruck stehen, dass sie das Verständnis dieser Wörter gegenseitig teilen, dergestalt, dass ein Teilnehmer A zu wissen glaubt, was der andere Teilnehmer B denkt, und gleichzeitig zu wissen glaubt, dass der andere Teilnehmer B weiß, dass A dasselbe denkt und ebenfalls weiß, dass A weiß, dass B das weiß. Dieser Prozess hat neben der kognitiven eine genuin interpersonale Komponente, da er zwischen verschiedenen Menschen und nicht nur innerhalb einzelner abläuft. Werden konventionalisierte Lexeme nicht durch ständige Ko-Semiose aufgefrischt, so drohen sie außer Gebrauch zu geraten und obsolet zu werden. Ist dieser Aushandlungsprozess der Ko-Semiose bei einem Gebrauch eines neuen Lexems nicht ausreichend erfolgreich, zum Beispiel weil Beteiligte nur eine diffuse Vorstellung der Bedeutung des Wortes aktivieren können und nicht den Eindruck gewinnen, dass sie an der Ko-Semiose in vollem Ausmaß partizipieren, dann ist der Weg in Richtung einer späteren Konventionalisierung und Aufnahme ins Lexikon bereits verbaut.

Ko-Semiose kann, muss aber nicht zwingend, zur *Ko-Adaption* führen. Mit diesem Prozess ist die Tendenz angesprochen, Aspekte zuvor verarbeiteter Äußerungen aufzunehmen. Bekannt unter Bezeichnungen wie *Akkommodation*, *Alignment* oder *Priming*, können solche Wiederaufnahmen alle sprachlichen Ebenen, von der Aussprache einzelner Segmente über Betonungsmuster, Satzstrukturen und nicht zuletzt auch lexikalische Einheiten betreffen. Mit der Wahl des Terminus *Ko-Adaption* soll das dynamische und interaktive Element dieses Prozesses hervorgehoben werden. Bezogen auf das Lexikon ist damit die Wiederholung einer lexikalischen Einheit durch einen Hörer in einem späteren Redebeitrag innerhalb derselben Sprachgebrauchssituation gemeint. Ko-Adaption ist keine notwendige Bedingung für spätere Konventionalisierung; sie dürfte Letzterer aber zuträglich sein, weil die aktive Verwendung die aktivierten Assoziationsmuster festigt, was die Wahrscheinlichkeit erhöht, dass Gedächtnisspuren in andere Gesprächssi-

tuationen hinüber gerettet werden. Dies wiederum ist eine zwingende Voraussetzung dafür, dass ein neu geprägtes Wort in einer Sprachgemeinschaft konventionalisiert werden kann.

Kernelement dieser Konventionalisierung ist die Bereitschaft der Mitglieder
der Sprachgemeinschaft, ein bestimmtes Wort oder eine lexikalische Fügung als
Mittel zur Lösung einer kommunikativen Aufgabe zu verwenden. Das Zustande-
kommen dieser Bereitschaft lässt sich als *Usualisierung* begreifen. In diesem Prozess ist der Kern dessen angelegt, was als *Konvention* bezeichnet wird, nämlich
die stillschweigende gegenseitige Übereinkunft über das kommunikative Potenzial eines Lexems oder Ausdrucks. Ursprung der Usualisierung ist die Ko-Semiose
in einer konkreten Gebrauchssituation. Für die breitere Usualisierung über diese
hinaus ist es aber erforderlich, dass Wörter auch in anderen Situationen Verwendung finden.

Während Usualierung auf die Übereinkunft hinsichtlich des kommunikativen Nutzens und Potenzials an sich bezogen ist, betrifft die Diffusion die Verbreitung in sozialen Gruppen und *communities of practice* sowie die Pfade, auf denen
diese Verteilung in Abhängigkeit von sozialen Strukturen und Prozessen abläuft.
Usualisierung und Diffusion müssen auseinandergehalten werden, weil die beiden Prozesse nicht kollinear sind. Fachterminologie kann als Beispiel für den Fall
dienen, dass ein hoher Grad an Usualisierung in einem begrenzten Teil der Sprachgemeinschaft zu beobachten ist. Unüblicher Amtswortschatz liefert das komple-
mentäre Beispiel, bei dem ein hoher Grad an Diffusion mit geringer Bereitschaft,
das entsprechende Vokabular als Lösung für kommunikative Aufgaben zu verwenden, gepaart ist. In Korpusstudien kann der Grad der Usualisierung durch die
relative Häufigkeit von Wörtern (am besten im Vergleich zu onomasiologischen
Alternativen) approximiert werden; als Maß der Diffusion wäre dagegen zusätzlich die Dispersion über Sprachbenutzer, soziale Gruppen und Verwendungs-
kontexte heranzuziehen.

Als letzte Teilprozesse beinhaltet die Konventionalisierung die implizite und
explizite *Normierung*. Usualierung und Diffusion führen zu normativem Druck,
Wörter so zu verwenden, wie es die anderen Mitglieder der Sprachgemeinschaft
oder Gruppe tun. In dokumentierten Sprachen mündet dieser implizite Normierungsprozess in einen expliziten, d.h. in die Kodifizierung der Konvention in
Lexika, Grammatiken oder Handreichungen zum gelungenen Gebrauch von Wörtern und Ausdrücken.

5 Interaktion zwischen Kognition und Gesellschaft: Gebrauch, Entrenchment und Konventionalisierung

Bisher ist behandelt worden, wie lexikalisches Wissen in den Köpfen einzelner Sprecher verarbeitet wird und in unterschiedlicher Tiefe repräsentiert ist, und wie Konventionen über das kommunikative Potenzial von Wörtern zustande kommen und aufrecht erhalten werden. Beide Aspekte wurden als inhärent dynamisch modelliert: Assoziation, Routinisierung und Schematisierung sind ständig ablaufende kognitive Entrenchmentprozesse; Ko-Semiose, Ko-Adaption, Usualisierung, Diffusion und Normierung sind soziale Konventionalisierungsprozesse. Für das Verständnis des dynamischen Lexikons ist es nun erforderlich zu begreifen, wie diese Prozesse miteinander interagieren.

Zwingende Voraussetzung für das Zusammenwirken der kognitiven und sozialen Prozesse ist die Verwendung lexikalischer Einheiten in konkreten Gebrauchssituationen in mündlichen, schriftlichen oder anderen Medien (Zeichensprache, elektronisch übermittelte Sprache). Produktive und rezeptive kommunikative Handlungen in situierten Gebrauchsereignissen stehen deshalb im Zentrum des Modells (vgl. Abb. 1, die die Interaktion zwischen kognitiven und sozialen Prozessen schematisch darstellt und als Anker für die folgenden Ausführungen dienen wird).

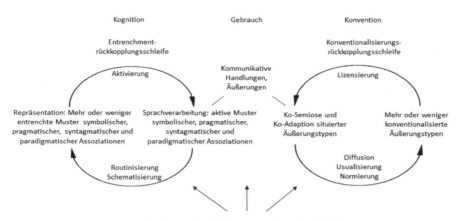

Abb. 1: Grafische Darstellung des Entrenchment- und Konventionalisierungsmodells

Kommunikative Handlungen stellen das Rohmaterial für Entrenchment- und Konventionalisierungsprozesse dar. Beide Prozesse sind als selbstreferenzielle Rückkopplungsschleifen zu verstehen. Im kognitiven System werden Äußerungen in Form von Mustern von symbolischen, pragmatischen, syntagmatischen und paradigmatischen Assoziationen verarbeitet. Wiederholt sich die Verarbeitung, weil sich sprachliche Elemente und/oder zu enkodierende Inhalte wiederholen, werden diese Muster routinisiert und dabei je nach Ausmaß der Gemeinsamkeit, dessen, was routinisiert wird, schematisiert. Je nach Frequenz dieser Wiederholungen werden entsprechende Muster mehr oder weniger verfestigt und sind mehr oder weniger stark repräsentiert. In Abhängigkeit von ihrer Gebrauchshäufigkeit (und anderen Faktoren) haben Lexeme im assoziativen Netz insofern eine privilegierte Stellung, als sie als Attraktoren dienen, die Aktivierung leichter und schneller anziehen als lexikalisch nicht-verfasste Konzepte oder selten aktivierte Syntagmen. Verfestigung resultiert damit in einer zunehmenden Automatisierung der Aktivierung und Verarbeitung. Diese Annahmen sind in Einklang mit psycholinguistischen Kernbefunden zur Verarbeitung und Repräsentation lexikalischer Einheiten, u.a. mit dem Wortüberlegenheitseffekt, dem Häufigkeitseffekt und Kontexteffekten.

Die Aktivierungsneigung von Assoziationsmustern korreliert mit dem Grad der Verfestigung: Häufig Verarbeitetes wird leichter wieder aktiviert als selten oder noch nie Verarbeitetes. Damit schließt sich die Entrenchmentrückkopplungsschleife, denn häufig Aktiviertes erfährt stärkeres Entrenchment, was sich wiederum in schnellerer und leichterer Aktivierung niederschlägt.

Die Rückkopplungsschleife der Konventionalisierung verläuft insofern grundsätzlich analog dazu, als Frequenz der Wiederholung eine wesentliche Antriebskraft für Konventionalisierung darstellt. Was bereits konventionalisiert ist, wird eher wieder verwendet als Originelles, u.a. weil gegenseitiges Verstehen durch die Verwendung voll lizenzierter Äußerungstypen wahrscheinlicher ist. Wie in Abbildung 1 angezeigt, operieren die fünf in Abschnitt 4 erläuterten Prozesse nicht über Assoziationen, sondern über situierte Äußerungstypen, d.h. sprachliche Oberflächenphänomene. Nicht die mentalen Repräsentationen werden konventionalisiert, sondern die Übereinkunft über die Formen und kommunikativen Wirkungen von Lexemen und Ausdrücken.

Entrenchment und Konventionalisierung interagieren nur durch den Gebrauch in konkreten sozialen Kontexten miteinander. Als Vermittler zwischen Kognition und Konvention spielen dabei pragmatische Assoziationen, die Information aus Gebrauchssituation, auch solche über soziale Eigenschaften und Beziehungen, in den Entrenchmentzyklus einspeisen, sowie der soziokognitive Prozess der Ko-Semiose eine zentrale Rolle. (Die Darstellung der beiden Rückkopplungsschleifen in Abbildung 1 ist übrigens insofern irreführend, als sich die beiden Kreise im Gebrauch überlappen sollten. Dies würde aber die Lesbarkeit der Abbildung noch weiter beeinträchtigen.)

Entrenchment- und Konventionalisierungsprozesse sowie die Interaktion zwischen ihnen unterliegen der Wirkung verschiedener Typen externer Kräfte, die in Abbildung 1 nur angedeutet sind. Diese kommen im Folgenden in Ansätzen zur Sprache.

6 Struktur: stabilisierende Momente

Wie generiert das in Abschnitt 5 skizzierte dynamische System lexikalische Struktur, und wie hält sie diese zumindest scheinbar aufrecht?

Seine grundlegende Struktur erhält das Lexikon von der Seite der kognitiven Prozesse, genauer durch die Routinisierung von und Kooperation und Kompetition zwischen den vier Typen von Assoziationen. Oppositionen, ein wesentliches Strukturprinzip, sind in Form von gefestigten paradigmatischen Assoziationen verfügbar, Kookkurrenzrestriktionen und -tendenzen in Form von mehr oder weniger gefestigten syntagmatischen Assoziationen. Paradigmatische Assoziationen fungieren als kognitives Substrat sprachlicher Phänomene wie Flexionsparadigmen, Sinnrelationen und Wortfelder. Syntagmatische Assoziationen sind maßgeblich für die Verarbeitung und Repräsentation u.a. von Wortbildungsmustern, halbfesten und festen Fügungen und idiomatischen Ausdrücken sowie formelhafter Sprache generell. Wissen über Konnotationen, Stilebenen und soziale Bedeutungen von Formen und Bedeutungen wird durch die Verfestigung pragmatischer Assoziationen gewonnen und repräsentiert. Pragmatische Assoziationen zwischen Gebrauchskontexten und lexikalischen Formen und Bedeutungen sind letztlich auch der Ursprung für die Aktivierung und Verfestigung von symbolischen Assoziationen, indem Wörter mit Aspekten der Gebrauchssituation assoziiert werden.

Dieses kognitiv motivierte System allein ergibt aber natürlich keine Sprache bzw. kein Lexikon, so lange es nicht ständig durch den soziokognitiven Prozess der Ko-Semiose, vermittelt durch pragmatische Assoziationen gestützt und aufgefrischt wird. Findet Ko-Semiose statt, so ist gleichzeitig ein Ausgangs- und beständiger Erneuerungspunkt zur Bewahrung konventionalisierter Äußerungstypen gegeben.

Daraus lässt sich die folgende Konstellation stabilisierender Momente im Modell ableiten: Grundsätzlich sind alle Gebrauchshandlungen, Entrenchmentprozesse und Konventionalisierungsprozesse stabilisierend, solange sie auf dem Prinzip der Wiederholung beruhen. Die Wiederholung von lexikalischen Einheiten und Ausdrücken unter denselben oder ähnlichen Bedingungen im Sprachgebrauch trägt zur weiteren Festigung bereits gefestigter Assoziationsmuster und zur weiteren Konventionalisierung bereits konventioneller Äußerungstypen bei. Sprecher, die mit einer wiederkehrenden kommunikativen Aufgabe konfrontiert sind, neigen v.a. in ungezwungenen Kontexten im mündlichen Medium zur Wiederholung. In der Gesellschaft trägt die wiederholte Verwendung zur Aufrechterhaltung einer Konvention bei, indem sie anzeigt, dass ein Wort oder Ausdruck weiterhin als angemessenes Mittel zur Bewältigung dieser kommunikativen Aufgabe angesehen wird.

Die Stabilität der vorhandenen Assoziationen und Mittel wird durch eine Reihe von externen Kräften unterstützt, die Wiederholung fördern. Als wesentliche kognitive Kraft fungiert das Ökonomieprinzip: Sage das, was du unter vergleichbaren Umständen immer sagst. Eine wichtige stabilisierende pragmatische Kraft ist die kommunikative Effizienz: Sage das, was in vergleichbaren Situation kommunikativ schon früher erfolgreich war; arbeite mit deinem Kommunikationspartner aktiv an der Ko-Semiose, d.h. etabliere einen *common ground*, bemühe dich um *audience design*. Solidarität zwischen den Interaktanten sowie gemeinsame Zugehörigkeit zu einer sozialen Gruppe sind der Wiederholung von Gefestigtem und Konventionalisiertem ebenfalls zuträglich.

7 Variation und Wandel: dynamisierende Momente

Ein kurzer kritischer Blick auf das in Abschnitt 6 skizzierte Szenario entlarvt dieses als simplistisch. Ein erster wichtiger Grund für sein Scheitern liegt in der irrigen Annahme, dass sich Sprachgebrauchsereignisse mehr oder weniger identisch wiederholen. Wäre dies der Fall und käme es häufig vor, so hätte das Szenario der stabilisierenden Momente tatsächlich eine beträchtliche Vorhersagekraft, und Sprachen wären generell stabiler. Tatsache ist aber, dass sich die Anforderungen an Gesprächsereignisse permanent ändern. Sprecher können sich schon allein deshalb nicht dauerhaft innerhalb ihres gewohnten Entrenchmentzyklus bewegen, weil sie sich mit ständig variierenden situationalen, kognitiven und sozialen Anforderungen konfrontiert sehen. Themen von Gesprächen und schriftlichen Texten, angesprochene bzw. intendierte Leserschaft, situationale und soziale Angemessenheit – all dies sind Momente im Sprachgebrauch selbst, die das Verharren in verkrusteten Gewohnheiten erschweren. Hinzu kommt, dass Sprachbenutzer ständig mit der Rezeption des Outputs anderer Sprachbenutzer zu tun haben, die ihrerseits aufgrund anderer sozialer oder individueller Faktoren andere entrenchmentbedingte Gewohnheiten und Präferenzen entwickelt haben. Diese mögen zwar genauso wie die eigenen durch konventionalisierte Äußerungstypen lizenziert sein, müssen aber trotzdem nicht dem entsprechen, was der Hörer in derselben Situation gesagt oder geschrieben hätte. Auswirkungen des ‚Neuen' auf den Entrenchmentzyklus des Hörers sind vorprogrammiert; wie stark sie sich mittel- und langfristig als Lernprozess auswirken, hängt von zahlreichen kognitiven, sozialen und emotiv-affektiven Variablen ab.

Dynamisierende Kräfte sind neben dem Gebrauch auch in allen anderen Komponenten des Modells angelegt.

Im Entrenchmentzyklus entfalten die Kooperation und v.a. der Wettbewerb zwischen den verschiedenen Assoziationstypen um Verfestigung eine sehr große dynamisierende Wirkung. Ein Beispiel hierfür wird in Abschnitt 8.2 etwas ausführlicher diskutiert. Es wird zeigen, dass die wiederholungsbedingte Verfestigung syntagmatischer Assoziationen systematische Auswirkungen auf symbolische, paradigmatische und pragmatische Assoziationen hat. Dies bewirkt Prozesse, die in der Sprachwandelforschung als Lexikalisierung und Grammatikalisierung bekannt sind. Die Verfestigung paradigmatischer Assoziationen trägt zum analogischen Wandel bei, und zwar dadurch, dass systematische Oppositionen z.B. in der Flexionsmorphologie auf Bereiche durchschlagen, die zuvor davon nicht betroffen waren. Dass häufige unregelmäßige Formen davon bekanntlich nicht betroffen sind, lässt sich durch die aufgrund höherer Verwendungsfrequenz größere Stärke der symbolischen Assoziation zwischen den unregelmäßigen Formen und ihren Bedeutungen erklären. Die Verfestigung pragmatischer Assoziationen kann zu kontextinduziertem Wandel führen. Hierbei werden zuvor kontextabhängige pragmatische Assoziationen durch zunehmende Wiederholung allmählich semantisiert, d.h. als symbolische Assoziationen unabhängig vom aktuellen Kontext routinisiert.

Hauptursachen für Variation und Wandel durch Konventionalisierungsprozesse sind die Ko-Semiose und Ko-Adaption zwischen Mitgliedern unterschiedlicher sozialer Gruppen. Je nach Ausmaß der sozialen Distanz ist mit verschieden großen sozial bedingten Unterschieden in den Sprachbiografien zu rechnen, die sich in jeweils verschiedenen Entrenchmentzuständen niederschlagen. Finden die genannten Prozesse zwischen Mitgliedern stark verschiedener sozialer Gruppen statt, so ist der mögliche Beitrag zur Diffusion besonders groß, gleichzeitig ist aber auch die Gefahr besonders hoch, dass Ko-Semiose scheitert und ein Missverständnis als Ausgangspunkt für Sprachwandel fungiert. Extreme Fälle des Aufeinandertreffens verschiedener sozialer Gruppen sind Sprachkontaktsituationen, die die Möglichkeit in sich bergen, Lehnwörter, die *per definitionem* bisher weder assoziativ verfestigt noch konventionalisiert sind, per Ko-Semiose und Ko-Adaption in die Entrenchmentzyklus der an einer Gesprächssituation Beteiligten und den Konventionalisierungszyklus der Sprachgemeinschaft einzuspeisen. Ein weiterer Motor dynamisierender Momente in den Konventionalisierungsprozessen ist die Normierung selbst, die – wie vom Konzept der Rückkopplungsschleife vorhergesagt – sowohl als Prozess wie auch als Kraft wirkt. Implizite und explizite Normierung veranlassen Sprachproduzenten dazu, sich situationsgemäß an Normen z.B. der gehobenen oder der geschriebenen Sprache zu orientieren, was sie dazu zwingen kann, Gewohnheiten zu überwinden, und damit auch die Gefahr erhöht, Malapropismen, Hyperkorrektes und andere Ungeschicklichkeiten zu produzieren.

Schließlich können die externen Kräfte dynamisierende Wirkung entfalten. Im Bereich der externen kognitive Kräfte ist hier v.a. die Aktivierungsverbreitung im assoziativen Netzwerk zu nennen, die zu Innovationen wie metaphorischen oder metonymischen Übertragungen oder auch taxonomischem Wandel führen kann. Dies wird häufig begünstigt durch pragmatische, soziale und emotiv-affektive Kräfte wie Extravaganz, soziale Ambitionen, Prestige oder das Bemühen, kreativ und originell zu sein, um Gesprächspartner zu beeindrucken. All dies kann Sprecher dazu veranlassen, ihr gewohntes und ‚entrenchtes‘ sowie konventionalisiertes Terrain bewusst oder unbewusst zu verlassen, was sich letztendlich, wie von dynamisch-adaptiven Systemtheorien vorhergesagt, als kleiner Auslöser für eine große und langfristige Veränderung im kognitiven und im sozialen System erweisen kann.

8 Exemplarische Anwendungen: zwei typische Muster lexikalischer Dynamik

Um das Potenzial des skizzierten Modells aufzuzeigen, werden im Folgenden exemplarisch zwei Konstellationen von Gebrauchshandlungen, Prozessen und Kräften erläutert, die unterschiedliche Formen lexikalischer Dynamik hervorbringen. Zunächst geht es um lexikalische Innovation (8.1) und dann um die Idiomatisierung usueller Wortverbindungen (8.2).

8.1 Lexikalische Innovation aus Sicht des Modells

Als konkretes Beispiel für eine lexikalische Innovation verwende ich das beliebig ausgewählte Substantiv *Swag*, das vom Langenscheidt-Verlag auf der Basis von konvergierenden Internet- und Juryvoten zum Jugendwort des Jahres 2011 erklärt wurde. Laut Pressemitteilung vom 5.12.2011 steht das Wort „für eine ‚beneidenswerte, lässig-coole Ausstrahlung‘ sowie eine ‚charismatisch-positive Aura‘". Der Ursprung des Wortes liegt im US-amerikanischen Hip-Hop, wahrscheinlich in dem Song *Turn my swag on* des Rappers Soulja Boy.

Als Lehnwort gelangt das Wort *Swag* über den Prozess der Ko-Adaption ins Deutsche. Eine alternative Möglichkeit, die hier aber eben gerade nicht vorliegt, wäre die Schöpfung eines neuen Wortes mit den Mitteln der Wortbildung gewesen. In diesem Fall wäre der Ursprung nicht im Konventionalisierungszyklus, sondern im Entrenchmentzyklus des Schöpfers oder der Schöpferin zu verorten gewesen, der oder die mithilfe von Assoziationen, die bereits im Netzwerk angelegt sind, eine neue Form kreiert. Der soziale Nistplatz der erstmaligen Ko-Adaption liegt im Milieu der Jugendkultur, deren konventionalisierter Sprachgebrauch unter anderem von sozialen Kräften wie dem Interesse an und der Sympathie für die amerikanische Hip-Hop Musik und Szene als identitätsbildendem Moment, *covert prestige* sowie Distanzierung vom Mainstream beeinflusst wird. Die Neigung zur Dynamik des Lexikons generell und die Übertragung aus dem Englischen ganz konkret werden von diesen sozialen Kräften erheblich begünstigt. Die erstmalige Ko-Adaption und spätere Diffusion des Wortes wurde darüber hinaus durch die Prominenz des Schöpfers im Englischen und die Verbreitung durch den erfolgreichen Song – sowie eine deutsche Coverversion unter dem Titel *Dreh den Swag auf* – gefördert. Die Tatsache, dass das englische Wort *Swag* in der einschlägigen Bedeutung bis heute (20.10.2017) nicht in der ständig aktualisierten Online-Version des „Oxford English Dictionary" verzeichnet ist, spricht dafür, dass Usualierung und vor allem auch Diffusion in breite Schichten der englischen Sprachgemeinschaft hinein trotzdem noch begrenzt sind. Dasselbe dürfte für das deutsche Lehnwort gelten, das noch nicht im *Duden* eingetragen ist. Mir war das Wort bis vor Kurzem auch nicht bekannt, was sich im Rahmen des Modells durch meine fehlende Teilhabe an einschlägigen sozialen Gruppen erklären lässt. Dass ich das Wort auch von meinen aktuell im Jugendalter befindlichen Kindern nicht zu hören bekommen hatte, bevor ich auf anderem Weg darauf aufmerksam wurde, ist mit seiner sozialen Bedeutung als in-group-Marker zu erklären, der es Jugendlichen eher verbietet, das Wort im Diskurs mit Erwachsenen zu verwenden. Diese soziale Bedeutung und Funktion ist durch den öffentlichen Normierungsprozess im Rahmen der Ernennung zum Jugendwort des Jahres 2011 beschädigt worden, was vermutlich mit dazu beigetragen hat, dass das Wort nach Angabe zahlreicher Jugendlicher, die ich befragt habe, auch unter ihnen an Usualität eingebüßt hat.

Aus Sicht des Entrenchments ist bemerkenswert, dass für Außenseiter wie mich eine Routinisierung von Assoziationen trotz des metalinguistischen Diskurses, an dem ich mich auch hiermit beteilige, kaum stattgefunden hat. Das Wort ist mir jetzt bekannt, aber nicht vertraut. Es ruft in mir nach wie vor keine starke symbolische Assoziation hervor. Entsprechend diffus bleibt die Bedeutung. Syntagmatische Assoziationen, die repräsentieren, wie das Wort im Kotext verwendet wird, sind ebenfalls kaum routinisiert, was zu Fehlverwendungen wie **Der ist*

ein Swag anstelle von korrekt *Der hat Swag* führt. Auch über gefestigte paradigmatische Assoziationen, die repräsentieren könnten, mit welchen anderen Substantiven *Swag* in Relationen wie Synonymie, Hyponymie oder Antonymie steht,
verfüge ich im Gegensatz zu meinen Kindern nicht. Und schließlich ist für mich
die einzige Situation, die per pragmatischer Assoziation den Gebrauch des Wortes aktiv hervorruft, bisher die des metalinguistischen Diskurses.

Die Spezifika der für das Wort *Swag* skizzierten Konstellation von Kräften
und Konventionalisierungs- und Entrenchmentprozessen kommen eigentlich erst
dann richtig zur Geltung, wenn man diesem Beispiel andere Fälle gegenüberstellt,
v.a. solche von schneller und hochgradiger Konventionalisierung und tiefem
Entrenchment wie z.b. das Lehnwort *Smartphone* oder das heimische Wortbildungsprodukt *Rettungsschirm*.

8.2 Festigung und Idiomatisierung usueller Wortverbindungen

In diesem Abschnitt geht es um die Frage, wie das Modell den Festigungsprozess
usueller Wortverbindungen und den häufig damit einhergehenden Teilverlust der
Kompositionalität erklärt. Als Beispiel dient die Wortverbindung *aus gegebenem
Anlass*. Laut den Referenz- und Zeitungskorpora des Digitalen Wörterbuchs der
Deutschen Sprache (DWDS) ist diese Sequenz zum ersten Mal im Jahr 1946 belegt
und verzeichnet dann nach sporadischen Belegen in den 1950ern einen kontinu-
ierlichen Häufigkeitsanstieg von 0,28 Belegen pro Million Wörter in den 1960ern
bis auf 0,43 im ersten Jahrzehnt dieses Jahrhunderts. Im Zuge dieser Frequenz-
zunahme ist auch eine Veränderung in Richtung einer satzinitialen Routinefor-
mel zu beobachten, die einen Aufruf einleitet, einen Missstand zu beheben. Dass
diese Funktion und Bedeutung als usuell bzw. usualisiert anzusehen ist, zeigt
sich auch darin, dass die Sequenz in quasi zitierenden Anspielungen verwendet
wird und Gegenstand metalinguistischer Normierungsprozesse geworden ist.
Der Webseite *stil.de* kann beispielsweise entnommen werden, dass der „Große
Knigge" dazu rät, den Ausdruck in typischen Kontexten – z.B. wenn dazu aufgerufen wird, die Teeküche im Büro sauber zu halten – durch „Wir erinnern daran:"
zu ersetzen.

Den im Modell angelegten kognitiven Erklärungsmechanismus für die Entwicklung dieses Beispiels und vergleichbarer Fälle bezeichne ich als *Prinzip der
syntagmatischen Verfestigung*. Dieses Prinzip besteht aus zwei Komponenten:
1. Die Wiederholung identischer Wortsequenzen resultiert in der Stärkung syn-
    tagmatischer Assoziationen zwischen den Elementen, die durch pragmatische
    Assoziationen unterstützt werden kann.

2. Wenn dies geschieht, d.h. wenn syntagmatische Assoziationen zwischen den Teilen einer rekurrenten Sequenz durch Wiederholung gefestigt werden, werden

   – symbolische, paradigmatische und pragmatische Assoziationen der Teile schwächer,
   – während symbolische, paradigmatische und pragmatische Assoziationen des Ganzen stärker werden.

Auf das Beispiel angewendet bedeutet dies Folgendes. In den Köpfen einzelner Sprecher, die die Sequenz *aus gegebenem Anlass* vermehrt hören und benutzen, werden die syntagmatischen Assoziationen zwischen diesen Elementen gestärkt. Dies wird unterstützt durch die pragmatischen Assoziationen zu typischen Kontexten, in denen die Sequenz angetroffen bzw. für nützlich erachtet wird, z.B. wenn auf Missstände aufmerksam gemacht werden soll. Im Zuge der Stärkung der syntagmatischen Assoziationen werden die symbolischen und paradigmatischen Assoziationen der Teileelemente schwächer. Das heißt, dass die Bedeutungsrepräsentationen der Formen *gegebenen* und *Anlass* in der Fügung schwächer werden und damit einhergehend ihr Potenzial sinkt, paradigmatisch Kompetitoren wie Synonyme oder Antonyme zu ko-aktivieren. Im Zuge der syntagmatischen Verfestigung beginnt die ganze Sequenz allmählich, eine symbolische Assoziation zu einer holistischen Bedeutung zu gewinnen, die zunehmend von der Summe der Teilbedeutungen abweicht. Begleitend werden paradigmatische Assoziationen zu Ausdrücken mit vergleichbaren Formen und Bedeutungen (z.B. *wir erinnern daran*, siehe oben) und pragmatische Assoziationen zu den typischen Verwendungskontexten der ganzen Fügung gestärkt. Damit ist der Weg in Richtung Idiomatisierung in den Köpfen einzelner Sprecher eingeschlagen, ohne dass weitere Prozesse ins Spiel gebracht werden müssen. Sprecher, die die Fügung selten verwenden oder hören, durchlaufen diese kognitiven Prozesse nicht selbst. Da die Fügung bereits ein ordentliches Maß an Usualisierung erreicht hat, haben diese Sprecher aber die Möglichkeit, sich die Fügung auf dem Wege der Ko-Semiose und Ko-Adaption anzueignen. Hierfür ist erforderlich, dass sie die spezifischen semantischen und pragmatischen Eigenschaften erkennen. Bei ausreichender Usualisierung und Diffusion als holistischem Äußerungstyp erwerben immer mehr Sprecher die Fügung auf diesem Weg – also als feststehenden Ausdruck. Der erwähnte Normierungsdiskurs, der die Sequenz explizit als mehr oder weniger feststehenden Ausdruck ausweist, dürfte dazu beitragen.

   Das Prinzip der syntagmatischen Verfestigung erweist sich als sehr wirkmächtige kognitive Erklärung für eine Reihe von Sprachwandelprozessen wie Lexikalisierung und Grammatikalisierung. In welcher Weise es sich entfaltet und wie seine Wirkungsweise von anderen Komponenten des Modells, v.a. den Konventionalisierungsprozessen, beeinflusst wird, hängt vom jeweiligen Einzelfall ab und muss durch die detaillierte Analyse der vorhandenen Daten geklärt werden. Ein rasant, d.h. in sehr kurzer Zeit ablaufender Usualisierungsprozess kann beispielsweise darauf hindeuten, dass sich eine usuelle Wortverbindung schon von Anfang an als fertiger Chunk konventionalisiert hat, statt zunächst graduell und individuell kognitiv verfestigt zu werden. Dies liegt zum Beispiel für konventionalisierte Buch- oder Filmtitel, Slogans oder auch geflügelte Wörter nahe, deren Ursprung oft mit der Verwendung assoziiert bleibt.

Sowohl graduell gefestigte als auch als fertige Chunks adaptierte usuelle Wortverbindungen können dann ihrerseits wieder als Ausgangspunkte für analogische Variantenbildungen dienen, die als Phraseoschablonen etabliert werden können (siehe den Beitrag von Katrin Steyer). Meme lassen sich hierfür als besonders schnelllebige Beispiele anführen. Wortbildungsschemata, deren Produktivitätsveränderungen im Beitrag von Martin Hilpert behandelt werden, werden ebenfalls in der Regel von einzelnen oder wenigen festen oder gefestigten *Types* ausgehend generalisiert. Die von Hilpert beschriebenen semantischen Gruppen, über die das englische Muster N+V-ed an Produktivität hinzugewonnen hat, lassen sich im vorliegenden Modell durch die Aktivierung paradigmatischer Assoziationen erläutern, die völlig unmotivierte Neubildungen nach dem Muster weniger wahrscheinlich machen.

Das Modell liefert für all diese verschiedenen Prozesse einen gemeinsamen Erklärungsrahmen und macht systematische Vorhersagen über syntagmatisch motivierte lexikalische Wandelprozesse, die usuelle Wortfügungen unterschiedlicher Grade an Festigkeit und Idiomatizität einerseits hervorbringen und andererseits zu neuer Produktivität verhelfen.

9 Schlussbemerkung

Mehr als ein grober Überblick über die Komponenten des Modells und ihre Interaktion war in diesem kurzen Beitrag nicht zu leisten. Es bleibt zu hoffen, dass das Potenzial des Modells trotz der kursorischen Darstellung erkennbar geworden ist. Es beantwortet die in Abschnitt 2 gestellten Fragen, indem es erläutert, wie sowohl die scheinbare Stabilität als auch die Dynamik des Lexikons durch die Interaktion von Sprachverwendung und individuellen kognitiven und kollektiven sozialen Prozessen unter dem Einfluss einer Reihe verschiedener Arten von Kräften hervorgebracht wird. Das Ausmaß der Stabilität und die spezifischen Manifestationen der Dynamik hängen von den zahlreichen möglichen Konstellationen dieser Interaktion ab, die sich am besten in Anlehnung an komplex-adaptive dynamische Modelle verstehen lässt. Typische Muster der Dynamik wie Innovation, Typen des lexikalischen Wandels, Entlehnung, Festigung, Idiomatisierung, Lexikalisierung oder auch Reanalyse und Grammatikalisierung lassen sich systematisch innerhalb eines einheitlichen Modells als solche Konstellationen beschreiben.

Zum Abschluss sei noch hervorgehoben, dass das Modell so konzipiert ist, dass es einerseits im Einklang mit robusten Erkenntnissen aus der Psycholinguistik, Psychologie, Neurologie und Soziologie steht, andererseits aber auch insofern sparsam bleibt, als es sich auf eine begrenzte Zahl von Handlungen, Prozessen und Kräften beschränkt.

Literatur

Schmid, Hans-Jörg (2014): Lexico-grammatical patterns, pragmatic associations and discourse frequency. (= Constructions collocations patterns (TiLSM) 282). Berlin/New York, S. 239–293.

Schmid, Hans-Jörg (2015): A blueprint of the entrenchment-and-conventionalization model. In: Yearbook of the German Cognitive Linguistics Association 3, 1, S. 3–25.

Schmid, Hans-Jörg (2016): Why cognitive linguistics must embrace the social and pragmatic dimensions of language and how it could do so more seriously. In: Cognitive Linguistics 27, 4, S. 543–557.

Schmid, Hans-Jörg (2017a): A framework for understanding linguistic entrenchment and its psychological foundations. In: Schmid (Hg.), S. 7–36.

Schmid, Hans-Jörg (2017b): Linguistic entrenchment and its psychological foundations. In: Schmid (Hg.), S. 435–452.

Schmid, Hans-Jörg (2017) (Hg.): Entrenchment and the psychology of language learning. How we reorganize and adapt linguistic knowledge. Boston/Berlin.

Schmid, Hans-Jörg (i.Bearb.): Entrenchment and conventionalization. How usage, mind and society shape linguistic variation, change, and structure. Oxford.

Dirk Geeraerts (Leuven)
A lectometric definition of lexical destandardization

Abstract: This paper argues that a lectometric approach may shed light on the distinction between destandardization and demotization, a pair of concepts that plays a key role in ongoing discussions about contemporary trends in standard languages. Instead of a binary distinction, the paper proposes three different types of destandardization, defined as quantitatively measurable changes in a stratigraphic language continuum. The three types are illustrated on the basis of a case study describing changes in the vocabulary of Dutch in The Netherlands and Flanders between 1990 and 2010.

Recent theory formation about the evolution of standard languages in Europe has been dominated by two ideas: on the one hand, Auer's typology of dialect and standard language constellations (Auer 2005, 2011); on the other, the notions of 'destandardization' and 'demotization' introduced by the SLICE (Standard Language Ideology in Contemporary Europe) network. Disregarding many subtypes and variations painstakingly described by Auer, the former involves the idea that the languages of Europe tend to follow a long-term evolution from exoglossic diglossia in the medieval period to endoglossic diglossia in Early Modern times, followed by an evolution to a diaglossic situation – a fully fleshed out stratigraphic spectrum between standard language and base dialects – in the Modern period. In some cases, dialect loss in the contemporary period may further lead to a shrinking of the spectrum. In the framework developed by the SLICE network (Coupland/Kristiansen 2011; Kristiansen 2016), contemporary changes at the top of the stratigraphic spectrum are considered. Specifically, an increasing, 'postmodern' tolerance for variation is supposed to take shape in two different forms: either as 'demotization' or as 'destandardization'. Demotization (a terminological reference to the *demotisierung* introduced by Mattheier 1997) involves cases in which more variation enters into the standard language but in which the standard language ideal as such is not affected: the 'best language' becomes more open to variation, but the normative concept of a best language as such is not weakened. Destandardization by contrast involves changes through which established standard languages lose their exclusive status as 'best language' and a broader range of speech varieties is accepted within the public sphere. The distinction between destandardization and demotization has triggered a lot of debate, not least so because they were not introduced with a clear operational definition.

DOI 10.1515/9783110579963-013

The present paper, then, develops the idea that a lectometric approach may help to see clear in the process of destandardization and its mechanisms. (Unless otherwise stated, we will use *destandardization* in a broad sense as referring to any type of loss of linguistic standardization, and not in the specific reading in which it contrasts with *demotization*.) In general, lectometry uses quantitative measures to establish the relative similarity (or distance) between different lects, where lects are thought of as collections of linguistic features that can vary along any extra-linguistic contextual dimension in the broadest sense possible. Thus, in dialectometry (e.g. Goebl 2006; Heeringa 2004; Nerbonne/Kleiweg 2003; Séguy 1971; Szmrecsanyi 2013), stylometry (e.g. Grieve 2007; Luyckx/Daelemans 2011), and some forms of language perception research (e.g. Gooskens/Heeringa 2004; Van Bezooijen/Heeringa 2006; Speelman/Impe/Geeraerts 2014), distances between lects are studied along the geographical, discursive, and subjective axis respectively. The present study belongs to a fourth subfield of lectometry, viz. sociolectometry, which quantifies aggregate language variation in relation to sociolinguistic variation. Specifically, the paper takes a lexical lectometrical approach. Developing the framework set out in Geeraerts/Grondelaers/Bakema (1994), a pioneering example of such a lexical sociolectometric approach is Geeraerts/Grondelaers/Speelman (1999), which examines lexical variables to measure the relation between the two main national varieties of Dutch. Expanding on this early work in sociolectometry, Speelman/Grondelaers/Geeraerts (2003), Ruette et al. (2014) and Ruette/Ehret/Szmrecsanyi (2016) provide methodological elaborations by introducing techniques such as cluster analysis, multi-dimensional scaling and Semantic Vector Space models. Descriptive elaborations involve a.o. contact linguistics (Zenner/Speelman/Geeraerts 2012) and the interaction of semantic and lexical variation (Speelman/Geeraerts 2009).

To see how a lectometric approach may shed light on the issue of destandardization, the conical representation of stratigraphic spectra used by Auer (2005) provides a fruitful starting-point. The conical visualization assumes an essentially two-dimensional structure of variation. The vertical dimension represents a hierarchical ordering along a situational dimension: the higher a situation is situated in the stratificational cone, the more standard language use will be expected. Informative media language, for instance, whether written or spoken, will generally be expected to conform to the standard language norm, regardless of how internally varied that norm may be. Casual conversations in an informal context, by contrast, will generally come with less outspoken expectations w.r.t. standard language use. The horizontal dimension, conversely, may primarily be thought of in terms of geographic variation: to the extent that dialect differences exist, they will show up more readily in situations with less stringent standard language expectations. But the geographical dimension would obviously not be the only one to be considered alongside the situational dimension; at least social features (such as the speaker characteristics of sociolinguistics) and thematic differences (as for instance in Language for Special Purposes) would need to be added to get a more complete picture of the variation. The conical representation, in other words, is a simplified model of a multidimensional variational structure, but precisely as a simplified model, it can help us to think analytically about the dynamics of standardization – always keeping in mind that more complicated approaches may need to be introduced later to accommodate the multidimensionality of variation.

So when could we talk about an increasing or decreasing standardization, assuming a basic conical structure with two layers? Three structural changes need to be distinguished. In the first place, standardization could take the form of a decrease in the distance between the two levels, where 'distance' metaphorically refers to the degree of similarity between the language use found in the two situations. A case in point would be the processes of dialect loss leading to a compression of the stratigraphic spectrum, as mentioned in Auer's typology. Figure 1 graphically represents the opposite development, i.e. a process of decreasing stratigraphic standardization. The dotted line represents the original situation, while the solid line depicts a situation in which the upper level has moved further away from the base level (with both levels in themselves maintaining their original degree of variation, as represented by the surface of the ellipse).

In the second place, a decrease in the distance between the two levels might still be considered a form of destandardization if the movement between the two levels is rather from the top level to the bottom level rather than the other way around. When not just the degree of rapprochement but also the direction of the process is taken into account, a distinction can be made between the type of standardization that fits the traditional (some would say 'ideological') conception of standardization, and developments in the other direction. In the former, the features of the hierarchically superior level trickle down towards the inferior one, as when colloquial language use loses any remaining dialect features and becomes an RP-like polite speech. In the latter, what used to be informal language percolates into the formal, upper-level situations, thus bringing qualitative change in the substance of the standard language. This second process is a type of destandardization to the extent that the old standard norm gives way to a new one that is influenced by the initial informal, colloquial, less valued forms of language use. One could therefore say, perhaps, that it is a qualitative type of destandardization in comparison with the quantitative destandardization that occurs when the stratificational distance between the two levels grows. But we will see presently that this qualitative destandardization can also be defined quantitatively, and moreover, there are other candidates for a terminological identification of this second process: 'informalization' e.g. could be considered as one of the likely terminological options. Figure 2 graphically represents a process of qualitative destandardization.

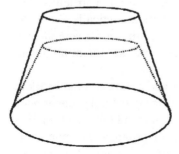

Fig. 1: Graphical representation of increasing stratigraphic distance

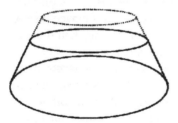

Fig. 2: Graphical representation of qualitative destandardization

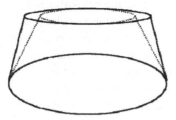

Fig. 3: Graphical representation of internal destandardization

In the third place, destandardization may take the form of increasing variation within the highest level, regardless of whether this growing variation correlates with changes in the relationship with regard to the other level. Again, various terminological alternatives can be considered for identifying such a process: it might be called 'internal destandardization', but 'dehomogenization' or 'heterogenization' could also be considered. Figure 3 graphically represents a process of internal destandardization.

Before we proceed to a quantitative, lectometric definition of the three developments, four remarks have to be made. First, it can be shown that the three types of change identified here are mathematically independent, in the sense that all possible combinations of developments (growing or diminishing distances between layers, movement from top to bottom or from bottom to top, increasing or decreasing variation within the top level) could in principle occur. In practice, one will not expect all possible configurations to occur with equal frequency, or even to occur at all, but that would of course be a major topic for a research programme to be built on the essentials described here.

Second, the three processes have been described in terms of a simplified model with two levels, but it will be clear that the developments may be complex when a more elaborate stratificational structure is considered. Specifically, there is no reason to assume that developments within a multilevel structure will be uniform across all levels. A growing together of the standard language at the top level and colloquial speech does not necessarily imply (at a third level) dialect loss, even though Auer suggests that it is the normal historical evolution in the modern era. Again, the question is an empirical one.

Third, the behavioral changes classified above need to be supplemented with attitudinal data to get a complete picture of the situation. For instance, even if colloquialisms regularly penetrate in formal situations, they could still be considered inappropriate: norms may persist in the mind even if their force in actual behavior weakens. The remainder of this paper will be exclusively devoted to the behavioral perspective, though. Given that the attitudinal, and by extension ideological, parameter is a crucial feature of the SLICE approach, the present paper's restriction to the behavioral dimension limits its claims: it is primarily meant to bring some more analytical and descriptive clarity to the behaviorial side of (de)standardization processes, but it does not intend to provide a full conceptual or methodological framework for the study of (de)standardization in all its aspects.

Fourth, how does the destandardization/demotization framework relate to the three processes that can be distinguished on systematic grounds? Demotization, with its emphasis on the relaxation of existing standard norms, is probably best conceived of in terms of the third process: more variation enters into the standard language, but the position of the standard with regard to other levels of language use remains roughly the same. The notion of destandardization, on the other hand, seems to relate primarily to the second process in combination with the first, to the extent that higher level language use grows closer to lower level language use, though not in the bottom-up way that is expected by traditional standard language ideologies but rather in a top-down way: hierarchical differences are leveled out, but they are leveled out in favor of an initially subordinate level rather than the other way around. It remains to be seen whether this attempt at reinterpretation of the destandardization/demotization conceptual pair does full justice to the framework (to repeat, the attitudinal dimension is still lacking), but at the same time, the exercise illustrates the importance of a multidimensional approach. If demotization indeed involves leveling plus a top-down directionality, both dimensions need to be included in the description.

We may now provide lectometric definitions of the three types of destandardization that we distinguished. Let x_i be any lexical item from a set of synonyms expressing concept Z, and Y_1 and Y_2 two datasets subject to lectometrical analysis, then the degree of uniformity in the lexical expression of Z between Y_1 and Y_2 is captured by (1). Essentially, this formula defines the uniformity between Y_1 and Y_2 for Z as the degree of overlap in the naming events for Z in both datasets. (In corpus-based research, 'datasets' would typically be subcorpora that can be considered representative for specific lects. But relevant datasets could obviously also have a different origin, deriving from experimental research or surveys.) For a set of n concepts, the aggregate uniformity between Y_1 and Y_2 is calculated by (2) as a straightforward average, or by (3) as a weighted average, in which the weighting factor G is the relative frequency of any concept Z_i in Y_1 and Y_2 taken together. Formula (4) provides a measure for the internal uniformity of lexical usage in a given dataset, based on the assumption that a language situation could be considered more uniform to the extent that there are less competing forms for expressing a given concept, and to the extent that dominant forms exist within that set of alternatives. In (5) and (6), the internal uniformity measure is aggregated over a set of n concepts, respectively without and with weighting. (For further background and applications relating to this suite of formulae, see Geeraerts/ Grondelaers/Bakema 1999.)

(1) $\quad U_Z(Y_1, Y_2) = \sum_{i=1}^{n} \min\left(F_{Z, Y_1}(x_i), F_{Z, Y_2}(x_i)\right)$

(2) $\quad U(Y_1, Y_2) = \dfrac{1}{n} \sum_{i=1}^{n} U_{Z_i}(Y_1, Y_2)$

(3) $\quad U'(Y_1, Y_2) = \sum_{i=1}^{n} U_{Z_i}(Y_1, Y_2) \cdot G_{Z_i}(Y_1 \cup Y_2)$

(4) $\quad I_Z(Y) = \sum_{i=1}^{n} F_{Z, Y}(x_i)^2$

(5) $I(Y) = \dfrac{1}{n} \sum_{i=1}^{n} I_{Z_i}(Y)$

(6) $I'(Y) = \sum_{i=1}^{n} I_{Z_i}(Y) \cdot G_{Z_i}(Y)$

The definitions of the three types of destandardization now follow in a straight-forward fashion. We consider four lects, differentiated by stratificational position and chronology. H represents the stratificationally higher situation, where we may expect language use that is representative of or at least closer to standard language use (to the extent that standardization exists at all in the linguistic situation at hand), and L a lower-ranking situation. If t_1 and t_2 represent an earlier and a later point in time, then the three types of destandardization (in the order in which they were introduced above) are defined as follows.

(7)   Destandardization$_1$ occurs

   if $U(H_{t_1}, L_{t_1}) > U(H_{t_2}, L_{t_2})$

   or if $U'(H_{t_1}, L_{t_1}) > U'(H_{t_2}, L_{t_2})$

(8)   Destandardization$_2$ occurs

   if $U(L_{t_1}, H_{t_2}) > U(H_{t_1}, L_{t_2})$

   or if $U'(L_{t_1}, H_{t_2}) > U'(H_{t_1}, L_{t_2})$

(9)   Destandardization$_3$ occurs

   if $I(H_{t_1}) > I(H_{t_2})$

   or if $I'(H_{t_1}) > I'(H_{t_2})$

Corresponding to the three processes introduced above, the formulae will be self-evident, except perhaps in the second case. Formula (8) measures the direction of change by comparing the similarity between, on the one hand, the lower level at time t_1 and the higher level at time t_2, and on the other, that between the higher level at time t_1 and the lower level at time t_2. If the former is bigger than the latter, the attraction exerted by the originally lower level is stronger than the attraction of the higher level in the initial stage, or in other words, the change is from bottom to top rather than from top to bottom.

To illustrate the formulae and the phenomena they capture, we have a brief look at a longitudinal study on the lexical development of Dutch in the lexical field of clothing terms. Although, as we shall see, the results can be plausibly interpreted in the light of the recent evolution of Dutch, it will be clear that a single lexical field is not enough to yield general conclusions about the evolution of Dutch. We would need to know more about other parts of the vocabulary and other levels of linguistic structure for a comprehensive picture. In this sense, the results are primarily meant to illustrate the method rather than to support far-reaching descriptive statements.

The study drawn on here is a replication of Geeraerts/Grondelaers/Speelman (1999), in which clothing terms and football terms were followed from 1950 over 1970 to 1990 in Netherlandic Dutch and Belgian Dutch sources. These sources primarily comprised supraregional written data from national newpapers and magazines, with the addition of shop window materials for the 1990 clothing terms. These 'shop window materials' took the form of price tags in local shops, with the exclusion of national or international chain stores. In this way, a second situational layer is added to the dataset: if naming practices differ in less formalized contexts, this is one communicative situation in which less formal usage may be found. The shop window data were collected in two Dutch and two Flemish towns with similar characteristics: the centrally located traditional university towns Leiden and Leuven, and the peripheral towns Maastricht and Kortrijk, each with a smaller university. The replication study of 2012 (see Daems/Heylen/ Geeraerts 2015 for an extended description) repeated the 1990 clothing terms study, so that we now have real time data for two stratigraphic levels at two points in time – a crucial condition for applying the definitions in (7)–(9). In quantitative terms, the dataset contains 8,797 observations for Belgian Dutch in 1990, and 3,761 for 2012. For Netherlandic Dutch, the figures are 6,205 and 5,255 respectively.

The fourteen concepts included in the analysis are the following: $shirt_M$, $shirt_F$, $t\text{-}shirt_{MF}$, $sweater_{MF}$, $cardigan_{MF}$, $trousers_{MF}$, $jeans_{MF}$, $leggings_F$, $skirt_F$, $dress_F$, suit jacket$_M$, suit jacket$_F$, $jacket_{MF}$, $suit_{MF}$. The subscripts indicate whether the item of clothing is meant for women or men. This could either mean that the clothing type is gender-specific (like 'skirt') or that the same type receives different names when worn by men or women (as in a jacket as part of a suit, which is often called *colbert* in the case of men, but hardly ever so in the case of women). If the gender distinction does not correlate with differences of naming pattern, the concept is considered gender-neutral. The lexical alternatives involve synonyms like *jeans*, *jeansbroek*, *spijkerbroek*. Only in the case of 'skirt' no alternatives emerge: skirts are always called *rok* (but because we want to have an aggregate level view of the lectometric relations, concepts with little or no lexical variation have to be retained as part of the calculations). Overall, statistical significance is checked by applying a log-likelihood ratio test with a threshold of 5% to the naming patterns under comparison.

If we then collect the results for the Belgian Dutch dataset, the three types of possible destandardization captured by (7)–(9) appear as follows. Restricting the overview to non-weighted averages, the *B* figures refer to the higher level stratum of national magazine data, while the *LeuKor* figures are based on the shop window materials in Leuven and Kortrijk.

(10)   Destandardization$_1$
$U(B_{90}, LeuKor_{90}) = 50.47$
$U(B_{12}, LeuKor_{12}) = 73.72$
$U(B_{90}, LeuKor_{90}) < U(B_{12}, LeuKor_{12})$

(11)   Destandardization$_2$
$U(LeuKor_{90}, B_{12}) = 60.25$
$U(B_{90}, LeuKor_{12}) = 53.12$
$U(LeuKor_{90}, B_{12}) > U(B_{90}, LeuKor_{12})$

(12)   Destandardization$_3$
$I(B_{90}) = 69.21$
$I(B_{12}) = 74.96$
$I(B_{90}) < I(B_{12})$

For the Netherlandic Dutch dataset, the N figures refer to the higher level stratum of national magazine data, while the *LeiMaa* figures are based on the shop window materials in Leiden and Maastricht.

(13)   Destandardization$_1$
$U(N_{90}, LeiMaa_{90}) = 69.07$
$U(N_{12}, LeiMaa_{12}) = 73.62$
$U(N_{90}, LeiMaa_{90}) < U(N_{12}, LeiMaa_{12})$

(14)   Destandardization$_2$
$U(LeiMaa_{90}, N_{12}) = 61.57$
$U(N_{90}, LeiMaa_{12}) = 84.93$
$U(LeiMaa_{90}, N_{12}) < U(N_{90}, LeiMaa_{12})$

(15)   Destandardization$_3$
$I(N_{90}) = 68.48$
$I(N_{12}) = 71.06$
$I(N_{90}) < I(N_{12})$

The evolutions contained in these figures turn out to point to standardization, rather than destandardization. In both national varieties of Dutch, the distance between the stratigraphic layers diminishes and the internal uniformity of the upper layer increases. In the Netherlandic case, the directionality of the compression corresponds to a traditional conception of standardization: the lower level moves in the direction of the upper level. In the Belgian Dutch data, on the other hand, the opposite is the case, and this is the only example of 'destandardization' as defined above that may be found in the dataset. This destandardizing aspect of the Belgian Dutch development needs to be understood in a broader historical context. (For more background, see Geeraerts/Van de Velde 2013 for a comprehensive view of recent developments in Netherlandic and Belgian Dutch.)

In Flanders, the standardization process that started off (as in most European countries) in the Early Modern Period was slowed down as a result of Flanders' political separation from The Netherlands during the Eighty Years' War. Standard Dutch started to develop in The Netherlands in the course of the 17th century, but as Flanders was politically separated from The Netherlands, remaining under foreign rule, it did not link up with this process of standardization. Rather, French was used more and more as the language of government and high culture, a practice that received an important impulse after the birth of the Belgian state in 1830. Dutch then survived predominantly in the form of a range of Flemish dialects. However, as a result of a social and political struggle for the emancipation of Flanders and the Dutch-speaking part of the Belgian population, Dutch again gained ground as a standard language (the language of learning, government, and high culture) in Flanders. This process started somewhat hesitantly in the late 19th century as a typically romantic movement, gained momentum during the first half of the 20th century, and finally made a major leap after World War II and during the booming 1960s. Importantly, the official linguistic policy of Belgian Dutch during this process of standardization was based on a normative dependency on Netherlandic Dutch: when the use of Dutch as a language of higher education and culture spread, the existing Netherlandic Dutch norm was officially promoted, in educational practices and elsewhere, as the model to be taken over. This linguistic policy was successful: if we look at our dataset for the evolution of $U(B, N)$ over sixty years, we see a steady increase from 1950 over 1970 to 1990: U' figures rise from 69.21 over 77.50 to 86.50. From 1990 to 2012, however, the uniformity drops from 86.50 to 81.50. If this drop signals a growing independence of Belgian Dutch with regard to Netherlandic Dutch, then the 'destandardizing' directionality revealed in (11) makes sense. At the same time as looking away from (or at least looking less attentively at) Netherlandic Dutch as a norm to be adopted, Belgian Dutch makes more room for its own forms of linguistic usage. When all aspects of the evolution are taken into account, the 'destandardizing' change of Belgian Dutch does not signal an abandonment of the traditional model of standardization, but rather reveals that the Belgian Dutch standardization process has acquired a dynamics of its own, with more autonomy with regard to Netherlandic Dutch than used to be the case.

Even with all the caveats mentioned earlier, this case study illustrates the fruitfulness of an analytic, multidimensional perspective on so-called 'destandardization'. Distinguishing between different ways in which the evolution of stratigraphic continua may depart from the traditional model of standardization – increasing distances between layers, top-down rather than bottom-up directionality, growing variation in the top level – yields a more accurate and detailed picture of ongoing changes than a simple opposition between 'destandardization' and 'demotization' would do.

References

Auer, Peter (2005): Europe's sociolinguistic unity, or: A typology of European dialect/standard constellations. In: Delbecque, Nicole/van der Auwera, Johan/Geeraerts, Dirk (eds.): Perspectives on variation. Sociolinguistic, historical, comparative. (= Trends in Linguistics. Studies and Monographs (TiLSM) 163). Berlin, pp. 7–42.

Auer, Peter (2011): Dialect vs. standard: a typology of scenarios in Europe. In: Kortmann, Bernd/ van der Auwera, Johan (eds.): The languages and linguistics of Europe. A comprehensive guide. Berlin, pp. 485–500.

Coupland, Nikolas/Kristiansen, Tore (2011): SLICE: Critical perspectives on language (de)standardisation. In: Kristiansen, Tore/Coupland, Nikolas (eds.): Standard languages and language standards in a changing Europe . Oslo, pp. 11–35.

Daems, Jocelyne/Heylen, Kris/Geeraerts, Dirk (2015): Wat dragen we vandaag: Een hemd met blazer of een shirt met jasje? Convergentie en divergentie binnen Nederlandse kledingtermen. In: Taal en Tongval. Tijdschrift voor Taalvariatie 67, 2, pp. 307–342.

Geeraerts, Dirk/Grondelaers, Stefan/Bakema, Peter (1994): The structure of lexical variation. Meaning, naming, and context. (= Cognitive Linguistics Research (CLR) 5). Berlin.

Geeraerts, Dirk/Grondelaers, Stefan/Speelman, Dirk (1999): Convergentie en divergentie in de Nederlandse woordenschat. Een onderzoek naar kleding- en voetbaltermen. Amsterdam.

Geeraerts, Dirk/van de Velde, Hans (2013): Supra-regional characteristics of colloquial Dutch. In: Hinskens, Frans/Taeldeman, Johan (eds.): Language and space. Vol. 3: Dutch. (= Handbücher zur Sprach- und Kommunikationswissenschaft/Handbooks of Linguistics and Communication Science (HSK) 30.3). Berlin, pp. 532–556.

Goebl, Hans (2006): Recent advances in Salzburg dialectometry. In: Literary and Linguistic Computing 21, 4, pp. 411–435.

Gooskens, Charlotte/Heeringa, Wilbert (2004): Perceptive evaluation of Levenshtein dialect distance measurements using Norwegian dialect data. In: Language Variation and Change 16, pp. 189–207.

Grieve, Jack (2007): Quantitative authorship attribution: An evaluation of techniques. In: Literary and Linguistic Computing 22, 3, pp. 251–270.

Heeringa, Wilbert (2004): Measuring dialect pronunciation differences using Levenshtein distance. PhD thesis. Groningen.

Kristiansen, Tore (2016): Contemporary standard language change. Weakening or strengthening? In: Taal en Tongval 68, pp. 93–118.

Luyckx, Kim/Daelemans, Walter (2011): The effect of author set size and data size in authorship attribution. In: Literary and Linguistic Computing 26, 1, pp. 35–55.

Mattheier, Klaus J. (1997): Über Destandardisierung, Umstandardisierung und Standardisierung in modernen europäischen Standardsprachen. In: Mattheier, Klaus J./Radtke, Edgar (eds.): Standardisierung und Destandardisierung europäischer Nationalsprachen. (= Variolingua. Nonstandard – Standard – Substandard 1). Frankfurt a.M., pp. 1–9.

Nerbonne, John/Kleiweg, Peter (2003): Lexical distance in LAMSAS (Linguistic Atlas of the Middle and South Atlantic States). In: Computers and the Humanities 37, 3, pp. 339–357.

Ruette, Tom et al. (2014): Semantic weighting mechanisms in scalable lexical sociolectometry. In: Szmrecsany, Benedikt/Wälchli, Bernhard (eds.): Aggregating dialectology, typology, and register analysis. Linguistic variation in text and speech. (= Linguae & Litterae 28). Berlin, pp. 205–230.

Ruette, Tom/Ehret, Katharina/Szmrecsanyi, Benedikt (2016): A lectometric analysis of aggregated lexical variation in written Standard English with Semantic Vector Space models. In: International Journal of Corpus Linguistics 21, pp. 48–79.

Séguy, Jean (1971): La relation entre la distance spatiale et la distance lexicale. In: Revue de Linguistique Romane (RLiR) 35, pp. 335–357.

Speelman, Dirk/Grondelaers, Stefan/Geeraert, Dirk (2003): Profile-based linguistic uniformity as a generic method for comparing language varieties. In: Computers and the Humanities 37, 3, pp. 317–337.

Speelman, Dirk/Geeraerts, Dirk (2009): The role of concept characteristics in lexical dialectometry. In: International Journal of Humanities and Arts Computing 2, 1–2, pp. 221–242.

Speelman, Dirk/Impe, Leen/Geeraerts, Dirk (2014): Phonetic distance and intelligibility in Dutch. In: da Silva, Augusto Soares (ed.): Pluricentricity. Language variation and sociocognitive dimensions. (= Applications of Cognitive Linguistics (ACL) 24). Berlin, pp. 227–241.

Szmrecsanyi, Benedikt (2013): Grammatical variation in British English dialects. A study in corpus-based dialectometry. (= Studies in English Language). Cambridge.

Van Bezooijen, Renée/Heeringa, Wilbert (2006): Intuitions on linguistic distance: Geographically or linguistically based? In: Koole,Tom/Nortier, Jacomine/Tahitu, Bert (eds.): Artikelen van de vijfde sociolinguïstische conferentie. Delft, pp. 77–87.

Zenner, Eline/Speelman, Dirk/Geeraerts, Dirk (2012): Cognitive sociolinguistics meets loanword research: Measuring variation in the success of anglicisms in Dutch. In: Cognitive Linguistics 23, 4, pp. 749–792.

Carolin Müller-Spitzer/Sascha Wolfer/Alexander Koplenig
(Mannheim)

Quantitative Analyse lexikalischer Daten

Methodenreflexion am Beispiel von Wandel und Sequenzialität

Abstract: Quantitativ ausgerichtete empirische Linguistik hat in der Regel das
Ziel, große Mengen sprachlichen Materials auf einmal in den Blick zu nehmen
und durch geeignete Analysemethoden sowohl neue Phänomene zu entdecken
als auch bekannte Phänomene systematischer zu erforschen. Das Ziel unseres Beitrags ist es, anhand zweier exemplarischer Forschungsfragen methodisch zu reflektieren, wo der quantitativ-empirische Ansatz für die Analyse lexikalischer Daten
wirklich so funktioniert wie erhofft und wo vielleicht sogar systembedingte Grenzen liegen. Wir greifen zu diesem Zweck zwei sehr unterschiedliche Forschungsfragen heraus: zum einen die zeitnahe Analyse von produktiven Wortschatz-
wandelprozessen und zum anderen die Ausgleichsbeziehung von Wortstellungs-
vs. Wortstrukturregularität in den Sprachen der Welt. Diese beiden Forschungsfragen liegen auf sehr unterschiedlichen Abstraktionsebenen. Wir hoffen aber,
dass wir mit ihnen in großer Bandbreite zeigen können, auf welchen Ebenen die
quantitative Analyse lexikalischer Daten stattfinden kann. Darüber hinaus möch-
ten wir anhand dieser sehr unterschiedlichen Analysen die Möglichkeiten und
Grenzen des quantitativen Ansatzes reflektieren und damit die Interpretations-
kraft der Verfahren verdeutlichen.

1 Einleitung

„The language looks different when you look at a lot of it at once." (Sinclair 1991,
S. 100). Dies ist, denken wir, der Grundgedanke der quantitativen Linguistik:
Man möchte große Mengen von Sprachdaten in den Blick nehmen und aus die-
ser Vogelperspektive neue Erkenntnisse über Sprache gewinnen. Die empirische
Ausrichtung beinhaltet dabei eine Hinwendung zum Sprachgebrauch als zent-
ralem Forschungsgegenstand (vgl. u.a. Gries 2015, S. 725; Allan/Robinson 2012;
Bybee 2006, 2015 u.v.m.). Die linguistische Forschung verfügt heute über eine
Datenmenge, die für die Linguistinnen und Linguisten bis in die 1990er Jahre noch
der Phantasiewelt angehörte. Dies gilt auch für das Deutsche: Allein das Deutsche Referenzkorpus (DeReKo) hat eine Größe von aktuell fast 32 Milliarden lau-

DOI 10.1515/9783110579963-014

fenden Wörtern.[1] Allerdings sind es nur bestimmte Arten von Sprachdaten, die in großer Masse verfügbar sind. So sind beispielsweise in DeReKo v.a. Zeitungstexte enthalten und nur wenige fiktionale Texte (vgl. Kupietz/Lüngen 2014). Diese prozentuale Verteilung hängt nicht damit zusammen, dass unsere Sprachproduktion sich ähnlich verteilt, sondern ist auf eine pragmatische Entscheidung zurückzuführen: Um mit überschaubaren Kosten gegenwartsnah eine große Menge an Sprachdaten zur Verfügung stellen zu können, sind Zeitungstexte das Mittel der Wahl. Dagegen haben beispielsweise die mündlichen Korpora des IDS eine Größe von weniger als zehn Millionen Token. Eigentlich müsste aber die mündliche Sprache für (viele) Aspekte des Sprachgebrauchs der zentrale Forschungsgegenstand sein. Daher wäre es theoretisch wünschenswert, eine sehr große Anzahl von Feldforscherinnen und -forschern in die Welt hinauszuschicken, um Daten in allen denkbaren Arten von Sprachsituationen zu erheben und diese der Forschungsgemeinschaft zur Verfügung zu stellen (vgl. u.a. Schmid 2015; Arppe/Järviki 2007, S. 10; Szmrecsanyi 2016, S. 157). Da dies praktisch aber nicht möglich ist, hat es sich für die empirische quantitative Analyse lexikalischer Daten als Usus etabliert, große schriftsprachliche Korpora als Stellvertreter für Sprachgebrauch heranzuziehen (vgl. u.a. Koplenig 2016; S. 9–39; Evert 2006; Gilquin/Gries 2009).

Wir konzentrieren uns in diesem Beitrag auf die quantitative Analyse lexikalischer Daten. Das Ziel dieses Beitrags ist es nicht, dieses gesamte Feld zu beschreiben, sondern anhand zweier exemplarischer Forschungsfragen methodische Aspekte zu reflektieren. Wir greifen zu diesem Ziel die zwei Themenbereiche Sprachwandel und Sequenzialität heraus. Am Beispiel der Analyse der neuen verbalen Wortbildungsmittel *gegen-* und *fremd-* können wir illustrieren, wie attraktiv auf der einen Seite der quantitativ-empirische Ansatz zur Erforschung dieses Phänomens ist, wie schwierig seine Umsetzung allerdings in der Praxis sein kann (Kap. 2). Am Beispiel der Sequenzialität lässt sich auf der anderen Seite zeigen, wie gewinnbringend es sein kann, mit quantitativen Methoden große Sprachmengen in den Blick zu nehmen. Wir weisen hier (Kap. 3) anhand eines großen Bibelkorpus nach, dass es in allen untersuchten Sprachen einen *Trade-off* zu beobachten gibt zwischen den Informationen, die über die Wortstellungs- und die Wortstrukturregularität vermittelt werden: Jene Sprachen, die viel Information über die Wortstellung vermitteln, übertragen umso weniger über die Wortstruktur und andersherum. Eine solche Analyse v.a. in der Breite von Sprachen ist jedoch wiederum nur mit bestimmten Korpora überhaupt möglich. Unser Beitrag endet mit einer Schlussbemerkung.

---

1 www1.ids-mannheim.de/kl/projekte/korpora/ (Stand: 30.5.2017). Die Angabe der Größe von DeReKo bezieht sich auf den Stand vom 8.3.2017.

2 Die quantitative Untersuchung von Sprachwandelprozessen am Beispiel der verbalen Wortbildungsmittel *gegen-* und *fremd-*

Sprachwandelprozesse scheinen prädestiniert dazu, mit quantitativen Analysemethoden erforscht zu werden. Gerade der Aufbau großer Textkorpora ermöglicht es, sozusagen mit einem Fangnetz alle lexikalischen Innovationen im Zeitverlauf zu detektieren: Es werden einfach jene neuen Wortoberflächen herausgefiltert, die zeitlich vorher noch nicht vorkamen (vgl. u.a. Keibel/Hennig/Perkuhn 2011; Kerremans et al. 2012; Rohrdantz et al. 2012; Würschinger et al. 2016).[2] Auch Änderungen im Bedeutungsspektrum können über die Veränderung der Kontexte der einzelnen Wörter aufgespürt werden, auch wenn solche Verfahren ungleich datenintensiver sind (vgl. Gulordava/Baroni 2011). Zwei Herausforderungen sind dabei allerdings zu beachten: i) Die Zipf-Verteilung sprachlicher Daten, und ii) die Datenlage.

i) Zipfsche Verteilungen zeichnen sich grob gesagt dadurch aus,[3] dass einige wenige Einheiten sehr häufig auftreten und extrem viele Einheiten äußerst selten (vgl. z.B. Engelberg 2015, S. 206–220). Die Häufigkeiten von Wörtern in einem Korpus sind typischerweise als Zipf-nahe Verteilung organisiert, d.h. sehr wenige lexikalische Einheiten kommen sehr häufig vor, sehr viele dagegen sehr selten. Der Anteil an Hapax legomena, d.h. an lexikalischen Einheiten, die in einem (Sub-)Korpus nur einmal vorkommen, liegt dabei meist etwa bei der Hälfte der Lexeme. In diesem Bereich der sehr selten vorkommenden Lexeme herrscht naturgemäß viel Varianz. Analysiert man beispielsweise alle Ausgaben der Wochenzeitung „Die Zeit" und filtert nur die neuen Wortoberflächen heraus, sind es jedes Jahr etwa 20% aller Lexeme, die davor noch nie vorkamen. Dies sind zum größten Teil keine lexikalischen Innovationen, sondern Bestandteile der sprachlichen Varianz, die in dem Bereich der seltenen Wörter sehr hoch ist. Eine erste Aufgabe bei der Analyse lexikalischer Innovationen ist es daher, die normale sprachliche Varianz von sprachlicher Innovation zu trennen. Weinreich drückt dies so aus:

> Not all variability and heterogeneity in language structure involves change; but all change involves variability and heterogeneity. (Weinreich/Labov/Herzog 1968: 52, vgl. auch Szmrecsanyi 2016)

---

2 Genau diesen Vorgang – neue Wortoberflächen für bestimmte Jahre nach bestimmten Vorgaben herauszufiltern – kann man für die Wochenzeitung „Die Zeit" über das Tool „Wortschatzwandel in der Zeit" in OWID[plus] explorieren: www.owid.de/plus/wwzeit2016/ (Stand: 30.5.2017).
3 Eine genaue statistische Beschreibung findet sich in Clauset/Shalizi/Newman (2009).

Das bedeutet in der Praxis, dass lexikalische Innovationen mit häufigkeitsbasierten Analysemethoden schwer von anderen Phänomenen sprachlicher Varianz zu trennen sind und dass in der Regel eine nicht unbeträchtliche Menge manueller Arbeit investiert werden muss, um aus der Fülle neuer Wortoberflächen Kandidaten für Neologismen zu ermitteln.

ii) Zur Datenlage: Viele Innovationsprozesse spielen sich nicht in der geschriebenen Sprache ab, wie sie in den großen verfügbaren Textkorpora erfasst sind. Ein schönes Beispiel ist das „Jugendwort des Jahres", welches Jahr für Jahr bei den Jugendlichen eher für Kopfschütteln sorgt. Ein Kommentar zur entsprechenden Auszeichnung 2015 in Österreich:

> Seit einigen Tagen steht das österreichische Jugendwort des Jahres 2015 fest. Falls ihr es noch nicht mitbekommen habt und euch das Kopfschütteln bis jetzt erspart geblieben ist: Der neue Titelträger ist ‚zach'. Das ist tragisch und an Lameness kaum zu überbieten— nicht weil ‚zach' ein beschissenes Wort ist, sondern viel eher, weil es genauso gut das Jugendwort des Jahres 2005 hätte sein können.[4]

Auch wenn man die Erhebung solcher angeblich neuen Wörter methodisch verbessern würde, bleibt es ein Grundproblem, dass sich solche sprachlichen Innovationsprozesse in der mündlichen Sprache entwickeln und dass es sehr lange dauern kann, bis sie sich in überregionalen Zeitungen finden (falls dies überhaupt eintritt). Doch selbst wenn man sich allgemein gesagt auf die „Sprache der Öffentlichkeit" konzentriert, ist die Datenlage nicht immer so reichhaltig wie erhofft. Zunächst einmal benötigt man für die Detektion lexikalischer Innovationen diachrone Korpora. Für das Deutsche sieht die Situation in dieser Hinsicht nicht so gut aus wie im Englischen, wo z.B. mit dem „Corpus of Historical American English"[5] und vielen anderen historisch ausgerichteten Korpusprojekten (siehe z.B. die Studie in Lansdall-Welfare et al. 2017) interessante Datenquellen zur Verfügung stehen. Für das Deutsche stehen uns erst ab den 1990er Jahren große Datenmengen zur Verfügung. Zum zweiten braucht man für die quantitative Forschung Zugriff auf die Rohdaten. Um das Bild vom Anfang des Abschnitts wieder aufzugreifen: Wenn man neue Wortoberflächen oder neue Bedeutungen herausfiltern will, muss man das Fangnetz auch auswerfen können.[6] Viele Kor-

---

4 http://www.vice.com/alps/read/goennung-ist-das-wahre-jugendwort-des-jahres-2015-839 (Stand: 31.5.2017).
5 http://corpus.byu.edu/coha/ (Stand: 31.5.2017).
6 Ehrlicherweise hieße es eher *dürfen*: Man könnte beispielsweise das komplette Zeit-Korpus herunterladen, man darf es aber nicht. Und als öffentlich-finanzierte wissenschaftliche Institution halten wir uns an solche Vorgaben des Urheberrechts.

pus-Lizenzvereinbarungen sind allerdings so konstruiert, dass das nicht möglich ist. Und selbst wenn alle diese Bedingungen gegeben sind, werden wir im folgenden Abschnitt sehen, dass die Verteilung sprachlicher Daten ein nicht zu unterschätzender Faktor ist.

Wir werden uns im Folgenden mit einem potenziellen lexikalischen Innovationsprozess beschäftigen, der methodisch etwas interessanter ist als schlicht neue Wortoberflächen zu ermitteln, und zwar die Produktivitätsentwicklung von Morphemen. Genauer wollen wir *gegen-* und *fremd-* in den Blick nehmen und analysieren, ob sich diese Präfixe in den letzten 25 Jahren zu produktiven verbalen Wortbildungsmitteln entwickelt haben oder nicht. Ausgangspunkt unserer Studie ist ein Aufsatz von Klosa (2003), in der sie nachweisen konnte, dass mit *gegen-*Verben ein neues Wortbildungsmuster im Deutschen entstanden ist, d.h. dass Verben wie *gegenlenken, gegenfinanzieren* oder *gegenchecken* ein seit den 1990er Jahren nachweisbares neues Muster bilden. Aus unserer eigenen Sprachintuition heraus hatten wir außerdem die Hypothese, dass sich *fremd-* ebenfalls zu einem produktiven Element entwickelt hat, wie es sich in Verben wie *fremdschämen, fremderziehen* oder *fremdtwittern* zeigt. Unsere Fragestellungen waren dabei:

– Kann man (mit den heute gegenüber 2003 ausgereifteren Analysemethoden) quantitativ gut nachzeichnen, dass *gegen-* in den letzten 25 Jahren ein produktives verbales Wortbildungselement geworden ist? Zeigt sich das Gleiche für *fremd-*?

– Zeigen sich unterschiedliche Wortbildungsbedeutungen bei den *fremd-*Verben (als Indikator für die Breite des Wortbildungsparadigmas)?

– Ist die korpuslinguistische Evidenz aussagekräftig genug, um zur Beantwortung der Fragen allein auf diese Daten zurückzugreifen?

Die Datengrundlage für diese Studie ist DEREKO 2014-II.[7] Eine erste Übersicht über die Entwicklung der *gegen-* und *fremd-*Verben zeigt, dass die Anzahl der Infinitive, die mit den Präfixen verbunden werden, deutlich steigt (vgl. Abb. 1). Um welche Infinitive es sich dabei handelt, kann interaktiv exploriert werden.[8] Es finden sich neben geläufigeren Verben wie *gegenfinanzieren* oder *gegenargumentieren* auch (vielleicht) weniger geläufige wie *gegenbalancieren* oder *gegenregieren*. So scheint es berechtigt, dass *gegen-* mittlerweile als neues verbales Wortbildungs-

---

7 Wir danken unserem Kollegen Roman Schneider für die Ermittlung der Daten über die Korpusgrammatik-Datenbank. Für nähere Infos zu den DEREKO-Releases siehe www1.ids-mannheim.de/direktion/kl/projekte/korpora/releases.html?L=1 (Stand: 31.5.2017).
8 https://owid.shinyapps.io/Inf-f3/, https://owid.shinyapps.io/Inf-g3/ (Stand: 31.5.2017).

mittel in der „Wortbildung der deutschen Gegenwartssprache" (Fleischer/Barz 2012, S. 412) aufgeführt ist. „64%" der *gegen*-Verben seien „erst seit 1990 belegt; bei den früher belegten nimmt der Gebrauch bis heute stetig zu" (ebd., S. 412).

Auch bei den *fremd*-Verben zeigt sich eine große Vielfalt. Neben den im Duden online[9] verzeichneten *fremdbeziehen, fremdgehen, fremdficken, fremdschämen, fremdsteuern, fremdvergeben* finden sich noch viele weitere wie *fremdkomponieren, fremdhören, fremdknutschen, fremdtwittern* oder *fremdwidmen*.

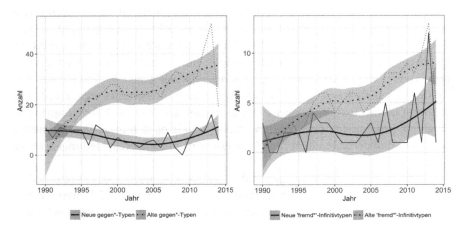

Abb. 1: Anzahl der Kompositionsinfinitive mit *gegen-* (links) bzw. *fremd-* (rechts) in DEREKO von 1990 bis 2015. Die untere Linie zeigt die neu hinzukommenden Infinitivtypen, die obere Linie die Anzahl der Kompositionsinfinitive insgesamt

Die bisherigen Analysen scheinen also die These zu stützen, dass sich mit *fremd*- und *gegen*-Verben zwei neue Wortbildungsmuster seit Ende des 20. Jahrhunderts herausgebildet haben. Nach Klosa (2003) ist es außerdem ein Zeichen für die Komplexität eines Wortbildungsmusters, wenn es über mehrere Wortbildungsbedeutungen verfügt. Für die *gegen*-Verben konnte sie diese Komplexität bereits nachweisen (Klosa 2003, S. 484–492). Auch für *fremd*- zeigen sich unterschiedliche Bedeutungsaspekte:

---

9 www.duden.de (Stand: 31.5.2017). Die hier genannten *fremd*-Verben beziehen sich auf den Stand von Februar 2017.

1. *fremd-* in der Bedeutungsgruppe „sich außerhalb eines bestehenden Systems etc. bewegen", „eine Bindung verlassen":
   - Vertreter: *fremdgehen, fremdknutschen, fremdficken, fremdhören*
   - Exemplarischer Beleg: „Die echte Reichweite hängt tagtäglich allein von jenen Radiokonsumenten ab, die per Knopfdruck automatisch ihren Sender wählen oder des Öfteren auch *fremdhören.*" (Oberösterreichische Nachrichten, 20.4.2000; Eine harte Nuss)
2. *fremd-* in der Bedeutungsgruppe „eine Tätigkeit, die man normalerweise selber übernimmt, jm. anderem übergeben":
   - *fremdbetreuen, fremderziehen, fremdschreiben*
   - Exemplarischer Beleg: „Dumas hat ein Millionenpublikum – weltweit und in Frankreich. Aber unumstritten ist seine Umbettung nicht. Zu Lebzeiten war Dumas als Vielschreiber verschrien, als ‚Romanfabrikant', der viel *fremdschreiben* ließ." (die tageszeitung, 30.11.2002, S. 10, Ressort: Ausland; In der Gruft mit Zola und Hugo)
3. *fremd-* in der Bedeutungsgruppe „anstelle von jemand anderem selber etwas tun":
   - *fremdschämen, fremdtwittern*
   - Exemplarischer Beleg: „Da sich jeder Nutzer kostenlos und ohne Überprüfung ein Konto anlegen und dabei jeden freien Namen registrieren kann, gibt es auch zahlreiche so genannte Fakes, also Nutzer, die unter einem bekannten Namen *fremdtwittern.* Prominente Fake-Beispiele: [...] ZDF-Korrespondent Claus Kleber. Da Kleber selbst kein Konto bei dem Dienst hatte, sicherte sich Birte Oldenburg (‚Zuckerhund') das [sic] Namen ‚claus_kleber'. Seitdem schreibt sie als falscher Kleber unterhaltsame Tweets wie ‚Sitzt meine Frisur eigentlich noch, Gundula Gause?' oder ‚Ich habe jetzt die Handynummer von Obama'." (Hannoversche Allgemeine, 13.11.2008, S. 15; Was zwitscherst Du gerade?)
4. *fremd-* in der Bedeutungsgruppe „von jemand anders gemacht, z.T. von außen aufgezwungen, fremdbestimmt":
   - *fremddiktieren, fremdevaluieren, fremdentscheiden*
   - Exemplarischer Beleg: „Fazit: Lieber regelmässig mit Events wie WEF, WM- und EM-Anlässen präsent sein als einmal eine hochmütige, *fremddiktierte* Riesenshow und dann in Vergessenheit zu geraten." (Die Südostschweiz, 26.2.2013, S. 21; Die olympischen Ringe)

Kann damit schon als nachgewiesen gelten, dass die *gegen-* und die *fremd-*Verben ein Beispiel für ein quantitativ gut nachweisbares Phänomen des Wortschatzwandels sind? Schaut man sich die Häufigkeit der Verben normiert auf die Gesamtgröße der Korpora an, verändert sich das Bild deutlich (vgl. Abb. 2). Zwar gibt es absolut immer mehr Verben, die mit *gegen-* oder *fremd-* gebildet werden, die Korpora werden allerdings auch wesentlich größer und relativ zur Korpusgröße werden es weniger Vorkommen. Damit sinkt die normierte Häufigkeit. Es lässt sich also nicht eindeutig feststellen, ob nur mehr Verben mit den beiden Wortbildungselementen gefunden wurden, weil immer mehr Texte für die Analyse zur Verfügung standen, oder ob diese beiden Muster tatsächlich in den 1990er Jahren produktiv geworden sind.[10] Die Datenlage zeigt also nicht eindeutig, dass seit den 1990er Jahren ein „Boom" (Klosa 2003, S. 478) der *gegen-*Verben stattgefunden hat.

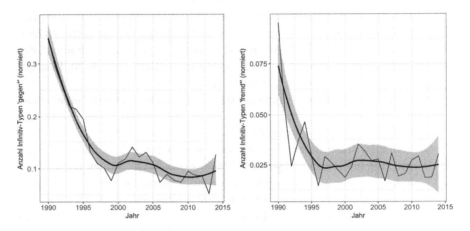

Abb. 2: Anzahl der Kompositionsinfinitive mit *gegen-* (links) bzw. *fremd-* (rechts) in DEREKO von 1990 bis 2015 normiert zur Korpusgröße

Damit kann zwar nach wie vor konstatiert werden, dass es sich bei beiden Wortbildungselementen um ein produktives Wortbildungsmuster handelt, da es viele Verben gibt, die mit ihnen kombiniert werden können, und auch ein Spektrum verschiedener Wortbildungsbedeutungen zu erkennen ist. Was aber mit den Analysen in DEREKO nicht nachgewiesen werden kann, ist, ob es sich dabei um ein Phänomen lexikalischer Innovation handelt. Auch in den Belegen findet man

---

10 Als Einschränkung zu diesen Mengenangaben muss man ansehen, dass Partikelverben wie die *gegen-* und *fremd-* Verben quantitativ immer schwer zu analysieren sind, da leicht Fälle in der Analyse übersehen werden können, in denen das trennbare Präfix nicht richtig erkannt wurde. Allerdings werden diese beiden Verbgruppen noch nicht oft mit abgetrenntem Präfix verwendet, sodass es dadurch nicht zu deutlichen Verzerrungen gekommen sein sollte.

keine Indizien dafür, dass den Verben ein Innovationsstatus zugeschrieben wird, indem sie beispielsweise erklärt oder in Anführungszeichen verwendet werden.

Eine Idee zur Beantwortung dieser Frage könnte sein, andere Verfahren heranzuziehen, mit denen man die Produktivität eines Morphems quantitativ nachweisen kann. Solche Verfahren (grundlegend dazu Baayen 2009) sind zwar v.a. zum Vergleich der Produktivität unterschiedlicher Morpheme entwickelt worden, können aber auch zum Vergleich der Produktivität eines Morphems in unterschiedlichen Zeitschnitten verwendet werden. Zwei Maße und daraus abgeleitete Analysen wollen wir hier kurz demonstrieren: Zum einen die „expanding productivity" nach Baayen (2009, S. 905 f.) und zum anderen die Type-Token-Ratio der einzelnen Wortbildungsmuster über die Zeit. Die Grundidee der Produktivitätsmaße nach Baayen ist, dass die Hapax legomena in einem Korpus als Indikator für Wortschatzwachstum und für das lexikalische Innovationspotenzial angesehen werden können. Möchte man nun die Produktivität eines einzelnen Phänomens untersuchen, wird die Anzahl der Hapax legomena des zu untersuchenden Phänomens (also hier der *gegen-* oder *fremd*-Verben, die in einem Zeitabschnitt nur einmal vorkommen) durch die Anzahl der Hapax legomena in diesem Korpusausschnitt insgesamt geteilt. Damit wird sozusagen der Anteil dieses Phänomens am Innovationspotenzial insgesamt untersucht, d.h. der Beitrag des Morphems zum Wachstum des Wortschatzes. Ein Morphem würde über die Zeit als wachsend produktiv gelten, wenn es einen größeren Anteil an den Hapax legomena einnimmt.

Ein anderes Hilfsmittel könnte sein, die Type-Token-Ratio (TTR) des Phänomens über die Zeit zu untersuchen. Die TTR gilt als ein Maß, um lexikalische Vielfalt zu messen (siehe für eine frühe Untersuchung Templin 1957; zur diachronen Anwendung von TTR-Analysen vgl. Koplenig 2015). Eine TTR-Analyse der *gegen-* und *fremd*-Verben könnte zeigen, ob es z.B. am Anfang der 1990er Jahre nur wenige Typen von *gegen-* und *fremd*-Verben gibt, die dafür aber häufiger vorkommen, und ob deren Vielfalt sich in den folgenden 25 Jahren erhöht. Die Analysen sind in Abbildung 3 zu sehen. Sollte die Produktivität und die TTR über die Jahre steigen, müssten die Kurven auch einen steigenden Verlauf zeigen. Dies ist nicht der Fall. Im Grunde zeigen die Plots mehr Rauschen als eindeutige Befunde, was unseres Erachtens nach vor allem daran liegt, dass die Phänomene insgesamt zu selten sind (vgl. die Ausführungen oben zur Zipf-nahen Verteilung sprachlicher Daten). Welche Auswirkungen die Seltenheit eines Phänomens in der quantitativen Analyse hat, lässt sich auch an den unteren beiden Plots in Abbildung 3 sehen: Hier haben wir die Unsicherheit des Samplings explizit gezeigt, d.h. jeder Samplingvorgang ist durch eine Linie abgetragen. Dabei kann man deutlich sehen, dass es gerade bei den *fremd*-Verben sehr große Unterschiede beim Sampling gibt, d.h. dass es methodisch gesprochen nicht robust ist.

Als Resümee aus den Analysen lässt sich also nur ziehen: Mit den *gegen-* und *fremd*-Verben liegen zwei produktive Wortbildungsmuster vor. Wann sie produktiv wurden, lässt sich mit den Korpusanalysen basierend auf DEREKO nicht zweifelsfrei beantworten. Fraglich ist dabei, ob das Phänomen in den Quellen und mit den hier angewandten Verfahren nicht zu messen ist oder ob es sich wirklich nicht um ein Sprachwandelphänomen handelt, denn drei Dinge passieren gleichzeitig: Die Korpusgröße wächst, die Korpusvielfalt wird größer und wir finden mehr *gegen-* und *fremd*-Verben. Ob es diese Verben aber nicht auch schon in den 1970er Jahren so häufig gegeben hat, wissen wir nicht, da aus dieser Zeit deutlich weniger Korpusmaterial vorliegt und fast keine Treffer gefunden wurden. Methodisch sollen diese Analysen verdeutlichen, dass die Antwort, obwohl ein sehr großes Korpus vorliegt und bereits entsprechende quantitative Verfahren zur Analyse des in Betracht kommenden linguistischen Phänomens entwickelt wurden, leider nicht immer so klar auf der Hand liegt wie erhofft.

Die Forderung, dass linguistische Forschung empirisch abgesichert möglichst zeitnah neue Entwicklungen beschreiben soll, ist allerdings berechtigt. Deshalb könnte es durchaus lohnend sein, andere Quellen als die großen zeitungslastigen Korpora als Quelle heranzuziehen. In diesem Sinne wollen wir das Kapitel nicht beenden, ohne zumindest Ideen zu skizzieren, wie man den Innovationsstatus der *gegen-* und *fremd*-Verben weiter untersuchen könnte und wie man damit auch generell das Problem der „data sparseness" bei lexikalischen Innovationen zumindest teilweise auffangen könnte.

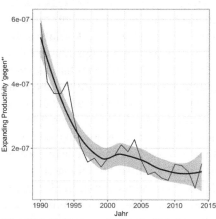

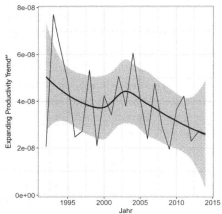

a) Entwicklung der „expanding producitivity" für *gegen-*

b) Entwicklung der „expanding producitivity" für *fremd-*

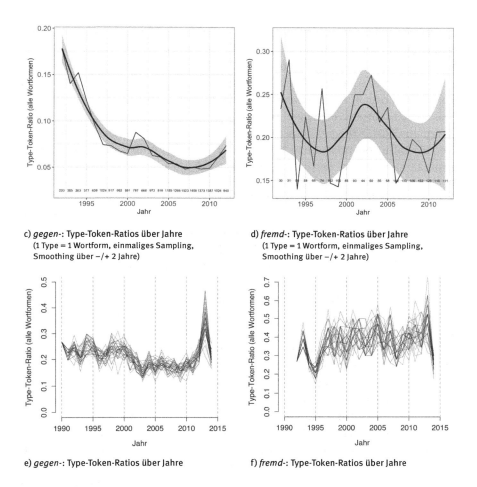

c) *gegen-*: Type-Token-Ratios über Jahre
(1 Type = 1 Wortform, einmaliges Sampling,
Smoothing über –/+ 2 Jahre)

d) *fremd-*: Type-Token-Ratios über Jahre
(1 Type = 1 Wortform, einmaliges Sampling,
Smoothing über –/+ 2 Jahre)

e) *gegen-*: Type-Token-Ratios über Jahre

f) *fremd-*: Type-Token-Ratios über Jahre

Abb. 3: Produktivitätsanalysen für *gegen-* (linke Spalte) und *fremd*-Verben (rechte Spalte). Erste Zeile: Entwicklung der „expanding productivity" nach Baayen (2009, S. 905–906). Zweite Zeile: Entwicklung der TTR über Jahre mit mehrmaligen Sampling und Smoothing +/– 2 Jahre. Dritte Zeile: TTR über Jahre mit abgebildetem mehrmaligen Sampling[11]

---

11 Sampling wird notwendig, da die TTR wie andere Maße zur Messung lexikalischer Vielfalt stark von der Korpusgröße abhängt (vgl. Tweedie/Baayen 1998). Um diesen Effekt zu kontrollieren, kann man sich an der kleinsten Subkorpusgröße in der Stichprobe orientieren und in den anderen Subkorpora (= Jahren) verhältnismäßig gleich viele Token sampeln. Man schrumpft sozusagen künstlich die größeren Korpusabschnitte, damit man sie mit dem kleinsten Abschnitt vergleichen kann (vgl. Koplenig 2015).

Eine Lösung, die zumindest in der Anglistik auch schon praktiziert wird (vgl. Kerremans/Stegmayr/Schmid 2012), ist die Analyse von Webkorpora zur Detektion von Neologismen. Dies ermöglicht die Analyse einer größeren Bandbreite von Sprachdaten. Gleichzeitig ist es bei der Analyse von Webkorpora schwieriger, Einzeltexte zeitlich sicher einzuordnen und weitere notwendige Metadaten verlässlich zu ermitteln. Bisherige Analysen wie in Würschinger et al. (2016) oder Kerremans (2015) zeigen, dass die Detektion von Neologismen und vor allem auch die Diffusionsprozesse verschiedener Formen besonders dann gut in Webkorpora untersucht werden können, wenn es sich um sogenannte „loaded words" handelt, d.h. Wörter, die emotional oder politisch aufgeladen sind. Es liegt nahe, dass genau solche Wörter gut im schriftsprachlichen Diskurs über soziale Medien zu verfolgen sind, da sie ja selbst Gegenstand oder Sinnbild einer virulenten Diskussion sind. Ob man allerdings in Webkorpora solche linguistischen Fragestellungen wie die Produktivitätsentwicklung einzelner Wortbildungsmuster, für die man u.a. verlässliches Wortartentagging benötigt, sinnvoll verwenden kann, ist aus unserer Sicht fraglich.

Eine andere Idee besteht darin, Korpusdaten durch andere Formen von Evidenz anzureichern. Für die *gegen*- und *fremd*-Verben könnte man beispielsweise einen Akzeptabilitätstest durchführen, mit dem man linguistisch nicht vorgebildete Personen die Akzeptabilität anderer potenzieller Verbbildungen mit *gegen*- und *fremd*- einschätzen lässt, die noch nicht in Korpora belegt sind (für ein vergleichbares methodisches Vorgehen mit Partikelverben sei auf den Beitrag von Sabine Schulte im Walde in diesem Jahrbuch verwiesen). Gleichzeitig könnte man die Teilnehmenden befragen, für wie alt sie das Verb halten (wenn sie es als akzeptabel einstufen). Auch das könnte zumindest Hinweise darauf geben, wie flexibel das Wortbildungselement einsetzbar ist und für wie neu das Verb gehalten wird. Für die Detektion von Neologismen, die sich noch nicht in der Schriftsprache finden, könnte man außerdem gezielt bestimmte Blogs etc. nach Diskussionen zu sprachlichen Themen absuchen, um mögliche Kandidaten sprachlicher Innovation zu finden.

Für den Moment lässt sich allerdings zu den anfangs gestellten Fragestellungen nur sagen:

a) Wir können quantitativ nicht nachzeichnen, dass *gegen*- in den letzten 25 Jahren ein produktives Wortbildungselement geworden ist. Das gleiche gilt für *fremd*-.

b) Beide Verbgruppen zeigen verschiedene Wortbildungsbedeutungen.

c) Die korpuslinguistische Evidenz der Daten, die wir zur Verfügung hatten, ist nicht groß genug, um die Frage der Produktivität der beiden verbalen Wortbildungselemente abschließend zu beantworten.

Die Studie zu den *gegen-* und *fremd*-Verben sollte deutlich machen, dass wir im Phänomenbereich der Produktivität von Morphemen in der quantitativen Analyse schon bei der Betrachtung von Einzelphänomenen wie bestimmten Verbgruppen schnell an die Grenzen der Datenlage und der eingesetzten Verfahren stoßen. Dementsprechend weit sind wir davon entfernt, das Phänomen an sich so klar zu operationalisieren, dass wir Morpheme, die gerade beginnen produktiv zu werden, mit quantitativen Verfahren detektieren könnten. Insgesamt ist es immer eine Herausforderung für quantitative Methoden, wenn Phänomene analysiert werden sollen, die im Bereich der seltenen Ereignisse liegen, was *per definitionem* für alle Formen lexikalischer Innovation der Fall ist.

Wir behandeln im folgenden Abschnitt eine völlig andere linguistische Fragestellung, die auf einer höheren Abstraktionsstufe liegt und losgelöst von sprachlichen Einzelphänomenen ist. Mit dem folgenden Thema können wir somit das andere Ende der Skala zeigen, auf der sich die quantitative Analyse lexikalischer Daten heute bewegt.

3 Der Zusammenhang von Wortstruktur- und Wortstellungsregularität

Die Studie, die wir im Folgenden vorstellen, ist bereits ausführlich in Koplenig et al. (2017) dargestellt. Wir werden sie deshalb hier eher zusammenfassend beschreiben.

Wie bereits eingangs erwähnt, wollen wir uns das sequenzielle Auftreten von Wörtern in Texten zunutze machen, um uns einer schon seit längerem in der linguistischen Typologie prominenten – überwiegend jedoch qualitativ formulierten – Hypothese über ein rein quantitatives Verfahren zu nähern. Diese Hypothese besagt, dass sich die Sprachen der Welt darin unterscheiden, wie bestimmte Arten der sprachlichen Information (so beispielsweise die grammatische Beziehung zwischen Wörtern) vermittelt werden. Im Rückgriff auf das Prinzip der Sprachökonomie (Köhler 2009; Zipf 2012) wird folgendermaßen argumentiert: Sprachen nehmen unterschiedliche Standpunkte ein, die sich bezüglich eines *Trade-offs* zwischen der Informationsvermittlung anhand von Regularitäten *zwischen* Wörtern und *innerhalb* von Wörtern definieren. Anders formuliert: Die Sprachen der Welt unterscheiden sich darin, ob sie Informationen eher über die Wortstellung oder die (interne) Wortstruktur transportieren. Das Prinzip der Sprachökonomie besagt hierbei: Kodiere Informationen so sparsam wie möglich, aber auch so aufwändig wie nötig. Der *Trade-off* kann dann folgendermaßen formuliert werden: Je wichtiger die Wortstellung bei der Informationsvermittlung in einer Sprache ist, desto weniger wichtig sollte die Wortstruktur sein und umgekehrt.

Parkvall (2008, S. 325) formuliert es folgendermaßen: „Languages with a more or less free word order tend to be those with an extensive morphological machinery. [...] By adding inflexional morphemes to the NPs, the listener is at no risk of confusing who did what to whom." Wir werden im Folgenden nicht von Morphologie und Syntax, sondern nur von Wortstellung und Wortstruktur sprechen. Das Ziel unserer Untersuchung ist auch nicht alle Aspekte von Syntax und Morphologie in die Untersuchung einzubringen. Unter anderem ist der Ansatz auch als Vorschlag zu verstehen, wie die Konzepte Wortstellung und Wortstruktur möglichst sparsam und voraussetzungsarm für quantitative Analysen operationalisiert werden können, um dem bisher hauptsächlich qualitativ begründeten Zusammenhang auf die Spur zu kommen.

Im ersten Schritt müssen wir die Hypothese in Form von Regularitäten ausdrücken. Sie besagt dann, dass je mehr inter-lexikalische Regularität in einer Sprache vorhanden ist, desto weniger intra-lexikalische Regularität ist vorhanden. Regularität bedeutet in diesem Zusammenhang, dass bestimmte sprachliche Strukturen immer wieder auftauchen und sie damit in ihrem Vorkommen redundant sind. So kann man beispielsweise aufgrund der Flexionsparadigmen deutscher Verben davon ausgehen, dass bestimmte Graphem- oder Phonemkombinationen immer wieder auftauchen. Das Präteritumsuffix für schwache Verben *-te* wird uns etwa in einem Text, der vorwiegend im Präteritum geschrieben ist, immer wieder begegnen (je nach Person mit weiteren Endungen wie *-test*, *-ten* oder *-tet*). Auch die verschiedenen Nominalisierungssuffixe in der deutschen Sprache wie *-heit* oder *-ung* werden sich häufig wiederholen.

All diese Redundanzen sind messbar. So können wir computergestützt einen Text von Anfang bis Ende zeichenweise traversieren und bei jedem Zeichen die Information extrahieren, wie lang die längste Übereinstimmung (*longest matchlength*) im bereits gelesenen Text ist. Im echten Pangramm „‚Fix Schwyz!', quäkt Jürgen blöd vom Paß." werden wir nur sehr wenig Redundanz (nämlich lediglich die für die Leerzeichen) messen. In einem normalen Zeitungstext, in dem sich Wörter wiederholen, bestimmte Affixe häufig benutzt werden, Hauptsätze oft mit „und" koordiniert werden und weitere Wiederholungen auf Zeichenebene vorkommen, werden die gemessenen Redundanzwerte pro Zeichen weitaus größer sein. Wie wir in Koplenig et al. (2017) zeigen, lässt sich über die mittlere Redundanz die Entropie (der mittlere Informationsgehalt pro Zeichen) eines Texts schätzen. Die Entropie kann als eine Maßzahl dafür verstanden werden, wie viel Redundanz in einer Zeichenkette (hier: einem Text) herrscht (Cover/Thomas 2006).

Doch wie können wir uns nun Redundanz und die daraus abgeleitete Entropie zunutze machen, um unserer ursprünglichen Frage nach dem *Trade-off* zwischen Wortstellung und Wortstruktur auf die Spur zu kommen? Die Antwort liegt in einer gezielten „Zerstörung" der einen oder anderen Quelle an Information

(Juola 2008): Wir schätzen zunächst die Originalentropie eines Texts, in dem alle Wörter in Kleinschreibung überführt wurden.[12] Ein Beispieltext würde folgendermaßen lauten:

„am anfang schuf gott himmel und erde und die erde war wüst und leer"

Wir nennen die geschätzte Entropie für den Originaltext $\hat{H}_{original}$. Wir erzeugen dann zwei manipulierte Versionen desselben Textes. In einer Version wird die Reihenfolge der Wörter randomisiert:

„und schuf die und erde anfang und himmel erde gott war am leer wüst"

Wir messen erneut die Entropie des Texts und nennen diese $\hat{H}_{no\_order}$, da jegliche Wortstellungsinformation in diesem Text zerstört wurde. In einer weiteren Version ersetzen wir nun alle Wörter des Originaltexts durch zufällige Buchstabensequenzen der gleichen Länge (die Abfolge der Wörter bleibt jedoch erhalten):

„mf soapui islmö zjßs möpdkü bdq zimü bdq iwj zimü üiw gfvz bdq mxqw"

Wichtig ist dabei, dass ein Worttyp immer die gleiche Sequenz an Buchstaben erhält. Im Beispiel wird „erde" immer durch „zimü" ersetzt. Wir berechnen nun die Entropie $\hat{H}_{no\_structure}$ dieses Texts, in dem die Wortstellungsinformation zwar noch vorhanden ist, jegliche wortinterne Information jedoch getilgt wurde. Im letzten Schritt berechnen wir zwei Differenzwerte. Das ist einerseits der Wert für jene Information, die durch die Zerstörung der Wortstellungsinformation verloren gegangen ist: $D_{order} = \hat{H}_{no\_order} - \hat{H}_{original}$.[13] Andererseits wird noch der Wert für die Information berechnet, die durch die Zerstörung der Wortstrukturinformation verloren gegangen ist: $D_{structure} = \hat{H}_{no\_structure} - \hat{H}_{original}$.

Dieses Verfahren haben wir auf 1.559 Bibelübersetzungen in 1.196 Sprachen angewendet, die Bibelübersetzungen entstammen dem „Parallel Bible Corpus" von Mayer/Cysouw (2014). Die Sprachen, die im Korpus enthalten sind, decken weltweit etwa sechs Milliarden Sprecherinnen und Sprecher ab. Danach wurden für jede Übersetzung der Bibel in jeder Sprache für jedes Buch die Werte D_{order} und $D_{structure}$ berechnet.

---

12 Dieses Vorgehen ist notwendig um die Einflüsse von Groß-/Kleinschreibung über Sprachen hinweg zu eliminieren. Grundsätzlich ist das vorgeschlagene Vorgehen aber auch mit Groß-/Kleinschreibung denkbar.
13 Da die Entropie eines Textes steigt, wenn potenzielle Regularität zerstört wird, sind die Entropiewerte für die manipulierten Texte jeweils die ersten Elemente in diesen Differenzbildungen (Montemurro/Zanette 2011).

Die Ergebnisse stützen die Hypothese: Es ergibt sich über alle Bücher der Bibel hinweg ein starker negativer Zusammenhang. Der Rangkorrelationskoeffizient Spearman's ρ liegt bei $r_s = -0{,}73$. Der negative Zusammenhang drückt aus, dass D_{order} umso kleiner ist, je höher $D_{structure}$ ist und umgekehrt.

Abbildung 4 zeigt den Zusammenhang für alle Übersetzungen aller Bücher. Es ist gut zu sehen, dass sowohl oben rechts (*viel* Information sowohl in Wortstellung als auch in Wortstruktur) als auch unten links (*wenig* Information in beiden) keine Datenpunkte liegen. Das ist aufgrund des oben formulierten Ökonomieprinzips auch nicht zu erwarten, denn es wäre unökonomisch, beide Wege der Informationsvermittlung gleichzeitig zu nutzen. Kodiert man Information aber weder in Wortstellung noch in Wortstruktur, wäre der kommunikative Erfolg in Gefahr. Interessant ist dabei, dass dieser wohlbekannte Zusammenhang durch dieses schlichte Verfahren, welches keinerlei Kenntnisse der Morphologie oder Syntax für die einzelnen Sprachen voraussetzt, nachgewiesen werden kann.

Alle Bücher aus deutschen Bibelübersetzungen befinden sich in dem Rechteck, das in Abbildung 4 eingezeichnet ist. Es ist demnach nicht so, dass sich alle Datenpunkte für deutsche Texte an einem ganz bestimmten Punkt im Graphen befinden, sondern es gibt durchaus intertextuelle Variation (zwischen den einzelnen Büchern der Bibel und den verschiedenen Varietäten des Deutschen, für die Bibelübersetzungen im Korpus vorhanden sind) für den Zusammenhang der beiden Maße. Ein bestimmter Text (also in diesem Fall eine bestimmte Übersetzung eines bestimmten Buchs aus der Bibel) kann sich an verschiedenen Stellen dieses Zusammenhanggraphen befinden, eben innerhalb bestimmter Variationsgrenzen, die von der jeweiligen Sprache aufgespannt werden.

In Abbildung 5 sind alle Datenpunkte, die zu einer Sprache gehören, über Mittelwertbildung aggregiert, der Rangkorrelationswert ändert sich dadurch nur unwesentlich ($r_s = 0{,}73$). Die Beschriftungen, die in den Plot eingefügt sind, befinden sich an der Position der jeweiligen Sprache, die über ihren ISO-Code identifiziert ist (ESK = Northwest Alaska Inupiatun; DEU = Deutsch; ENG = Englisch; CMN = Mandarin Chinese). Die Sprachen befinden sich sowohl relativ zueinander als auch absolut an den Positionen, die man unter typologischer Perspektive erwarten würde. So gelten Inuit-Sprachen als stark synthetisch, Mandarin-Chinesisch wird dagegen als isolierende Sprache beschrieben (vgl. u.a. Balles 2004, S. 51), was ebenfalls zur Position im Zusammenhangsgraphen passt. Es ist auch zu sehen, dass das Deutsche im Vergleich zum Englischen zwar *eher* dazu neigt, Information über die Wortstruktur zu vermitteln, im Gesamtvergleich aller beachteten Sprachen aber eher im Mittelfeld des *Trade-offs* angesiedelt ist, also einen Kompromiss aus beiden Strategien realisiert.

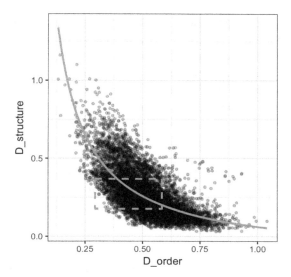

Abb. 4: Zusammenhangsgraph für D_{order} und $D_{structure}$. Ein Datenpunkt entspricht einer Überset-zung eines Buchs der Bibel. Die Anpassungslinie beschreibt einen reziproken Zusammenhang der beiden Variablen

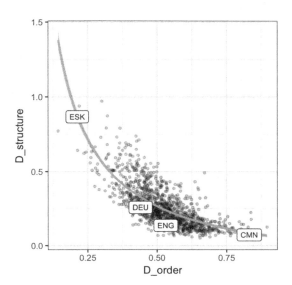

Abb. 5: Zusammenhangsgraph für D_{order} und $D_{structure}$. Ein Datenpunkt entspricht dem aggregierten Wert aller Übersetzungen aller Bücher für eine Sprache. Die Positionen einiger Sprachen im Graphen sind durch Labels hervorgehoben (ESK = Northwest Alaska Inupiatun; DEU = Deutsch; ENG = Englisch; CMN = Mandarin Chinese)

In Koplenig et al. (2017) gehen wir u.a. detaillierter darauf ein, wie sich die Entwicklung vom Altenglischen in die Gegenwart darstellt, die eine Bewegung des Englischen hin zu einer eher analytischen Sprache nachzeichnet. Auch diese in der linguistischen Forschung wohlbekannte sprachgeschichtliche Veränderung lässt sich demnach mit dem hier vorgestellten Verfahren in den verschiedenen historischen Übersetzungen der Bibel nachweisen. Durch weitere in Koplenig et al. (2017) genauer beschriebene Verfahren versuchen wir auszuschließen, dass es sich bei den hier gezeigten Ergebnissen um bloße Artefakte der methodischen Herangehensweise handelt.

Auf der multilingualen Plattform für lexikalisch-lexikografische Daten des IDS – OWID^{plus} – haben wir zwei Online-Apps zur Verfügung gestellt, anhand derer die auf Basis des „Bible Corpus" berechneten Daten weiter exploriert werden. Mit dem „Entropy explorer"[14] können mehrere Variablen (darunter D_{order} und $D_{structure}$) über verschiedene Regressionsmodelle in Zusammenhang gebracht werden. Außerdem können Sprachfamilien sowie die verschiedenen Bücher der Bibel selektiert werden. Alle angezeigten Daten stehen außerdem zum Download bereit. Mit der Web-App „Entropy data world map"[15] kann man sich ein Bild davon verschaffen, wie sich die Sprachen der Welt in räumlichem Zusammenhang bezüglich der berechneten Werte verteilen. Bei Bedarf können die Werte mehrerer Sprachen über Pop-Ups verglichen werden. Weitere Informationen zum Projekt, Auswertungscode sowie eine Java-Implementierung für die Berechnung der *longest match-length* können begleitend dazu[16] abgerufen werden.

Zusammenfassend können wir an dieser Stelle konstatieren, dass sich 1) die Sprachen der Welt hinsichtlich der Informationsvermittlung über Wortstellung und interne Wortstruktur in einer Ausgleichsbeziehung befinden und 2) dass die hier gezeigte Methode ein relativ voraussetzungsarmer (im Sinne eines sich nicht einer gewissen linguistischen Theorie verschreibender) Ansatz ist, um die sequenzielle Natur von Sprache für die Untersuchung typologischer und ggf. stilistischer Phänomene heranzuziehen.

Das Verfahren ist somit unseres Erachtens nach ein Beispiel für ein quantitatives Verfahren, welches eine interessante Ergänzung zum *close reading* der typologischen Forschung darstellt. Als Einschränkung ist hier nur zu nennen, dass eine solche Untersuchung ein besonderes Korpus erfordert. Damit wir diesen Zusammenhang nachweisen konnten, benötigten wir ein vielsprachiges Korpus,

---

14 www.owid.de/plus/eebib2016/ (Stand: 30.5.2017).
15 www.owid.de/plus/wmbib2016/ (Stand: 30.5.2017).
16 https://dataverse.harvard.edu/dataset.xhtml?persistentId=doi:10.7910/DVN/8KH0GB (Stand: 31.5.2017).

in dem die gleichen Texte in möglichst vielen Sprachen vorliegen. Wir würden die Untersuchung gerne an anderen Textsorten wiederholen, da die Bibel in ihrer Versstruktur ein sehr spezieller Text ist. Wir suchen allerdings noch nach geeigneten Texten, die lang genug sind, damit das entropiebasierte Verfahren hinreichend gut funktioniert, die urheberrechtsfrei sind und für die gute Übersetzungen in möglichst vielen Sprachen vorliegen (die UN-Menschenrechtscharta ist recht kurz und wurde in wesentlich weniger Sprachen übersetzt als die Bibel). Insofern ist diese Studie auch ein Beispiel dafür, dass interessante quantitative Analysen meist hohe Anforderungen an die Datenbasis stellen.

4 Schlussbemerkung

Anfangs haben wir herausgestellt, dass pragmatisch aufgebaute Textkorpora ein geeignetes Mittel sein können, um überhaupt eine quantitative empirische Erforschung der Sprache zu ermöglichen. Insofern ist der Aufbau großer Zeitungskorpora der richtige Weg gewesen, große Mengen an Sprachdaten in den Blick zu nehmen. Es scheint uns aber wichtig, die Beschränkungen, die mit dieser Art der Daten einhergehen, deutlich in den Blick zu nehmen. Zum einen benötigen wir nach unserer Auffassung eine breitere Korpusbasis: Es wäre wichtig, mehr diachrone Daten und breiter gefächerte schriftsprachliche Daten für die quantitative Forschung zur Verfügung zu haben. Die anglistische korpuslinguistische Forschung ist da schon etwas weiter, was natürlich auch an der Dominanz der englischen Sprache und der entsprechenden Mittel, die zu ihrer Erforschung bereitstehen, zusammenhängt. Hier ist mit dem „Corpus of Historical American English" ein Korpus aufgebaut worden, welches eine ganze Reihe neuer quantitativ ausgerichteter diachroner linguistischer Forschungen ermöglicht hat (vgl. z.B. Allan/ Robinson 2012; Hilpert 2013; Hilpert/Perek 2015). Der Programmbereich Korpuslinguistik des IDS hat mit der Akquisition aller Ausgaben des „Spiegel" und der Wochenzeitung „Die Zeit" schon einen wichtigen Schritt gemacht, um die Lücke fehlender diachroner Texte zumindest ansatzweise für die Nachkriegszeit zu schließen. Auch soll die neue Korpusanalyseplattform KorAP es ermöglichen, flexibler mit den Rohdaten quantitativ arbeiten zu können. Zum anderen brauchen wir für ein besseres empirisches Fundament mehr Arten von Sprachdaten, die quantitativ analysiert werden können. Dies wird in der linguistischen Forschung meist unter dem Schlagwort der „konvergierenden Evidenz" diskutiert (vgl. u.a. Arppe et al. 2010; Gries/Hampe/Schönefeld 2005; Schmid 2010). Die Idee dabei ist, korpuslinguistische Evidenz mit anderen Arten von Evidenz, insbesondere solche von psycholinguistischer und neurolinguistischer Natur, zu vergleichen. Das Ziel muss darin bestehen, Konvergenzen und Divergenzen aufzudecken, um ein vollständiges Bild der sprachlichen Realität zu zeichnen.

Wenn die linguistische Forschung sich in diese beiden Richtungen weiterentwickelt, kann die quantitative linguistische Forschung – so denken wir – dem Ziel, aus einer Vogelperspektive auf Sprachdaten neue Erkenntnisse abzuleiten, auch für lexikalische Daten noch deutlich näher kommen als bislang.

Literatur

Allan, Kathryn/Robinson, Justyna A. (2012): Current methods in historical semantics. (= Topics in English Linguistics (TiEL) 73). Berlin/Boston.

Arppe, Antti/Järvikivi, Juhani (2007): Take empiricism seriously! In support of methological diversity in linguistics. A commentary of Geoffrey Sampson 2007. Grammar without Grammaticality. In: Corpus Linguistics and Linguistic Theory 3, 1, S. 99–109.

Arppe, Antti et al. (2010): Cognitive Corpus Linguistics: Five points of debate on current theory and methodology. In: Corpora 5, 1, S. 1–27.

Baayen, R. Harald (2009): Corpus Linguistics in Morphology: Morphological productivity. In: Lüdeling, Anke/Kyto, Merja (Hg.): Corpus Linguistics. An international handbook. (= Handbücher zur Sprach- und Kommunikationswissenschaft/Handbooks of Linguistics and Communication Science (HSK) 29, 2). Berlin, S. 900–919.

Balles, Irene (2004): Die Tendenz zum analytischen Sprachtyp aus der Sicht der Indogermanistik. In: Hinrichs, Uwe (Hg.): Die europäischen Sprachen auf dem Weg zum analytischen Sprachtyp. (= Eurolinguistische Arbeiten 1). Wiesbaden, S. 33–53.

Bybee, Joan (2015): Language change. (= Cambridge Textbooks in Linguistics). Cambridge.

Bybee, Joan (2006): From usage to grammar: The mind's response to repetition. In: Language 82, 4, S. 711–733.

Calzolari, Nicoletta et al. (Hg.) (2014): Proceedings of the Ninth International Conference on Language Resources and Evaluation (LREC '14). Reykjavik.

Clauset, Aaron/Shalizi, Cosma Rohilla/Newman, Mark E.J. (2009): Power-law distributions in empirical data. In: SIAM (Society for Industrial and Applied Mathematics) Review 51, 4, S. 661–703.

Cover, Thomas A./Thomas, Joy A. (2006): Elements of information theory. 2. Aufl. Hoboken.

Engelberg, Stefan (2015): Quantitative Verteilungen im Wortschatz. Zu lexikologischen und lexikografischen Aspekten eines dynamischen Lexikons. In: Eichinger, Ludwig M. (Hg.): Sprachwissenschaft im Fokus. Positionsbestimmungen und Perspektiven. (= Jahrbuch des Instituts für Deutsche Sprache 2014). Berlin u.a., S. 205–230.

Evert, Stefan (2006): How random is a corpus? The library metaphor. In: Zeitschrift für Anglistik und Amerikanistik 54, 2, S. 177–190.

Fleischer, Wolfgang/Barz, Irmhild (2012): Wortbildung der deutschen Gegenwartssprache. 4. Aufl. Berlin.

Gilquin, Gaëtanelle/Gries, Stefan T. (2009): Corpora and experimental methods: A state-of-the-art review. In: Corpus Linguistics and Linguistic Theory 5, 1, S. 1–26.

Gries, Stefan T. (2015): Quantitative Linguistics. In: Wright, James D. (Hg.): International Encyclopedia of the Social & Behavioral Sciences. Bd. 19. 2. Aufl. Oxford, S. 725–732.

Gries, Stefan T./Hampe, Beate/Schönefeld, Doris (2005): Converging evidence: Bringing together experimental and corpus data on the association of verbs and constructions. In: Cognitive Linguistics 16, 4, S. 635-676.

Gulordava, Kristina/Baroni, Marco (2011): A distributional similarity approach to the detection of semantic change in the Google Books Ngram corpus. In: Proceedings of the GEMS 2011 Workshop on GEometrical Models of Natural Language Semantics. Edinburgh, S. 67–71.

Hilpert, Martin (2013): Constructional change in English. Developments in Allomorphy, Word Formation, and Syntax. Cambridge.

Hilpert, Martin/Perek, Florent (2015): Meaning change in a petri dish: Constructions, semantic vector spaces, and motion charts. In: Linguistics Vanguard 1, 1, S. 339–350.

Juola, Patrick (2008): Assessing linguistic complexity. In: Miestamo, Matti/Sinnemäki, Kaius/ Karlsson, Fred (Hg.): Language complexity: Typology, contact, change. (= Studies in Language Companion Series (SLCS) 94). Amsterdam/Philadelphia.

Keibel, Holger/Hennig, Sophie/Perkuhn, Rainer (2011): Effiziente halbautomatische Detektion von Neologismuskandidaten. Technical Report. Mannheim. Internet: www1.ids-mannheim. de/fileadmin/kl/dokumente/ids-kl-2010-01.pdf (Stand: 31.5.2017).

Kerremans, Daphné/Stegmayr, Susanne/Schmid, Hans-Jörg (2012): The NeoCrawler: Identifying and retrieving neologisms from the internet and monitoring ongoing change. In: Allan, Kathryn/Robinson, Justyna A. (Hg.): Current methods in historical semantics. (= Topics in English Linguistics (TiEL) 73). Berlin/Boston, S. 59–96.

Kerremans, Daphné (2015): A Web of New Words. (= English Corpus Linguistics 15). Frankfurt a.M.

Koplenig, Alexander (2015): Using the parameters of the Zipf–Mandelbrot law to measure diachronic lexical, syntactical and stylistic changes – a large-scale corpus analysis. In: Corpus Linguistics and Linguistic Theory 2015. Internet: www.degruyter.com/view/j/cllt. ahead-of-print/cllt-2014-0049/cllt-2014-0049.xml.

Koplenig, Alexander (2016): Analyzing lexical change in diachronic corpora. Mannheim. [Dissertation]. Internet: https://ids-pub.bsz-bw.de/frontdoor/index/index/docId/4890 (Stand: 31.5.2017).

Koplenig, Alexander et al. (2017): The statistical trade-off between word order and word structure – large-scale evidence for the principle of least effort. In: PLoS ONE 12, 3: e0173614, S. 1–25.

Klosa, Annette (2003): *gegen*-Verben – ein neues Wortbildungsmuster. In: Sprachwissenschaft 28, 4, S. 467–494.

Köhler, Reinhard (2009): System theoretical Linguistics. In: Theoretical Linguistics 1, 2–3, S. 241-257.

Kupietz, Marc/Lüngen, Harald (2014): Recent Developments in DeReKo. In: Calzolari et al. (Hg.), S. 2378-2385. Internet: www.lrec-conf.org/proceedings/lrec2014/pdf/842_Paper.pdf (Stand: 31.5.2017).

Lansdall-Welfare, Thomas et al. (2017): Content analysis of 150 years of British periodicals. In: Proceedings of the National Academy of Sciences 114, S. E457–E465.

Mayer, Thomas/Cysouw, Michael (2014): Creating a massively parallel Bible corpus. In: Calzolari et al. (Hg.), S. 26-31. Internet: www.lrec-conf.org/proceedings/lrec2014/ pdf/220_Paper.pdf (Stand: 31.5.2017).

Montemurro, Marcelo A./Zanette, Damián H. (2011): Universal Entropy of Word Ordering Across Linguistic Families. In: PLoS ONE 6, 5: e19875, S. 1–9.

Parkvall, Mikael (2008): Limits of language. Almost everything you didn't know about language and languages. Wilsonville.

Rohrdantz, Christian et al. (2012): Lexical semantics and distribution of suffixes: A visual analysis. In: Proceedings of the EACL 2012 Joint Workshop of LINGVIS & UNCLH, S. 7–15. Internet: www.aclweb.org/anthology/W12-0202 (Stand: 31.5.2017).

Schmid, Hans-Jörg (2010). Does frequency in text instantiate entrenchment in the cognitive system? In: Glynn, Dylan/Fischer, Kerstin (Hg.): Quantitative methods in cognitive semantics: Corpus-driven approaches. (= Cognitive Linguistics Research (CLR) 46). Berlin, S. 101-134.

Schmid, Hans-Jörg (2015): EnerG - English Neologisms Research Group. Internet: www. neocrawler.anglistik.uni-muenchen.de/crawler/html/index.php?abfrage=about (Stand: 31.5.2017).

Sinclair, John (1991): Corpus, concordance, collocation. Oxford.

Szmrecsanyi, Benedikt (2016): About text frequencies in historical linguistics: Disentangling environmental and grammatical change. In: Corpus Linguistics and Linguistic Theory 12, 1, S. 153–171.

Templin, Mildred C. (1957): Certain language skills in children. 4. Ausg. (=Monograph Series/ Institute of Child Welfare, University of Minnesota 26). Minneapolis.

Tweedie, Fiona J./Baayen, R. Harald (1998): How variable may a constant be? Measures of lexical richness in perspective. In: Computers and the Humanities 32, 5, S. 323–352.

Weinreich, Uriel/Labov, William/Herzog, Marvin (1968): Empirical foundations for a theory of language change. In: Lehmann, Winfried/Malkiel, Yakov (Hg.): Directions for Historical Linguistics. A symposium. Austin, S. 97–195.

Würschinger, Quirin et al. (2016): Using the web and social media as corpora for monitoring the spread of neologisms. The case of ‚rapefugee‘, ‚rapeugee‘, and ‚rapugee‘. In: 10th Web as Corpus Workshop (WAC-X). Annual Meeting of the Association for Computational Linguistics (ACL). Berlin. Internet: www.aclweb.org/anthology/W16-2605 (Stand: 31.5.2017).

Zipf, George Kingsley (2012): Human behavior and the principle of least effort. An introduction to human ecology. Mansfield Center. [Nachdruck der Ausgabe 1949].

Wortschatz und Lexikografie

Alexander Mehler/Rüdiger Gleim/Wahed Hemati/Tolga Uslu
(Frankfurt a.M.)

Skalenfreie online-soziale Lexika am Beispiel von Wiktionary

Abstract: Der Beitrag thematisiert Eigenschaften der strukturellen, thematischen und partizipativen Dynamik kollaborativ erzeugter lexikalischer Netzwerke am Beispiel von Wiktionary. Ausgehend von einem netzwerktheoretischen Modell in Form so genannter Mehrebenennetzwerke wird Wiktionary als ein skalenfreies Lexikon beschrieben. Systeme dieser Art zeichnen sich dadurch aus, dass ihre inhaltliche Dynamik durch die zugrundeliegende Kollaborationsdynamik bestimmt wird, und zwar so, dass sich die soziale Struktur der entsprechenden inhaltlichen Struktur aufprägt. Dieser Auffassung gemäß führt die Ungleichverteilung der Aktivitäten von Lexikonproduzenten zu einer analogen Ungleichverteilung der im Lexikon dokumentierten Informationseinheiten. Der Beitrag thematisiert Grundlagen zur Beschreibung solcher Systeme ausgehend von einem Parameterraum, welcher die netzwerkanalytische Betrachtung von Wiktionary als *Big-Data*-Problem darstellt.

1 Soziale Lexika als Mehrebenennetzwerke[1]

Dieses Kapitel analysiert Mehrebenennetzwerke als Modelle lexikalischen Wissens im Rahmen der verteilten Online-Kommunikation. In diesem Zusammenhang sprechen wir in Analogie zu Wikipedia als Medium des *collective problem solving* (Wang/Ye/Huberman 2012) bzw. zu *online-sozialen Netzwerken* (Thelwall 2009) von *online-sozialen Lexika*. Um den sozialen Charakter dieses Forschungsgegenstands zu betonen, beschreibt unser Ansatz mehrere Konstitutionsebenen (Abb. 1). Grundlegend hierfür ist 1) die Einbettung des untersuchten sprachlichen Systems in das soziale System jener Gemeinschaft von Sprachproduzenten, welche ersteres hervorbringen, und 2) die zirkuläre Konstitutionsbeziehung, welche für das Sprachsystem und seine Manifestation in unzähligen Situationen des Sprachgebrauchs konstatiert wird. In diesem Konstitutionsprozess sehen wir die Bedin-

---

1 Wir danken Henning Lobin für wertvolle wie auch kritische Hinweise zu diesem Beitrag. Ferner danken wir Daniel Baumartz für seine wertvolle Unterstützung dieses Beitrags.

DOI 10.1515/9783110579963-015

gung der Möglichkeit der Selbstorganisation, welcher die betrachteten Systeme ihre Gesetzmäßigkeit verdanken (Köhler/Altmann 1993).

Den Ausgangspunkt unseres Ansatzes bildet die Konzeption, wonach empirisch beobachtbare Einheiten etwa der Wortebene Manifestationen *relationaler Einheiten* eines auf die Produzenten der jeweiligen Sprachgemeinschaft verteilten Sprachsystems sind (de Saussure 1997). Für bestimmte Beobachtungseinheiten als Komponenten von Aggregaten der schriftlichen oder mündlichen Kommunikation postulieren wir folglich sprachsystematische Korrelate, von deren Vernetzungen wir annehmen, dass sie systemkonstitutiv wirken. Empirisch beobachtbare Repräsentationen dieser systemischen Netzwerke resultieren als *Beobachtungen 2. Ordnung* aus der Analyse ersterer Kommunikationseinheiten. Im Falle von Beobachtungen 2. Ordnung sprechen wir genauer von *Sprachgebrauchsnetzwerken* (SG-Netzwerken), welche eine Doppelrolle einnehmen: Erstens bilden sie gebrauchsorientierte Repräsentationen jener Korpora, auf deren Grundlage sie erzeugt wurden. Zweitens entsprechen sie den in der Theorie sprachlicher Netzwerke (Cong/Haitao 2014) bevorzugten Modellen der hypothetischen sprachsystematischen Netzwerke.

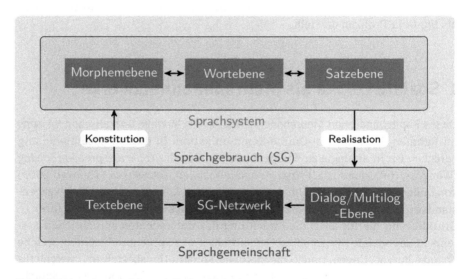

Abb. 1: Schema eines sozial-semiotischen Mehrebenennetzwerks

Der zirkuläre Konstitutionsprozess aus Abbildung 1 betrifft die Eigenart des über die Sprachgemeinschaft verteilten Lernens, wonach sprachliches Wissen zugleich Voraussetzung und Ergebnis sprachlichen Handelns ist (Rieger 1996;

Schnotz 1994) und also einer Änderungsdynamik unterliegt, welche mittels Fließgleichgewichten beschreibbar ist (Köhler 1986). Eine für soziale Systeme häufig beobachtbare Manifestation solcher Gleichgewichte besteht in *Zentrum-Peripherie-Strukturen*, die in Zusammenhang mit extremen Formen der Ungleichverteilung stehen (Stegbauer/Mehler 2011), wie sie das Präferenzgesetz für semiotische Systeme beschreibt (Tuldava 1998) und wofür das Zipfsche Gesetz (Zipf 1949) berühmt ist. Bezogen auf online-soziale Lexika führt diese Überlegung zu der Annahme, dass wir von einer Gemeinschaft von Lexikonproduzenten auszugehen haben, bei welcher der Output einer Minderheit hochaktiver Akteure den Output der mehrheitlich geringaktiven Akteure dominiert, und zwar so, dass sich die Topologie der sozialen Gemeinschaft der Topologie der resultierenden sprachsystematischen Netzwerke aufprägt, um schließlich mit Hilfe von SG-Netzwerken beobachtbar zu sein. Insofern wir für die soziale Topologie ebenso wie für ihr semiotisches Pendant eine Zentrum-Peripherie-Struktur annehmen, gelangen wir zu der Hypothese, dass sich extreme, skalenfreie Ungleichverteilungen in der Aktivitätsstruktur sozialer Agenten in ebenso skalenfreien Ungleichverteilungen der durch diese Aktivitäten hervorgebrachten sprachlichen Einheiten widerspiegeln. Anders formuliert: *Die soziale Struktur prägt sich der betroffenen Zeichenstruktur auf* (Mehler 2007). Lexika, welche diese mehrstufige Form der Skalenfreiheit aufweisen, bezeichnen wir als *skalenfrei*: Ein skalenfreies Lexikon ist also ein sprachliches Mehrebenennetzwerk im Sinne von Abbildung 1, dessen Fließgleichgewichte durch extreme Ungleichverteilungen auf sozialer und semiotischer Ebene gekennzeichnet sind. Solchen Lexika gilt unser Erkenntnisinteresse – hier am Beispiel des deutschsprachigen Wiktionarys.[2] Da wir das Wiktionary nur einer Sprache thematisieren, bildet das Kapitel eine messtheoretische Vorstudie zu einer Vergleichsstudie, welche Wiktionarys mehrerer Sprachen vergleicht. Das Kapitel ist wie folgt organisiert: Abschnitt 2 thematisiert eine Art von graphentheoretischer Polymorphie, derzufolge dasselbe Wiktionary eine Vielzahl von SG-Netzwerken induziert. Abschnitt 3 beschreibt eine Schar skalenfreier Eigenschaften von Wiktionary, während Abschnitt 4 Besonderheiten gegenüber vergleichbaren Ressourcen aufzeigt. Die Abschnitte 5 und 6 ergänzen Belege für skalenfreie thematische und partizipatorische Dynamiken und komplettieren somit das Bild von Mehrebenennetzwerken aus Abbildung 1.

---

2 Stand: 1.1.2017.

2 Wiktionary aus graphentheoretischer Sicht

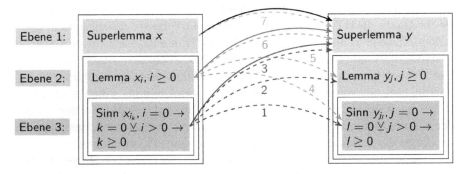

Abb. 2: Kanteninduzierende Einheiten in Wiktionary: Superlemma x als Einheit der *Ebene 1* umfasst Lemma x_i als Einheit der *Ebene 2* mit Lesart x_{ik} als Einheit der *Ebene 3* ($\underline{\vee}$ steht für die Kontravalenz). Durchgezogene Kanten von der Art parallel zu Kante 3 verbinden Lesarten mit Superlemmata (SL); durchgezogene Kanten von der Art parallel zu Kante 6 verbinden Lemmata mit SL und Kanten parallel zu Kante 7 verbinden SL untereinander. Ferner sind 7 Kanten inferierbar (gestrichelt) – teils basierend auf virtuellen Start- oder Endknoten. Alternativ werden Kanten durch Abstraktion von Lesarten zu (Super-)Lemmata oder durch Spezifikation unterspezifizierter Sinnrelationen inferiert.

Wiktionary ist mit den Mitteln simpler Graphen nicht unmittelbar abbildbar. Der Grund hierfür besteht in der hierarchischen Gliederung seiner Artikel, derzufolge das einen Artikel identifizierende Lemma (nachfolgend *Superlemma* genannt) mehrere untergeordnete Lemmata aufweisen kann, zu denen unter der Rubrik *Bedeutungen* je mehrere Bedeutungsbeschreibungen (*Sinne* oder *Lesarten* genannt) aufgeführt sein können (zur Zahl der Rubriken in Wiktionary und ihrer Behandlung im vorliegenden Beitrag siehe Tab. 1). Abbildung 2 bringt diesen Umstand schematisch zum Ausdruck. Sie zeigt eine 1:m:n-Beziehung, welche zwischen Superlemmata, Lemmata und Lesarten besteht.

Tab. 1: Zur Zahl der aus Wiktionary extrahierten Rubriken

	Zahl	Häufigkeit	%
extrahiert	54	3 189 073	93,77
nicht-extrahiert	1 979	211 984	6,23
Summe	2 033	3 401 057	100

Tab. 2: Manifestation von Sinnrelationen. Hyperlinks (unterstrichen) referieren auf Pages, die mehrere Superlemmata enthalten können. Überstriche denotieren *Broken Links*. In den entsprechenden Beispielen werden die betroffenen Wörter mittels][eingefasst. Wir setzen die Interpretation voraus, dass die Ziele von Hyperlinks Superlemmata eindeutig zugeordnet sind. Zahlen in Klammern geben an, wie oft die unverlinkte Aufzählungseinheit als Superlemma aufgefunden wurde. Dabei ist unabhängig von der Verlinkung von Konstituenten zu prüfen, ob die Einheit als Ganzes als Superlemma vorkommt. Gleichnamige Vorkommen von Superlemmata müssen nicht bedeuten, dass diese als Zieleinheiten intendiert sind.

Nr.	Relatum ⌈·⌉	Beispiel (Link)	#de	#alle
1.	⌈A⌉	Anschauung (https://de.wiktionary.org/wiki/Lehre)	549 185	778 612
2.	⌈A̅⌉	]Muskeldystrophie[(https://de.wiktionary.org/wiki/Muskel)	563 823	715 998
3.	⌈A⌉	Akupunkturpunkte (https://de.wiktionary.org/wiki/Chakra)	8 916 (1 827)	12 830 (2 683)
4.	⌈A B⌉	Gelbe Karte (https://de.wiktionary.org/wiki/Karte)	18 340	26 397
5.	⌈A̅ B⌉	]angewandte Mathematik[(https://de.wiktionary.org/wiki/Numerik)	67 231	89 587
6.	⌈A̲ B⌉	geometrisches Objekt (https://de.wiktionary.org/wiki/Punkt)	1 495	2 110
7.	⌈A̅ B̅⌉	]ventrikuläre[ ]Fibrillation[(https://de.wiktionary.org/wiki/Kammerflimmern)	113	255
8.	⌈A B̲⌉	menschliche Gesellschaft (https://de.wiktionary.org/wiki/Welt)	1 899 (1 627)	2 626 (2 019)
9.	⌈A B̅⌉	sich]entäußern[(https://de.wiktionary.org/wiki/abkommen)	675 (508)	1 245 (847)
10.	⌈A B⌉	semantische Einheit (https://de.wiktionary.org/wiki/Semen)	731 (452)	971 (610)
11.	⌈A̅ B⌉	]rotsterniges[Blaukehlchen (https://de.wiktionary.org/wiki/Blaukehlchen)	347 (158)	672 (280)
12.	⌈A̲ B̅⌉	landwirtschaftliche]Nutzfläche[(https://de.wiktionary.org/wiki/Wiese)	144	507
13.	⌈A̅ B̲⌉	]mehrzellige[Lebewesen (https://de.wiktionary.org/wiki/Eukaryota)	172	416
14.	⌈A B⌉	Homer Simpson (https://de.wiktionary.org/wiki/Zeichentrickfigur)	2 729 (51)	3 837 (91)

Die Vernetzungsstruktur von Einheiten dieser Ebenen resultiert aus dem Umstand, dass Artikel Rubriken enthalten, deren Inhalte auf Tokenebene mit den Superlemmata anderer Artikel relationiert sein können, und zwar explizit (mittels Hyperlinks) oder implizit. Das entsprechende Möglichkeitsspektrum exemplifiziert Tabelle 2: Eine Besonderheit markieren gestrichelt unterstrichene *broken links*, welche die Anforderung zur Aufnahme entsprechender Superlemma/Lemma/Sinn-Tripel ausdrücken, wofür zum Browsing-Zeitpunkt kein Artikel existiert. Solche von Artikel-Autoren implizit referierten Superlemmata bezeichnen wir als *Typ-1-virtuell*: Ihnen ordnen wir jeweils genau ein virtuelles Lemma und einen virtuellen Sinn zu (siehe *angewandte Mathematik* in Tab. 2), um die Drei-Ebenen-Struktur der Grundeinheiten von Wiktionary beizubehalten. Bezogen auf referierte Einheiten unterscheidet Tabelle 2, Zeile 14 einen weiteren Fall von Virtualität, den wir als *Typ-2-virtuell* bezeichnen: Er betrifft gänzlich unverlinkte Relata von Sinnrelationen, zu denen ebenfalls keine Superlemmata existieren.

Wiktionary enthält drei Arten von Rubriken, deren Token auf (nicht-)virtuelle Einheiten referieren können: 1) Aufzählungen von Relata, welche in der durch die Rubrik benannten Relation (z.B. der Synonymie) zum Startargument stehen, 2) textuelle Beschreibungen oder satzwertige Aufzählungen, deren Gliederungseinheiten i.d.R. nicht Superlemmata entsprechen, und 3) Mischformen beider Varianten (z.B. *Charakteristische Wortkombinationen*). Im ersten Fall sprechen wir von *Aufzählungsrubriken* (i.d.R. zur Spezifikation von Sinnrelationen), im zweiten von *Beschreibungsrubriken* (bestehend aus erklärenden oder beispielgebenden Texten).

Ausgehend von Lesarten verweisen Relata von Aufzählungsrubriken zumeist auf Superlemmata mittels entsprechender Hyperlinks. *Verweisbeziehungen dieser Art bilden das Grundgerüst der expliziten Vernetzungsstruktur von Wiktionary.* Dabei tritt als Besonderheit die Möglichkeit *virtueller* Sinne aufseiten *referierender Artikel* auf, die in Zusammenhang mit impliziten Knoten und Kanten stehen: Referenzen auf Sinne als Startargumente von Sinnrelationen können explizit oder implizit durch Verwendung von Platzhaltern realisiert werden. Wir interpretieren entsprechende Vorkommen der Art von Zeile 2 und 3 aus Tabelle 3 als Hinweise auf virtuelle (referierende) Sinne: Hierzu führen wir modellseitig für jeden Platzhalter einen virtuellen Sinn (vom Typ 3 und 4) in der Rubrik *Bedeutungen* des betroffenen Lemmas ein. Zeile 4 aus Tabelle 3 demonstriert den Fall, dass bei der Spezifikation der Sinnrelationen eines Worts (im Beispiel *Auslegung*) das referierte Superlemma keinem der Sinne des referierenden Worts zugeordnet ist – auch nicht mittels Platzhalter. Hier hat man von einer Kante zwischen startbildendem Lemma und zielbildendem Superlemma auszugehen (siehe die Kanten von der Art parallel zu Kante 6 in Abb. 2). An dieser Stelle legen wir modellseitig einen virtuellen Sinn vom Typ 5 an. Während Typ-1- und Typ-2-virtuelle Sinne nur als Zielknoten von Sinnrelationen auftreten, können Typ-3-, Typ-4- und Typ-5-virtuelle Sinne als Start- und Zielknoten solcher Relationen auftreten.

Tab. 3: Zur Unterspezifikation von Lesarten als Startknoten von Sinnrelationen. [i], $i \in N$, denotiert einen auf Sinnebene spezifizierten Startknoten, [?], [*] und ^ hingegen nicht. Das Beispiel *Zierquitte* ist in][eingefasst und denotiert auf diese Weise einen *Broken Link*.

Nr.	Sinnbezug	Startknoten	Kante	Zielknoten	#de	#alle
1.	[i]	Rinne	$\xrightarrow{\text{[Synonyme].[1]}}$	Furche	1 078 494	1 475 064
2.	[?]	Quitte	$\xrightarrow{\text{[Unterbegriffe].[?]}}$	]Zierquitte[	3 129	4 907
3.	[*]	Video	$\xrightarrow{\text{[Unterbegriffe].[*]}}$	Montevideo	1 099	1 256
4.	^	Auslegung	$\xrightarrow{\text{[Synonyme].——}}$	Deutung	196 506	258 773

Tab. 4: Inferenzregeln für Sinnrelationen: V_1 ist die Menge der Superlemmata, V_2 der Lemmata und V_3 der Lesarten, $V = V_1 \cup V_2 \cup V_3$. R^* ist die zu R gegenläufige Sinnrelation, $R = R^{**}$. V^{**} ist die Menge aller Triaden $x.x'.x''$, so dass $x \in V_1$, $x' \in V_2$ und $x'' \in V_3$: $x.x'.x'' \in V^{**} \leftrightarrow (x, x') \in SL \land$ $(x', x'') \in LS$; SL verbindet Superlemmata mit Lemmata und LS Lemmata mit Sinnen. $\lambda(x)$ ist die Menge aller Lemmata und $\sigma(x)$ die Menge aller Sinne, die $x \in V_1$ dominiert: $|\lambda(y)| = |\sigma(x)| = 1 \leftrightarrow$ ($\exists! \, y', y'' \in V: y.y'.y'' \in V^{**}$). Gegenläufig sind Hyperonymie/Hyponymie, Holonymie/Meronymie und Augmentativ/Diminutiv. Alternativ ist $R^* = R$, falls R symmetrisch ist. Hierzu zählen die Synonymie, die Antonymie, die Übersetzungsrelation und die Relation der Sinnverwandtschaft (*Sinnverwandte Wörter*). Die letzte Zeile zeigt die Zahl der Anwendungen (die Regeln werden von links nach rechts angewandt).

Inferenzregel 1	Inferenzregel 2	Inferenzregel 3
$\forall R \, \forall y \in V_1 \, \forall x.x'.x'' \in \ddot{V}:$	$\forall R \, \forall y \in V_1 \, x.x'.x'' \in \ddot{V}:$	$\forall R \, \forall x.x'.x'', y.y'.y'' \in \ddot{V}:$
$\land \quad |\lambda(y)| = 1 \land \sigma(y) = \{y''\}$	$\land \quad \lambda(y) = \{y'\} \land |\sigma(y)| \neq 1$	$\land \quad (x'', y) \in R \land (x'', y'') \notin R$
$\land \quad (x'', y) \in R \land (x'', y'') \notin R$	$\land \quad (x'', y) \in R \land (x'', y') \notin R$	$\land \quad (y'', x) \in R^*$
$\rightarrow \quad R \leftarrow R \cup \{(x'', y'')\}$	$\rightarrow \quad R \leftarrow R \cup \{(x'', y')\}$	$\rightarrow \quad R \leftarrow R \cup \{(x'', y'')\}$
$\#$ \quad 1 323 503	$\#$ \quad 267 976	$\#$ \quad 140 445

Die Unterscheidung von Aufzählungs- und Beschreibungsrubriken macht die Differenzierung von Verweisbeziehungen, die mittels Hyperlinks manifestiert werden, und Sinnrelationen, die parallel hierzu verlaufen, nötig. In Zeile 8 aus Tabelle 2 etwa ist ⌈A B⌉ Startknoten einer Sinnrelation, wobei nur B per Hyperlink auf das entsprechende Superlemma bezogen ist. Zeile 4 aus Tabelle 2 zeigt demgegenüber den Paradefall von paralleler Sinnrelation und Verweisbeziehung. Beschreibungsrubriken sind dahingehend charakterisiert, dass sie ausschließlich Verweisbeziehungen manifestieren, während Aufzählungsrubriken Verweis- und Sinnrelationen ausweisen. Wiktionary ist sozusagen ein Lexikon, in dem eine

Hyperlink-basierte Verweisstruktur die zugrundeliegende semantische Vernetzungsstruktur basierend auf Sinnrelationen überlagert, ohne dass ein Isomor-
phismus beide Netzwerkebenen verbindet.

Unser Modell erlaubt die Unterscheidung von drei Arten *inferierbarer*, in Wiktionary nicht explizierter Sinnrelationen. Man beachte, dass Wiktionary Sinnrelationen i.d.R. zwischen Lesarten als Startknoten und Superlemmata als Zielknoten definiert (siehe die durchgezogene Kante parallel zur gestrichelten Kante 3
in Abb. 2). *Immer dann also, wenn das referierte Superlemma mehrere Sinne ver-
mittels eines oder mehrerer Lemmata subsumiert, bleibt unterspezifiziert, auf wel-
chen/welche dieser Sinne die Sinnrelation bezogen ist.* Geht man zudem von der
Tatsache aus, dass Lemmata und Sinne ontologisch divergieren, so steht man vor
dem Problem, tripartite Graphen anzunehmen, in denen Sinne stets auf Superlemmata verweisen. Mit einem solchen Modell ließe sich schwerlich die Vernetzungsstruktur von Wiktionary mit Ressourcen vergleichen, welche nicht dieser
Logik folgen. Unter der Annahme also, dass Sinnrelationen über der Menge der
Sinne definiert sind, ist die Inferenz entsprechender Kanten unabdingbar. Tabelle 4
unterscheidet hierzu Inferenzregeln (IR), um das Grundmuster des sinnrelationa-
len Verweises von Lesarten auf Superlemmata auf Lesarten herunterzubrechen:
Während IR 1 und IR 3 dazu dienen, Sinnrelationen vom Typ 1 aus Abbildung 2 zu
inferieren, sind Sinnrelationen vom Typ 2 aus Abbildung 2 das Ergebnis von IR 2.
Weitere sechs, hier aus Platzgründen nicht aufgeführte Inferenzregeln betreffen
die Übertragung letzterer Regeln auf die Lemma-Ebene bzw. die Abstraktion von
Kanten unterer Ebenen auf darüber liegende Ebenen.

Unsere Darstellung spannt schließlich einen Parameterraum auf, welcher
mehr Möglichkeiten ausweist, als derzeit mittels *Big Data Analysis* verarbeitbar
sind. Dies zeigt folgende Formel:

(1) $\quad |\dot{P}(\mathbb{E})| \times |\dot{P}(\mathbb{P})| \times |\dot{P}(\mathbb{R})| \times |\dot{P}(\mathbb{H})| \times |\dot{P}(\mathbb{V})| \times |\dot{P}(\mathbb{I})| =$
$\quad\quad 2^3 - 1 \cdot 2^{100} - 1 \cdot 2^{54} - 1 \cdot 2 \quad\quad \cdot 2^5 - 1 \cdot 2^7 - 1 = 2^{170} - 5(1)$

$\dot{P}(X)$ ist die Potenzmenge von X ohne leere Menge, $\mathbb{E}$ die Menge der Grundeinheiten (Superlemma, Lemma, Sinn), $\mathbb{P}$ die Menge der Wiktionary-Wortarten, $\mathbb{R}$ die
Menge der Rubriken (siehe Tab. 1), $\mathbb{H}$ die Alternative, wonach Hyperlinks zur Kan-
teninduktion auszuwerten sind oder nicht, $\mathbb{V}$ die fünf Alternativen zur Erzeugung
virtueller Sinne und $\mathbb{I}$ die sieben Typen inferierbarer Kanten aus Abbildung 2. Selbst
unter Fokussierung auf Nomen, Adjektive, Verben und Sinnrelationen der Menge

(2) $\quad$ $\mathbb{R}' = \{$*Antonymie, Heteronymie, Holonymie, Hyperonymie, Hyponymie, Meronymie, Synonymie*$\}$

werden nahezu 70 Mio. Graphmodelle unterscheidbar, so dass selbst Stichproben mit 100 SG-Netzwerken allzu klein erscheinen. Daraus ergeben sich folgende

Schlussfolgerungen: 1) Wiktionary ist in Bezug auf den Ausweis von Lesarten und Sinnrelationen unterspezifiziert; 2) es induziert einen Raum möglicher Graph-modelle, deren Verarbeitung *Big-Data*-Methoden erforderlich macht; 3) die aus diesem Möglichkeitsraum ausgewählten Alternativen schränken den Aussagege-halt entsprechender Analysen ein. Im Folgenden konzentrieren wir uns auf SG-Netzwerke, deren Knoten Lesarten und deren Kanten Sinnrelationen entsprechen.

3 Skalenfreie lexikalische Strukturen

Tab. 5: Anpassung von Potenzgesetzen. SL steht für Superlemma, S für Sinn, [∀] für alle Sprachen, [de] für Deutsch. opt meint *optimierte Anpassung.* α ist der Exponent des angepassten Potenzgesetzes, $acd \in [0,1]$ der *adjusted coefficient of determination.* Die letzte Spalte zeigt die Einheit mit der größten Wertausprägung.

Nr.	Verteilung	α	acd	α_{opt}	acd_{opt}	Top-Ausreißer
1	Rubriken (alle)	0,21	0,909 40	0,32	0,995 24	*Worttrennung*
2	Aufzählungsrubriken	0,13	0,826 50	0,15	0,829 98	*Ü-Tabelle*
3	Beschreibungsrubriken	0,23	0,879 85	0,40	0,994 46	*Worttrennung*
4	Wortarten [∀]	0,24	0,968 80	0,24	0,964 11	*Deklinierte Form*
5	Wortarten [∀+SL$_{virtuell}$]	0,20	0,940 88	0,20	0,931 60	*Substantiv*
6	Wortarten [de]	0,26	0,988 70	0,28	0,994 88	*Deklinierte Form*
7	Wortarten [de+SL$_{virtuell}$]	0,23	0,986 89	0,26	0,994 42	*Deklinierte Form*
8	Superlemmata/Sprache	0,30	0,980 23	0,35	0,992 45	*Deutsch*
9	Superlemmata/Seite	4,24	0,999 98	3,65	0,999 997	*a*
10	Lesarten/Lemma [∀]	2,04	0,991 80	3,67	0,999 27	*take*
11	Lesarten/Lemma [de]	2,32	0,996 80	3,50	0,999 65	*BA*
12	Lesarten/Lemma [∀+S$_{virtuell}$]	1,66	0,983 58	3,24	0,998 57	*take*
13	Lesarten/Lemma [de+S$_{virtuell}$]	1,73	0,986 35	4,01	0,998 56	*BA*
14	Synonyme/Lemma [de]	3,19	0,998 10	2,37	0,999 91	*Schickse*
15	Synonyme/Sinn [∀]	1,96	0,999 43	2,65	0,999 97	*Prostituierte*
16	Synonyme/Sinn [de]	1,66	0,996 59	2,59	0,999 80	*Prostituierte*
17	Sinnverwandte/Sinn [de]	2,80	0,997 72	2,46	0,999 85	*Prostituierte*
18	Hyperonyme/Sinn [de]	1,75	0,979 06	4,40	0,996 65	*Hund*
19	Hyponyme/Sinn [de]	2,27	0,987 56	2,33	0,999 62	*Taube*
20	Übersetzungen/Sinn [de]	0,94	0,956 50	2,25	0,998 83	*Wasser*

Wiktionary ist durch Skalenfreiheit charakterisiert, wie sie bereits für zahlreiche soziosemiotische Systeme konstatiert wurde. Im Fall von Wiktionary ist sie jedoch polymorph. Skalenfreiheit betrifft Systeme, in denen eine kleine Klasse von Wertausprägungen die jeweilige Verteilung dominiert und dabei äußerst schnell in die Gruppe der sehr zahlreichen, aber seltenen Ausprägungen übergeht. Diese Ordnung nach dem *semiologischen Präferenzgesetz* (Tuldava 1998) ist oft dadurch gekennzeichnet, dass es *keine typischen Systemausprägungen* gibt, und zwar in dem Sinne, dass der beobachteten empirischen Verteilung eine divergente theoretische Wahrscheinlichkeitsverteilung in Form eines Potenzgesetzes der Gestalt $y = c \cdot x^{-\alpha}$, $0 < \alpha < 2$, $\alpha \in R$ entspricht (Newman 2005). Potenzgesetze sind skalenfrei, da sie ihre Gestalt unter jedweder Skalenänderung beibehalten (Newman 2005). Sie sind charakteristisch für Ungleichverteilungen in sozialen (Stegbauer/Mehler 2011), semiotischen und lexikalischen Systemen (Tuldava 1998). *Polymorphie* bedeutet, Skalenfreiheit anhand einer Vielzahl systemrelevanter Bezugsgrößen zu beobachten. In Wiktionary entspricht sie dem dominanten Verteilungsmodell. Um dies zu belegen, dokumentiert Tabelle 5 die Skalenfreiheit von 20 Bezugsgrößen.

Zeile 1 aus Tabelle 5 thematisiert die Häufigkeitsverteilung von Rubriken. Abbildung 3 zeigt hierzu die empirische Ranghäufigkeitsverteilung der von uns identifizierten Rubriken. Dabei können wir von einer gelungenen Anpassung ausgehen (siehe Tab. 5, Zeile 1), ohne eine mittlere Rubrikenhäufigkeit erwarten zu dürfen (siehe oben): Der Inhalt von Wiktionary wird von wenigen Rubriken dominiert. Die häufigsten drei Rubriken halten einen Anteil von 0,47 an allen Rubrikangaben. Selbst wenn man die Verteilung auf die Sinnrelationen der Menge aus Formel 2 beschränkt, erhält man ein Potenzgesetz (Tab. 5, Zeile 2), was auf Selbstähnlichkeit hindeutet.

Im Fall der Häufigkeitsverteilung von „Wiktionary-Wortarten" (WW) dokumentiert Tabelle 5 das gleiche Bild, wobei wir vier Modalitäten unterscheiden: bezogen auf Superlemmata aller Sprachen (Zeile 4 und 5), des Deutschen (6 und 7), unter Aus- (4 und 6) oder Einschluss (5 und 7) virtueller Superlemmata. Auch hier dominieren wenige Häufigkeitsklassen, während die überwiegende Mehrheit der WW selten oder nur einmal belegt wird. Ferner beobachten wir, dass es keine typische Vorkommenshäufigkeit gibt – sprach- und inferenzunabhängig.

Tabelle 5 zeigt, dass diese Diagnose für eine Reihe weiterer Verteilungen gilt, etwa die Verteilung der Superlemmata je Seite (Zeile 9), der Lesarten je Lemma (Zeilen 10–13) oder der Synonyme je Lesart. Um diese Polymorphie allgemein nachzuweisen, ist es erforderlich, für die Mehrheit aller systemrelevanten Attribute deren Skalenfreiheit aufzuzeigen. Aus Platzgründen entfällt dies hier. Tabelle 5 zeigt allemal, dass Skalenfreiheit eine prägnante Eigenschaft der in Wiktionary dokumentierten Strukturen ist.

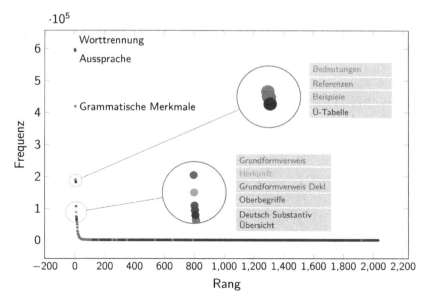

Abb. 3: Rang-Häufigkeitsverteilung der Rubriken in Wiktionary. *x*-Achse: Rang der Rubrik; *y*-Achse: ihre Häufigkeit in Wiktionary

4 Lexikalische Vernetzung

Dieser Abschnitt thematisiert Vernetzungsindikatoren, welche mit Eigenschaften lexikalischer Systeme in Verbindung stehen (Sigman/Cecchi 2002; Motter et al. 2002; Steyvers/Tenenbaum 2005; Gravino et al. 2012). Dabei konzentrieren wir uns auf konnektierte Komponenten, durchschnittliche geodätische Distanzen von Lesarten und deren Transitivität (Newman 2010). Maßgeblich hierfür sind Beobachtungen zu vergleichbaren Systemen, welche hohe Transitivitätsraten, skalenfreie Gradverteilungen (siehe Zeilen 15–20 in Tab. 5) und durchschnittlich kurze Pfade aufweisen (Steyvers/Tenenbaum 2005).

Naheliegende Interpretationen dieser Eigenschaften betreffen die Effizienz und Ausfallsicherheit von Gedächtnisoperationen (Motter et al. 2002) ebenso wie die flexible semantische Interpretierbarkeit situationsgebundener Sprache: Ausgehend von immer neuen Situationen können Sprachteilnehmer dieselben Einheiten auf immer neue Weisen anwenden, ohne Interpretationsmöglichkeiten einzubüßen, was etwa infolge des Abbruchs der Aktivierungsausbreitung im Gedächtnis aufgrund vermeintlich fehlender Relationen oder diskonnektierter Komponenten geschehen kann.

Tab. 6: Potenzgesetze angepasst an die komplementär-kumulativen Größenverteilungen konnektierter Komponenten von SG-Netzwerken basierend auf Nomen, Verben und Adjektiven. *GKK* ist die *Größte Konnektierte Komponente*.

Nr.	St.	PoS	Modell	α	acd	α_{opt}	acd$_{opt}$	$|GKK|$	Anteil
1	i	N	{Hypo, Hyper}	4,14	0,998 7	1,91	0,999 9	73 748	0,32
2	ii	N	{Hypo, Hyper, Ant, Syn}	3,67	0,999 1	2,25	0,999 9	114 573	0,49
3	iii	N	$\mathbb{R}'$	3,67	0,999 1	2,25	0,999 9	114 608	0,49
4	iv	N	$\mathbb{R}''$	3,15	0,999 9	2,75	1,000 0	142 905	0,61
5	i	V	{Hypo, Hyper}	4,93	0,999 6	2,70	0,999 9	619	0,02
6	ii	V	{Hypo, Hyper, Ant, Syn}	4,23	0,999 7	2,55	1,000 0	7 524	0,30
7	iii	V	$\mathbb{R}'$	4,23	0,999 7	2,55	1,000 0	7 524	0,30
8	iv	V	$\mathbb{R}''$	3,79	0,999 9	2,75	1,000 0	9 955	0,40
9	i	A	{Hypo, Hyper}	4,99	0,999 6	2,73	0,999 9	711	0,02
10	ii	A	{Hypo, Hyper, Ant, Syn}	3,91	0,999 6	2,03	0,999 9	9 125	0,32
11	iii	A	$\mathbb{R}'$	3,91	0,999 6	2,03	0,999 9	9 125	0,32
12	iv	A	$\mathbb{R}''$	3,26	0,999 9	2,29	1,000 0	11 832	0,41

Tab. 7: Netzwerkstatistiken der Graphvarianten aus Tabelle 6: $|V|$ ist die Zahl der Knoten des Graphen, $|E|$ die Zahl seiner Kanten. D ist der Diameter, L die durchschnittliche geodätische Distanz (beide bzgl. der GKK), C_{ws} der Clusterwert nach Watts/Strogatz (1998). Kursive Werte basieren auf 10.000 Knotenpaaren.

Nr.	St.	PoS	Modell	$|V|$	$|E|$	D	L	C_{ws}
1	i	N	{Hypo, Hyper}	232 613	236 086	*19*	*8,59*	0,15
2	ii	N	{Hypo, Hyper, Ant, Syn}	232 613	360 706	*24*	*10,97*	0,28
3	iii	N	$\mathbb{R}'$	232 613	360 808	*24*	*10,90*	0,28
4	iv	N	$\mathbb{R}''$	232 613	477 786	*40*	*12,49*	0,20
5	i	V	{Hypo, Hyper}	25 162	6 996	30	9,67	0,05
6	ii	V	{Hypo, Hyper, Ant, Syn}	25 162	24 970	27	9,34	0,18
7	iii	V	$\mathbb{R}'$	25 162	24 970	27	9,34	0,18
8	iv	V	$\mathbb{R}''$	25 162	34 693	23	8,64	0,18
9	i	A	{Hypo, Hyper}	28 517	7 786	20	6,80	0,08
10	ii	A	{Hypo, Hyper, Ant, Syn}	28 517	35 969	29	10,02	0,24
11	iii	A	$\mathbb{R}'$	28 517	35 969	29	10,02	0,24
12	iv	A	$\mathbb{R}''$	28 517	52 680	27	8,16	0,24

Während nun lexikalische Systeme wie WordNet (Fellbaum 1998) solche Netz-werkeigenschaften aufweisen, stellt sich die Frage, ob das auch für Wiktionary gilt. Im negativen Fall deutet dies auf seine „Unnatürlichkeit" hin. Hierzu betrach-ten wir SG-Netzwerke separat für einzelne Wortarten. Dabei gehen wir vierstufig vor, indem wir nach der Vernetzung von Nomen, Verben und Adjektiven unter Anwendung der Regeln aus Tabelle 2 fragen, wobei Stufe 1 nur Hyponymie- und Hyperonymie-, Stufe 2 zusätzlich Synonymie- und Antonymie-, Stufe 3 zusätzlich die Menge R' und Stufe 4 alle 34 extrahierten Relationen (siehe Tab. 2) berück-sichtigt, welche aus Aufzählungsrubriken resultieren (siehe Tab. 6). Offenbar gilt: je höher die Stufe, desto höher die Vernetzungswahrscheinlichkeit, desto eher sollte Wiktionary Eigenschaften vergleichbarer Netzwerke (Mehler 2008) aufwei-sen, wobei die Berücksichtigung von Inferenzregeln einen monotonen Anstieg letzterer Vernetzungswahrscheinlichkeit impliziert. Finden wir also heraus, dass unsere SG-Netzwerke sehr viel weniger konnektiert sind, belegt dies die oben thematisierte Unnatürlichkeit. Dies entspricht offenbar unserer Beobachtung. Tabelle 6 zeigt zunächst, dass in keinem der betrachteten Netzwerke die jeweilige GKK alle Nomen, Verben oder Adjektive umfasst. Zwar wächst die GKK mit der betrachteten Vernetzungsstufe (i–iv), jedoch verbleibt diese stets weit unter der Ordnung des Graphen. Ferner fällt auf, dass im Übergang von Stufe ii zu iii kaum (bei Nomen) oder keine zusätzliche Konnektivität erzielt wird: Über die Rela-tionen der Stufe ii hinaus wirken die übrigen Sinnrelationen kaum vernetzend. Dass im Fall von Stufe i die GKK zumeist winzig ist, hat nichts damit zu tun, dass Hyponymie-/Hyperonymie-Relationen hierarchische Grundgerüste aufspannen (Sigman/Cecchi 2002).[3] Denn bereits auf dieser Ebene ist erwartbar, dass der ent-sprechende Graph mittelbare Konnektiertheit nahezu aller Lesarten herstellt. Dass diese Konnektiertheit auf höheren Stufen zwar zunimmt, jedoch weit unterhalb des erwarteten Maximums verbleibt, deutet darauf hin, dass Wiktionary Kompo-nenten enthält, welche unabhängig voneinander entwickelt wurden.

Die Hypothese, wonach diese Komponenten thematisch bedingt sind, wird im folgenden Abschnitt untersucht. Tabelle 7 zeigt ergänzend, dass die Netzwerke zu langen Wegen neigen, was der Hypothese widerspricht, es handele sich bei ihnen um kleine Welten (Milgram 1967; Watts/Strogatz 1998) – ein Attribut, das vergleich-baren Strukturen zugesprochen wird (Mehler 2008). Die Transitivität ist im unter-suchten Ausschnitt von Wiktionary zwar hoch (C_{ws}), die kürzesten Pfade sind dabei jedoch lang. Im Sinne der Netzwerktheorie ist Wiktionary daher ungewöhnlich.

---

3 De facto sind sie in Wiktionary an manchen Stellen zirkulär, wie im Falle anderer sozialer Ontologien (Mehler/Pustylnikov/Diewald 2011).

5 Thematische Dynamik

Die Frage, welche Themenfelder Wiktionary mit seinen Lesarten abdeckt, ist nur mit Methoden der Automatisierung zu beantworten. Anhand der Antwort erwarten wir weiteren Aufschluss über die Skalenfreiheit von Wiktionary – nun in Bezug auf seinen Inhalt. Unser Ansatz besteht darin, Lesarten unter Bezug auf die zweite Ebene der *Dewey Decimal Classification* (DDC) zu klassifizieren. Die 100 Themenfelder dieser Ebene bilden unser Inhaltsmodell. Da die DDC eine im Bibliotheksbereich weit verbreitete Inhaltsklassifikation ist, eignet sie sich offenbar für diese Zwecke. Unser Algorithmus basiert auf *fastText* (Joulin et al. 2016), einem Klassifikator in Form eines neuronalen Netzes mit nur einem *hidden layer*. Zwecks Erstellung von Trainingsdaten extrahieren wir alle Wikipedia-Referenzen aller extrahierten Lesarten auf die entsprechenden Wikipedia-Seiten unter Absehung von Disambiguierungsseiten. In einem zweiten Schritt explorieren wir die Hyperlinks der referierten Wikipedia-Artikel auf die *Gemeinsame Normdatei* (GND), um schließlich Lesarten auf DDC-Klassen abzubilden. Auf diese Weise werden 7.270 Lesarten 95 DDC-Klassen zugeordnet. Den Input für das Trainieren von *fastText* bildet der Textinhalt, welcher der betrachteten Lesart in Wiktionary zugeschrieben wird (Synonyme, Beispieltexte etc.). Um hiervon unabhängig die Güte unseres Ansatzes zu bemessen, teilen wir das Trainingskorpus von 7.270 Texten nach der Regel 80/20 in eine Trainings- und eine Testmenge auf. Für die Testmenge erzielen wir einen F-Wert von über 75% – angesichts von 95 Zielklassen ist dies ein gutes Ergebnis.

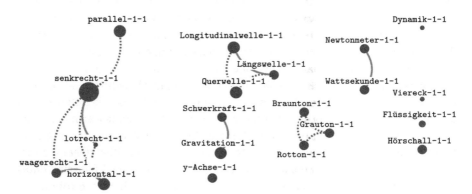

Abb. 4: Die 20 Lesarten, welche Formel 3 der DDC-Klasse für Physik zuoberst zuordnet: Verlinkung mittels Synonymie- (grüne bzw. durchgezogene Linien) und Antonymie-Relationen (rote bzw. gestrichelte Linien). Je höher der GSS-Wert einer Lesart, desto größer ihr Knoten. Suffixe kodieren Lemma- und Sinn-IDs.

Indem wir den anhand aller 7.270 Texte trainierten Klassifikator auf alle extrahierten Sinne aus Wiktionary anwenden, erhalten wir für jeden Sinn einen Vorschlag für die wahrscheinlichste DDC-Klasse, der er angehört. Im nächsten Schritt erstellen wir ein Netzwerk der in Wiktionary mittels Lesarten-Instanzen nachweisbaren DDC-Klassen, um Informationen über deren Zusammenhangsstruktur zu gewinnen. Hierzu gewichten wir jede Sinninstanz jeder Zielklasse mittels des Gewichtungsschemas (Galavotti/Sebastiani/Simi 2000):

$$(3) \qquad GSS(s_k, c_i) = P(s_k, c_i) \cdot P(\neg s_k, \neg c_i) - P(s_k, \neg c_i) \cdot P(\neg s_k, c_i)$$

Hierzu werten wir die Sinnrelationen der Ziellesart aus, um deren Zugehörigkeit zur Kategorie und also die Parameter aus Formel (3) zu schätzen. Grob gesprochen berechnen wir, wie konsistent die Endpunkte der Sinnrelationen von s_k in dem durch c_i vorgegebenen Bereich verbleiben. Abbildung 4 exemplifiziert dies am Beispiel der DDC-Klasse für Physik.

Auf dieser Basis weist unser Algorithmus das in Abbildung 5 gezeigte Netzwerk von Themenfeldern in Wiktionary nach. Hierzu wird für jede betrachtete Relationsart (hier *Synonymie* und *Antonymie*) immer dann eine Kante zwischen zwei DDC-Klassen bzw. derselben Klasse gezogen bzw. deren Gewicht erhöht, wenn zwei Instanzen dieser Klassen identifiziert werden, welche in der betrachteten Sinnrelation zueinander stehen. Somit werden Kanten zwischen Themenfeld-Knoten mittels sinnrelational verwandter Lesarten als Instanzen der Felder inferiert, was ein makroskopisches Bild der Themenverteilung und -vernetzung in Wiktionary liefert. Abbildung 5 zeigt, dass diese Verteilung ungleichmäßig ist. Dies betrifft nicht nur die Verteilung der Klassen der ersten, sondern auch der zweiten DDC-Ebene. Um hierüber weiteren Aufschluss zu erlangen, zeigt Abbildung 6 die Ranghäufigkeitsverteilung für die nachgewiesenen 95 Klassen der zweiten Ebene. Abbildung 7 zeigt die entsprechend separierten Verteilungen für die zehn Klassen der ersten Ebene.

Die Verteilungen ergeben folgendes Bild: In Wiktionary sind Lesarten auf Themenbereiche schief verteilt; diese Schiefe entspricht nur mit Abstrichen einem Potenzgesetz (siehe Abb. 6). In jedem Fall aber existieren wenige, dominante Themenfelder, denen die Mehrheit der extrahierten Sinne angehört. Sie entstammen den DDC-Klassen 3 *Social Sciences*, 5 *Science* und 6 *Technology*. Die 10 größten DDC-Klassen der zweiten Stufe decken 50,7% aller klassifizierten Sinne ab, während sich die Restmenge auf die übrigen 85 Klassen verteilt (Abb. 6). Die mit Abstand dominantesten Themenbereiche sind Klasse 3 (*Social Sciences*) und 6 (*Technology*): Sie decken 26,1% bzw. 26,4% aller Sinne ab. Diesem Modell nach ist Wiktionary semantisch verzerrt: wenige Bereiche dominieren die thematische

Provenienz der Sinne, während die Mehrzahl aller übrigen Bereiche unterrepräsentiert ist. Dieser Interpretation ist Folgendes entgegenzuhalten: Zum einen verwenden wir einen fehlerbehafteten Klassifikator mit einem F-Wert von ca. 75%. Zum anderen setzen wir voraus, dass die DDC eine repräsentative Klassifikation zur Inhaltsbestimmung ist. Drittens kennen wir nicht die Größe der Vokabulare solcher Themenfelder im Deutschen, so dass wir deren Abdeckungsrate nicht genau bestimmen können. Solange jedoch kein Alternativmodell existiert, das unseren Ansatz falsifiziert, können wir von einer thematischen Präferenz bzw. Ungleichheit in Wiktionary sprechen.

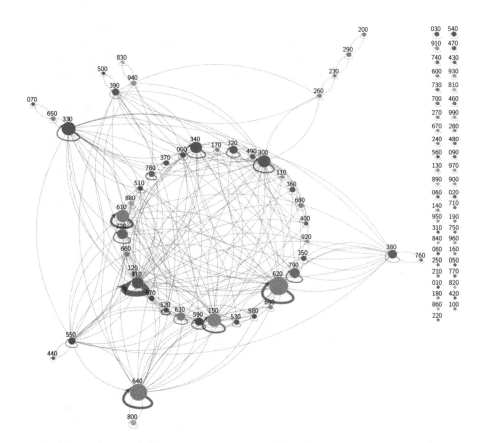

Abb. 5: Verteilung und Vernetzung von Themenfeldern der zweiten DDC-Ebene in Wiktionary: je höher die Zahl der für eine Klasse nachweisbaren Lesarten, desto größer der sie abbildende Knoten; je größer die Zahl der Sinnrelationen von Instanzen zweier oder derselben Klasse, desto breiter die sie verbindende Kante.

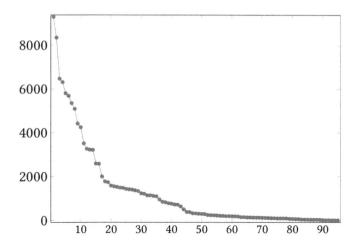

Abb. 6: Ranghäufigkeitsverteilung der Sinne in Wiktionary je Klasse der zweiten DDC-Ebene.
x-Achse: Rang beginnend mit der umfangreichsten Klasse; y-Achse: Zahl der Sinne der
rangbildenden Klasse. Die Anpassung eines Potenzgesetzes führt zu $\alpha = 0.349$, $acd = 0.927$.

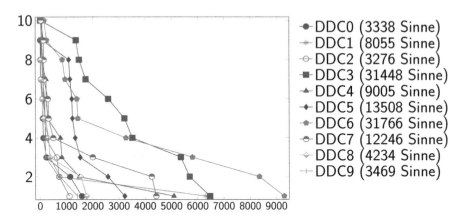

Abb. 7: Die zehn komplementär-kumulativen Verteilungen der Zahl der Sinne je Klasse der
zweiten DDC-Ebene. x-Achse: Zahl der Sinne; y-Achse: Zahl der DDC-Klassen der zweiten Ebene
derselben ersten Ebene, denen mindestens x Sinne zugeordnet sind.

6 Partizipative Dynamik

Dieser Abschnitt thematisiert abschließend die Partizipationsdynamik von Wiktionary. Ziel ist es, das Beitrags- und Kollaborationsverhalten von Wiktionary-Autoren zu beleuchten. Dieser Ansatz basiert auf dem Kollaborationsmodell und Aktivitätskonzept von Brandes et al. (2009). Wir vereinfachen dieses Modell dahingehend, dass wir lediglich Differenzen von Längen von Revisionen messen, um Aktivitäten zu schätzen. Mittels dieser Messgröße soll das Beitrags- und Kollaborationsverhalten von Autoren als Netzwerk analysiert werden. Hierbei denotieren Knoten Autoren, während Kanten deren Beziehungen als Funktion gemeinsam bearbeiteter Seiten repräsentieren. Auch im Hinblick auf die Gestaltung und Färbung von Knoten orientieren wir uns an Brandes et al. (2009). Dazu dient folgender Induktionsalgorithmus:

1. *Knotengestalt*: Die Gestalt eines Knotens ist eine Funktion der Aktivität des entsprechenden Autors und der Zahl der von ihm bearbeiteten Seiten:
   a) *Höhe:* Je höher die Aktivität, desto höher der Knoten.
   b) *Breite:* Je mehr Seiten ein Autor bearbeitet, desto breiter der Knoten.
2. *Knotenfarbe*: Die Knotenfarbe ist eine Funktion der Summe der Anteile des jeweiligen Autors an den von ihm bearbeiteten Seiten:
   a) Je höher die Summe, desto stärker die Grünfärbung.[4]
   b) Je geringer die Summe, desto stärker die Rotfärbung.[5]
3. *Knotenvernetzung*: Die Verlinkung der Knoten geschieht mittels folgender Gewichtungsfunktion der Koautorenschaft zweier Autoren x, y bezogen auf alle Revisionen aller Artikel T:

$$(4) \quad coauthorship(x, y) = \sum_T \frac{2 \cdot \min(activity(x, T), activity(y, T))}{\sum_{x \in authors(T)}(activity(x, T))} \in [0, 1]$$

Es werden nur solche Kanten gezogen, für die *coauthorship*(x, y) mindestens der Summe aus entsprechendem Mittelwert und Standardabweichung entspricht.

Abbildung 8 zeigt das Kollaborationsnetzwerk der 100 aktivsten Autoren (Bots sind umrandet). *BetterkBot* und *YS-Bot* entsprechen der Erwartung, wonach Bots zugleich flache (geringer Aktivitätsgrad), breite (Bearbeitung vieler Seiten) und rotgefärbte Knoten (geringe Autorenschaftsanteile) induzieren. Typischen Bots

---

4 In der Schwarz-Weiß-Darstellung erscheinen grün gefärbte Agentenknoten im Schachbrettmuster.
5 In der Schwarz-Weiß-Darstellung werden rot gefärbte Agentenknoten ausgefüllt.

gegenüber stehen hochaktive Autoren, welche auf vielen Seiten viel beitragen und dabei wenige Koautoren oder nur solche mit geringen Autorenschaftsanteilen haben. Bemerkenswert an Abbildung 8 ist der hohe Vernetzungsgrad der Akteure: hochaktive Agenten bilden offenbar ein dichtes Kollaborationszentrum.

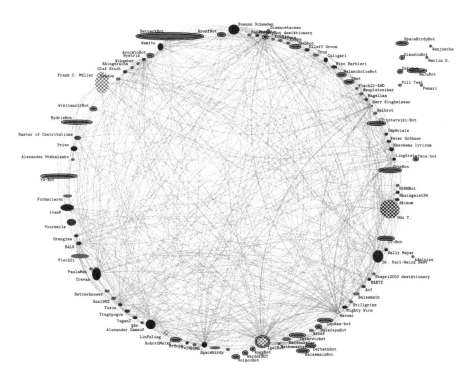

Abb. 8: Das Kollaborationsnetzwerk der 100 aktivsten Wiktionary-Autoren

An dieser Stelle wenden wir uns wieder der Frage nach der Skalenfreiheit zu. Anhand von Abbildung 8 fällt auf, dass flache rote Knoten überwiegen. Dies deutet darauf hin, dass wenige Autoren viel Inhalt produzieren, und zwar im Vergleich zur Mehrheit kaum aktiver Autoren, welche zudem dazu tendieren, an Seiten mit vielen Koautoren beteiligt zu sein – unabhängig davon, ob ihre Beteiligung auf viele Seiten bezogen ist. Diese Tendenz bestätigen die Verteilungen der Aktivitäten bzw. Beteiligungen aller (registrierten) User (siehe Abb. 9 und 10). Unabhängig davon, ob wir alle oder nur registrierte User betrachten, und unabhängig davon, ob wir Aktivitäten oder Seitenbeteiligungen betrachten, resultieren potenzgesetzliche Verteilungen, denen zufolge eine Minderheit hochaktiver, breit beteiligter Autoren einer großen Mehrheit gering-aktiver, auf wenige Seiten fokussierter Autoren gegenübersteht.

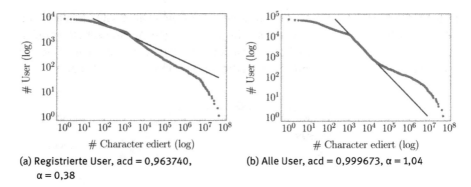

(a) Registrierte User, acd = 0,963740,   (b) Alle User, acd = 0,999673, α = 1,04
α = 0,38

Abb. 9: Komplementär-kumulative Verteilung der Aktivitäten registrierter (links) bzw. aller User (rechts)

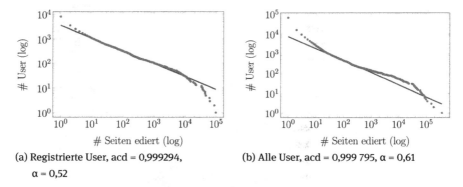

(a) Registrierte User, acd = 0,999294,   (b) Alle User, acd = 0,999 795, α = 0,61
α = 0,52

Abb. 10: Komplementär-kumulative Verteilung der Seitenbeteiligungen registrierter (links) bzw. aller User (rechts)

Durch diese Beobachtung schließt sich der Kreis zu den Überlegungen in der Einleitung, wonach die oben beschriebenen Formen struktureller und thematischer Skalenfreiheit auf partizipatorischer Ebene gespiegelt werden. Das wirft die Frage auf, inwiefern erstere Skalenfreiheit das Produkt ihres sozialen Pendants ist. Wenige hochaktive Agenten haben das Potenzial, Themen zu setzen und somit die thematische Ausrichtung von Wiktionary zu verzerren. Das spricht dafür, dass soziale Skalenfreiheit eine der Ursachen ihres thematischen Pendants ist. Inwiefern diese vermutete Kausalität auch die Skalenfreiheiten aus Abschnitt 3 betrifft, ist auf dieser Grundlage nicht zu beantworten. Wie in der Einleitung erwähnt wurde, zielt dieser Beitrag nicht auf die Frage nach der Kausalität, sondern auf methodische Grundlagen, mit deren Hilfe entsprechende Ant-

worten eingrenzbar werden, und zwar mit Bezug auf das Konzept des skalenfreien Lexikons. Der Beitrag belegt am Beispiel des deutschsprachigen Wiktionarys jedoch bereits die vermutete Parallelität von semiotischer und sozialer
Skalenfreiheit und damit eine notwendige Bedingung für skalenfreie Lexika.

7 Zusammenfassung

Der vorliegende Beitrag hat skalenfreie Lexika am Beispiel des Deutschen Wiktionarys thematisiert. Ausgehend von dem Konzept des Mehrebenennetzwerks
wurde die strukturelle, thematische und partizipative Dynamik von Wiktionary
untersucht. Unsere Ergebnisse werfen die Frage auf, ob sich die soziale Struktur
von Wiktionary auf seine inhaltliche Struktur abbildet: *Ist also die skalenfreie
Struktur dieses Lexikons Ausdruck der Skalenfreiheit seiner Partizipationsdynamik
oder spiegelt Wiktionary lediglich die lexikalische Struktur der dokumentierten
Sprache(n) wider?* Ist nämlich die lexikalische Struktur einer Sprache, wie es viele
Untersuchungen nahelegen (vgl. Abschn. 4), skalenfrei, so ist Wiktionary möglicherweise bloß das Abbild dieser Struktur. Wir finden Hinweise darauf, dass dem
nicht so ist. Sie betreffen die Untersuchung der thematischen Dynamik, die zeigt,
dass die dokumentierten Lesarten wenigen Inhaltsbereichen entstammen und
also thematische Vorlieben hochaktiver Artikelschreiber widerzuspiegeln scheinen. Auf dieser Grundlage ließe sich argumentieren, dass dominante Artikelschreiber die von Wiktionary abgedeckten Themenfelder zugunsten ihrer thematischen Präferenzen verzerren, während die dokumentierten Sinnrelationen
Skalenfreiheit aufweisen (Abschn. 3) und dabei Netzwerke unterhalb der Konnektiertheit vergleichbarer Systeme aufspannen (Abschn. 4). In diesem Sinne wäre
Wiktionary zwar eine hochinformative Ressource, seinem Inhalt nach jedoch
weit verzerrter, als es die gestellte Aufgabe der Repräsentation lexikalischen Wissens aus der Sicht der jeweiligen Sprache erwarten ließe. Gegen diese Interpretation lässt sich einwenden, dass die hier dokumentierte thematische Schiefe nur
mit Abstrichen als skalenfrei bezeichnet werden kann, dass unsere Methode der
Messung thematischer Provenienz fehleranfällig ist (Abschn. 5), dass nur ein Wiktionary untersucht wurde, dass sich Wiktionary weiterentwickelt und die beobach-
tete Schiefe möglicherweise ausgleichen wird und dass die kausalen Beziehungen von struktureller, thematischer und partizipativer Dynamik einer genaueren
Erforschung bedürfen. Diese Kritik impliziert, dass das Konzept des skalenfreien
Lexikons durch die vorliegende Studie zwar belegt wird, jedoch einer Erweiterung um Wiktionarys vieler Sprachen bedarf. Dies soll die Aufgabe zukünftiger
Arbeiten sein.

Literatur

Brandes, Ulrik et al. (2009): Network analysis of collaboration structure in Wikipedia. In: Proceedings of the 18th International Conference on World Wide Web (WWW '09). New York, S. 731–740.

Cong, Jin/Haitao, Liu (2014): Approaching human language with complex networks. In: Physics of Life Reviews 11, 4, S. 598–618.

de Saussure, Ferdinand (1997): Linguistik und Semiologie. Notizen aus dem Nachlaß. Frankfurt a.M.

Fellbaum, Christiane (1998): WordNet. An electronic lexical database. Cambridge.

Galavotti, Luigi/Sebastiani, Fabrizio/Simi, Maria (2000): Experiments on the use of feature selection and negative evidence in automated text categorization. In: Borbinha, José/Baker, Thomas (Hg.): Proceedings of the 4th European Conference on Research and Advanced Technology for Digital Libraries (ECDL). Heidelberg, S. 59–68.

Gravino, Pietro et al. (2012): Complex structures and semantics in free word association. In: Advances in Complex Systems 15, 3–4, S. 1–22.

Joulin, Armand et al. (2016): Bag of tricks for efficient text classification. In: arXiv preprint arXiv:1607.01759.

Köhler, Reinhard (1986): Zur linguistischen Synergetik. Struktur und Dynamik der Lexik. (= Quantitative Linguistics 31). Bochum.

Köhler, Reinhard/Altmann, Gabriel (1993): Begriffsdynamik und Lexikonstruktur. In: Beckmann, Frank/Heyer, Gerhard (Hg.): Theorie und Praxis des Lexikons. Berlin/New York.

Mehler, Alexander (2007): Evolving lexical networks. A simulation model of terminological alignment. In: Benz, Anton/Ebert, Christian/van Rooij, Robert (Hg.): Proceedings of the Workshop on Language, Games, and Evolution at the 9th European Summer School in Logic, Language and Information (ESSLLI 2007). Dublin, S. 57–67.

Mehler, Alexander (2008): Large text networks as an object of corpus linguistic studies. In: Lüdeling, Anke/Kytö, Merja (Hg.): Corpus linguistics. An international handbook of the science of language and society. (= Handbücher zur Sprach- und Kommunikationswissenschaft/Handbooks of Linguistics and Communication Science 29). Berlin, S. 328–382.

Mehler, Alexander/Pustylnikov, Olga/Diewald, Nils (2011): Geography of social ontologies. Testing a variant of the Sapir-Whorf Hypothesis in the context of Wikipedia. In: Computer Speech and Language 25, 3, S. 716–740.

Milgram, Stanley (1967): The small-world problem. In: Psychology Today 2, S. 60–67.

Motter, Adilson E. et al. (2002): Topology of the conceptual network of language. In: Physical Review E 65, 6, 065102(R).

Newman, Mark E. J. (2005): Power laws, Pareto distributions and Zipf's law. In: Contemporary Physics 46, S. 323–351.

Newman, Mark E. J. (2010): Networks. An introduction. Oxford.

Rieger, Burghard (1996): Situation semantics and computational linguistics: Towards informational ecology. In: Kornwachs, Klaus/Jacoby, Konstantin (Hg.): Information. New questions to a multidisciplinary concept. Berlin, S. 285–315.

Schnotz, Wolfgang (1994): Aufbau von Wissensstrukturen. Untersuchungen zur Kohärenzbildung beim Wissenserwerb mit Texten. (= Fortschritte der psychologischen Forschung 20). Weinheim.

Sigman, Mariano/Cecchi, Guillermo A. (2002): Global organization of the WordNet lexicon. In: Proceedings of the National Academy of Sciences of the United States of America (PNAS) 99, 3, S. 1742–1747.

Stegbauer, Christian/Mehler, Alexander (2011): Positionssensitive Dekomposition von Potenz-gesetzen am Beispiel von Wikipedia-basierten Kollaborationsnetzwerken. In: INFORMATIK 2011. Proceedings of 4th Workshop on Digital Social Networks. (= Lecture Notes in Informatics (LNI) P-19). Bonn.

Steyvers, Mark/Tenenbaum, Josh (2005): The large-scale structure of semantic networks: Statistical analyses and a model of semantic growth. In: Cognitive Science 29, 1, S. 41–78.

Thelwall, Mike (2009): Social network sites: Users and uses. In: Zelkowitz, Marvin (Hg.): Advances in computers 76: Social networking and the web. Amsterdam, S. 19–73.

Tuldava, Juhan (1998): Probleme und Methoden der quantitativ-systemischen Lexikologie. (= Quantitative Linguistics 59). Trier.

Wang, Chunyan/Ye, Mao/Huberman, Bernardo A. (2012): From user comments to on-line conversations. In: Proceedings of the 18th ACM SIGKDD International Conference on Knowledge Discovery and Data Mining (KDD '12). Peking, S. 244–252.

Watts, Duncan J./Strogatz, Steven H. (1998): Collective dynamics of ‚small-world' networks. In: Nature 393. S. 440–442.

Zipf, George K. (1949): Human behavior and the principle of least effort. An introduction to human ecology. Cambridge.

Christian M. Meyer (Darmstadt)

Kollaborative Lexikografie: Strukturen, Dynamik und Zusammensetzung gemeinschaftlich erarbeiteter Wortschätze

Abstract: In diesem Beitrag diskutieren wir einen neuen Ansatz zur Erarbeitung von Wörterbüchern, bei dem eine große Zahl Freiwilliger gemeinsam ein Online-Wörterbuch entwickelt. Wir charakterisieren zunächst die wesentlichen Eckpunkte dieses nutzergetrieben-kollaborativen Vorgehens und diskutieren den aktuellen Stand der Forschung. Wir untersuchen Struktur, Dynamik und Zusammensetzung von kollaborativ erarbeiteten Wortschätzen und diskutieren, welches Innovationspotenzial in kollaborativen Wörterbüchern steckt und ob professionell erstellte Wörterbücher durch den neuen Ansatz obsolet werden.

1 Einleitung

Wörterbücher werden traditionell von wenigen Expertinnen und Experten erarbeitet. Deren Tätigkeit basiert auf Kenntnissen zu Lexikografie, Wörterbuchforschung, Sprachwissenschaft und Korpusanalyse, wie sie etwa im Erasmus-Mundus-Studiengang „Europäischer Master für Lexikographie" (Schierholz 2010) und in der Einarbeitungsphase zu einem konkreten Wörterbuchprojekt vermittelt und entwickelt werden. Ziel dieser Ausbildung ist es, eine konsistente, qualitativ hochwertige und an den vorgesehenen Einsatzzweck angepasste Beschreibung eines Wortschatzes erarbeiten zu können.

Im Gegensatz zu diesem professionellen Ansatz hat sich in jüngerer Zeit ein neuer Ansatz der Wörterbucherstellung herausgebildet, bei dem eine große Zahl Freiwilliger maßgeblich ein Wörterbuch prägt: das Paradigma der *kollaborativen Lexikografie*. Eine spezifische Ausbildung ist zur Beteiligung nicht erforderlich, sodass auch Laien an einem Wörterbuch mitarbeiten können. Wir bezeichnen die Freiwilligen häufig als „Nutzer", da die scheinbar klare Grenze zwischen Wörterbucherstellern und Wörterbuchbenutzern verschwimmt. Lew (2014) spricht von *Prosumern*, da die Rollen Produzent und Konsument zusammenfallen. Durch die vielen Beteiligten ergeben sich potenziell unterschiedliche Sichtweisen, die im Wörterbuch konsolidiert werden müssen. Die Wörterbuchinhalte und die Richtlinien zur Erarbeitung der lexikografischen Beschreibungen sind daher nicht

DOI 10.1515/9783110579963-016

mehr notwendigerweise statisch, sondern entwickeln sich evolutionär durch Überarbeitung, Diskussion und Abstimmung. Es entsteht ein gemeinschaftlich erarbeiteter Wortschatz einer Sprachgemeinde.

Im vorliegenden Beitrag nähern wir uns zunächst dem Begriff der kollaborativen Lexikografie, indem wir verschiedene Nutzerbeteiligungsformen diskutieren und den Stand der Forschung zusammenfassen. Anhang zweier Forschungsfragen gehen wir dann auf ausgewählte Aspekte zur Struktur, Dynamik und Zusammensetzung von gemeinschaftlichen Wortschätzen ein und schließen mit einigen Schlussfolgerungen und einem Ausblick.

1.1 Nutzerbeteiligung bei Online-Wörterbüchern

Benutzer an der Wörterbucherstellung zu beteiligen ist keine neue Idee. Bereits in den Anfangsjahren des „Oxford English Dictionary" (damals noch „New English Dictionary") hat die Philologische Gesellschaft Londons ab 1879 zur Einsendung von Belegen aufgerufen (siehe Thier 2014). Mit Etablierung des World Wide Web und der um die Jahrtausendwende aufgekommenen Technologien im sogenannten Web 2.0 haben sich jedoch völlig neue Möglichkeiten zur Nutzerbeteiligung ergeben.

Insbesondere war es vor Aufkommen des Webs nur schwer möglich, den aktuellen Bearbeitungsstand eines Wörterbuchs mit allen Benutzern auszutauschen, sodass sich diese lediglich indirekt beteiligen konnten (etwa durch postalische Einsendungen). Werden die lexikografischen Daten dagegen online zugänglich gemacht, beispielsweise auf kollaborativen Textproduktionsplattformen wie Blogs oder Wikis, so wird erstmals eine umfangreiche direkte Beteiligung möglich. Neben den neuen Interaktions- und Kommunikationsmöglichkeiten in Echtzeit, ist das Web auch zu einem Massenphänomen geworden. Online-Wörterbücher können daher sehr große Nutzerzahlen erreichen, deren Beiträge das Wörterbuch und auch die Beteiligungsformen selbst nachhaltig verändern können.

Abel/Meyer (2016) legen eine detaillierte Klassifikation der vielfältigen Möglichkeiten zur Beteiligung von Nutzern an Online-Wörterbüchern vor. Die wesentlichen Eigenschaften sind im Folgenden wiedergegeben und in Abbildung 1 zusammengefasst.

Direkte Beteiligung	Indirekte Beteiligung	Begleitende Beteiligung
Beiträge zu • **offen-kollaborativen,** • **kollaborativ-institutionellen,** • **semi-kollaborativen** Wörterbüchern	**Explizites Feedback** (z.B. Belege) **Implizites Feedback** durch Wörterbuch-verwendung	**Austausch** zwischen • Wörterbucherstellern und -nutzern • Wörterbuchbenutzern untereinander

Abb. 1: Möglichkeiten zur Nutzerbeteiligung bei Online-Wörterbüchern (nach Abel/Meyer 2016)

Direkte Nutzerbeteiligungsformen erlauben es den Benutzern, selbstständig neue Wörterbucheinträge beizutragen. Diese Einträge werden entweder sofort und unverändert in das Wörterbuch übernommen oder nach einer Prüfung durch Moderatoren oder Herausgeber unverändert oder leicht revidiert freigeschaltet. Einige Wörterbuchprojekte ermöglichen zudem das Verändern und Löschen von eigenen oder fremden Beiträgen. Wörterbücher, die in hohem Maße eine direkte Nutzerbeteiligung ermöglichen, werden auch *kollaborative Wörterbücher* genannt und bilden den Schwerpunkt des kollaborativen Paradigmas und dieses Aufsatzes. Wir können drei wesentliche Varianten kollaborativer Wörterbücher unterscheiden:

1. *Offen-kollaborative Wörterbücher,* wie Wiktionary oder OmegaWiki, verfügen über keinen fest vorgegebenen Herausgeber. Nutzerbeiträge werden unmittelbar ins Wörterbuch übernommen und später von anderen Benutzern weiter bearbeitet, korrigiert oder gelöscht. Die Nutzer erarbeiten nicht nur die gesamten Einträge, sondern konzipieren die lexikografischen Instruktionen, organisieren die Zusammenarbeit und übernehmen die Qualitätskontrolle.

2. *Kollaborativ-institutionelle Wörterbücher,* wie das Merriam-Webster Open Dictionary und das Macmillan Open Dictionary werden von Verlagen oder Instituten angeboten und dienen der Bündelung von Nutzervorschlägen zur Erweiterung eines redaktionell gepflegten Wörterbuchs. Macmillan übernahm etwa die von Nutzern beigetragenen Beschreibungen zu *hypocaust* in das verlagseigene Online-Wörterbuch.[1] Beigetragene Einträge werden vor Freischaltung lediglich auf groben Unfug und Spam überprüft, während die Beschreibungen unverändert bleiben und erst bei einer etwaigen Übernahme in andere Produkte evaluiert werden.

---

1 www.macmillandictionary.com/dictionary/british/hypocaust (Stand: 10.4.2017).

1. *Semi-kollaborative Wörterbücher* wie die Wörterbücher auf LEO Online und das Synonymwörterbuch OpenThesaurus erlauben ebenfalls direkte Nutzerbeiträge. Diese werden eingehend geprüft und entweder in ein bestehendes Wörterbuch integriert oder abgewiesen.

Können Benutzer ein Wörterbuch dagegen nur mittelbar verändern, sprechen wir von *indirekter Nutzerbeteiligung*. Die Nutzerbeiträge werden gesammelt, von den Wörterbuchherausgebern revidiert und ergänzt, bevor sie in das Wörterbuch eingearbeitet werden. Wir unterscheiden explizites und implizites Feedback als zwei wesentliche Erscheinungsformen von indirekter Nutzerbeteiligung.

1. Unter *explizites Feedback* fassen wir Vorschläge für neue Stichwörter, Fehlerkorrekturen, Ergänzungen zu einzelnen Einträgen sowie allgemeine Verbesserungsvorschläge zum Wörterbuch. Wie eingangs ausgeführt, sind derartige Beiträge bereits aus Printwörterbüchern bekannt. Neben postalischen Einsendungen kommen in Online-Wörterbüchern vor allem Einsendungen per E-Mail oder Webformular hinzu. Als exemplarische Beispiele für Wörterbücher mit explizitem Feedback seien das Oxford English Dictionary und Duden online genannt.

2. *Implizites Feedback* wird von Benutzern nicht bewusst, sondern unbewusst durch deren Verwendung des Wörterbuchs erhoben. Dazu zählen Protokolldateien, die angeben, welche Wörterbucheinträge wann und wie oft angesehen wurden, benutzerbezogene Daten, wie persönliche Wortlisten, Studien zur Wörterbuchbenutzung sowie von Benutzern auf externen Plattformen beigetragene Daten (z.B. bei Kurznachrichtendiensten oder Fotoportalen).

Begleitende Nutzerbeteiligung bildet die dritte Klasse der Beteiligungsmöglichkeiten. Dabei geht es jedoch nicht um die direkte oder indirekte Veränderung der lexikografischen Beschreibungen, sondern um den Austausch zwischen Wörterbuchbenutzern und -herausgebern sowie zwischen Wörterbuchbenutzern selbst. Neben Blogs zu wörterbuchrelevanten Themen werden vor allem Diskussionsforen und Seiten mit Kommentarfunktion eingesetzt. Macmillan publiziert beispielsweise die regelmäßige Serie „Language tip of the week" mit zahlreichen Links zu Wörterbucheinträgen und Nutzerkommentaren.[2] Umfangreiche Diskussionsforen finden sich unter anderem bei LEO Online, wo Benutzer sich über die Wörterbuchinhalte hinaus zu Übersetzungen austauschen. Auch Sprachspiele zum Kennenlernen eines Wörterbuchs, etwa zum niederländischen „Algemeen Nederlands Woordenboek" (Schoonheim et al. 2012) und professionelle Sprachbera-

---

2 www.macmillandictionaryblog.com/category/language-tips (Stand: 10.4.2017).

tungsangebote, wie sie von Duden oder auf canoonet[3] angeboten werden, zählen zu den begleitenden Nutzerbeteiligungsformen.

1.2 Stand der Forschung

Frühe Arbeiten zur kollaborativen Lexikografie gehen auf Carr (1997) und Storrer/ Freese (1996) zurück. Carr prägt den Begriff *bottom-up lexicography*, geht allerdings noch vorwiegend auf die Einsendung von Wörterbucheinträgen per E-Mail ein. Storrer (1998, 2013) diskutiert verschiedene Möglichkeiten zur Einsendung von Fehlerkorrekturen, Lemmavorschlägen und ganzen Wörterbucheinträgen von Laien oder Experten. Lew (2011) fasst Nutzerbeteiligung breiter und beschreibt verschiedene Grade der direkten Nutzerbeteiligung in englischsprachigen Online-Wörterbüchern.

Zu Wiktionary als größtem Vertreter kollaborativer Wörterbücher liegen die meisten Publikationen vor. Fuertes Olivera (2009), Hanks (2012) und Rundell (2012) gehen auf die Qualität der lexikografischen Angaben ein, Abel (2006) untersucht die Wörterbuchstrukturen, Matuschek/Meyer/Gurevych (2013) analysieren multilinguale Eigenschaften und Meyer (2013) gibt einen detaillierten Überblick zum lexikografischen Prozess und legt eine quantitative Auswertung vor, die wir im Folgenden aufgreifen. Über Wiktionary hinaus finden sich Arbeiten zu OmegaWiki (Meijssen 2009) und zu den semi-kollaborativen Projekten Open-Thesaurus (Naber 2005) und LEO Online (Melchior 2012).

Auf indirekte und begleitende Nutzerbeteiligung gehen unter anderem de Schryver/Prinsloo (2000), Køhler Simonsen (2005) und Lew (2014) ein. Außerdem diskutierten Thier (2014) die Beteiligungsmöglichkeiten für das Oxford English Dictionary und Rautmann (2014) für Duden online. Die Schnittstelle zur Wörterbuchbenutzungsforschung ist bei Müller-Spitzer (Hg.) (2014) detailliert ausgeführt.

Abel/Meyer (2013, 2016) legen eine systematische Beschreibung zur Nutzerbeteiligung in Online-Wörterbüchern vor und diskutieren diese anhand zahlreicher Beispiele. Darauf aufbauend ist im Rahmen des *European Network of e-Lexicography* (ENeL) erstmals eine Erhebung zur Nutzerbeteiligung in Online-Wörterbüchern entstanden, die jüngst von Carole Tiberius und Bob Boelhouwer ausgewertet wurde.[4] In ihrer aktuellen Arbeit benennen Meyer/Abel (2017) spezifische Forschungsfragen zur Planung, Umsetzung und Evaluation von Nutzerbeteiligung bei Online-Wörterbüchern.

---

3 http://canoo.net/blog/ (Stand: 19.4.2017).
4 www.elexicography.eu/working-groups/working-group-3/wg3-meetings/wg3-barcelona-2016/ (Stand: 19.4.2017).

1.3 Forschungsfragen

Obwohl die ersten Arbeiten zur kollaborativen Lexikografie und große Wörterbuchprojekte wie Wiktionary mittlerweile gut fünfzehn Jahre alt sind, ist die Erforschung des nutzergetriebenen Ansatzes nach wie vor aktuell und brisant. Im Bereich der Sachlexikografie hat die kollaborativ erstellte Enzyklopädie Wikipedia Verlagsprodukte wie die „Encyclopaedia Britannica" oder die „Brockhaus-Enzyklopädie" weitgehend verdrängt – oder zumindest Anteil an dieser Entwicklung. In der Sprachlexikografie verändern sich die Geschäftsmodelle derzeit stark (vgl. Kernerman (Hg.) 2013), sodass wir der Frage nachgehen, ob kollaborative Wörterbücher etablierte Verlags- oder Akademieprojekte verdrängen werden und welche Konsequenzen sich daraus für die Lexikografie ergeben. Neben der Frage zum zukünftigen Stellenwert der (kollaborativen) Lexikografie, diskutieren wir für ausgewählte Aspekte, welches Innovationspotenzial der kollaborative Ansatz mit sich bringt.

2 Strukturen

Kollaborative Wörterbücher nutzen überwiegend Strukturen, die aus professionell erarbeiteten Wörterbüchern bekannt sind. Auf der Ebene der Makrostruktur finden sich etwa alphabetische Wortlisten, verschiedene Suchfunktionen oder der Zugriff über Wort-/Themenfelder. Eine Mediostruktur mit unterschiedlichen Verweistypen wird mittels Hyperlinks erreicht, die beispielsweise Übersetzungsäquivalente, sinnverwandte oder syntaktisch ähnliche Stichwörter vernetzen. Auch auf der Ebene der Mikrostruktur finden wir eine große Bandbreite an Angabeklassen und Darstellungsformen, die sich gleichermaßen in professionellen und kollaborativen Projekten finden.

Gerade im Bereich der sprachübergreifenden Lexikografie weisen kollaborative Projekte jedoch interessante Vernetzungsstrukturen auf, die wir im Folgenden näher diskutieren. Während beim professionellen Vorgehen schon allein aus Personalgründen ein- und zweisprachige Angebote im Vordergrund stehen, finden sich zahlreiche kollaborative Projekte mit deutlich mehr als zwei Sprachen. Wir betrachten die in Abbildung 2(a) schematisch dargestellte Situation: Ein Eintrag L1:E1 der Sprache L1 hat zwei Übersetzungsäquivalente L2:E1 und L2:E2 in Sprache L2 und zwei Äquivalente in einer weiteren Sprache L3. L2:E1 kann als L3:E1 in L3 repräsentiert werden, ist jedoch kein passendes Äquivalent von L3:E2. Ebenso ist die Übersetzung L2:E2–L3:E2 passend, L2:E2–L3:E1 aber nicht.

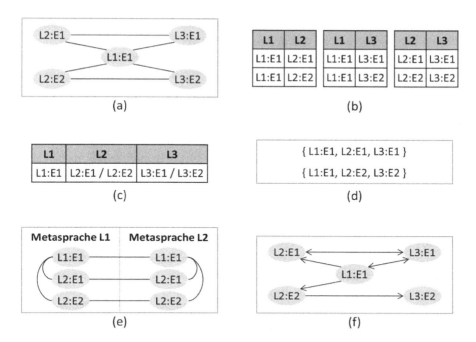

Abb. 2: Vernetzung und Präsentation von Übersetzungsäquivalenten in mehrsprachigen kollaborativen Wörterbüchern

Eine naheliegende Struktur zur Speicherung und Darstellung von Mehrsprachigem ist die Integration vieler zweisprachiger Angebote in einem Wörterbuchportal. Das ist beispielsweise auf LEO Online oder dict.cc der Fall und auch gängige Praxis in der Verlagslexikografie (etwa bei PONS). Übersetzungsäquivalente werden für je ein Sprachpaar tabellarisch aufgelistet. Hat ein Stichwort bzw. eine Bedeutung der Quellsprache mehrere Äquivalente in der Zielsprache, wird es für jedes Äquivalent wiederholt. Abbildung 2(b) zeigt eine solche Darstellung für die drei Sprachen aus Abbildung 2(a). Ein Nachteil dieser Struktur ist, dass die Beziehungen der einzelnen Sprachpaare untereinander nicht direkt sichtbar sind. Wird eine Übersetzung für L1:E1 in L2 gesucht (linke Tabelle), so könnten die jeweiligen Äquivalente in L3 bei der Wahl der passenden Übersetzung helfen, sofern ein Benutzer auch L3 versteht. Die paarige Struktur würde dazu jedoch erfordern, dass mindestens das L2–L3-Wörterbuch zusätzlich aufgerufen werden muss.

Das kollaborative „Refugee Phrasebook" ist ein benutzergruppenorientiertes mehrsprachiges Wörterbuch, das häufig genutzte Wendungen in kommunikativen Situationen von Geflüchteten in knapp 60 Sprachen sammelt. Das Projekt besteht seit 2015 und wird von der Open Knowledge Foundation[5] unterstützt. Die im Wörterbuch gespeicherten Wendungen werden von Nutzern beigetragen, nach Themen geordnet und in einer einzigen großen Tabelle rechtefrei im Internet zugänglich gemacht. Neben Interjektionen zur Begrüßung und Verabschiedung finden sich (Teil-)Sätze zur Beschreibung von Symptomen oder Erkrankungen (z.B. *Ich habe Fieber*) mit passenden Vokabeln oder Rechtsthemen (z.B. *Ich möchte die Botschaft meines Landes kontaktieren*). Jede Zeile der Tabelle gibt für eine Wendung die Äquivalente in den 60 Sprachen an. Abbildung 2(c) zeigt diese Struktur schematisch. Zwar können auf diese Weise Äquivalente in mehreren Sprachen auf einmal dargestellt werden, allerdings bringt die feste Zeilenstruktur den Nachteil mit sich, dass Mehrdeutigkeiten und Übersetzungsvarianten (z.B. Spanisch *gata/ gato* für *Katze*) in einer einzigen Tabellenzelle angegeben und kommentiert werden müssen. Ohne eine solche Kommentierung könnte wiederum kaum darauf geschlossen werden, dass L2:E1–L3:E2 keine passende Übersetzung ist.

Wiktionary wählt einen weiteren Ansatz, indem einerseits je Wortbedeutung die Äquivalente in sämtlichen Sprachen aufgelistet werden und andererseits alle objektsprachlichen Angaben in mehreren Metasprachen beschrieben werden können. Im deutschen Wiktionary findet sich etwa der Eintrag *Maus* mit Übersetzungen in 51 Sprachen sowie der Eintrag zum englischen *mouse*, welcher neben den Übersetzungen in 4 Sprachen auch auf den entsprechen Eintrag im englischen Wiktionary verweist. Die Angaben im deutschen Wiktionary sind dabei generell auf Deutsch formuliert (auch für *mouse*), während das englische Wiktionary ausschließlich englische Beschreibungen enthält. Übersetzungsäquivalente sind daher sowohl in der Quellsprache als auch in der Zielsprache beschrieben, wodurch ein komplexes Linknetzwerk entsteht. Abbildung 2(e) zeigt einen Ausschnitt für L1 und L2.

Die hohe Redundanz dieses Ansatzes kann jedoch leicht zu Inkonsistenzen führen. Wird eine neue Übersetzung von L1 in L2 eingetragen, so müsste dies ebenso in den fremdsprachlichen Einträgen aller Sprachversionen sowie in jeweils umgekehrter Richtung von L2 nach L1 in allen Sprachversionen geändert werden. Da die Bedeutungsbeschreibungen in jeder Sprachversion voneinander abweichen können, ist dies womöglich nicht ohne weitere Änderung möglich (z.B. da die entsprechende Bedeutung noch gar nicht gelistet ist). Abbildung 2(f) zeigt ein Beispiel für eine solche lückenhafte Struktur.

In OmegaWiki findet sich wiederum eine andere Struktur. Bedeutungsgleiche Wortbedeutungen werden zu sprachübergreifenden Konzepten gruppiert (bei OmegaWiki sogenannte *DefinedMeanings*). Diese Struktur findet sich bisher vor

---

5 https://okfn.de/ (Stand: 9.6.2017).

allem in mehrsprachigen Wortnetzen in der Computerlinguistik, siehe etwa Vossen (1998) zu EuroWordNet. Für die Bedeutung des Nagetiers Maus sind beispielsweise 130 Einträge in 118 Sprachen vermerkt. In einer solchen Struktur kann etwa L1:E1, wie in Abbildung 2(d) gezeigt, zu zwei Konzepten zugeordnet werden, ohne die Einträge L2:E1 und L3:E2 als valide Übersetzungen zu kennzeichnen.

3 Dynamik

Die inhaltliche Untersuchung und Bewertung von Wörterbüchern ist Teil von Wörterbuchkritiken. Diese wählen in der Regel einzelne Einträge zur Diskussion aus, beispielsweise 50 zufällige Adjektive oder 20 aufeinanderfolgende Druckseiten (Chan/Taylor 2001). Dieses Vorgehen eignet sich gut für professionell erarbeitete Wörterbücher, da erwartet werden kann, dass die gewählten Einträge fertig bearbeitet sind und den lexikografischen Instruktionen genügen.

Kollaborative Wörterbücher sind grundsätzlich Ausbauwörterbücher. Sie werden also nicht in Ergänzungslieferungen oder als vollständige Neuauflage veröffentlicht, sondern den Benutzern direkt zur Bearbeitung online zugänglich gemacht. Es ist dementsprechend schwer zu sagen, wann ein Eintrag fertig ist. Nicht selten sind neu angelegte Einträge zunächst unvollständig oder fehlerhaft. Erst mit der Zeit werden die rudimentären Angaben von anderen Benutzern ergänzt und revidiert, wodurch sich ein Eintrag jederzeit stark verändern kann. Das Verb *zufriedenstellen* zum Beispiel wurde 2007 im deutschen Wiktionary mit lediglich einer Bedeutungsparaphrase und drei englischen Übersetzungen beschrieben. Im Verlauf eines Jahres sind zahlreiche Angabeklassen, etwa zur Flexion und Aussprache hinzugekommen, die den Artikel vorläufig komplettierten. Die aktuell vorliegende Fassung vom Oktober 2016 ist aber das Ergebnis weiterer substanzieller Überarbeitungen und weist unter anderem zusätzliche Beispielangaben, eine neu formulierte Bedeutungsparaphrase und Angaben zu Synonymen und Antonymen auf. Der Eintrag, an dem 21 verschiedene Autoren mitgewirkt haben, wurde insgesamt 39 Mal überarbeitet.

Da Inhalt und Qualität eines einzelnen Eintrags also stark vom Auswertungszeitpunkt abhängen, müssen wir die verschiedenen Bearbeitungsstände in kollaborativen Wörterbüchern in die Analyse einbeziehen. Stichproben können entweder gezielt aus Einträgen mit vielen Überarbeitungen oder frühem Erstellungszeitpunkt gebildet werden oder das Wörterbuch wird mithilfe quantitativer Verfahren als Ganzes betrachtet. Um einen fairen Vergleich mehrerer Wörterbücher zu ermöglichen, eignen sich standardisierte Lexikonmodelle wie *Lexical Markup Framework* (LMF; siehe Francopoulo (Hg.) 2013), *Text Encoding Initiative* (TEI;

siehe z.B. Declerck/Mörth/Lendvai 2012) oder *lemon* (McCrae/Spohr/Cimiano 2011). Eckle-Kohler et al. (2012) schlagen mit UBY-LMF ein auf LMF basierendes Lexikonmodell vor, mit dem auch kollaborative Wörterbücher abbildbar sind. Wir nutzen dieses Lexikonmodell für die nachfolgenden Auswertungen.

Tab. 1: Wachstum und Benutzerzahlen im deutschen Wiktionary

Jahr	Gesamtzahl der Einträge	Neue Einträge pro Tag	Registrierte Benutzer	Aktive Benutzer
2017	592.000	242	1.488	59
2016	464.000	365	1.385	70
2015	387.000	188	1.241	71
2014	344.000	116	1.143	61
2013	230.000	311	1.026	61
2012	203.000	66	929	53
2011	141.000	203	841	56
2010	103.000	75	724	57
2009	88.000	41	603	57
2008	72.000	51	475	53
2007	46.000	66	350	53
2006	18.000	77	204	49
2005	3.900	36	78	32

Tabelle 1 zeigt die Zahl der Wörterbucheinträge im deutschen Wiktionary zu Beginn des jeweiligen Jahres sowie die durchschnittliche Zahl der neu angelegten Einträge pro Tag.[6] Kollaborative Wörterbücher können offensichtlich schnell wachsen, doch sollte die Zahl der Einträge nicht überbewertet werden, da rund 49% der Einträge flektierte Wortformen und 31% fremdsprachliche Stichwörter beschreiben.

Die Zahl der registrierten und durchschnittlich aktiven Benutzer ist ebenfalls in der Tabelle angegeben. Registrierte Benutzer haben sich für ein Benutzerkonto angemeldet und leisten den überwiegenden Teil der Beiträge. Dazu kommen rund 3% anonyme Beiträge von Nutzern, die sich nicht registriert haben und Beiträge, die automatisiert durch von Nutzern programmierte Bots erfolgen. Zu den aktiven Benutzern zählen registrierte Benutzer, die innerhalb eines Monats mindestens fünf Beiträge geliefert haben. Deren Anzahl wird für jeden Monat erfasst und über je ein Jahr gemittelt. Während die Zahl der registrierten Benutzer nahezu

---

6 https://stats.wikimedia.org/wiktionary/EN/TablesWikipediaDE.htm (Stand: 20.4.2017).

gleichmäßig um rund 10–20 Benutzer pro Monat wächst, nimmt die Zahl der aktiven Benutzer nur leicht zu. Auch ist diese Kerngruppe großen Schwankungen unterworfen, da sehr aktive Benutzer eines Monats nicht notwendigerweise auch im Folgemonat noch aktiv sind. Die Nutzerbeiträge sind insgesamt stark unterschiedlich verteilt: Ein Großteil der registrierten Benutzer nimmt nur eine oder überhaupt keine Änderung vor, während es wenige Benutzer gibt, die sehr viele Beiträge liefern. Diese Art der Verteilung ist charakteristisch für Online-Gemeinschaften (siehe Rafaeli/Ariel 2008).

Das deutsche Wiktionary ist damit ein Produkt einer rund 60-köpfigen Kerngruppe, deren Mitgliederzahl sich über die Zeit hinweg verändert, und von über 1.400 weiteren Beitragenden. Das englische Wiktionary ist mit 5,1 Millionen Einträgen (davon über 700.000 zu englischen Stichwörtern), 7.700 registrierten Benutzern und durchschnittlich 300 aktiven Benutzern deutlich größer, weist aber eine ähnliche Verteilung auf.

Häufig übernehmen Benutzer eine bestimmte Rolle, beispielsweise das Ergänzen von Übersetzungsäquivalenten einer bestimmten Sprache, das Bearbeiten von Stichwörtern einer Fachdomäne, die einheitliche Formatierung der Einträge oder das Entfernen von Vandalismus und Spam. Meyer/Gurevych (2014) werten die Beiträge einzelner Benutzer eingehender aus und berichten, dass rund ein Drittel der Überarbeitungen eines Eintrags von je einem Benutzer durchgeführt werden, der für eine gewisse Zeit eine Art Patenschaft für den Eintrag übernimmt und in dieser Zeit die Beiträge weiterer Freiwilliger konsolidiert.

Insbesondere in offen-kollaborativen Wörterbüchern verändern sich nicht nur die Wörterbucheinträge, sondern auch die lexikografischen Instruktionen. Zwar finden größere Änderungen vor allem zu Beginn eines Projekts statt, aber auch nach der Planungsphase werden noch umfangreiche Anpassungen vorgenommen. Das englische Wiktionary diskutiert aktuell beispielsweise, ob Synonymangaben den einzelnen Bedeutungen zugeordnet werden sollen, statt diese in einem eigenen Abschnitt von den Bedeutungsbeschreibungen separiert anzugeben.[7]

Die dynamische Veränderung von Einträgen und Instruktionen in kollaborativen Wörterbüchern wird von bekannten Prozessmodellen in der professionellen Lexikografie kaum widergespiegelt. Meyer (2013) entwirft daher ein zyklisches Prozessmodell für das Beispiel Wiktionary, in dem wiederholte Änderungen an Instruktionen und Einträgen sowie die kollaborativen Diskussionsprozesse abgebildet werden (siehe Abb. 3).

---

7 https://en.wiktionary.org/wiki/Wiktionary:Beer_parlour/2017/February#Placement_of_synonyms (Stand: 12.4.2017).

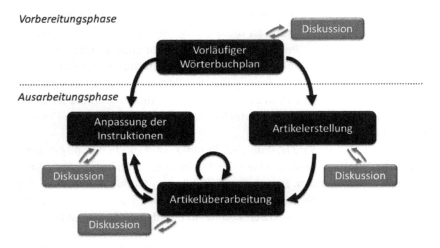

Vorbereitungsphase

Ausarbeitungsphase

Abb. 3: Der lexikografische Prozess in Wiktionary (Meyer 2013)

4 Zusammensetzung

Abschließend betrachten wir die inhaltliche Zusammensetzung gemeinschaftlich erarbeiteter Wortschätze. Wir vergleichen dazu die kollaborativen Projekte Wiktionary und OpenThesaurus mit dem Tübinger Wortnetz GermaNet (Kunze/Lemnitzer 2002) in ihren jeweiligen UBY-LMF Repräsentationen.[8] Eine detaillierte Analyse für ältere Datenbestände liegt bei Meyer/Gurevych (2012) vor, die auch eine kontrastive Untersuchung für Englisch und Russisch diskutieren.

Um Teilwortschätze zu identifizieren, die in kollaborativen Wörterbüchern über- oder unterrepräsentiert sind, gleichen wir zunächst automatisiert die Stichwortlisten der drei Wörterbücher ab. Einträge zu flektierten Wortformen sowie fremdsprachliche Einträge in Wiktionary werden dabei ignoriert, um die Vergleichbarkeit der Stichwortlisten zu gewährleisten. Abbildung 4 zeigt ein Venn-Diagramm, das die Zahl der Stichwörter je Wörterbuch sowie die jeweiligen Überschneidungen mit den übrigen Wörterbüchern zeigt. Eine zunächst überraschende Einsicht ist, dass sich nur rund ein Fünftel der Stichwörter eines Wörterbuchs in allen drei Quellen finden lassen und die überwiegende Mehrheit sogar nur in einem Wörterbuch beschrieben wird.

---

8 Ausgewertet werden die Datenbestände vom 1.2.2017 (deutsches Wiktionary) und vom 5.3.2017 (OpenThesaurus) sowie GermaNet 9.0.

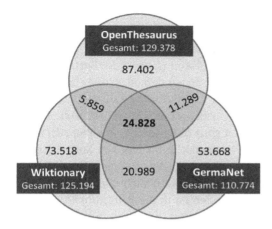

Abb. 4: Venn-Diagramm zur Anzahl der Stichwörter und wie viele davon sich in nur einem, zwei oder allen drei Wörterbüchern finden

Stichwörter, die nur in je einem der drei Wörterbücher belegt sind, haben wir näher untersucht, um charakteristische Teilwortschätze identifizieren zu können. Neben Berufsbezeichnungen (z.B. *Altenpflegehelferin, Erzkanzler, Mälzerin*) und Zahlwörtern (*100-fach, achtspurig, elfbändig*) finden sich in GermaNet zahlreiche Verben, die in keiner der beiden kollaborativen Quellen belegt sind, darunter *banalisieren, fertig bekommen, lasten, rümpfen*. Etwa 8,6% der Stichwörter in GermaNet sind Verben, jedoch nur rund 5,6% in Wiktionary. In der 7. Auflage des Duden Universalwörterbuch (2011, S. 2111) sind 11,1% der Einträge Verben, was den Unterschied noch verdeutlicht. Verben sind häufig schwierig zu beschreiben und hochgradig polysem, was ein Grund für die Diskrepanz sein kann.

In Wiktionary findet sich dagegen eine große Zahl neu aufgekommener oder in aktuellen Diskussionen geprägte Stichwörter, zum Beispiel *Flexirente, Helikoptereltern, Inklusionsklasse, Schmähgedicht* sowie über 90 Komposita mit Erstglied *Flüchtling*, die sich in keiner der beiden anderen Quellen finden (z.B. *Flüchtlingsflut, Flüchtlingsquote*). Beide kollaborativen Projekte decken außerdem eine große Zahl an Fachtermen aus unterschiedlichsten Disziplinen ab – Beispiele sind *Adjektivphrase* (Sprachwissenschaft), *Gichtgas* (Montanindustrie), *Grafiktreiber* (Informatik), *Pandektistik* (Rechtswesen), *Qualitätsopfer* (Schach) – sowie umgangssprachliche und regionale Wendungen, wie *Asi-Toaster* (Solarium), *Kneipenkaiser* (Angeber), *Lauschlappen* (Ohren), *Schnippelparty* (Foodsharing-Aktion), *Schrapphals* (Ruhrgebiet: Geizhals). Die Vielfalt an solchen Nichtstandardvarietäten lässt sich auch quantitativ durch Auswertung der pragmatischen Markierungen belegen (siehe Meyer 2013).

Betrachten wir nun die eigentlichen lexikografischen Beschreibungen, stellt sich die Frage nach Qualität und Quellen der Angaben. In professionell erarbeiteten Wörterbüchern werden Angaben überwiegend auf der Basis großer Textkorpora erarbeitet. Die Auswahl geeigneter Korpora ist zentraler Bestandteil der Wörterbuchplanung. In kollaborativen Projekten werden dagegen keine Korpora vorgegeben. Dementsprechend finden sich in Wiktionary zahlreiche Beispielangaben aus unterschiedlichen Quellen – insbesondere Online-Nachrichten und Fachliteratur – oder die Angaben bleiben ganz ohne Quellenangabe, z.B. wenn Beispiele selbst ausgedacht sind. Eine systematische Analyse von Korpora findet nicht statt und ist auch in den lexikografischen Instruktionen nicht beschrieben.

Stattdessen finden sich in den Wörterbucheinträgen auch zahlreiche Verweise auf andere Wörterbücher, deren Angaben offenbar in die Wörterbucharbeit einfließen und auch bei unterschiedlichen Sichtweisen häufig zur Schlichtung benannt werden. Wiktionary bietet zu diesem Zweck eine eigene Diskussionsseite für jeden Eintrag, auf der unterschiedliche Wahrnehmungen zum Sprachgebrauch diskutiert und konsolidiert werden können. Diese subjektiven Überlegungen zum Sprachgebrauch sind eine interessante Ergänzung zur systematischen Korpusanalyse, gerade wenn – wie im Fall von gesprochener Sprache, Umgangssprache, Briefen und privaten Chats usw. – nur wenige Korpora zur Verfügung stehen.

5 Schlussfolgerungen und Ausblick

Wenn wir nun auf die eingangs aufgeworfenen Forschungsfragen zurückkommen, stellen wir fest, dass kollaborative Wörterbücher anders entstehen als professionell erarbeitete Wörterbücher. Kollaborativ erarbeitete Angaben basieren auf Introspektion und dem Zusammentragen und Konsolidieren von Information aus unterschiedlichen, nicht fest vorgegebenen Quellen und bestehenden Wörterbüchern. Anders als beim professionellen Vorgehen findet keine systematische Korpusanalyse statt. Kollaborative Wörterbücher sind dementsprechend kein adäquater Ersatz für professionell erarbeitete Wörterbücher, sondern führen zu einem anderen Resultat, das zumindest teilweise subjektive Sprachwahrnehmungen wiedergibt.

Dies birgt vor allem Potenzial für Sprachvarietäten, die von bestehenden Korpora oder Wörterbüchern nur begrenzt oder zeitverzögert abgedeckt werden, wie Umgangssprache, Dialekte, Neuschöpfungen und Fachsprachen. Ferner profitiert die multilinguale Lexikografie von den vielen Beteiligten, da auch Übersetzungsäquivalente für Sprachpaare gesammelt werden, die kaum von kommerziellem Interesse sind. Andererseits zeigen sich auch Teilwortschätze, die in kollaborativen Wörterbüchern weniger gut abgebildet sind, beispielsweise Verben.

Dabei gilt jedoch zu bedenken, dass eine Auswertung allenfalls eine Moment-
aufnahme liefert, da kollaborative Wörterbücher evolutionär entstehen und sich
die Einträge über die Zeit stark verändern können oder neu entstehen.

Großes, bisher nur teilweise erschlossenes Potenzial sehen wir in der Zusammenarbeit von Freiwilligen und professionellen Lexikografinnen und Lexikografen, wenn die unterschiedlichen Herangehensweisen kombiniert werden.
Einerseits ist das zwar genau der Weg, den beispielsweise das „Oxford English
Dictionary" seit vielen Jahren geht, andererseits gibt es in professionellen Wörterbüchern bisher jedoch kaum Maßnahmen, um die Arbeit der Freiwilligen über
die Form der Eingaben hinaus zu systematisieren. Neben der Bereitstellung von
Stichwortlisten könnten Quellen und Instruktionen zur Auswertung und Beschreibung in zahlreichen kleinen Aufgaben vorgegeben werden, die – wie bei
Crowdsourcingplattformen – von ggf. mehreren Freiwilligen übernommen werden
können. Dadurch könnte der Ausbau eines (kollaborativen oder professionellen)
Wörterbuchs weniger interessen- und aktualitätsgesteuert, sondern systematisch
nach einem Wörterbuchplan ablaufen und würde die Konsolidierung verschiedener subjektiver Sprachwahrnehmungen fördern. Eine wesentliche Herausforderung wird sein, diese Aufgaben überschaubar und interessant zu halten und
zur Durchführung nötige Kenntnisse zu vermitteln. Mittelfristig kann dies für
professionelle Wörterbücher auch zu einer stärkeren Nutzerbindung und zu gut
ausgeprägten Benutzungskompetenzen führen.

Literatur

Wörterbücher

Algemeen Nederlands Woordenboek. Internet: http://anw.inl.nl.
Brockhaus Enzyklopädie. Internet: www.brockhaus.de/de/enzyklopaedie
dict.cc. Internet: www.dict.cc.
Duden (2011): Deutsches Universalwörterbuch. 7., überarb. u. erw. Aufl. Mannheim/Zürich.
Duden online. Internet: www.duden.de.
Encyclopædia Britannica. Internet: www.britannica.com.
LEO Online. Internet: http://dict.leo.org.
Macmillan Open Dictionary. Internet: www.macmillandictionary.com/open-dictionary.
Merriam-Webster Open Dictionary. Internet: http://nws.merriam-webster.com/opendictionary.
OmegaWiki. Internet: www.omegawiki.org.
OpenThesaurus. Internet: www.openthesaurus.de.
Oxford English Dictionary. Internet: www.oed.com.
Wikipedia. Internet: www.wikipedia.org.
Wiktionary. Internet: www.wiktionary.org.

Wissenschaftliche Literatur

Abel, Andrea (2006): Elektronische Wörterbücher: Neue Wege und Tendenzen. In: San Vicente, Félix (Hg.): Lessicografia bilingue e traduzione: metodi, strumenti, approcci attuali. (= Lexicography Worldwide). Monza/Milano, S. 35–55.

Abel, Andrea/Klosa, Annette (Hg.) (2014): Der Nutzerbeitrag im Wörterbuchprozess. 3. Arbeitsbericht des wissenschaftlichen Netzwerks „Internetlexikografie". (= OPAL. Online publizierte Arbeiten zur Linguistik 4/2014). Mannheim.

Abel, Andrea/Meyer, Christian M. (2013): The dynamics outside the paper: user contributions to online dictionaries. In: Kosem, Iztok et al. (Hg.): Electronic lexicography in the 21st century: Thinking outside the paper. Proceedings of the 3rd eLex Conference. Ljubljana/Tallinn, S. 179–194.

Abel, Andrea/Meyer, Christian M. (2016): Nutzerbeteiligung. In: Klosa, Anette/Müller-Spitzer, Carolin (Hg.): Internetlexikografie. Ein Kompendium. Berlin/New York, S. 249–290.

Bergenholtz, Henning/Nielsen, Sandro/Tarp, Sven (Hg.) (2009): Lexicography at a crossroads. Dictionaries and encyclopedias today, lexicographical tools tomorrow. (= Linguistic Insights. Studies in Language and Communication 90). Bern u.a.

Calzolari, Nicoletta et al. (Hg.) (2012): Proceedings of the 8th International Conference on Language Resources and Evaluation (LREC). Istanbul.

Carr, Michael (1997): Internet dictionaries and lexicography. In: International Journal of Lexicography 10, 3, S. 209–230.

Chan, Alice Yin Wa/Taylor, Andrew (2001): Evaluating learner dictionaries: What the reviews say. In: International Journal of Lexicography 14, 3, S. 163–180.

Declerck, Thierry/Mörth, Karlheinz/Lendvai, Piroska (2012): Accessing and standardizing Wiktionary lexical entries for the translation of labels in cultural heritage taxonomies. In: Calzolari (Hg.), S. 2511–2514.

Eckle-Kohler, Judith et al. (2012): UBY-LMF – a uniform model for standardizing heterogeneous lexical-semantic resources in ISO-LMF. In: Calzolari (Hg.), S. 275–282.

Fjeld, Ruth Vatvedt/Torjusen, Julie Matilde (Hg.) (2012): Proceedings of the 15th EURALEX International Congress. Oslo.

Francopoulo, Gil (Hg.) (2013): LMF. Lexical Markup Framework. London.

Fuertes Olivera, Pedro A. (2009): The function theory of lexicography and electronic dictionaries: Wiktionary as a prototype of collective free multiple-language internet dictionary. In: Bergenholtz/Nielsen/Tarp (Hg.), S. 99–134.

Granger, Sylviane/Paquot, Magali (Hg.) (2012): Electronic lexicography. Oxford.

Hanks, Patrick (2012): Word meaning and word use: Corpus evidence and electronic lexicography. In: Granger/Paquot (Hg.), S. 57–82.

Kernerman, Ilan (Hg.) (2013): Kernerman dictionary news 21. Tel Aviv.

Køhler Simonsen, Henrik (2005): User involvement in corporate LSP intranet lexicography. In: Gottlieb, Henrik/Mogensen, Jens Erik/Zettersten, Arne (Hg.): Symposium on Lexicography XI. Proceedings of the Eleventh International Symposium on Lexicography. Tübingen, S. 489–510.

Kunze, Claudia/Lemnitzer, Lothar (2002): GermaNet – representation, visualization, application. In: Proceedings of the 3rd International Conference on Language Resources and Evaluation. Las Palmas, S. 1485–1491.

Lew, Robert (2011): Online dictionaries of English. In: Fuertes-Olivera, Pedro A./Bergenholtz, Hennig (Hg.): e-Lexicography. The internet, digital initiatives and lexicography. London/New York, S. 230–250.

Lew, Robert (2014): User-generated content (UGC) in English online dictionaries. In: Abel/Klosa (Hg.), S. 7–25.

Matuschek, Michael/Meyer, Christian M./Gurevych, Iryna (2013): Multilingual knowledge in aligned Wiktionary and OmegaWiki for translation applications. In: Translation: Computation, corpora, cognition: Special Issue on language technologies for a multilingual Europe 3, 1, S. 87–118.

McCrae, John/Spohr, Dennis/Cimiano, Philipp (2011): Linking lexical resources and ontologies on the semantic web with lemon. In: The semantic web: Research and applications. 8th Extended Semantic Web Conference (ESWC). (= Lecture Notes in Computer Science (LNCS) 6643). Berlin/Heidelberg, S. 245–259.

Meijssen, Gerard (2009): The philosophy behind OmegaWiki and the visions for the future. In: Bergenholtz/Nielsen/Tarp (Hg.), S. 91–98.

Melchior, Luca (2012): Halbkollaborativität und Online-Lexikographie. Ansätze und Überlegungen zu Wörterbuchredaktion und Wörterbuchforschung am Beispiel LEO Deutsch–Italienisch. In: Lexicographica 28, 1, S. 337–372.

Meyer, Christian M. (2013): Wiktionary. The metalexicographic and natural language processing perspective. (= TUprints 3654). Darmstadt. [Dissertation]. Internet: http://tuprints.ulb.tu-darmstadt.de/3654/.

Meyer, Christian M./Abel, Andrea (2017): User participation in the era of the internet. In: Fuertes Olivera, Pedro A. (Hg.): The Routledge handbook of Lexicography. Abingdon/New York, S. 735–753.

Meyer, Christian M./Gurevych, Iryna (2012): Wiktionary: A new rival for expert-built lexicons? Exploring the possibilities of collaborative lexicography. In: Granger/Paquot (Hg.), S. 259–291.

Meyer, Christian M./Gurevych, Iryna (2014): Methoden bei kollaborativen Wörterbüchern. In: Lexicographica 30, 1, S. 187–212.

Müller-Spitzer, Carolin (Hg.) (2014): Using online dictionaries. (= Lexicographica. Series Maior 145). Berlin/Boston.

Naber, Daniel (2005): OpenThesaurus: ein offenes deutsches Wortnetz. In: Fisseni, Bernhard et al. (Hg.): Sprachtechnologie, mobile Kommunikation und linguistische Ressourcen. Beiträge zur GLDV-Tagung 2005 in Bonn. (= Sprache, Sprechen und Computer/Computer Studies in Language and Speech 8). Frankfurt a.M., S. 422–433.

Rafaeli, Sheizaf/Ariel, Yaron (2008): Online motivational factors: Incentives for participation and contribution in Wikipedia. In: Barak, Azy (Hg.): Psychological aspects of cyberspace: Theory, research, applications. Cambridge, S. 243–267.

Rautmann, Karin (2014): Duden online und seine Nutzer. In: Abel/Klosa (Hg.), S. 48–61.

Rundell, Michael (2012): ‚It works in practice but will it work in theory?‘ The uneasy relationship between lexicography and matters theoretical. In: Fjeld/Torjusen (Hg.), S. 47–92.

Schierholz, Stefan J. (2010): EMLex: Europäischer Master für Lexikographie – European Master in Lexicography. In: Lexicographica 26, 1, S. 343–350.

Schoonheim, Tanneke et al. (2012): Dictionary use and language games: getting to know the dictionary as part of the game. In: Fjeld/Torjusen (Hg.), S. 974–979.

de Schryver, Gilles-Maurice/Prinsloo, Daan J. (2000): Dictionary-making process with ‚simultaneous feedback‘ from the target users to the compilers. In: Proceedings of the 9th EURALEX International Congress, Stuttgart, S. 197–209.

Storrer, Angelika (1998): Hypermedia-Wörterbücher: Perspektiven für eine neue Generation elektronischer Wörterbücher. In: Wiegand, Herbert Ernst (Hg.): Wörterbücher in der Diskussion III. Vorträge aus dem Heidelberger Lexikographischen Kolloquium. (= Lexicographica. Series Maior 84). Tübingen, S. 107–135.

Storrer, Angelika (2013): Representing (computational) dictionaries in hypertextual form. In: Gouws, Rufus H. et al. (Hg.): Dictionaries. An international encyclopedia of Lexicography. Supplementary volume: Recent developments with focus on electronic and computational lexicography. (= Handbücher zur Sprach- und Kommunikationswissenschaft/Handbooks of Linguistics and Communication Science 5.4). Berlin/Boston, S. 1244–1253.

Storrer, Angelika/Freese, Katrin (1996): Wörterbücher im Internet. In: Deutsche Sprache 24, S. 97–153.

Thier, Katrin (2014): Das Oxford English Dictionary und seine Nutzer. In: Abel/Klosa (Hg), S. 67–74.

Vossen, Piek (1998): Introduction to EuroWordNet. In: Computers and the Humanities 32, 2–3, S. 73–89.

Kathrin Kunkel-Razum (Berlin)

Zwischen Instanz und Dudenhausen. Der Duden heute – Einblicke in die moderne Verlagslexikografie

Abstract: Mit diesem Artikel möchte ich einen Überblick über die gegenwärtige Situation und die Herausforderungen geben, vor denen der traditionsreiche Duden-verlag steht, der als Imprint des Verlags Bibliographisches Institut GmbH seit 137 Jahren Wörterbücher, Grammatiken und andere Titel zum Thema deutsche Sprache publiziert. Der Umzug des Verlags von Mannheim nach Berlin im Jahr 2013 war ein tiefer Einschnitt in der Verlagsgeschichte, nach dem es galt und gilt, den Verlag wirtschaftlich wieder zu stabilisieren und Perspektiven für die Zukunft aufzuzeigen.

1 Die vergangenen zehn Jahre

Im Jahr 2008 verkauften die Mehrheitsaktionäre des Verlags Bibliographisches Institut & F.A. Brockhaus AG, die Familie Langenscheidt, den Markennamen Brockhaus und die entsprechenden Inhalte an die Firma Wissenmedia in Gütersloh, ein Unternehmen der Bertelsmann-Gruppe. Damit war das Ende dieser traditionsreichen Firma mit den beiden Marken im Namen besiegelt, es verblieb am Standort Mannheim die Firma Bibliographisches Institut AG. Statt 400 Mitarbeitern kamen nun täglich nur noch 200 Menschen zur Arbeit in den Verlag, der seinen Sitz in der Dudenstraße hatte. Dieser Teilverlag wurde dann ein Jahr später von den Eigentümern ebenfalls verkauft, und zwar an den Verlag Cornelsen in Berlin. Die Cornelsen-Geschäftsführung beschloss im Jahr 2012, das Bibliographische Institut nach Berlin zu holen, also an den Stammsitz des Schulbuchverlags. Einige Verlagsteile wurden verkauft, wie z.B. der Bereich Kinder- und Jugendbuch an den S.-Fischer-Verlag in Frankfurt am Main. Es zogen also im Sommer 2013 neun Kolleginnen und Kollegen von Mannheim nach Berlin, 31 waren in Berlin neu eingestellt worden, sodass der Neustart dort mit rund 40 Leuten begann. Der Bereich Sprachtechnologie, der zunächst noch in Mannheim blieb, wurde 2014 geschlossen und damit waren rund 60 Jahre Bibliographisches Institut in Mannheim Geschichte geworden.

DOI 10.1515/9783110579963-017

Auch die ersten Berliner Jahre brachten noch einmal Veränderungen mit sich: Durch Strukturveränderungen sank die Zahl auf etwa 30 Mitarbeiterinnen und Mitarbeiter und auch der Verlagssitz wurde noch einmal verlegt: Von Treptow im Osten der Stadt ging es nach Charlottenburg in den Westen.

Die Redaktion des Verlags, die heute 11 Mitarbeiter und Mitarbeiterinnen hat, verantwortet drei große Verlagsteile: den Bereich Wörterbücher und Grammatiken, den Bereich Sachbücher und Atlanten und den Bereich Lernhilfen (Nachmittagsmarkt). Dieses Team betreut rund 1.000 Titel, von denen ein großer Teil sogenannte Backlisttitel sind. Sie erscheinen unter den Markennamen Duden (Wörterbücher, Grammatiken, Sprachratgeber, Sprachsachbücher, Namensbücher, Lernhilfen, Bewerbungsratgeber), Meyers (Sachbücher, Atlanten), Cornelsen Scriptor (Ratgeber) und Artemis und Winkler (Belletristik). Markenlizenzen wurden vergeben u.a. an die Firmen S. Fischer Verlag in Frankfurt am Main (Kinder- und Jugendbuch), Duden-Lerninstitute (Nachhilfeeinrichtung), epc (Korrektursoftware).

2 Wie wird die Marke Duden heute wahrgenommen?

Mithilfe von Nutzerstudien, Marktbeobachtungen und in Strategieprozessen haben wir in den ersten Monaten des Jahres 2017 ermittelt, wie Duden als Marke in Zeiten des digitalen Nachschlagens wahrgenommen wird. Das Ergebnis überraschte uns nicht: Duden wird nach wie vor mit traditionellen Werten wie

Instanz, Regeln (richtig/falsch), *Sicherheit, Disziplin, Verlässlichkeit, Vertrauen, Kompetenz, Distanz, Korrektheit, Tradition, Seriosität, Sachlichkeit, Eindeutigkeit, sehr hohe Bekanntheit* (im In- und Ausland)

assoziiert. Und wie ein junger Mann in den Interviews sagte: Der Duden wirkt für viele, vor allem junge Menschen, „wie aus der Zeit gefallen".

Dieser Befund lässt nur eine Konsequenz zu: Duden muss in der Jetztzeit ankommen, wenn er auch in Zukunft eine gewichtige Rolle bei der Vermittlung von Sprachwissen spielen will. Duden muss sich also der Herausforderung stellen, moderner, aber nicht modernistisch und anbiedernd zu sein und mit seinen Produkten auch Spaß und Freude am Umgang mit der Sprache zu vermitteln. Das bedeutet, dass Duden weiterhin für die oben genannten Basiswerte steht. Aber zukünftig soll Duden auch für weitere Werte stehen:

Leidenschaft, Sprachliebe, Spaß, Kreativität, Inspiration, Partner auf Augenhöhe, Unterstützung, Leichtigkeit, Überraschung, Ideen, lustvolles Lernen.

3 Woran arbeiten die Redaktion und die anderen Mitarbeiterinnen und Mitarbeiter des Verlags derzeit?

Viele Jahre wurde von der Geschäftsführung des Bibliographischen Instituts eine Programmpolitik betrieben, die keinerlei Ausbau des Programms vorsah oder diesen lediglich durch Zweit- und Drittverwertungen realisieren wollte.

Seit einem guten Jahr vollzieht der Verlag eine Wende in dieser Politik: Es erfolgt ein offensiver Ausbau der redaktionellen Bereiche, es wird in die Schaffung neuer Substanzen investiert und wir versuchen, den Übergang hin zu einem Autorenverlag zu vollziehen.

Abb. 1: Duden 1–12 in neuem Design

Eine solche Wende bringt natürlich auch Veränderungen im Verlag mit sich: Seit Jahren des Abbaus erfolgt nun wieder ein vorsichtiger und langsamer Personalaufbau. Viele strategische Unternehmungen zielen beispielsweise auf eine engere Verzahnung mit Cornelsen und auf die Erschließung neuer Geschäftsfelder. Wir arbeiten aber auch intensiv am Marken-Management-Code des Hauses, der das eigene Haus, aber auch Lizenznehmer wie S. Fischer, die Duden-Lerninstitute und epc, die Firma, die den Duden-Korrektor herstellt und vertreibt, betrifft. In diesem Zusammenhang wurde beispielsweise auch das Dudenlogo modernisiert und eine neue Gestaltung für die Reihe Duden 1–12 entworfen und umgesetzt. Ferner wurde eine neue Verlagssoftware, in der der Lebenszyklus eines Produkts von der Idee bis zur Verramschung der Restbestände (bei Printtiteln) abgebildet werden kann, eingeführt. Und im sogenannten XML-Projekt geht es um die Überführung aller Werkdaten in XML-Strukturen, die effizientere Produktionsabläufe und die Ausspielung in verschiedene Produktvarianten ermöglichen. Wir haben einen Autorenbeirat geschaffen, Gleiches ist auch noch für Händler geplant. Der

Lizenzhandel und der Contenthandel, also der Handel mit Sprachdaten, werden intensiviert. Duden.de wird konsequent weiterentwickelt und auch für die intensivere Kommunikation mit den Kunden und anderen Sprachinteressierten genutzt. Das gilt auch für die sozialen Netzwerke.

Für die Wörterbuchredaktion bedeutet Programmausbau aber natürlich auch, dass die Zusammenarbeit mit externen Kollegen und Kolleginnen unverzichtbar ist und einen immer breiteren Raum einnehmen wird. Genauer betrachtet besteht also die eine Herausforderung darin, Lexikografinnen und Lexikografen, die unsere komplexen IT-Systeme beherrschen lernen, zu gewinnen. Die andere Herausforderung besteht in der Justierung der Qualitätssicherung.

Abb. 2: Duden 1 „Die deutsche Rechtschreibung"

Beispiele für eine solche enge Zusammenarbeit mit externen Mitarbeiterinnen und Mitarbeitern sind die jeweils aktuellen Auflagen von Dudenband 4, „Die Grammatik", Dudenband 9, „Das Wörterbuch der sprachlichen Zweifelsfälle", und Dudenband 6, „Das Aussprachewörterbuch". So wurden die beiden wichtigsten Schwerpunkte der redaktionellen Bearbeitung der 8. und damit aktuellen Auflage des „Wörterbuchs der sprachlichen Zweifelsfälle" in Abstimmung zwischen Redaktion und externen Bearbeitern wie folgt festgelegt:
– Orientierung an der geschriebenen Standardsprache als Leitvarietät ausbauen,
– stärkere Korpusbasierung der Aussagen: Absicherung der (Duden-)Empfehlungen vornehmen.

Somit entspricht der Band nun einerseits korpuslinguistisch abgesicherten Standards, andererseits büßt er die Empfehlungsfunktion nicht ein. Die sogenannten Überblicksartikel – einspaltig gesetzte umfangreichere Artikel – sind ohne Empfehlungen für eine bestimmte Variante eines bestimmten sprachlichen Phänomens abgefasst, die Einzelartikel enthalten bei Vorliegen eines Zweifelsfalls eine Empfehlung.

Bei der Bearbeitung von zwei Titeln haben wir sehr eng mit dem Institut für Deutsche Sprache zusammengearbeitet. So beim Dudenband 6, „Das Aussprachewörterbuch", das von Stefan Kleiner und Ralf Knöbl federführend bearbeitet wurde und das nun das erste Mal mit beiden Logos, also dem des Verlags und dem des IDS, erschien, und beim Dudenband 4, „Die Grammatik". Für diesen Band war Angelika Wöllstein zum ersten Mal als Herausgeberin tätig.

4 Neue Werte und Programmausbau

Ich hatte bereits die neuen Werte genannt, für die Duden in Zukunft stehen möchte: Leidenschaft, Sprachliebe, Spaß, Kreativität, Inspiration, Partner auf Augenhöhe, Unterstützung, Leichtigkeit, Überraschung, Ideen, lustvolles Lernen. Aber auf welchem Weg, mit welchen Produkten und Aktivitäten können wir diese Werte zum Leben erwecken?

Wir haben in den vergangenen Monaten Bücher aufgelegt, die heißen: „Versunkene Wortschätze. Eine Kiste voller Raritäten", „Wolke sieben. Sprache erzählt die schönsten Geschichten", „Du hast das Wort, Schätzchen. 100 charmante Geschichten rund um die Sprache", „Die Tomate und das Paradies" und „Mit Feuereifer und Herzenslust. Wie Luther unsere Sprache prägte". Schon an den Titeln erkennt man, dass es hier nicht um Wörterbücher und Grammatiken geht, sondern um Titel, die Sprachwissen auch mal auf leichte, amüsante oder augenzwinkernde Art vermitteln. Solche Titel verlangen, um im Buchhandel bestehen zu können, natürlich eine komplett andere Art der Gestaltung und Platzierung. Hier sind also auch die Abteilungen Herstellung, Marketing und Presse noch einmal ganz anders gefordert als sonst.

5 Weitere Herausforderungen

Die Dudenredaktion steht vor zahlreichen weiteren Herausforderungen, die Zeit, Kraft und auch Geld kosten. So arbeiten Vertreter der Redaktion beispielsweise mit im

- Rat für deutsche Rechtschreibung,
- Deutschen Institut für Normung (DIN) und
- Ständigen Ausschuss für geografische Namen (StAGN).

Es gilt aus unserer Sicht aber auch, Duden neu zu positionieren im Umfeld von Sprachpflege und -kultur. Auch dazu werden neue Titel entwickelt, u.a. die Duden-Streitschriften, die erstmals 2018 erscheinen werden.

6 Duden online

Seit fünf Jahren ist Duden die bekannteste Marke auch im Bereich (deutsche) Onlinelexikografie. Das kostenlose Angebot ist seit 2012 im Netz und seitdem schreibt diese Website Erfolgsgeschichte. Diese Aussage können wir belegen mit den folgenden Zahlen:
- Im Februar 2017 besuchten 12 Millionen Nutzer die Seite, sie erzeugten 45 Millionen Seitenzugriffe.
- Pro Jahr sind 130 Millionen Besucher mit rund einer halben Milliarde Zugriffe auf unserer Seite unterwegs.
- In Spitzenzeiten sind 6.500 Nutzer gleichzeitig auf der Seite.
- Die Zugriffe erfolgen aus nahezu allen Ländern der Welt, nach Deutschland, Österreich und der Schweiz sind am stärksten die USA und Großbritannien vertreten.
- Rund 70% der Nutzer und Nutzerinnen sind zwischen 18 und 34 Jahre alt.
- Fast 60% sind weiblich.
- 60% der Nutzer und Nutzerinnen kommen wieder, sie nutzen die Plattform bis zu zehnmal am Tag.

Auch, aber nicht nur über diese Seite kommunizieren die Kundinnen und Kunden mit uns:

Uns erreichen ca. 30 Kundenzuschriften am Tag (und das sind nur inhaltliche Rückmeldungen zu Duden online oder unseren Titeln). Deren Beantwortung erfordert rund 1200 Stunden Arbeitszeit, was etwa einer Vollzeitstelle entspricht. In der Duden-Sprachberatung gehen täglich ca. 70 Anrufe ein. Der Newsletter der Duden-Sprachberatung erscheint monatlich, rund 40.000 Menschen haben ihn abonniert.

7 Duden auf Facebook

Duden ist seit Januar 2012 auf Facebook aktiv. Die Seite hat inzwischen über 135.000 Follower und damit die größte Reichweite im Verlagsbereich überhaupt. Mit unseren Posts erreichen wir bis zu 1,7 Millionen Menschen, die durchschnittliche Reichweite liegt bei 30.000. Die Seite wächst schnell, aber organisch: Pro Woche gewinnen wir rund 700 neue Follower. Am wichtigsten ist aber vielleicht, dass unsere Follower sehr aktiv sind, das heißt, 15 bis 20% von ihnen liken, teilen und kommentieren unsere Beiträge.

Einer der Höhepunkte der Öffentlichkeitsarbeit in den letzten Monaten bestand für uns darin, am Heft „Micky Maus genial – Sprache" mitarbeiten zu können. Dieser Ausflug nach Dudenhausen war eine bereichernde Erfahrung für die beteiligten Redakteurinnen und Redakteure, ist es doch alles andere als einfach, einen Text nach Micky-Maus-Maßstäben zu verfassen und mit ihm Wissen über Sprache zu transportieren.

Abb. 3: Zusammenarbeit zwischen Duden und „Micky Maus"

8 Zusammenfassung

Ich habe versucht zu zeigen, vor welchen vielfältigen Herausforderungen die Dudenredaktion und der Dudenverlag in diesen Jahren stehen. Diese Herausforderungen betreffen sowohl Strukturen, Inhalte, Positionierungen, Gestaltung, Kundenservice und vieles andere. Besonders wichtig sind uns dabei
– die Sicherung des Stellenwerts der Marke Duden,
– der Ausbau des Programms im Printbereich,
– die Gestaltung des digitalen Wandels (Entwicklung und Vertrieb von Produkten wie Apps, Software und Sprachdienstleistungen) sowie
– der Ausbau des Kundendienstes.

Unser Ziel ist es, dafür zu sorgen, dass Duden auch in Zukunft DER Ansprechpartner zum Thema (deutsche) Sprache ist.

Christine Möhrs / Carolin Müller-Spitzer (Mannheim)
Bericht über die Methodenmesse im Rahmen der IDS-Jahrestagung 2017

1 Einleitung

Wie nun bereits seit einigen Jahren üblich, wurde die IDS-Jahrestagung auch dieses Jahr wieder von einer Methodenmesse begleitet, auf der sich passend zum Tagungsthema anwendungsorientierte Projekte mit Bezug zur Lexikonforschung präsentierten. Die Bandbreite der dargebotenen Themen war sehr groß: innovative methodische Ansätze im Bereich der Translationswissenschaft, Tools zur Analyse und Beschreibung lexikalischer Muster oder zur Detektion von Neologismen, neue lexikografische Ressourcen bis hin zu Infrastrukturaktivitäten und einem Kooperationsprojekt zwischen Schüler/innen und Wissenschaftler/innen zur Wortschatzanalyse. Im Folgenden sollen die einzelnen Projekte, die sich auf der Messe präsentiert haben, auf der Basis der eingereichten Abstracts der Messeteilnehmer/innen kurz vorgestellt werden.

2 Präsentierte Projekte

Der Stand von Moritz J. Schaeffer und Silvia Hansen-Schirra (Johannes Gutenberg-Universität Mainz/Germersheim) beschäftigte sich mit dem Thema **„Übersetzungsentropie und Wortstellung: der Effekt auf Lesen und Schreiben"**. Bei diesem Forschungsthema wird in den Blick genommen, dass Elemente der Sprachen von Zweisprachlern koaktiviert werden (z.B. Macizo/Bajo 2006; Wu/Thierry 2012). Koaktivierung bedeutet, dass die Aktivierung eines semantischen oder strukturellen Elementes in einer Sprache auch gleichzeitig die Aktivierung des äquivalenten Elementes in der anderen Sprache hervorruft. Diese Koaktivierung kann von Vorteil sein, wenn man von einer Sprache in die andere übersetzt: Wenn schon beim ersten Lesen eines Wortes in der Ausgangssprache zielsprachliche Elemente koaktiviert werden, dann können diese auch schneller während der Produktion des Zieltextes verarbeitet werden. Allerdings kann die Koaktivierung auch hindernd sein, wenn die koaktivierten Elemente zu einem Text führen, der nicht akzeptabel ist im Sinne der Normen der Zielsprache. Dass Koaktivierung während der Übersetzung sowohl fördernd als auch hindernd sein kann, wurde behauptet,

DOI 10.1515/9783110579963-018

allerdings lange nicht quantifiziert anhand des Verhältnisses zwischen den Sprachen während der Übersetzung. Carl/Schaeffer (2017) entwickeln zwei Metriken, die das zwischensprachliche Verhältnis während der Übersetzung quantifizieren. Am Stand im Rahmen der Jahrestagung wurden diese Forschungen erläutert und die „Translation Process Database" (TPR-DB) präsentiert, die Prozessdaten (Augenbewegungen und Tastatureingaben) von mehr als 1.000 übersetzten Texten in mehr als 15 Sprachen beinhaltet. Die Augenbewegungen wurden mit einem Eyetracker aufgenommen. Sowohl Augenbewegungen als auch Tastatureingaben erlauben es, millisekundengenau zu beobachten, welchen Effekt z.B. Wortübersetzungsentropie auf das Lesen und Schreiben während der Übersetzung haben. Neben der Vermittlung der Thematik konnten die Besucher selbst an einem Eyetracker ihre Augenbewegungen beim Lesen und Schreiben aufzeichnen lassen.

Das einzelsprachenunabhängige Analyseprogramm *„lexpan* – **Lexical Pattern Analyser"** wurde im IDS-Projekt „Usuelle Wortverbindungen" zur Unterstützung der linguistischen Interpretation großer Sprachdatenmengen in Korpora entwickelt und am Stand von Annelen Brunner (IDS, Mannheim) präsentiert. Ursprünglich als heuristisches Werkzeug zur Ermittlung von Festigkeit und Varianz von usuellen Wortverbindungen (Steyer 2013) und für neuartige lexikografische Darstellungsformen (Steyer/Brunner 2009–2012) gedacht, ist es mittlerweile für die Rekonstruktion sprachlicher Verfestigung und Musterbildung generell einsetzbar (vgl. *lexpan*-Webseite). *lexpan* erlaubt es, große KWIC-Mengen gezielt zu strukturieren und qualitativ aufzubereiten. Ein zentrales Feature ist die Ermittlung von Füllern innerhalb von Muster-Slots auf der Basis gezielter Suchanfragen, die neben fest definierten Wortoberflächen Leerstellen enthalten, z.B. [*aus X (politischen/unbekannten/...) Gründen*], [*nach Belieben X und X (schalten und walten/an- und ausschalten/...)*], [*mit X X X (einem Hauch von/einer Prise von/...) Genugtuung*]. Die Füller können ausgezählt, in Frequenztabellen dargestellt und mit Kommentaren und Tags versehen werden, um sie z.B. nach semantischen und pragmatischen Gesichtspunkten zusammenzufassen. *lexpan* ermöglicht zudem die linguistische Kommentierung und Annotation von Kookkurrenzprofilen nach dem gleichen Prinzip sowie den Datenexport in XML- und HTML-Formate. Das Programm unterstützt damit sowohl die explorative, korpusgesteuerte Untersuchung von Mehrwortstrukturen und sprachlichen Mustern als auch neuartige Darstellungsformate.

Patrick Hanks (University of Wolverhampton) widmete sich an seinem Stand **„Three Types of Semantic Resonance"** einer Studie, die sich mit der nicht-literalen Bedeutung von Wörtern und Phrasen beschäftigt. Ausgehend von der „Theory of Norms and Exploitations" (Hanks 2013) haben Wörter keine Bedeutung als solche, sondern sie besitzen vielmehr Sinnpotenzial, das u.a. durch unterschiedliche Kontexte aktiviert werden kann. Die durch Kontext entstehenden Wortverbindungen sollen hier der Phraseologie zugerechnet werden, bei der aus einer Mischung aus Kollokationen und Valenzen die Bedeutung von Texten und Konversationen entsteht. Besonders in literarischen Texten liegen neben der normalen und idiomatischen Verwendung von Wörtern weitere Verwendungsweisen vor, die bei Wörtern nicht-wörtliche Bedeutungen erzeugen. Patrick Hanks zeigte an seinem Stand drei Formen, bei denen neue und originelle Bedeutungen durch irgendeine Art von Resonanz mit einem anderen, bereits etablierten sprachlichen Phänomen, geschaffen werden: 1) Lexikalische Resonanz (Metapher und andere Arten der figurativen Sprache), 2) Intertextuelle Resonanz und 3) Erfahrungsresonanz.

Wie die Bedeutung von Wörtern korpusbasiert untersucht und lexikografisch aufbereitet werden kann, haben Schüler/innen des Johann-Sebastian-Bach-Gymnasiums aus Mannheim in einem Kooperationsprojekt (Partner: IDS Mannheim, Lehrstuhl für Germanistische Linguistik der Universität Mannheim, das Johann-Sebastian-Bach-Gymnasium in Mannheim sowie die Albertus-Magnus-Schule in Viernheim) erlernt. Entstanden ist ein Wörterbuch: Das Denktionary ist ein wikibasiertes Wörterbuch, das die Schüler/innen aus drei neunten Klassen des Bachgymnasiums in Mannheim verfasst haben, z.B. zu Wörtern wie *vorglühen*, *Lückenfüller* oder *entgeistert*. Die Schüler/innen präsentierten auf der Messe das Wörterbuch und ihre Wörterbuchartikel am Stand **„Denktionary – Ein wikibasiertes Wörterbuch des Denkwerk-Projektes"** und wurden dabei von Antje Töpel und Nadja Radtke sowie Mentor/innen des Projektes begleitet. Im Projekt „Schüler machen Wörterbücher – Wörterbücher machen Schule" (Förderung: Denkwerk-Programm der Robert Bosch Stiftung) lernten die Teilnehmenden einen empirisch-deskriptiven Blick auf die deutsche Sprache kennen, insbesondere in den Bereichen der Korpuslinguistik und der korpusbasierten Lexikografie. Sie beschäftigten sich mit der softwaregestützten Analyse von Textkorpora sowie mit offenen Wissensressourcen wie dem Wiktionary und der Wikipedia. Das erworbene Wissen wendeten die Schüler/innen dann gezielt an, um eigene Wörterbuchartikel zu ausgewählten Wörtern im wikibasierten Denktionary zu verfassen. Im Schuljahr 2017/18 wird das Projekt gemeinsam mit dem Viernheimer Gymnasium umgesetzt.

Die Aspekte Dynamik, Erweiterbar- und Veränderbarkeit vom Wortschatz standen beim Stand von Quirin Würschinger, Daphné Kerremans, Jelena Prokic, Hans-Jörg Schmid (Ludwig-Maximilians-Universität München) im Mittelpunkt: **„NeoCrawler. Erkennen und Beobachten lexikalischer Innovationen im Web"**. Ziel des Projekts ist es, die Diffusion von englischen Neologismen im Web zu beobachten, beteiligte Faktoren und deren Einflussgrößen zu ermitteln und zugrundeliegende Mechanismen lexikalischer Innovation zu modellieren. Dabei wird auf Längsschnittdaten aus früheren Phasen des Projekts (Kerremans 2015) sowie auf Fallstudien zum Einfluss von sozialen Medien und medienspezifischen

Verwendungsweisen (Würschinger et al. 2016) aufgebaut. Der NeoCrawler (Kerremans/Stegmayr/Schmid 2012), der am Messestand als Anwendung auch live ausprobiert werden konnte, dient dazu, Daten zum erstmaligen Auftreten und zur weiteren Verbreitung von englischen Neologismen im World Wide Web zu erheben. Zum einen durchsucht der Crawler das Web nach Kandidaten für lexikalische Innovation und speichert diese in einer Datenbank ab. Zum anderen sammelt er mithilfe der Google Custom Search API wöchentlich Daten zu deren Verbreitung und erstellt ein Korpus der Gebrauchskontexte. Dabei wird eine Reihe von Pre- und Post-Processing-Schritten zur Bereinigung, Vorbereitung und Analyse der Daten durchgeführt. Dadurch können Daten über die Gebrauchshäufigkeiten der (potenziellen) Neologismen, über spezifische Verwendungsweisen sowie über deren Verwendung in verschiedenen Texttypen und semantischen Domänen gewonnen werden, welche für die Diffusion lexikalischer Innovationen ausschlaggebend sind.

Am Stand „**Korpusbasierte Methoden zur Erstellung der LeGeDe-Ressource**" wurden von Meike Meliss, Christine Möhrs und dem LeGeDe-Team die Arbeiten im Forschungsprojekt „Lexik des gesprochenen Deutsch (= LeGeDe)" (IDS, Mannheim) dem Publikum präsentiert. Als Kooperationsprojekt der Abteilungen Lexik und Pragmatik am IDS hat das Projekt die Erstellung einer korpusbasierten elektronischen Ressource des gesprochenen Deutsch auf der Grundlage von Untersuchungen der Besonderheiten von mündlichem vs. schriftlichem Sprachgebrauch im Bereich des Lexikons zum Ziel (Leibniz-Wettbewerb 2016 der Leibniz Gemeinschaft, Förderlinie: Innovative Vorhaben). Die Untersuchungen zum Forschungsgegenstand dieses Projektes, der gesprochenen Sprache des Deutschen, erfolgen auf der Datengrundlage des „Forschungs- und Lehrkorpus gesprochenes Deutsch" (FOLK; vgl. Schmidt 2014a, 2016; Kupietz/Schmidt 2015), das als erstes großes Gesprächskorpus des Deutschen mit einem besonderen Fokus auf gesprochener Sprache in Interaktion am IDS aufgebaut wird. Die „Datenbank gesprochenes Deutsch" (DGD; vgl. Schmidt 2014b), über die FOLK recherchierbar ist, ist mit innovativen korpustechnologischen Funktionalitäten ausgestattet und beinhaltet vielfältige Optionen der Erschließung mündlicher Daten nach linguistischen und interaktionalen Merkmalen. Im Rahmen der Methodenmesse wurden unterschiedliche empirische Methoden vorgestellt, die sich mit dem Gegenstandsbereich (typische lexikalische Einheiten der gesprochenen vs. geschriebenen Sprache) und den Eigenschaften der gesprochenen Lexik auf formaler, inhaltlicher und kommunikativ-funktionaler Ebene im Vergleich zu den Einheiten des geschriebenen Deutsch beschäftigen. Frequenzgesteuerte Daten zu Lemmata und Wortformen in Verbindung mit ihrer Kombinatorik (Bi- und Trigramme) und ihren Kookkurrenzprofilen sowie die detaillierte, semiautomatische Kodierung von zufallsgenerierten Stichproben zu ausgewählten Lemmata sind einige der methodologisch relevanten Verfahren (Perkuhn/Keipel/Kupietz 2012; Seretan 2010). Sie werden sowohl für die Erstellung der Stichwortliste als auch für die Makro-, Mikro- und Mediostruktur der geplanten LeGeDe-Ressource, die langfristig in das „Online-Wortschatz-Informationssystem Deutsch" (OWID) integriert werden soll, eingesetzt.

Thomas McFadden, Barbara Stiebels (Leibniz-Zentrum Allgemeine Sprachwissenschaft, Berlin/Universität Leipzig) und Peter Meyer (IDS, Mannheim) präsentierten die **„ZAS-Datenbank zu satzeinbettenden Prädikaten"**, eine aktuell in OWID^{plus} (www.owid.de/plus/) veröffentlichte Ressource, in der auf der Messe am Stand direkt recherchiert werden konnte. Die ZAS-Datenbank dokumentiert das Satzeinbettungsverhalten von etwa 1700 Prädikaten des Gegenwartsdeutschen. In die Datenbank wurden für jedes Prädikat Korpusbelege aufgenommen, die das prädikatsspezifische Einbettungsverhalten im Hinblick auf die verschiedenen Satzeinbettungstypen belegen. Die Belege sind dann u.a. bezüglich Argumentstruktur und Argumentrealisierung des satzeinbettenden Prädikats sowie Eigenschaften der eingebetteten Struktur annotiert. Mit der Veröffentlichung der Datenbank in OWID^{plus} ist ein öffentlich zugängliches Werkzeug verfügbar, das den Inhalt der ZAS-Datenbank mit einer eigens eingerichteten Suchoberfläche verbindet, die es ermöglicht, komplexe Suchabfragen flexibel aufzubauen und schnell durchzuführen. Man kann sowohl nach Belegen für das Einbettungsverhalten spezifischer Prädikate, als auch nach den Prädikaten, die eine bestimmte Einbettungsstruktur lizenzieren, suchen, wobei auch kombinierte Abfragen (z.B. eingebettete Verbzweit-Sätze im Indikativ oder Prädikate, die Infinitivkomplemente, aber keine nominalisierten Komplemente zulassen) möglich sind.

Sascha Wolfer, Carolin Müller-Spitzer und Frank Michaelis (IDS, Mannheim) haben an dem Stand **„OWID^{plus} – eine neue Plattform für lexikalisch-lexikografische Ressourcen"** ergänzend dazu die gesamte Plattform OWID^{plus} vorgestellt, die im IDS-Projekt „Computerlexikografie" seit 2015/2016 ergänzend zum Wörterbuchportal OWID entwickelt wird. OWID ist das Wörterbuchportal des IDS, in dem am IDS erarbeitete, korpusbasierte, wissenschaftliche lexikografische Ressourcen zum Deutschen eng vernetzt und in einer digital adäquaten Form aufbereitet zu finden sind. Mit OWID^{plus} wurde eine Plattform gegründet, in der auch experimentellere, datenzentrierte, multilinguale und in der Regel an Fachleute adressierte lexikalisch-lexikografische Ressourcen der Öffentlichkeit zur Verfügung gestellt werden können. OWID^{plus} ist wesentlich modularer organisiert als OWID, um mehr Flexibilität und Schnelligkeit bei der Integration neuer, auch IDS-externer Ressourcen zu ermöglichen. Über OWID^{plus} sind bereits fünf Rubriken verfügbar: *Wortschatzwandel in der ZEIT, Entropy Explorer* bzw. *Entropy data world map, Lexical change, Visits in the German Wiktionary* sowie die *ZAS-Datenbank*. OWID^{plus} möchte die Bandbreite der wortschatzbezogenen Angebote des

IDS erweitern und auch solchen Inhalten eine Plattform geben, die für die Forschungsgemeinschaft und universitäre Lehre sehr wertvoll sind, einem breiteren Publikum aber weniger zu vermitteln sind. Insofern ist das Ziel weniger, genau aufeinander abgestimmte Ressourcen zu veröffentlichen, sondern eher offen für vielseitige Angebote zu sein und daneben auch mit neuen Möglichkeiten der Visualisierung und Darstellung zu experimentieren. Außerdem dient OWID^{plus} im Sinne der reproduzierbaren Wissenschaft dazu, veröffentlichungs-begleitende Datensätze zur Verfügung zu stellen.

Schließlich stellten Thomas Gloning und Melanie Grumt Suárez (Justus-Liebig-Universität Gießen) mit einem Messestand **„Angebote für GermanistInnen in CLARIN-D"** vor. CLARIN-D ist das deutsche Teilprojekt des EU-Projekts CLARIN und steht für „Common Language Resources and Technology Infrastructure". Das Ziel ist, Literatur-, Sprach- und Sozialwissenschaftler/innen mit digitalen Sprachdaten und digitalen Werkzeugen bei der Bearbeitung wissenschaftlicher Forschungsfragen zu unterstützen. Das Projekt wird vom Bundesministerium für Bildung und Forschung gefördert. In CLARIN-D wird eine Vielzahl von Sprachdaten für gesprochene und geschriebene Sprache angeboten, wie allgemeine Korpora aus dem IDS, aber auch Spezialkorpora z.B. zur Computer Mediated Communication (CMC) sowie historische Korpora. Ein weiteres Angebot ist die Dokumentation von Nutzungsszenarien. Die Facharbeitsgruppe „Deutsche Philologie" hat begonnen, verschiedene wissenschaftliche Nutzungsszenarien in unterschiedlichen Darstellungsformen wie z.B. Anleitungstexte und Video-Experteninterviews zu dokumentieren. Auf der CLARIN-D Website und dem YouTube-Kanal können diese Darstellungsformen abgerufen werden. Drittens ist CLARIN-D daran interessiert, Sprachdaten von Literatur-, Sprach- und Sozialwissenschaftler/innen in die CLARIN-D Welt zu integrieren – seien das umfangreiche Projektdaten, einzelne Korpustexte, nützliche Werkzeuge oder digitale Anwendungsszenarien. Beispielsweise wird das Polytechnische Journal von Johann Gottfried Dingler als Teilkorpus im Deutschen Textarchiv zur Verfügung gestellt. Das letzte der vier Angebote informiert über digitale Werkzeuge und Webservices, mit denen Forscher/innen ihre Sprachdaten auswerten können. An insgesamt neun verschiedenen Universitäten und Institutionen sind CLARIN-D Zentren verortet. Das Institut für Deutsche Sprache in Mannheim ist eines dieser Zentren. Der Schwerpunkt liegt dort auf der deutschen Sprache, großen Korpora des Deutschen (nach 1900), Minderheitensprachen (Dialekte) sowie auf gesprochener Sprache. Vom IDS wird auch die Facharbeitsgruppe „Deutsche Philologie" betreut.

3 Schlussbemerkung

Es hat sich bewährt, zusätzlich zu den meist eher theoretisch ausgerichteten Vorträgen auf der Jahrestagung eine Methodenmesse anzubieten, die zum einen sowohl IDS-externen als auch institutsinternen und eher anwendungsorientierten Projekten die Möglichkeit gibt, sich zu präsentieren. Außerdem bietet die Methodenmesse den Raum, sich intensiv mit Kolleg/innen auszutauschen. Wir freuen uns, dass die Messe auch dieses Jahr wieder viel Anklang gefunden hat und die Zeit über die intensiven fachlichen Gespräche wie im Flug vorbeiging. Ein Dank gilt insbesondere allen Teilnehmenden auch dafür, dass sie sich auf den „Elevator Pitch", der Vorstellung der Projekte in 120 Sekunden im Plenum, so gut vorbereitet und sich alle an die restriktiven Zeitvorgaben gehalten haben.

Literatur

Carl, Michael/Schaeffer, Moritz (2017): Measuring translation literality. In: Jakobsen, Arndt L./ Mesa-Lao, Bartolomé (Hg.): Translation in transition: Between cognition, computing and technology. Amsterdam, S. 81–105.

Calzolari, Nicoletta et al. (Hg.) (2014): Proceedings of the Ninth International Conference on Language Resources and Evaluation (LREC '14). Reykjavik.

Hanks, Patrick (2013): Lexical analysis: Norms and exploitations. Cambridge, MA.

Kerremans, Daphné/Stegmayr, Susanne/Schmid, Hans-Jörg (2012): The NeoCrawler: Identifying and retrieving neologisms from the internet and monitoring ongoing change. In: Allan, Kathryn/Robinson, Justyna A. (Hg.): Current methods in historical semantics. (= Topics in English Linguistics (TiEL) 73). Berlin, S. 59–96.

Kerremans, Daphné (2015): A web of new words. A corpus-based study of the conventionalization process of English neologisms. (= English Corpus Linguistics 15). Frankfurt a.M.

Würschinger, Quirin et al. (2016): Using the web and social media as corpora for monitoring the spread of neologisms: The case of *rapefugee*, *rapeugee*, and *rapugee*. In: Proceedings of the 10thWeb as Corpus Workshop (WAC-X) and the EmpiriST Shared Task. Berlin, S. 35–43.

Macizo, Pedro/Bajo, M. Teresa (2006): Reading for repetition and reading for translation: Do they involve the same processes? In: Cognition 99, 1, S. 1–34.

Kupietz, Marc/Schmidt, Thomas (2015): Schriftliche und mündliche Korpora am IDS als Grundlage für die empirische Forschung. In: Eichinger, Ludwig M. (Hg.): Sprachwissenschaft im Fokus. (= Jahrbuch des Instituts für Deutsche Sprache 2014). Berlin/Boston, S. 297–322.

Perkuhn, Rainer/Keibel, Holger/Kupietz, Marc (2012): Korpuslinguistik. Paderborn.

Schmidt, Thomas (2014a): The Research and Teaching Corpus of Spoken German – FOLK. In: Calzolari et al. (Hg.), S. 383–387.

Schmidt, Thomas (2014b): The Database for Spoken German – DGD2. In: Calzolari et al. (Hg.), S. 1451–1457.

Schmidt, Thomas (2016): Good practices in the compilation of FOLK, the Research and Teaching Corpus of Spoken German. In: Kirk, John M./Andersen, Gisle (Hg.): Compilation, transcription, markup and annotation of spoken corpora. Special Issue, International Journal of Corpus Linguistics 21, 3, S. 396–418.

Seretan, Violeta (2010): Syntax-based collocation extraction. (= Text, Speech and Language Technology 44). Dordrecht u.a.

Steyer, Kathrin (2013): Usuelle Wortverbindungen. Zentrale Muster des Sprachgebrauchs aus korpusanalytischer Sicht. (= Studien zur Deutschen Sprache 65). Tübingen.

Steyer, Kathrin/Brunner, Annelen/Zimmermann, Christian (2013): Wortverbindungsfelder Version 3: Grund. http://wvonline.ids-mannheim.de/wvfelder-v3/.

Wu, Yan J./Thierry, Guillaume (2012): Unconscious translation during incidental foreign language processing. In: NeuroImage 59, 4, S. 3468–3473.

Internetseiten bzw. -ressourcen

CLARIN-D Facharbeitsgruppe „Deutsche Philologie": www.clarin-d.de/de/facharbeitsgruppen/germanistik (Stand: 29.6.2017).

CLARIN-D YouTube Kanal: www.youtube.com/user/CLARINGermany (Stand: 29.6.2017).

CLARIN-D Zentren: www.clarin-d.de/de/aufbereiten/clarin-zentrum-finden (Stand: 29.6.2017).

DGD = Datenbank gesprochenes Deutsch: http://dgd.ids-mannheim.de/ (Stand: 29.6.2017).

FOLK = Forschungs- und Lehrkorpus Gesprochenes Deutsch: http://agd.ids-mannheim.de/folk.shtml (Stand: 29.6.2017).

lexpan – Lexical Pattern Analyzer: www.ids-mannheim.de/lexik/uwv/lexpan.html (Stand: 29.6.2017).

OWID[plus]: www.owid.de/plus/ (Stand: 29.6.2017).